博学而笃志,切问而近思。
（《论语·子张》）

博晓古今,可立一家之说;
学贯中西,或成经国之才。

复旦博学·复旦博学·复旦博学·复旦博学·复旦博学·复旦博学

会计学原理（第七版）

徐 晔　张文贤　祁新娥　编著

复旦大学出版社

内容提要

2018年12月以来，财政部公布了一批新的企业会计准则，相应的会计科目的处理也发生了较大变化。为此，我们在《会计学原理》（第六版）的基础上再次进行修订，出版了第七版。

本书对会计的基本原理和方法做了阐述，共分为八章，即绪论、账户与复式记账、产品制造企业基本业务的会计核算、会计要素的确认和计量、会计凭证和账簿、财产清查、财务会计报告以及会计报表基本分析。

本书与一般的会计学原理教材所不同的是：在第四章简单地介绍了会计要素的确认和计量；在第八章又对会计报表的分析做了简单的介绍；对于实务性较强的凭证和账簿这两部分内容，本书放在第五章中统一介绍。全书做这样的安排，一则为了突出会计学原理课程理论性与实务性的有机结合；二则给广大读者选用本书一个较大的空间，可适合于各本、专科院校相关专业师生教学之用。

针对会计学实务性较强的特点，本书在每章后面配有适量的练习题及部分答案，帮助学生更好地理解所学内容。

第七版序

《会计学原理》第一版于1997年出版。随后几年内，我国的会计改革进程取得了许多新成果、积累了许多新经验，财政部先后颁布了新的具体会计准则和会计制度，接着又在2000年颁布了《企业财务报告条例》。在此《报告条例》中，对会计要素的定义有了全新的变化，一些会计科目和会计处理方法也发生了比较大的变动。为了适应新的形势，我们于2004年对第一版教材进行了修订，出版了第二版教材。该版教材在第一版的基础上，对结构进行了很大的调整，在内容上也作了根本性的修改。

在第二版教材使用的3年时间里，我国的会计准则又发生了很大的改革，尤其是2006年2月财政部对原有的《企业会计准则》进行了修订，颁布了新的《企业会计准则——基本准则》以及38项具体会计准则。这次全新而巨大的改革从我国的实际情况出发，尽可能借鉴了国际惯例。新的会计准则有力地推动了我国会计准则的国际协调和趋同进程，缩小了我国企业会计准则与国际财务报告准则之间的差异。高校会计学原理方面的教材，需要与时俱进，使得学生学到的始终是最新的准则和内容，为此，我们在第二版的基础上再次进行了修订，于2007年8月出版了第三版教材。

第三版教材维持了原有第二版教材的结构，内容则按照财政部颁布的最新准则作相应的调整。此次调整内容较多的章节分别是第一章、第四章和第七章。其中，第一章更改的内容有会计目标、会计对象、会计职能、会计假设、会计原则、会计要素和会计报表，另外还增加了会计确认的基础、会计核算方法和核算程序和会计的计量属性等内容；第二章主要是按照最新会计准则对会计科目进行了调整；第三章的主要业务流程基本不变，只是对相应的会计科目进行更新；第四章主要是按照最新准则中对各个会计要素的处理方法的变更进行调整；第五章主要对账项调整进行了更改；第六章主要对现金的清查结果处理和固定资产盘盈的结果处理进行了修改；第七章主要对资产负债表和利润表的格式及其编制方法进行了调整，另外又增加了所有者权益变动表；第八章主要对一些财务比率的名称有所修改。

2009年1月1日起，我国全面实行消费型增值税，而第三版教材中有关增值税的会计处理还是按照生产型增值税处理。由于全书中有关增值税内容较多，所以我们在第三版基础上进行修订，出版了第四版教材。

2014年1月至3月，财政部陆续发布了新增或修订的七项企业会计准则，包括对《企业会计准则第9号——职工薪酬》《企业会计准则第30号——财务报表列报》《企业会计准则第39号——公允价值计量》等的修订。为此，我们在第四版基础上进行了修订，出版了第五版教材。

2016年12月，为了配合国家已经全面完成的"营改增"工作，财政部颁布了财会〔2016〕22号文《增值税会计处理规定》，会计中原有对于各种税收的处理发生了重大的改变，2017年7月5日，财政部修订发布了《企业会计准则第14号——收入》。为此，我们在第五版基础上进行了修订，出版了第六版教材。

2018年12月7日，财政部公布了新的《企业会计准则第21号——租赁》；2019年5月9日和5月16日，财政部又分别公布了新的《企业会计准则第7号——非货币性资产交换》和《企业会计准则第12号——债务重组》。为此，我们在第六版基础上进行了修订，出版了第七版教材。

第七版教材的写作分工与前面几版一样，由徐晔负责第一、二、五、六、七、八章写作，由祁新娥负责第三、四章写作。我们二人多年来一直担任复旦大学经济学院、管理学院本科生的"会计学原理"教学工作，经验丰富，体会深刻，重点、难点了然于胸，所写内容能够比较贴近学生的实际情况，尽量满足教学的要求。

本书的第四章和第八章可供教师在教学过程中选用。如果选读的学生在后续课程中还要学习会计学的相关课程，则这两章可以不用讲授，学时不是很充裕的，也可以跳过这两章。

本书的配套用书《会计学原理习题指南》（第六版）将在之后不久出版。读者如果对教材和习题指南中内容有任何疑惑之处，可以直接与作者联系。作者的联系方式为：徐晔，55665320（O），xuye@fudan.edu.cn。读者也可以直接与出版社联系。

本书的修订再版离不开许多老师与朋友的支持和帮助，这里要感谢徐筱凤老师、焦必方老师、余显财老师、李品芳老师、潘辉老师使用本书以及对本书修订思路所提出的宝贵意见；感谢管理学院的郭焰同学为第四版教材的资料收集和第三章的修改工作所提供的帮助；感谢经济学院的童鑫来、温从进同学为发现教材中错误所提供的帮助。尤其要感谢经济学院的王交通同学在第七版修订工作中提供的帮助。

不管是《会计学原理》（第七版），还是《会计学原理习题指南》（第六版），作者都会在每次重印时根据教学过程中发现的问题对这两本书进行进一步完善。因此，提醒读者在购买时注意购买最新印次。读者如果想询问印次情况，可直接与出版社或作者联系。

徐晔，2021年1月
复旦大学经济学院

第二版序

会计，是神圣而豪迈的事业。通过会计教学，为祖国培养德才兼备的会计专门人才，是会计教师的光荣使命。

1949年，我从复旦大学会计系毕业后，就开始从事教学工作。50年代初，国家急需建设的专业人才，有一批学生小学刚毕业，就考入上海县初级技术学校，学习财经专业。本书主编张文贤当时也就成了我早期的学生。我记得当时采用的教材是潘序伦先生的《高级簿记》，很多教学内容和教学方法基本上是从复旦大学"搬"过来的。这批学生既要学习普通中学的文化课，又要学习完全陌生的经济学、会计学、统计学等专业课，其难度是可想而知的，而且我们要求很严，习题不断、考试不断，但他们都很用功、积极努力、刻苦钻研，所以基本功比较扎实。

我感到，学习会计，要掌握五个"规"，即规律、规则、规范、规矩、规程。

一是规律。所谓规律，是指事物之间的内在的必然联系。这种联系不断重复出现，在一定条件下经常起作用，并且决定着事物必然向着某种趋势发展。规律是客观存在的，是不以人们的意志为转移的，但人们能够通过实践认识它、利用它。比如，我们在学骑自行车的时候往往会东倒西歪，后来发现只要保持平衡，在运动中，车身往左倾斜时，把车龙头向右扭，就不会倒下来，这叫平衡规律。经济生活中有供求规律、价值规律，会计讲究的"有借必有贷，借贷必相等"也是平衡规律。掌握了规律，就能轻车熟路、一通百通。

二是规则。所谓规则，是指规定出来供大家共同遵守的制度或章程。比如，我们出门走路、开车，必须遵守交通规则，"红灯停，绿灯行"，礼让三先，只有这样，才能保证交通井然有序，确保人身安全。会计被称为"共同的商业语言"，只有大家共同遵守相应的制度或章程，然后才能有共同的语言。否则，你唱你的调，他吹他的号，南其辕而北其辙，变得杂乱无章，无法达到一致的目标。游戏有游戏规则，比赛有比赛规则，会计当然也有会计规则。现在全球经济一体化，不仅要求有国内的统一会计准则，更要求参照国际会计准则。特别是我国加入WTO以后，会计的国际化趋势更加明显，在会计准则方面更加强调国际协调。

所以，我们不仅要掌握国内的会计准则和会计制度，而且要掌握国际会计准则，还要善于进行不同国家会计准则和制度的比较。

三是规范。所谓规范，是指约定俗成或明文规定的标准。会计规范是国家机构或民间团体所制定的会计法规、准则和制度的总称。会计工作者必须遵纪守法。在会计工作中，《会计法》是一切会计工作最重要的根本大法。办理会计事务，必须遵守《会计法》；拟订其他会计法规、制定会计准则和会计制度，均应以《会计法》为依据。会计准则是会计核算的规范，也是评价会计工作质量的标准。会计制度是企事业单位进行会计工作所应遵循的规则、方法、程序的总称，一般应包括：会计凭证的种类、格式、填制和审核，会计科目及其使用说明，账户处理程序以及会计报表的种类和格式等。此外，对会计信息的披露也有明确的要求。

四是规矩。所谓规矩，是指一定的标准、法则或习惯，会计工作者最重要的特征就是规矩：实事求是，划一不二。任何会计事项，必须有根有据。只有确有其事，才能确认；只有根据凭证，才能计量。记录必须正确、准确，必须经过复核、审核，经得起检查。会计就是责任。每一张会计凭证、每一笔会计分录，会计账册和会计报表中的每一个数字，都包含着重大的经济责任甚至法律责任，决不能掉以轻心！

五是规程。所谓规程，是指对某种政策、制度等所做的分章分条的规定。学习会计，运用会计工作流程，能使我们的思维变得有条不紊，能使我们的工作作风也变得一丝不苟。会计循环，能使我们把握会计工作的全过程；会计科目，能使我们学会分门别类地处理事务，甚至按照明细科目把事物不断地细分，学会更加深入地思考问题，更加理性地认识世界。

俗话说："无巧不成书。"当年我是复旦大学会计系的学生，而我的学生张文贤后来成了复旦大学会计系的教授。更有意思的是，我在复旦大学会计系读书时，会计系主任是张光禹教授，而1993年复旦大学恢复重建会计系时，系主任也姓张，就是我的学生张文贤教授，你说巧不巧？这两代系主任相隔了半个世纪，都曾去过美国伊利诺伊大学深造，那所大学在会计教学方面是美国首屈一指的名牌大学。

现在，张文贤主编的《会计学原理》即将由复旦大学出版社出第二版，他希望我为该书作序。我虽教了一辈子书，但由于种种原因，已几经改行，对会计方面不敢妄加评论，要我作序真使我不知所措。

《会计学原理》是学会计的入门基础教材，如能易教易学，定会产生良好的教学效果，为学生进一步学习打下良好的基础。本书第一版曾入选教育部推荐教材，可见有其独到之处。

张文贤称我为他的启蒙老师。他在学生时代品学兼优，当时我曾勉励他将来成为"小经济学家"。他从四川大学、苏州大学到复旦大学任教，几十年来，出版了不少经济学、管理学、会计学方面的著作,这是他长期辛勤劳动的成果。半个世纪以来,他没有遗忘我这个默默无闻的老人。我为一生中有这样的一位杰出的学生而感到自豪。

寥寥数语,也算序言。

毕沛龙

2004.4.26

第一版序

窃以为要编写出一本好的会计学教材，应当严格遵循和妥善运用会计学和教育学两方面的规律。会计学的规律，一般不会逸出编者的视野。因为会计学是教材的主题，按照会计学的规律取材，分辨主次，这是势所必至的。但教育规律，则易于为编写者所忽略。殊不知既然写的是教材，就应以教学为本，易教易学，促使教学相长，产生良好的教学效果，才是上乘的教材。

20 世纪 50 年代以降，我国出版问世的会计学原理一类教本多矣。其中虽不乏精心之作，卓然以其特色鸣世，然而千人一面、人云亦云的亦复不在少数。究其平凡雷同的原因，执笔者未能致力于探究上述两类规律，大抵是主要的。本书着手之初，便广泛搜集国内外的同类读物，下了一番比较的功夫，"广取博采"，于是我们所寓目的，乃是编写者匠心独运、刻意创新的结果。我们欣喜地看到，书中有所主张、有所取舍、有所裁减删略，这是值得称道的。

《会计学原理》的任何一种体例，尤其是含有新意的体例，总难免引起不同的看法，不足为奇。见仁见智，各是其是，这是百家争鸣的正常现象。或谓：本书从会计循环开始，一泻而下，以迄会计监督、控制、分析、检查、预测、决策，概而言之，均纳入《原理》，得毋失之过于深邃、过于庞杂？我则以为不然。拙见教材不妨写得详尽一些，而用它施教之际，大可视教学对象之需要，从教材中取舍。写入教材的内容，未必一定要完全施教，大可灵活掌握。这样编写，既可做入门基础教材，又可供"正在从事或行将从事会计工作的读者"参考，达到本书编者所揭橥的目标。

或谓本书阐述会计处理，始于供应过程，以迄取得经营成果、缴纳税款，如此完整的经营过程，得毋重蹈过去教材重叠反复之覆辙？即在"工业会计核算"课程以前，先在《原理》中来一个小型工业会计。这是一个论者各有所侧重的问题。似乎其关键在于会计学不仅要使学生学会坐而论道，还要使学生能起而行道。尤其是基础教材，不能不着落于一定的业务，以例示会计处理的具体方法。或者可以这样说：经营过程的业务，一个不讲不好，全部讲又太"完整"。挑几个讲吧，凭什么原则来挑选？挑哪几个业务为好？总之，这个问题上有争议，莫衷一是。目前看来只好八仙过海、各显神通了。

复旦大学恢复会计学系，这是我国会计教育界一件引人瞩目的大事。张文贤教授以其丰富的教学经验，膺选为系主任，任重而道远。今在擘划经营之余，不辞辛劳，组织高手编写完成《会计学原理》一书，苦心孤诣，殊堪推许。此书出版以前，张以书稿示我，使我得有先睹之快。爰缀数语卷首，以为序。

娄尔行

1995年5月25日

于上海财经大学

目 录

第一章　　绪论	1
本章学习目的	1
第一节　会计的产生和发展	1
一、会计的产生和发展	1
二、会计学科的发展体系	4
第二节　会计的含义、对象和职能	6
一、会计的含义	6
二、会计的对象	7
三、会计的职能	8
四、会计的目标与任务	9
第三节　会计的基本程序与基本方法	12
一、会计的基本程序	12
二、会计核算的方法	14
第四节　会计规范	16
一、会计规范概述	16
二、会计假设	20
三、会计信息质量要求	22
四、会计确认、计量和报告的基础	27
五、会计要素	28
六、会计要素的计量属性	34
七、会计报表	37
本章小结	42
课后练习题	43
一、单项选择题	43
二、判断题	44
三、多项选择题	44
四、计算实务题	46

第二章　账户与复式记账　47

本章学习目的　47

第一节　会计等式　47
一、静态会计等式　48
二、动态会计等式　48
三、综合会计等式　49
四、会计事项对会计等式的影响　50

第二节　会计科目　58
一、会计科目的概念及其设置的作用　58
二、设置会计科目的原则　59
三、会计科目的内容和级次　60

第三节　会计账户　64
一、账户的概念及意义　64
二、账户与会计科目的关系　65
三、账户的基本结构　66
四、账户的发生额与余额　67

第四节　复式记账法　67
一、复式记账　67
二、借贷记账法　68
三、会计分录　79

第五节　总分类账户和明细分类账户　81
一、总分类账户和明细分类账户的设置　81
二、总分类账户和明细分类账户的联系与区别　82
三、总分类账户和明细分类账户两者之间的平行登记规则　82

第六节　试算平衡　86
一、试算平衡的意义　86
二、试算平衡的原理及内容　86
三、综合举例　89

本章小结　93
课后练习题　93
一、单项选择题　93
二、判断题　94
三、多项选择题　95
四、计算实务题　96

第三章　复式记账的运用——产品制造企业基本业务的会计核算　101

本章学习目的　101

第一节　产品制造企业的主要经济业务核算概述　101
一、产品制造企业的资金循环　101
二、产品制造企业的主要经济业务　103

第二节　资金筹集业务的会计核算　104
一、向投资者筹集资金的核算　104
二、向债权人筹集资金的核算　106

第三节　产品生产准备业务的会计核算　108
一、固定资产购入业务的核算　108
二、原材料供应业务的会计核算　110

第四节　产品生产业务的会计核算　115
一、产品生产业务核算的主要内容　115
二、产品生产业务核算应设置的会计主要账户　115
三、产品生产业务会计核算实例　116
四、产品生产成本的计算　120

第五节　产品销售业务的会计核算　125
一、产品销售业务核算的主要内容　125
二、产品销售业务核算应设置的会计账户　125
三、产品销售业务会计核算实例　126

第六节　财务成果的会计核算　129
一、财务成果会计核算的主要内容　129
二、财务成果核算应设置的主要会计账户　130
三、财务成果主要会计核算实例　132

本章小结　137

课后练习题　137
一、单项选择题　137
二、判断题　138
三、多项选择题　139
四、计算实务题　140

第四章　会计要素的确认和计量　143

本章学习目的　143

第一节　资产的确认和计量　144
一、资产的性质和分类　144
二、资产主要项目的核算　144

iii

第二节　负债的确认和计量　171
　　　一、负债的性质和分类　171
　　　二、负债主要项目的确认和计量　172
　　第三节　所有者权益的确认和计量　180
　　　一、所有者权益的性质和分类　180
　　　二、所有者权益主要项目的确认和计量　182
　　第四节　收入的确认和计量　186
　　　一、收入的性质和分类　186
　　　二、收入的确认和计量　186
　　第五节　费用的确认和计量　190
　　　一、费用的性质　190
　　　二、费用的分类　190
　　　三、费用的确认和计量　191
　　第六节　利润的确认和计量　192
　　　一、利润的构成　192
　　　二、利润的确认和计量　193
　　　　本章小结　195
　　　　课后练习题　196
　　　一、单项选择题　196
　　　二、判断题　197
　　　三、多项选择题　198
　　　四、计算实务题　199

第五章　会计凭证和账簿　203
　　本章学习目的　203
　　第一节　会计凭证　203
　　一、会计凭证的意义与种类　203
　　二、原始凭证　204
　　三、记账凭证　210
　　四、会计凭证的管理　217
　　第二节　会计账簿　219
　　一、账簿的意义与种类　219
　　二、日记账　223
　　三、分类账　225
　　四、账簿的登记规则　231
　　第三节　期末账项调整　232

一、期末账项调整的意义与种类　232
　　二、应计收入的调整　233
　　三、应计费用的调整　235
　　四、递延收入的调整　237
　　五、递延费用的调整　238
　　六、估计项目的调整　239
　第四节　错账的查找与更正方法　239
　　一、错账的查找方法　239
　　二、错账的更正方法　242
　第五节　结账和对账　245
　　一、结账　245
　　二、对账　246
　第六节　会计循环和记账程序　247
　　一、会计循环　247
　　二、记账程序　248
　本章小结　252
　课后练习题　252
　　一、单项选择题　252
　　二、判断题　254
　　三、多项选择题　254
　　四、计算实务题　255

第六章　财产清查　259
本章学习目的　259
　第一节　财产清查的概述　259
　　一、财产清查的意义和种类　259
　　二、财产清查的程序　262
　第二节　财产清查的方法　263
　　一、货币资金的清查　263
　　二、实物资产的清查　266
　　三、往来结算款项的清查　269
　第三节　财产清查结果的财务处理　270
　　一、财产清查结果的财务处理程序　270
　　二、财产清查账户的设置　270
　　三、财产清查结果账务处理的具体方法　271
　本章小结　275

课后练习题　275
　　　一、单项选择题　275
　　　二、判断题　277
　　　三、多项选择题　277
　　　四、计算实务题　278

第七章　财务会计报告　280
本章学习目的　280
第一节　财务会计报告概述　281
一、财务会计报告的概念及意义　281
二、会计报表的编制要求　282
三、会计报表的种类　283
第二节　资产负债表　285
一、资产负债表的作用　285
二、资产负债表中各项目的排列　286
三、资产负债表的格式及内容组成　287
四、资产负债表的编制方法　289
第三节　利润表　295
一、利润表的作用　295
二、利润表的格式与内容　295
三、利润表的编制方法　298
第四节　现金流量表　301
一、现金流量表的作用　301
二、现金流量的分类　303
三、现金流量表的基本格式　304
第五节　所有者权益变动表　305
一、所有者权益变动表的内容和格式　305
二、所有者权益变动表的填列方式　308
第六节　会计报表附注和披露　308
一、会计报表附注　308
二、会计报表的披露　309
本章小结　310
课后练习题　311
　　一、单项选择题　311
　　二、判断题　312
　　三、多项选择题　312

四、计算实务题 | 313

第八章　会计报表基本分析 | 316
　　本章学习目的 | 316
　第一节　会计报表分析概述 | 316
　　一、会计报表分析的意义 | 316
　　二、会计报表分析标准 | 318
　　三、会计报表分析方法 | 319
　　四、财务报表分析的内容 | 323
　第二节　盈利能力分析 | 324
　　一、资产盈利指标 | 324
　　二、销售盈利指标 | 325
　　三、股本盈利指标 | 326
　第三节　偿债能力分析 | 329
　　一、短期偿债能力分析 | 329
　　二、长期偿债能力分析 | 332
　第四节　经营能力分析 | 334
　　一、流动资产营运能力分析 | 334
　　二、长期资产营运能力分析 | 337
　　本章小结 | 338
　　课后练习题 | 338
　　一、单项选择题 | 338
　　二、判断题 | 339
　　三、多项选择题 | 340
　　四、计算实务题 | 341

课后练习题答案 | 343

第一章 绪 论

本章学习目的

通过本章学习，了解会计的产生和发展；了解会计的含义、对象和职能；了解会计的目标与任务；了解会计的基本程序和方法；了解我国的会计规范体系；了解和掌握会计假设、会计的基本原则、会计要素、会计要素的计量属性，以及主要会计报表的具体内容。

第一节 会计的产生和发展

一、会计的产生和发展

（一）古代会计的产生

在会计的发展史上，古代会计经历了漫长的发展过程。

会计作为一种管理活动，是人类生产活动的衍生物。人类的生产活动是最基本的实践活动。在生产活动中，人们总是力求以较少的劳动耗费，取得尽可能多的劳动成果。为此，必须对生产过程的劳动耗费和劳动成果进行记录和计算，进行比较和分析，于是就产生了会计。在人类社会的早期，就有了会计的萌芽。据马克思考证，在远古的印度公社中，已经有一个农业记账员。在那里，簿记已经独立为一个公社官员的专职。埃及在公元前3世纪前后，就有了相当详细的会计记录。

我国的会计历史悠久，源远流长。据《周礼》记载，早在西周时代，周王朝已设立了专门的会计官吏，执掌会计事务，"司会"为会计官之长，负责组织会计工作，主管财政经济收支的会计核算与出纳事务。西汉时期，官府和民间都已有了会计账簿，中式簿记开始逐步发展完善。唐宋时期产生了"四柱结算法"，奠定了中式簿记的基本原理，并在官厅会计中正式推广，逐步形成了中国的会计方法体系。在中式簿记中，按"四柱"计算编制本日或本期结存的一种表册称为四柱清册。四柱清册原用于官吏移交钱粮所交代的清单，产生于唐代，宋代应用较广。四柱指"旧管"（即上期结存）、"新收"（即本期收入）、"开除"（即本期支出）和"实在"（即本期结存）。四柱中"旧管"加"新收"减"开除"等于"实在"，相当于现代会计中"期初结存"加"本期收入"减"本期支出"等于"本期结存"。用等式表示为

$$"旧管" + "新收" = "开除" + "实在"$$

即
$$"上期结存" + "本期增加" = "本期减少" + "本期结存"$$

明末清初，我国的商业和手工业得到较大的发展，为了适应这一社会环境的变化，出现了以四柱账为基础的"龙门账"。龙门账把全部账目分为"进、缴、存、该"四大类，分别反映本期的各项收入（进）、本期的各项支出（缴）、期末资产结存（存）、期末负债和资本（该）。利用"进－缴"和"存－该"双轨计算盈亏，分别编制"进缴表"和"存该表"，并通过"进－缴＝存－该"的平衡公式审核盈亏计算的正误和勾稽全部账目。当"进缴"差异等于"存该"差异，即为账目"合龙"。进入清代以后，商品货币经济进一步发展，资本主义经济关系逐渐萌芽，又产生了"天地合账"，它要求对日常发生的全部账项，包括现金收付、商品购销和内外往来等，都用两笔账即"来账"和"去账"同时反映，借以反映经济事项的来龙去脉。账簿采用垂直书写，分为上下两格，上格记收，称为"天方"，下格记付，称为"地方"，上下两格所记数额必须相等，即谓"天地合"。四柱清册、龙门账和天地合账显示了我国历史上各个时期传统中式簿记的特色。

（二）现代会计的发展

1494年，意大利数学家卢卡·巴其阿勒（Luca Pacioli）将当时出现在意大利

商业比较发达的威尼斯、热那亚等沿海城市的借贷记账法进行总结，把题名为"计算记录要论"作为一章的内容编入其数学著作《算术、几何与比例概要》一书中，对借贷记账法记账原理及其运用进行了详细介绍并加以概括，它为复式记账在全世界流传奠定了基础。所以，人们一般把1494年以前的会计称为古代会计，而把1494年以后的会计称为现代会计。

从15世纪末到18世纪，随着商业在欧洲其他城市的发展，意大利借贷记账法不断地得以传播并继续完善。从18世纪30年代开始至19世纪中期，欧美各国先后完成了产业革命，实现了由手工业生产到机器大生产的转变，标志着资本主义制度的最终确定。19世纪末、20世纪初，资本主义进入帝国主义阶段，出现了股份有限公司这种经济组织形式。这种组织形式的主要特点是资本的所有权和经营权分离，这对会计提出了新的要求。为了保护外部股东及债权人的利益，要求股份有限公司的会计报表必须经过审计，以核查管理层履行职责的情况。为适应这一要求，出现了以查账为职业的注册会计师或特许会计师。20世纪20年代末，特别是第二次世界大战后，随着现代化大生产的发展，各种先进科学和技术被广泛用于管理方面，会计也全面着眼于管理，形成了以成本管理为中心内容的管理会计。管理会计的形成和发展，极大地丰富了会计学的内容，扩充了会计的传统职能，标志着现代会计科学进入了一个充满活力的崭新阶段。

我国的会计产生比较早，但在经济不发达的封建社会却发展缓慢，逐渐拉大了与世界先进水平的距离。从19世纪中叶起，我国沦为半殖民地半封建国家，与这种经济状况相适应，会计上出现了"中式会计"和"西式会计"并存的情况。在由外国人把持的海关、铁路和邮政等部门采用西式会计，宫廷和民间则采用传统的中式会计。

中华人民共和国成立后，建立了中国特色的社会主义会计体系，在国家有关部门的领导下，先后制定了有关会计核算和管理方面的会计制度，使我国逐步建立起社会主义会计体系。十一届三中全会以后，我国进入了一个新的历史时期。随着经济体制改革的深入和对外开放的扩大，会计所处的环境不断地变化。1984年起，我国开始转向有计划的商品经济体制，传统的会计已逐渐难以适应需要。1985年，我国颁布了新中国第一部《中华人民共和国会计法》，这标志着我国会计工作进入了法制化新时期。1992年，我国颁布了《企业会计准则》和《企业财务通则》，并从1993年7月1日开始施行，这是我国会计工作与国际接轨的一个重大举措，标志着我国会计正逐步走向国际化。1999年10月31日，第九届全国人大常委会第十二次会议通过《中华人民共和国会计法》的第二次修订。这次修订对于规范会计行为、提高会计信息质量、发挥会计作用，具有十分重要的意义。2001年，我国加入WTO，对会计的国际化要求日益迫切，开始施行新的不分行业的《企业会计制度》，除了不对外筹集资金、经营规模较小的企业、金融保险企业外，所有企业均应执行本制度，同时继续推行已制定的企业会计准则；2002年1月1日，开始实施《金融企业会计制度》；2005年1月1日，开始实施《小企业会计制度》和《民间非营利组织会计制度》。2007年1月1日，38项会计准则新体系的开始实施，标志着我国会计体系已经和国际会计准则接轨，并实现中国企业会计准则与国际会计准则的实质性趋同，成为中国会计史上新的里程碑。2014年财政部又陆续新增和修订了七项企业会计准则，2016年12月财政部调整了有关涉税的会计处理，2017年7月，财政部又对原来的收入准则和建造合同准则进行修订，发布了新收入准则。2018年和2019年，财政部又对原来的企业会计准则第21号、第7号和第12号进行了修订。实践证明，发展经济离不开会计，经济越发展，会计越重要。

同社会生产的发展一样，会计的发展也经历了一个由简单到复杂、由低级到高级的发展过程。从会计的任务来说，由最初简单记载钱粮收支，发展到对经济活动全过程的反映和监督；从会计的方法和工具来说，由传统的手工记账和用算盘计算，发展到科学的记账方法和用计算机处理数据。科学技术的发展和运用，使会计正经历着一场革命，现代的会计理论和方法也正在形成。

二、会计学科的发展体系

（一）会计学科的形成

从会计的产生和发展可知，会计作为一种经济活动已有几千年的历史；但将会计作为一门专业知识来著书立说，则始于1494年卢卡·巴其阿勒的《算术、几何与比例概要》一书。13—15世纪，地中海沿岸城市商业和手工业以及信贷业务的迅速发展，促进了会计在欧洲的发展，其两大标志为：进行价值核算和广泛运用复式记账法。19世纪后半叶，随着经济的发展，资本主义的生产规模日益扩大，竞争日益激烈，为了保证盈利目标的实现，会计日趋重要，因而研究会计的专著陆续出现。到19世纪后半叶，逐渐形成了"英美派会计"和"大陆派会计"。会计方法和会计工作、组织日益完善，经过长期会计实践经验的总结，到20世纪逐渐形成了具有较完善的理论和方法体系的会计学。

会计学是研究会计理论和方法的一门经济管理科学。人们把在会计工作中获得的经验不断地加以总结，找出其内在的规律，将其系统化形成了会计学。会计学来源于实践，反过来又指导会计的实际工作。

会计学的建立和发展，与政治经济学、数学有密切联系。作为一门经济应用学科，会计学以一定的经济理论为指导，政治经济学是会计学的重要理论基础。会计学与数学有着密切的关系，会计的方法和技术都离不开数学，数学方法的使用使会计学的定量分析日益完善。近几十年来，人们将信息论、控制论、系统论、行为科学等引入会计学领域，使会计学的内容更加丰富，形成了一个完整的会计知识体系，也就是会计学科体系。会计学按其研究的内容一般包括会计学原理、财务会计学、成本会计学、管理会计学、审计学、财务管理学和电算化会计等。

（1）"会计学原理"，主要阐述会计的基本理论、会计的基本方法。主要研究会计的基本概念、记账原理、账务处理程序和方法、会计凭证、账簿和报表，介绍会计要素的确认、计量、记录和报告的基本知识等，是进一步学习会计学科体系其他内容的基础和指南。

（2）"财务会计学"，主要阐述处理各项会计要素的基本理论和方法以及财务报表的编制与方法。研究如何根据企业已发生的经济业务，通过对会计要素的确认、计量、记录和报告，提供其财务状况、经营成果和现金流量信息，以满足会计信息使用者的需要。

（3）"成本会计学"，主要阐述企业的成本核算和成本管理的理论和方法。主要研究成本管理及降低成本的途径，为企业经营管理决策提供所需的各种成本信息，主要包括成本预测方法、成本计划的编制、实际成本的计算、成本分析、成本控制及成本决策方法等。

（4）"管理会计学"，主要阐述企业如何利用会计信息和其他有关信息对企业进行经营管理，使企业进行最优决策的基本理论和方法，主要包括预测决策会计、控制会计、责任会计等。管理会计是以现代管理科学为基础，以改善企业管理为目的，所提供的信息主要是面向企业内部管理人员，因此也称为对内报告会计。

（5）"审计学"，主要阐述对经济活动的合法性、合理性、效益性进行监督检查的基本理论和方法。审计的监督和检查是通过检查会计凭证、账簿和会计报表来进行的，主要包括审计的基本理论与方法、财务审计、财经法纪审计、经济效益审计等。

（6）"财务管理学"，主要阐述企业如何筹集资金和运用资金的理论和方法，包括投资、融资、财务分析、财务预测、企业兼并重组、企业清算等。

（7）"电算化会计"，主要阐述利用电子计算机来处理会计数据资料的理论、方法和技术。主要包括电算化会计处理系统的分析、设计，以及电算化软件的具体运用。

（二）会计学科的发展

20世纪70年代后，会计活动范围进一步扩大，出现了以下一些特殊领域的会计。

（1）"社会会计"：主要是从宏观上对整个国民经济进行干预和协调。

（2）"国际会计"：主要为从事超越国境的业务而进行的会计工作，对不同国家会计工作所进行的比较和协调，以及对实现各国会计的标准化所从事的研究。

（3）"通货膨胀会计"：主要是对特定历史成本信息进行调整，以消除因通货膨胀而带来的问题和影响的会计核算。

（4）"人力资源会计"：旨在核算人力投资的价值及其成果，对企业或社会内的个别人员或群体进行财务性评估，从而更有效地挖掘人力资源潜能。

（5）"增值会计"：主要以增值额为核算对象，反映增值额如何在股东、债权人、职工和政府之间进行分配并以编制和分析增值表为主要内容。

（6）"遗产会计"：主要是指以继承法、遗产税法等有关法律为基本依据，运用专门的会计方法，对被继承人遗产的价值运动进行全面管理的一个私人会计分支，是会计与相关法律相结合的边缘会计分支，主要由遗产代理人对其受托的遗产进行详细、准确、系统的记录、报告与分析，为遗产管理提供及时、真实、准确的会计信息。

（7）"养老金会计"：主要内容是养老金费用如何合理地确认、计量，一些重大的养老金负债如何反映，以及如何披露有关养老金方面的信息。

（8）"比较会计"：主要是运用比较的方法，分析世界范围内不同国家的会计，不同时期的会计，本国不同部门、不同行业之间的会计的区别与联系，寻找本国会计与他国会计之异同和比较优劣的会计。

（9）"所得税会计"：主要是处理计税差异，按税法规定将会计收益调整为应税收益，以决定当期应付所得税；同时，按会计准则要求合理地确认计量、记录和报告所得税费用和递延所得税资产（负债）。

（10）"租赁会计"：主要是用来管理租赁业务活动的一种专业会计，是结合租赁业务的特点，来研究租赁业务活动中的资金运动。

总之，会计学正在向纵深发展，出现了许多崭新的领域，同时正在朝着国际化的方向发展。

第二节 会计的含义、对象和职能

一、会计的含义

会计的含义，即会计的本质。对会计进行考察的侧面不同，对会计本质的描述也有所不同。

（一）会计是一种计量技术

会计离不开计量，即会计需要计量经济过程中占用的财产物资和发生的劳动耗费，以货币数量来描述经济过程，评价经济上的得失。会计记录是数字和文字的结合，而文字说明是以数量为基础的。从这一点来看，会计是一种计量的技术。

（二）会计是一个信息系统

会计对经济活动过程中占有财产物资和发生劳动耗费的原始数据进行加工，产生信息，供人们使用。因此，信息是会计工作所产生的结果。从这一点来看，会计是一个信息系统。会计作为一个信息系统，通过会计数据的收集、加工、存储、输送及利用，对企业经济活动进行有效的控制；通过计量、分类和汇总，将多种多样、大量重复的经济数据浓缩为比较集中的、高度重要的和相互联系的指标体系，以供各方面人员使用。

（三）会计是一种管理活动

会计的一个重要职能，是为企业管理提供决策和有效经营所需的数据。会计除了提供正常的财务报告、纳税报告以及外界有关方面提供的特别报告以外，还提供诸如产品单位成本确定的依据、一个特定销售活动的盈利估计、可供选择的不同行动方针的成本比较和长期预算等。因为这些信息中有些具有战略性，它们只能为企业的高级管理当局所利用。企业作为一个独立的经济实体，要通过自身的生产经营活动谋生存、求发展。因此，通过会计工作进行加工、处理并提供的信息，应当为企业管理当局提供经营决策的依据，帮助决策者制定长期计划，指导和控制当期的经营活动，管好、用好企业的各项资金，合理配置和有效利用各种物质资源和人力资源，确保资本保全增值，以不断提高获利能力和偿债能力，不断提高资产使用率。从这一点来看，会计是一种管理活动。

可见，会计是对一定单位的经济业务进行计量、记录、分析和检查，作出预测、参与决策、实行监督，旨在实现最佳经济效益的一种管理活动。

二、会计的对象

会计对象是指会计所要反映、监督和分析、预测、控制的内容。会计的对象并不是一成不变的，而是随着会计的发展而变化。会计产生以后，在相当长的一段时间内，它所反映和监督的主要内容是财产物资的收支和结存。会计对经济活动的管理，主要体现在管好财产物资、防止损失和遗漏，使生产成果得到保护。那时，会计对于财产物资的反映和监督主要是用实物形式来进行的。随着商品货币经济的充分发展，仅仅反映和监督财产物资的收支和结存显然满足不了经济管理的要求。这时，会计核算的内容从反映和监督财产物资的收支和结存，发展为系统、连续地反映和监督财产物资的取得、使用、耗费和补偿。同时，在商品货币已经充分发展的条件下，货币成为统一的计量尺度，所以会计的对象也发生了质的变化，价值运动成了会计反映和控制的对象。

社会主义经济仍然是商品经济，所以从理论上说，现代社会经济中会计核算和监督的对象应该是社会再生产过程中的资金运动。社会再生产过程中的资金运动是在国民经济各部门、各个企事业和行政单位中进行的。由于各个企事业和行政单位在国民经济中所处的地位和作用不同，所以它们的经济活动内容和资金运动形式也有很大不同。由于本课程主要介绍工业企业的会计方法，所以我们重点了解工业企业的资金运动状态。

工业企业的资金，在生产经营活动过程中，一般经过供应、生产和销售三个阶段，在这三个阶段中，资金不断地改变形态。在供应阶段，由最初的货币资金变为储备资金和固定资金；在生产阶段，由储备资金通过加工变为生产资金，最终变为成品资金；在销售阶段，成品资金最后又变为货币资金（这部分具体的内容描述将在第三章中展开）。通过这些经营活动，企业的资金周而复始地循环周转。可见，工业企业会计的研究对象就是资金的运动，即把资金在企业整个经营过程中循环往复的变化过程用会计的语言描述出来。

三、会计的职能

会计产生、发展的历史进程表明，任何社会要发展经济都离不开会计。会计从性质上讲，它是经济管理的组成部分。马克思曾经指出，会计是对生产过程的控制和观念总结，这是对会计职能的科学概括。所谓"观念总结"，一般理解为反映（即核算）；所谓"控制"，一般理解为监督。会计在任何社会都具有对生产过程进行核算和监督的职能，这是会计的基本职能。随着会计的发展，又产生了参与经济决策的职能，包括预测、决策职能和控制职能。

（一）会计核算职能

会计核算职能是会计的首要职能，是对每项经济业务进行确认、计量、计算、记录和比较，从而反映资金运动的过程和结果。会计核算职能的基本特点如下：

（1）会计核算是以货币作为计量单位，主要从价值量上综合反映各单位的经济活动的过程和结果。会计核算的内容几乎包括所有能够用货币表现的经济活动，如款项和有价证券的收付，财产物资的收发、保管和使用，债权债务的发生和结算，资金的增减和经费的收支，收入、费用、成本的计算，财务成果的计算和处理等。

（2）会计核算具有完整性、连续性和系统性。完整性是指会计需要进行核算的内容必须全部加以记录和处理，不得遗漏；连续性是指会计核算应该按照经济业务发生的先后顺序依次进行登记，不能中断；系统性是指会计核算采用科学的核算方法对经济活动的数据进行加工处理。

（3）会计核算反映的是历史数据，即主要是对已经发生或已经完成的经济活动进行会计核算。

（二）会计监督职能

会计的监督职能主要是对资金运动的控制，利用会计信息对经济管理活动进行约束和指导，以维护财经纪律和财务制度的严肃性，揭露贪污、盗窃等违法行为，防止或减少浪费和损失，保护财产安全和完整。

会计的监督通过由单位内部监督、国家会计监督和社会会计监督组成的三位一体的会计监督体系，对各单位的经济活动和会计工作实行有效的会计监督。

从市场经济要求和我国会计工作实践来看，单位内部会计监督主要是建立、健全单位内部会计制约机制，如不相容职务的分离与牵制、重要事项的监督和制约、财产清查制度和内部审计制度等。

国家会计监督是指国家有关职能部门（如财政部门、税务部门、人民银行、证券监管机构、保险监管机构等）对有关单位的会计资料实施监督，主要是财政监督和税务监督。

财政监督的主要内容是监督企业是否依法设置会计账簿、会计凭证、会计账簿、财务会计报告和其他会计资料是否真实、完整，会计核算是否符合会计法和国家统一的会计制度的规定等。

税务监督的主要内容是监督企业是否依法、足额纳税，对偷税、漏税、抗税等犯罪行为进行惩治。

社会会计监督主要是企业的会计报告需要接受注册会计师的审计。注册会计师作为独立的、不受他人影响的第三者，依据独立、客观、公正的原则，对企业的会计报告进行审计，并对外提供审计报告。

会计监督职能的基本特点有：会计监督主要是利用价值指标来进行的货币监督，同时也进行实物监督；会计监督既要对已发生的经济活动进行事中监督、事后监督，也要对未来经济活动进行事前监督。

（三）参与经济决策的职能

参与经济决策的职能包括预测、决策职能，以及控制职能。

会计预测和决策职能是对某一经济管理事项，根据当前条件和对未来发展情况进行预测分析，在若干个可供选择的方案中，选择并决定采用一个最优方案，以谋求取得最佳的经济效益。

会计控制职能是对经济管理活动中价值运动过程的控制，即按照单位经营总目标的要求，控制价值的输入，确定价值运动的状态和轨迹，消除运行结果与既定目标间的差距，保证价值运动的良性循环，力求使输出结果与目标之间保持高度的一致。

四、会计的目标与任务

（一）会计的目标

会计的最终目标是满足会计信息使用者的需要。我国会计准则规定：会计目标是指令会计工作所要达到的终极目的。我国在1992年颁布的《企业会计准则》

对于企业会计核算的目标作了明确的规定：会计提供的信息应当符合国家宏观经济管理的要求，满足有关方面了解企业财务状况和经营成果的需要，满足企业加强内部经营管理的需要。那时的会计目标强调满足宏观经济管理的要求，但是时至今日，会计准则的目标应当是强调会计信息的真实可靠、规范会计行为、维护公众利益，以满足投资者、债权人、政府管理部门的需要以及管理层的需要。因此，2006年2月的新准则修订，对会计目标的内容作出了相应的修改。

在新准则中的"会计信息质量要求"中明确表明：企业会计应当如实提供有关企业财务状况、经营业绩和现金流量等方面的有用信息，以满足有关各方面的信息需要，有助于财务报告使用者作出经济决策，并反映管理层受托责任的履行情况。

可见，新准则中对会计目标主要提出如下两方面要求：

一是财务报告所提供的会计信息应当如实反映企业所拥有或者控制的经济资源、对经济资源的要求权，以及经济资源要求权的变化情况；如实反映企业的各项收入、费用、利得和损失的金额及其变动情况；如实反映企业各项经营活动、投资活动和筹资活动等所形成的现金流入和现金流出情况等，从而有助于现在的或者潜在的投资者、债权人以及其他使用者正确、合理地评价企业的资产质量、偿债能力、盈利能力和营运效率等；有助于使用者根据相关会计信息作出理性的投资和信贷决策；有助于使用者评估与投资和信贷有关的未来现金流量的金额、时间和风险等。

二是反映受托责任履行情况的要求。在现代公司制下，企业所有权和经营权相分离，管理层承担着妥善保管并合理、有效运用来自投资者和债权人的资产的责任。企业投资者和债权人等需要及时地或者经常性地了解企业管理层保管、使用资产情况，以便于他们评价企业管理者的履行责任情况和业绩情况，并决定是否需要调整投资额或者信贷政策等。而此受托责任的履行情况，需借助财务报告来表现和验证。

由此可见，最新准则的财务目标更倾向于保护投资者和债权人等信息使用者的利益。这与国际会计准则中有关财务报告目标的要求也是一致的。

具体来讲，会计目标包括以下三个方面的内容。

1. 谁是会计信息的使用者

我们可以将会计信息使用者划分为如下四类：

（1）国家宏观管理部门。如统计、财政、税务等部门，它们需要会计信息以进行宏观调控。

（2）处于企业外部、不直接参与企业经营管理的投资者和债权人（包括目前的与潜在的）。他们需要会计信息评估管理当局的受托责任履行情况，以进行有关的决策。

（3）企业的管理当局。它们需要会计信息了解企业的经营管理情况，以便进行恰当的预测、决策、计划与控制，最终达到改善企业经营管理的目的。

（4）与企业有相关利益的各个集团（尽管有时只是一种间接利益关系）、职工、客户、供应商以及有关的社会福利部门等。它们分别需要会计信息来了解企业的日后发展前景、企业的信用状况，以及企业履行社会责任的情况。

2. 会计信息使用者需要什么样的会计信息

各种会计信息使用者需要的会计信息的侧重点是不同的，甚至在每一类会计信息内部各种不同的会计信息需求者之间也存在着显著的差异。

比如，国家宏观管理部门需要的是有利于对企业进行宏观管理的会计信息。而在各个宏观管理部门中所需要的信息侧重点也不同：税务部门关注企业对应交税金的核算与缴纳情况的信息，财政部门则十分关注企业对国有资产保值、增值的会计信息。

债权人关注的是一个企业偿债能力的会计信息，如流动资产与流动负债之间的比例增减变化、资产与负债之间是否保持一个恰当的比率等。

投资者则关注企业的盈利能力和企业未来有利的现金净流量，但有些股东也关注企业的长远发展趋势，也有些股东则只关注企业对利润的分配情况等。

管理当局关注企业的整体情况，以便从一个经营者的角度对企业的经营活动进行把握，更好地进行经营管理。

此外，社会有关部门则关注企业是否履行了其应该承担的社会责任，在治理环境污染、保持可持续发展方面做了什么样的工作，对职工生活的关心程度等。

3. 会计如何提供这些信息

财务会计为了提供这些会计信息，要通过一系列程序与专门的方法，如确认、计量、记录和报告四个基本程序。设置账户、复式记账、填制凭证、登记账簿、成本计算、财产清查和编制会计报表等基本的会计核算方法（这部分内容在本章第三节中介绍）。

（二）会计的任务

会计的任务有如下四项。

1. 正确及时地记录和反映经济活动情况，为经济管理工作提供系统的经济信息

企业、事业单位的经济活动，经济管理中存在的问题，都会直接、间接地在资金运动中表现出来，企业、事业单位的经济活动正是会计的对象。因此，会计工作就应当利用本身特有的职能，全面、系统地记录、反映企业和事业单位的经济活动情况，向管理者提供系统的经济信息，以便据以了解情况、发现问题、采取措施、改进工作。同时，会计工作还必须在一定范围内把会计资料经过逐级汇总，为国家提供必要的数据、资料，以便为国民经济计划提供依据，并用来检查

国民经济计划的执行情况和加强宏观的控制管理。

2. 监督和促进对国家财经法律、法规、制度、纪律的贯彻执行

企业、事业单位的资金运动过程，同时也是执行财经法律、法规、制度和财经纪律的过程。因而，会计工作就应当在记录、反映各项经济业务的同时，监督、检查各项经济活动是否执行和遵守国家的财经法律、法规、制度和财经纪律。对财经法律、法规、制度和财经纪律执行情况的监督，不仅要利用会计资料进行事后检查，更重要的是进行事前的监督，防止发生违反财经法律、法规、制度和财经纪律的情况。

3. 分析、考核资金的使用效果，提高经济效益

资金的使用效果是体现在资金运动的过程和结果中的，它必然在会计上反映出来。因此，会计工作就应当充分利用各种会计资料，对企业、事业单位的资金使用效果，进行全面的分析、考核，查明企业、事业单位使用了多少资金，完成了多少生产任务、工作任务，取得了多少经济成果，等等。通过分析、考核，从中总结经验、挖掘潜力、加强经济管理。

4. 参与拟订经济计划、业务计划，考核、分析预算和财务计划的执行情况

企业、事业单位的经济决策，需要通过制定经济计划、业务计划来进一步加以具体化。在拟订经济计划、业务计划的过程中，必然要考虑到企业、事业单位的资金能否保证计划的实施，企业、事业单位的资金运动能否与计划相适应。因此，参与经济计划和业务计划的拟订也是会计工作的任务。

第三节 | 会计的基本程序与基本方法

一、会计的基本程序

会计的基本程序是指会计信息系统从经济业务发生取得原始数据开始到最终将会计信息传输给财务报告使用者的整个过程中经历的所有步骤。具体包括会计确认、会计计量、会计记录和会计报告四个过程，其中会计确认和会计计量贯穿于会计核算的全过程。

（一）会计确认

会计确认是指对会计主体发生的经济事项，按照一定的标准进行客观认定，并将其列入资产、负债、所有者权益、收入、费用、利润等会计要素，在账簿上正式加以记录并列入会计报表的会计行为。会计确认必须具备一定的条件，如果一个项目满足会计要素定义，并且满足以下两个标准，就可以进行确认：①与该

项目有关的任何未来经济利益可能会流入或流出企业；②该项目具有能够可靠计量的成本和价值。

会计确认主要解决某一个项目应否确认、如何确认和何时确认的问题。在整个会计程序中，会计确认是某项事项能否列入财务报表某一要素的第一道关口。确认之所以重要，就因为它代表会计行为中的识别、判断即决策阶段，只有正确地进行确认，才能正确地记录和报告，也才能产生对会计信息用户决策有用的信息。

会计确认按确认时点可分为初次确认和再次确认。所谓初次确认，是指对进入企业会计信息系统的原始经济信息进行确认。这一确认从填制与审核原始凭证开始。它是一个因经济活动而产生的经济数据能否转化为会计信息，并进入会计信息系统的筛选过程。再次确认，是指对经过会计信息系统加工后输出的会计信息进行的确认。这一确认将根据相关规范与管理者的需要，对已由原始经济信息转化而成的账簿资料进行确认。它将确认账簿资料中哪些内容应列入财务报告。会计信息经初次确认和再次确认，最大程度地提高了会计信息的真实性、可靠性和决策有用性。

（二）会计计量

会计计量是以货币和其他度量单位衡量各种经济业务对会计要素的影响和结果的过程，主要解决记录多少的问题。会计计量也是贯穿于整个会计核算过程的一项重要工作，它对于发挥会计职能、保证会计信息质量、加强财产管理等方面都起着重要的作用。

会计计量包括会计计量单位和会计计量基础。会计计量单位是指计量尺度的度量单位，一般情况是用货币作为计量单位，但也经常辅助以一些实物度量单位和劳动度量单位等。比如，对于企业仓库中的存货往往同时用货币单位计量和实物单位计量。会计计量基础是指用货币对会计要素进行计量时采用的标准，也称为会计计量属性，具体的计量属性在下一节中详细讲解。

会计计量应坚持三个基本质量标准。一是同质性，即会计计量应采用相同的计量基础（或称为计量属性）；否则，即使同一资产，若采用的计量基础不同，其价值量的表现会存在很大差异，无法进行加计与比较。二是证实性，即在给定条件相同时，尽管会计人员不同，但对同一客体的计量应获得相同的结果，也就是计量结果可以互为证实。三是一致性，即计量方法的使用不宜多变，应经常保持前后期使用方法的一致性，以免会计信息使用者在后续会计信息的理解上产生误解。

（三）会计记录

会计记录是指各项经济业务经过确认、计量后，采用一定方法在账户中加以记录的过程。记录的具体方法是：按照复式记账法的要求，运用一定的文字和金额，把会计事项登记在事先设置的会计账簿中。会计记录是对经济业务进行分类、加工和汇总的过程。只有经过这一程序，经济业务才能被进一步加工处理成会计信息。在实务中，会计确认、计量和记录是紧密结合、相辅相成的三个过程，会计确认和计量是会计记录的基础，而会计记录又是会计确认和会计计量的结果。

（四）会计报告

会计报告又称财务会计报告，是指以账簿记录为依据，采用表格和文字形式，将会计数据提供给信息使用者的书面报告。通过前面的三个程序，已经将经济业务登记在会计账簿上了，但是这些信息比较分散，还必须对其进行进一步的加工处理，使之形成一系列反映企业财务状况和经营成果的财务指标体系，便于会计信息使用者的利用。所以，财务报表的编制其实是对会计账簿所记录数据的再加工过程，这一过程其实也是会计的再次确认，即确认哪些数据可以列入会计报表以及如何列入报表。

在实务中，会计四个基本程序的关系为：会计确认是进行会计计量、会计记录、会计报告的前提和基础；会计确认与会计计量共同构成了会计信息系统的核心环节；会计记录是会计确认与会计计量的结果，使账簿能较系统地提供经初次确认后形成的会计信息；会计报告在会计记录的基础上，将经再次确认、加工后形成的综合性的财务会计信息，以规范的形式提供给会计信息使用者。

二、会计核算的方法

会计的方法是指将经济业务发生所获得的原始信息进行加工，使之变成对经济决策有用的财务信息时所采用的技术和手段。会计的方法是随着会计的职能、作用和任务的发展而发展的，从会计产生和发展的历史来看，会计的方法经历了一个从不完善到比较完善、从不系统到比较系统的发展过程。比如，会计刚产生时记录和反映的内容比较简单，因此一般还没有相对固定的方法。但是，随着经济的发展和业务的复杂化，会计需要有固定的方法。会计的方法发展至今，现阶段主要包括会计核算的方法、会计分析的方法、会计检查的方法和会计预测和决策的方法等。其中，会计核算的方法是最基本的方法。

会计核算的方法是对会计业务内容进行连续、系统、全面、综合地分类、记录、计算和报告所应用的方法。在传统的手工记账法下，会计核算的各种方法主要包括设置会计科目及账户、复式记账、填制与审核凭证、设置与登记账簿、成本计算、财产清查和编制会计报表。

（一）设置会计科目和账户

设置会计科目和账户是对会计对象进行归类、核算和控制的一种专门方法。会计科目与账户，是会计在从事财务工作时，必须记录的两个项目。设置会计科目，是设置账户、账务处理所遵循的规则和依据；而账户的设置，则能反映会计要素的增减变动及结余情况；两者缺一不可。有关会计科目和账户的内容我们将在第二章中详细介绍。

（二）复式记账

复式记账是指对每一笔经济业务都要用相等的金额在两个或两个以上相互联系的账户中同时登记的一种记账方法。它的优点就是通过账户的对应关系，可以了解有关经济业务内容的来龙去脉；通过账户的平衡关系，可以检查有关业务的记录是否正确。有关复式记账的内容我们将在第二章中详细讲解。

（三）填制和审核凭证

填制和审核凭证是指经济业务发生后，借助设置的会计科目和账户以及复式记账方法，按照有关要求，进行会计凭证填制，并由有关机构和人员进行审核，保证会计记录真实、正确、合理、合法的一种专门记账方法。作为会计核算的方法，填制和审核凭证不仅为经济管理提供真实、可靠的数据资料，同时也是实行会计监督的一个重要方面。有关填制和审核凭证的内容我们将在第五章中详细讲解。

（四）登记账簿

登记账簿是指根据审核无误的会计凭证，在账簿上连续、完整、系统地记录经济业务的一种专门方法。账簿是用来全面、连续、系统地记录各项经济业务的簿籍，也是保存会计数据资料的重要工具。有关登记账簿的内容我们也将在第五章中详细讲解。

（五）成本计算

成本计算是指按照一定的对象，对生产经营过程中所发生的各种成本费用进行归集，用以确定各个对象的总成本和单位成本的一种专门方法。比如，在工业企业中，供应阶段中采购材料所发生的费用，要按每种材料来归集；生产阶段中生产产品所发生的费用，一般按照产品的品种来归集；等等。通过成本计算，就可以反映和监督生产经营过程当中发生的各项费用是否节约或超支，并据以确定企业的经营盈亏。有关成本计算的内容贯穿于本教材的第三章，但是成本计算的更为复杂的内容应该是会计学科体系的后续课程"成本会计"所要研究的内容，作为基础会计我们只需要掌握最基本的成本计算方法就可以了。

（六）财产清查

财产清查是通过盘点实物，查核应收、应付款项，并与账面核对以查明财产物资实有数额的一种专门方法。在会计核算中，必须定期或不定期地对各种财产物资、货币资金的保管和使用情况，以及往来款项结算情况进行清查，监督各类财产物资的安全、完整和合理使用。有关财产清查的内容我们将在第六章中详细讲解。

(七)编制会计报表

编制会计报表是指以书面报告形式,定期并总结地反映单位经济活动情况和结果的一种专门方法。会计报表提供的资料不仅是了解企业经营成果和财务状况,同时是分析考核财务成本计划和预算执行情况,以及编制未来财务成本计划和预算的重要依据,也是进行经营决策和国民经济综合平衡工作必要的参考资料。有关编制会计报表的内容我们将在第七章中详细讲解。

上述七种会计核算的方法相互联系、密切配合,构成了一个完整的方法体系。本教材主要的内容其实都是围绕着这七种会计核算的方法展开的。在会计核算的方法体系中,就其工作程序和工作过程来说,主要包括三个环节:填制和审核凭证、登记账簿和编制会计报表。

可见,会计核算的基本内容就是经济业务发生后,经办人员要填制或取得原始凭证,经会计人员审核整理后,按照设置的会计科目,运用复式记账法,编制记账凭证并据以登记账簿,要依据凭证和账簿记录对生产经营过程中发生的各项费用进行成本计算,并依据财产清查对账簿记录加以核实,在保证账实相符的基础上定期编制会计报表并对外公布。

第四节 会计规范

一、会计规范概述

目前,各国在规范会计程序和方法上主要有两大类型:一是由民间会计组织制定,但仍由法律或权威机构运行,使之成为公认会计准则,这种准则的制定方式适用于资本主义国家的市场经济,以美国、英国为代表;二是由政府机构依法制定,我国属于此类。

在经济体制改革的同时,我国还在不断完善包括会计制度在内的法制规范体系。我国的会计规范体系是指财务信息的法规体系,可以分为会计法律、会计行政法规和会计行政规章三个子层次,其总体结构如表1-1所示。

表1-1 会计制度层次结构

层次	规范性文件	制定文件的责任机构
国家法律	中华人民共和国法律	全国人大常委会
国家行政法规	政府工作条例	国务院
国家行政规章	会计准则和制度	财政部

（一）会计法律

会计法律在会计法规体系中居于最高层次。《中华人民共和国会计法》（以下简称《会计法》）由全国人大常委会制定和颁布，是会计工作的根本大法，是调整我国经济活动中会计关系的法律总规范，是会计法律、法规体系的最高层次，也是制定其他会计法规的依据。

中华人民共和国成立以后的第一部《会计法》是于1985年1月21日由第六届全国人民代表大会常务委员会第九次会议通过，并于1985年5月1日开始实施的。随着我国经济体制改革的不断深化，为适应社会主义市场经济发展的需要，全国人大常委会分别于1993年12月、1999年10月和2017年11月4日对《会计法》进行了修订。

《会计法》规定了会计工作的基本目的、会计管理权限、会计责任主体、会计核算和会计监督的基本要求、会计人员和会计机构的职责权限，并对会计法律责任作了详细规定。《会计法》的颁布执行，对加强会计工作、保障会计人员行使职权、发挥会计工作维护国家财经制度、加强经济管理、提高经济效益有着十分重要的作用。

除了《会计法》外，《中华人民共和国公司法》《中华人民共和国证券法》和《中华人民共和国注册会计师法》等对我国的会计工作也有直接的指导意义。

（二）会计行政法规

由国务院以及国务院有关部门制定的各种会计行政法规是会计法规体系的第二个层次。会计行政法规是对会计法律的补充和具体化，属于这类法规的有《总会计师条例》和《企业财务会计报告条例》。

为了确定总会计师的职权和地位，发挥总会计师在加强经济管理、提高经济效益中的作用，国务院于1990年12月31日发布《总会计师条例》，从发布日开始实施。之后在2011年1月进行了修订。

为了规范企业财务会计报告制度，保证财务会计报告的真实、完整，根据《会计法》的基本要求，2000年6月21日，国务院以第287号令的形式，发布了《企业财务会计报告条例》，并于2001年1月1日起实施。《企业财务会计报告条例》对1992年发布的《企业会计准则——基本准则》中的资产、负债、所有者权益、收入、费用和利润六大会计要素的定义重新加以界定，为修改和完善我国会计核算制度，深化会计制度的改革提供了法律保障，同时也标志着我国会计制度向更成熟的方向发展。

（三）会计行政规章

会计行政规章是指国家主管财政工作的行政部门——财政部及其他部委制定的会计方面的规范，主要包括会计准则和会计制度。

1. 会计准则

我国会计准则分为基本会计准则和具体会计准则。早在1991年，财政部就提出了建立中国会计准则体系的目标，并要求这套体系既要照顾中国的国情，也要考虑国际惯例，有利于证券市场和市场经济的发展。

（1）基本会计准则。我国基本会计准则于1992年11月30日发布，并于1993年7月1日起实施。2006年2月颁布了修订后的基本会计准则，并于2007年1月1日起开始实施。2014年7月又对基本会计准则进行了进一步的修改。该基本会计准则对会计核算的一般要求及会计核算的主要方面作出了原则性规定。同时，基本会计准则也为具体会计准则以及会计制度的制定提供了基本框架。基本会计准则包括会计的基本前提、会计信息的质量要求、会计的计量属性，以及会计要素等内容。具体的相关内容我们将在下一节进行介绍。

（2）具体会计准则。具体会计准则是根据基本会计准则的要求制定的，是对经济业务的会计处理以及报表披露等方面作出的具体规定。2006年2月出台了38项具体准则，从2007年1月1日起实施。2014年1月至7月，财政部陆续发布（新增）了三项会计准则，要求于2014年7月1日开始实施，同时修订了五项企业会计准则。为了适应社会主义市场经济发展需要，规范持有待售的非流动资产、处置组和终止经营的会计处理，提高会计信息质量，根据《企业会计准则——基本准则》，财政部于2017年4月28日制定并颁布了《企业会计准则第42号——持有待售的非流动资产、处置组和终止经营》，自2017年5月28日起执行。财政部之后又于2017年5月2日发布了对企业会计准则第37号的修订稿，并于2018年1月1日开始执行。2017年7月5日又对原来的企业会计准则第14号——收入以及企业会计准则第15号——建造合同进行修订颁布了《企业会计准则第14号——收入》。2018年和2019年又分别对企业会计准则第21号租赁、第7号非货币性资产交换以及第12号债务重组进行了修订。截至目前，共有42项具体会计准则，分别是：《企业会计准则第1号——存货》《企业会计准则第2号——长期股权投资》《企业会计准则第3号——投资性房地产》《企业会计准则第4号——固定资产》《企业会计准则第5号——生物资产》《企业会计准则第6号——无形资产》《企业会计准则第7号——非货币性资产交换》《企业会计准则第8号——资产减值》《企业会计准则第9号——职工薪酬》《企业会计准则第10号——企业年金基金》《企业会计准则第11号——股份支付》《企业会计准则第12号——债务重组》《企业会计准则第13号——或有事项》《企业会计准则第14号——收入》《企业会计准则第15号——建造合同》《企业会计准则第16号——政府补助》《企业会计准则第17号——借款费用》《企业会计准则第18号——所得税》《企业会计准则第19号——外币折算》《企业会计准则第20号——企业合并》《企业会计准则第21号——租赁》《企业会计准则第22号——金融工具确认和计量》《企业会计准则第23号——金融资产转移》《企业会计准则第24号——套期会计》《企业会计准则第25号——原保险合同》《企业会计准则第26号——再保险合同》《企业会计准则第27号——石油天然气开采》《企业会计准则第28号——会计政策、会计估计变更和差错更正》《企业会计准则第29号——资产负债表日后事项》《企业会计准则第30号——财务报表列报》《企业会计准则第31号——现金流量表》《企业会计准则第32号——中期财务报告》《企业会计准则第33号——合并财务报表》《企业会计准则第34号——每股收益》《企业会计准则第35号——分部报告》《企业会计准则第36号——关联方披露》《企业会计准则第37号——金融工具列报》《企业会计准则第38号——首次执行企业会计准则》《企业会计准则第39号——公允价值计量》《企业会计准则第40号——合营安排》《企业会计准则第41号——在其他主体中权益的披露》《企业会计准则第42号——持有待售的非流动资产、处置组和终止经营》。对于新颁布的《企业会计准则第14号——收入》，规定对于在境内外同时上市的企业以及在境外上市并采用国际财务报告准则或企业会计准则编制财务报表的企业，从2018年1月1日起施行；其他境内上市企业，自2020年1月1日起施行；非上市企业，自2021年1月1日起施行。同时，允许企业提前施行。对于执行本准则的企业，不再执行原有的第14号收入准则和第15号建造合同准则。

2. 会计制度

会计制度包括企业会计制度和非企业会计制度。

（1）企业会计制度。企业会计制度是企、事业单位进行会计工作应遵循的规则、方法和程序的总称。1992年，根据基本会计准则制定了14个行业会计制度。但是按照我国企业会计制度改革的思路，国家统一的会计制度将打破行业、所有制的界限，并根据企业规模和性质，将全部企业会计制度分为《企业会计制度》《金融企业会计制度》和《小企业会计制度》。2000年12月，财政部颁布了《企业会计制度》，统一了除金融企业和小企业以外的所有企业的会计核算，同时废除了《股份有限公司会计制度》等多个行业的会计制度。2001年11月，财政部又颁布了《金融企业会计制度》。2004年4月，财政部颁布了《小企业会计制度》。2011年10月18日，财政部制定了《小企业会计准则》，从2013年1月1日起在小企业范围内施行，原来的《小企业会计制度》同时废止。2011年2月21日，财政部令第62号废止了《金融企业会计制度》，从2011年2月21日实施。现在的金融企业执行《企业会计准则》。至此，我国已经建立了较为完善的会计规范体系。

（2）非企业会计制度。非企业会计制度是指除企业以外的其他单位适用的会计制度，主要包括：1997年7月颁布的《事业单位会计制度》、1998年2月颁布的《行政单位会计制度》和1997年6月颁布的《财政总预算会计制度》，以及2005年1月颁布的《民间非营利组织会计制度》。

二、会计假设

会计假设又称会计核算的基本前提，是指为了保证会计工作的正常进行和会计信息的质量，对会计核算的范围、内容、基本程序和方法所作的限定，并在此基础上建立会计原则。会计假设是指面对变化不定的社会经济环境，会计人员对某种情况按照进行会计工作的先决条件所作出的合理推断或人为规定。我们国家的会计假设与国际会计惯例一致，主要包括会计主体假设、持续经营假设、会计分期假设和货币计量假设。

（一）会计主体假设

会计主体假设是指在组织会计核算之前，首先必须明确会计为之服务的特定单位，即会计主体。明确会计主体，实质上等于界定了企业会计确认、计量和报告的一个有效的空间范围。所以，会计主体是指会计工作为其服务的特定单位或组织，这样的组织一般应同时符合以下三个条件：

（1）具有一定数量的资金。
（2）进行独立的生产经营活动或其他活动。
（3）会计上实行独立核算。

会计核算工作总是在一定的会计主体中进行的。也就是说，在会计主体假设下，企业会计核算应当以本企业发生的各项经济业务为对象，记录和反映企业本身的各项生产经营活动。可见，会计主体假设规定了会计工作的空间范围和记账、算账与报账的立场。明确和界定会计主体是开展会计确认、计量和报告工作的重要前提。

首先，明确会计主体就能划定企业所要处理的经济业务的范围。在会计工作中，只有那些影响企业本身经济利益的各项交易或事项才能加以确认、计量和报告，那些不影响企业本身经济利益的各项交易或事项则不能加以确认、计量和报告。比如，对于A公司而言，只能对B公司购买A公司产品的这笔业务确认、计量和报告，而对于B公司购买C公司产品的这笔业务则不能确认、计量和报告。因为B公司购买C公司的这笔业务根本不会影响A公司的经济利益，所以A公司按照会计主体假设不能对这笔业务进行确认、计量和报告。

其次，明确会计主体就能将会计主体的交易和事项与其财产所有者的交易和事项相分离，独立地反映企业本身的财务状况和经营成果，而不能反映与本企业无关的投资者本人的经济业务或是其他单位的经营活动。比如，王某是A公司的投资者，则对于王某本人购买了一套西服这一事项，A 公司不能对之进行确认、计量和报告；反之，如果王某是替 A 公司批发了 100 套西服，则这笔业务是属于 A 公司这一会计主体的业务而不是投资者本人的业务，所以需要对之进行确认、计量和报告。

须注意的是：会计主体与法人（即法律主体）是两个不同的概念。如果某个组织是法人，则它肯定是一个会计主体，因为作为一个法人，它肯定同时满足符合会计主体的上述三个条件；但如果某个组织是会计主体，它却不一定是法人，因为许多符合会计主体三个条件的组织本身并不是法律主体，没有法人资格。比如，F 大学经济学院是一个会计主体，它进行独立的会计核算，但它不是法律主体，只有 F 大学才是法人。

（二）持续经营假设

持续经营假设是指，如果不存在明显的反证，一般都认为企业在可预见的将来会持续不断地经营下去。这里的"反证"是指那些表明企业的经营将在可以预计的时刻结束，如合同规定的经营期满、企业资不抵债而濒临破产清算。之所以要对企业的持续经营做出假定，一个主要的原因是，如果缺乏这项假设，会计核算的许多处理方法，如固定资产计提折旧、长期借款的处理等将不能够应用。另一个原因是企业在持续经营状态下和处于清算状态时所采纳的会计处理是不同的，如对固定资产在持续经营下可以采用历史成本法计价，而在清算状态下则只能够采取公允价值如市价、评估价值等计价。可见，持续经营假设确定了会计核算的一个时间范围。

如果一个企业在不能持续经营时还假定它能够持续经营，并仍按照持续经营假设选择会计确认、计量和报告的方法，就不能客观地反映企业的财务状况等信息，会误导会计信息使用者的经济决策。如当企业濒临破产或已经破产时，持续经营假设将不再适用，这时应该改用清算基础。

（三）会计分期假设

会计分期假设是指人为地将持续不断的经营活动分割成较短的等距会计期间，以便分期结算账目，按期编制会计报表。它是对会计工作时间范围的具体划分。会计分期假设下，一般以一年作为一个会计期间，一年可以是采取公历年度即从 1 月 1 日至 12 月 31 日，也可以采纳财政年度，如有些国家规定会计期间从 7 月 1 日至次年 6 月 30 日。我国规定会计期间采纳公历年度。此外，在信息时代的今天，考虑到信息提供的及时性，会计期间也呈现出逐渐缩短的倾向，如以半年、季度和月作为会计期间。其中，会计年度是最重要的会计期间。明确会计分期假设非常重要，由于会计分期，才产生了当期与以前期间、以后期间的差别，才产生了正确处理跨期经济活动的标准。

(四) 货币计量假设

会计是一个以提供财务信息为主的经济信息系统，该系统采纳复式簿记原理进行相关账务处理。复式簿记的一个必备条件就是采用统一的货币进行计量。因为只有货币才具备可加性，才能够将各种经济活动综合地反映出来，否则不同属性项目之间的加总就仿佛一个桶子与一个苹果的加总一样毫无意义。货币作为价值尺度，是商品内在价值尺度中劳动时间的必然表现形式。

我国《企业会计准则》规定，会计核算以人民币为记账本位币。业务收支以外币为主的，也可以选定某种外币作为记账本位币，但编制的会计报表应折算为人民币。货币计量假设包括两个层次，一个是货币计量单位，另一个是货币的币值稳定与否的问题。该假设包含币值稳定的假设，如果币值发生变化，则改为物价变动会计（通货膨胀会计）。

但是，货币计量假设在某些情况下也有缺陷，因为企业存在许多无法用货币计量的，但是却会影响企业财务状况和经营成果的因素，如研发能力、经营战略等，这些因素同样会对会计信息使用者作出决策产生影响。企业可以通过用文字信息补充说明的方式来弥补这一缺陷。

会计的四项基本前提假设是相互依存、相互补充的关系：没有会计主体假设，就不会有持续经营假设；没有持续经营假设，就不会有会计分期假设；而没有货币计量假设，也就不会有现代会计。

我们可以将上述四条会计假设综合起来，从而给出会计的完整定义：会计是指确定会计工作为之服务的特定单位和范围，采用货币为统一尺度，在持续经营条件下选择恰当的会计方法对日常的经济业务记录、计算和反映，并按等距期间定期完整、及时、准确地编制出会计报表并予以披露。

三、会计信息质量要求

会计核算的信息质量要求是对会计核算提供信息的基本要求，是处理具体会计业务的基本依据，是在会计核算前提条件制约下，进行会计核算的标准和质量要求。我国1992年制定的《企业会计准则》中，对会计的信息质量要求规定了十二条会计基本原则，这十二条原则可以分为四方面要求：属于总体要求范畴的，包括客观性原则、可比性原则和一致性原则；属于会计信息质量要求范畴的，包括相关性原则、及时性原则和明晰性原则；属于会计要素确认、计量方面范畴的，包括划分收益性支出与资本性支出原则、历史成本原则、配比原则和权责发生制原则；属于会计修正性惯例要求范畴的，包括谨慎性原则和重要性原则。在2001年的会计改革中，为了进一步与国际接轨，加了第十三条实质重于形式原则。在2006年2月的最新企业会计准则中，对会计核算一般原则的改动比较大，主要是取消了权责发生制原则、历史成本原则以及划分收益性支出与资本性支出原则作为基本原则。并且，对于配比原则也未在"总则"中单独列项反映。我国在 2006 年制定的《企业会计准则——基本准则》中，对会计信息的质量要求中首次构建了较为完善的会计信息质量准则体系。在这些信息的质量要求中，包括以下八条要求。

（一）可靠性

可靠性也称为客观性和真实性，是指企业应当以实际发生的交易或者事项为依据进行会计确认、计量和报告，如实反映符合确认和计量要求的各项会计要素及其他相关信息，保证会计信息真实可靠、内容完整。

可靠性是对会计核算工作的基本要求。我们可以把可靠性称为会计的生命和灵魂。会计首先作为一个信息系统，其提供的信息是国家宏观经济管理部门、企业内部经营管理及有关方面进行决策的依据。如果会计数据不能真实、客观地反映企业经济活动的实际情况，势必无法满足有关各方了解企业情况、进行决策的需要，甚至可能导致错误的决策。可靠性要求：在会计核算的各个阶段必须符合会计真实、客观的要求；会计确认必须以实际经济活动为依据；会计计量、记录的对象必须是真实的经济业务；会计报告必须如实反映情况，不得掩饰。

例如，某公司本年销售收入大幅度滑坡，为了应付会计师事务所的审计，制作了大量的商品出库凭证，把预计下一年销售的商品提前虚构销售，并提前确认收入。显然，公司的这种处理并不是以其实际发生的交易事项为依据的，而是虚构的交易事项，完全违背了可靠性要求。

（二）可比性

可比性是指要求企业提供的会计信息应当具有可比性，又包括两方面的要求。

（1）要求同一企业不同时期发生的相同或相似的交易或者事项，应当采用一致的会计政策，不得随意变更。确实需要变更的，应当在附注中说明。

这是从纵向方面要求会计信息的可比性，也可以称为一致性要求。一致性要求同一企业在不同时期的会计信息具有可比性，这有助于会计信息使用者对企业前后各期会计信息进行比较和分析，合理预测企业的发展趋势，并为企业制定科学、合理的发展规划提供可靠的依据。在会计中坚持一致性要求，有利于提高会计信息的使用价值；同时，由于限制了会计程序与会计处理方法在前、后会计期间的随意变更，就可以防止会计主体通过人为地变更会计程序与会计处理方法来进行会计报表的粉饰，从而损害会计信息使用者的利益。

尽管一致性强调会计处理方法的前、后期尽可能保持一致，但是并不绝对禁止会计处理方法的变更。在企业会计实务中，环境等的影响，可能会使得企业在特殊时期、特殊环境下确实需要改变会计处理方法和程序，这种情况下可以变更会计处理方法，但必须将会计政策变更的性质、内容和原因、当期和各个列报前期财务报表中受影响的项目名称和调整金额以及无法进行追溯调整的进行披露，同时，说明该事实和原因以及开始应用变更后的会计政策的时点和具体应用情况。

2007年1月1日开始实施的《企业会计准则——会计政策、会计估计变更和差错更正》中，对何种情况下可以变更企业的会计处理方法（会计政策）作出了规定：

① 法律、行政法规或者国家统一的会计制度等要求变更。

② 会计政策变更能够提供更可靠、更相关的会计信息。

（2）不同企业发生的相同或相似的交易或者事项，应当采用规定的会计政策，确保会计信息口径一致、相互可比。

这是横向方面要求会计信息的可比性。要求企业的会计核算应当按照规定的会计处理方法进行，会计指标应当口径一致，以便在不同企业之间进行比较，即要求不同会计主体对同一会计事项或类似的会计事项采取相同的会计核算方法与会计处理程序。其目的在于提高会计信息的决策相关性，使得会计主体在相互比较的基础上解释它们之间相同与差异的原因，国家可以据以进行有关的宏观经济决策，投资者与债权人也可以根据符合可比性原则的会计信息进行有关的投资与信贷决策，企业内部的管理当局可以据以进行有关的经营管理决策。

在可比性中，横向比较的要求必须以前面的纵向比较要求为前提，以可靠性为基础。只有当一个会计主体的前后各个会计期间的会计信息一致，才能够使不同会计主体之间的比较有意义；只有各个会计主体的会计信息是真实、可靠的，进行比较才有必要。但是应该注意：为了增强可比性，要求不同的会计主体之间尽可能地采取统一的会计方法与程序，并以会计准则或会计制度为规范；但是，过分强调会计方法与程序的绝对统一以便追求可比性，势必会导致削弱各个会计主体会计核算的固有特点，从而损害决策有用性。因此，可比性是一个相对的概念。

（三）相关性

相关性又称有用性，是指企业提供的会计信息应当与财务会计报告使用者的经济决策需要相关，有助于财务会计报告使用者对企业过去、现在或者未来的情况作出评价或者预测，以满足会计信息使用者的需要。

会计目标是为有关方面提供决策有用的会计信息，为了决策有用，会计主体提供的会计信息必须是与决策相关的。一般认为，会计信息是否具有决策相关性取决于其是否具备预测价值、反馈价值和及时性。预测价值是指会计信息能够帮助使用者预测未来事项的结果，会计信息使用者可以根据此结果作出自己的最优决策。反馈价值是指使用者可以据此证实或否定自己过去已有的预期结果，并能够据此修正自己的已有决策和认识。及时性是指会计信息在失去其决策作用之前，已经为决策使用者所拥有并使用。诚然，如果信息只具有及时性，我们并不能够断言该信息一定能够成为相关的信息，但一项信息如果要具有相关性，及时性却是必不可少的。为了满足相关性要求，企业会计人员需要在确认、计量和报告会计信息时，充分考虑到信息使用者的决策模式和信息需要。但是，相关性是以可靠性为基础的，两者之间并不矛盾。也就是说，会计信息在可靠性前提下，尽可能做到相关性，以满足投资者等财务报告使用者的决策需要。

（四）及时性

前已提到，及时性是相关性的一个有机组成部分。及时性要求企业对于已经发生的交易或者事项，应当及时进行会计确认、计量和报告，不得提前或延后。市场经济风云变幻，企业竞争异常激烈，各个信息使用者对会计信息的及时性要求越来越高，因此这一要求也就愈发重要。及时性具体又有如下三方面要求：

（1）及时收集会计信息。在经济业务发生后，及时收集整理各种原始单据。

（2）及时对所收集到的会计信息进行加工和处理。按照国家统一的会计准则和会计制度的要求，及时编制会计报告。

（3）及时将会计信息（即编制好的会计报告）传递给会计信息使用者，以供其决策之用。

（五）明晰性

明晰性是指企业的会计核算和编制的财务会计报告应当清晰明了，便于会计信息使用者理解和利用。会计信息提供的主要目的就是为了帮助信息使用者进行决策，那么企业所披露的会计信息就应该具备简明、易理解的特征，使具备一定知识而且也愿意花费一定时间与精力分析会计信息的使用者能够了解企业的财务状况、经营成果和现金流量情况。

在现代会计信息中，有许多是无法用数字来说明的，这就要用文字在报表附注中加以说明。所以，明晰性不仅要求会计信息书写工整、字迹便于辨认，更重要的是能够用文字清楚地表达企业的会计信息。

（六）谨慎性

谨慎性又称为稳健性或保守主义，是指企业对交易或事项进行会计确认、计量和报告应当保持应有的谨慎，不应高估资产或收益、低估负债或费用。

企业的经营活动会面临许多风险，也存在着大量的不确定性。比如，商品赊销形成的应收账款能否如期收回，存在风险。又比如，生产设备以可能的技术进步为背景，其使用寿命究竟该多长，存在不确定性。谨慎性质量要求的实质，是要求企业在对存在不确定性的经济业务进行确认和计量时，要合理确认及计量可能发生的损失和费用，但不预计可能发生的收入，力求使风险与损失在实际发生之前得到化解，同时也避免利润虚增情况的发生。

谨慎性质量要求体现于会计核算的全过程。首先，就会计确认而言，要求确认标准和方法建立在稳妥合理的基础之上。其次，就会计计量而言，要求既不可高估资产和利润的数额，也不得低估负债和损失的数额。再次，就会计报告而言，要求向会计信息使用者提供尽可能全面的会计信息，特别是应报告可能发生的风险损失。实务中，对应收账款计提坏账准备、对固定资产采用加速折旧法计提折旧、对售出商品可能发生的保修义务确认预计负债、对期末存货计价采用成本与可变现净值孰低等都是谨慎性质量要求的体现。

不过，企业不能漫无边际、任意使用或歪曲使用谨慎性质量要求，否则将会影响会计信息的可靠性，损害会计信息质量，从而对会计信息使用者的决策产生误导。

（七）重要性

重要性是指企业提供的会计信息应当反映与企业财务状况、经营成果和现金流量等有关的所有重要交易或者事项。

重要性要求企业在会计处理过程中，对经济事项应区别其重要程度，采用不同的会计处理方法和程序：对于资产、负债、损益等有较大影响，从而影响财务会计报告使用者据以作出合理判断的重要会计事项，必须按照规定的会计方法和程序进行处理，并在财务会计报告中予以充分、准确的披露；对于次要的会计事项，在不影响会计信息真实性和不至于误导财务会计报告使用者作出正确判断的前提下，可适当简化处理。

重要性要求每个企业确定自己的重要会计事项。对某项会计事项判断其重要性，在很大程度上取决于会计人员的职业判断。企业应当根据其所处环境和实际情况，从项目的性质和金额大小两方面加以判断。

（八）实质重于形式

实质重于形式是指企业应当按照交易或事项的经济实质进行会计核算，而不应当仅以交易或事项的法律形式作为会计核算的依据。实质重于形式在会计的确认、计量、记录和报告过程中都有广泛应用。

会计反映职能的精髓是客观真实性。科技的发展导致交易形式趋于多样化，使得会计核算不应受其表现形式的影响。实质重于形式是一项重要的国际会计惯例，实际上，我国的某些规定已经不自觉地运用了这一质量要求。比如，原先对于融资租赁固定资产的入账问题。融资租入的固定资产，虽然从法律形式上看企业不拥有所有权，但是由于该项资产的所有风险和报酬已经转移到租入方，所以从融资租入资产的经济实质来看，企业能够控制它，并能使其创造未来经济利益，在会计核算上就应把它作为企业的资产入账。但最新出台的新租赁准则中，承租人不再划分经营/融资租赁，而是采取了两租合一的方法，对租赁确认使用权资产和租赁负债。

其他实质重于形式的例子：企业销售产品并提供售后一定时期免费修理服

务，虽然形式上企业没有在销售时发生一笔修理费，但根据已往经验，所售产品总有一部分要返修，实质上承担了一项经济责任。根据此原则，企业应确认一项负债。

又比如：商品已售出，但企业为确保到期收回债款而暂时保留商品的法定所有权时，该权利通常不会对客户取得对该商品的控制权构成障碍，在满足收入确认的其他条件时，企业确认相应收入。

四、会计确认、计量和报告的基础

会计确认、计量和报告的基础是权责发生制，而与之相对应的另外一种制度是收付实现制。在企业发生经济业务时，其货币的收支业务与交易或事项本身并不完全一致。比如，货物已经销售，但是货款并没有收到；款项已经支付，但是费用尚未发生。在这种款项支付和业务发生不在同一会计期间的情况下，会计一般对收入和费用根据实际影响期间来计量，这就是权责发生制的要求。

（一）权责发生制

权责发生制又称应计制原则，是指对各项收入和费用的确认应当以"实际发生"（归属期），而不是以款项的实际收付作为入账的基础。在权责发生制原则下，凡是当期已经实现的收入和已经发生或应当负担的费用，不论款项是否收付，都应当作为当期的收入和费用；凡是不属于当期的收入和费用，即使款项已在当期收付，也不应当作为当期的收入和费用。比如，本期销售商品 30 000 元，但是本期没有收到货款，则按照权责发生制，这 30 000 元应该作为本期的收入确认，因为其销售的业务已经确实在本期发生。又比如，本期预付下一年的设备保险费 20 000 元，虽然这 20 000 元本期已经支付，但是按照归属期判断，这 20 000 元保险费是归属于下一年的，所以按照权责发生制的要求，不能确认这 20 000 元作为本期的费用。

（二）收付实现制

所谓收付实现制，是以款项的实收、实付为计算标准来确定本期收益和费用。凡是本期收到的收益款项和付出的费用款项，不论是否属于本期的收益和费用，均作为本期的收益和费用处理，在会计期末不需要对收益和费用进行调整。比如，上例中本期支付的 20 000 元保险费按照收付实现制就应该确认为本期的费用。

权责发生制与收付实现制的共同之处在于均是会计确认收益和费用归属期的基本原则，但权责发生制是以权利的取得和责任的承担作为确认收益和费用的基本标准，即取得收取货款的权利或承担费用的责任就可确认收益和费用。收付实现制是以实际收付现金为确认收益和费用的基本标准。权责发生制是依据持续经营和会计分期两个基本前提来正确划分不同会计期间资产、负债、收入、费用等会计要素的归属，并运用一些诸如应收、应付、预收、预付等项目来记录，由此形成资产和负债等会计要素。企业经营不是一次而是多次，而其损益的记录又要分期进行，每期的损益计算理应反映所有属于本期的真实经营业绩，收付实现制显然不能完全做到这一点。因此，权责发生制与收付实现制相比较，能更加准确地反映特定会计期间实际的财务状况和经营业绩。工业企业的会计确认基础要求用权责发生制，本教材也是采用权责发生制为基础。

权责发生制在反映企业的经营业绩时有其合理性，在当前也已成为绝对主流的会计确认基础，几乎完全取代了收付实现制；但权责发生制也存在很多局限性，其最大的缺点是一个在损益表上看来经营很好、利润很高的企业，在资产负债表上却可能因没有相应的变现资金而陷入财务困境。比如，某企业本期销售1 000万元的商品，按照权责发生制原则在利润表中确认这1 000万元的收入，但是企业可能本期根本不能收到这1 000万元的销售款，但是企业本期的各项成本费用仍旧需要用现金支付，这时候企业就会出现利润表上利润很高却陷入财务危机的状况。在市场经济条件下，企业现金流量状况在很大程度上影响着企业的生存与发展。为提示这种情况，应编制以收付实现制为基础的现金流量表来弥补权责发生制的不足。

五、会计要素

会计要素是指对会计对象按照其经济特征所作的分类，即将会计内容分解成若干个要素，统称为会计要素。之所以要对会计对象进行基本分类是由于会计对象比较抽象，要从整体上把握会计的内容，只有对会计对象进行恰当的分解，形成基本的、相互独立而又相互联系的几个部分，才能从质和量上准确地用文字与金额描述会计对象，了解其价值增值运动。

我国《企业会计准则》将企业会计要素分为资产、负债、所有者权益、收入、费用和利润六个要素。这六大要素又可以划分为两大类：一类是反映财务状况的会计要素，包括资产、负债和所有者权益；另一类是反映经营成果的会计要素，包括收入、费用和利润。

（一）资产

资产是指过去的交易、事项形成并由企业拥有或者控制的资源，该资源预期会给企业带来经济利益。

1. 资产的特征

从上述资产的定义中，我们可以概括出资产具有如下三个特征：

第一，资产必须是由过去的交易或者事项（包括购买、生产、建造行为）以及其他交易或者事项形成的，预期在未来发生的交易或者事项不形成资产。

第二，资产必须是由企业拥有或控制的，即企业享有某项资源的所有权，或者虽然不享有某项资源的所有权，但该资源能被企业所控制。比如：承租人租入的固定资产，在租赁期开始时应确认使用权资产，虽未拥有所有权，但拥有了在租赁期内使用该租赁资产的权利，因此作为资产入账。

第三，资产一定是预期会给企业带来经济利益的，即资产作为一项资源具有能直接或者间接导致现金和现金等价物流入企业的潜力，它能为企业带来未来经济利益。比如，某企业自从新购入 B 型号设备后，A 设备就一直没有再被使用，在这种情况下，企业的 A 设备不应该确认为企业的资产，因为它已经长期闲置，不再给企业带来未来经济利益。

2. 资产的确认条件

以上是符合资产定义的经济资源的特征，但是对于符合资产定义的资源，必须同时符合以下两点才能被确认为企业的资产：

（1）与该资源有关的经济利益很可能流入企业。

（2）该资源的成本或者价值能够可靠地计量。

比如，某企业在某年某月某日销售商品一批，收到购货单位签发并在两个月后承兑的、金额为 10 000 元的商业承兑汇票一张，则该张商业承兑汇票在未来能够给该企业带来确定金额的经济利益的流入，因此应该属于 A 企业的资产。

3. 资产的列示

对于既符合资产定义，又符合资产确认条件的项目，应当列入资产负债表；而对于符合资产定义，但是不符合资产确认条件的项目，不应当列入资产负债表。

4. 资产的分类

资产按照流动性分为流动资产和非流动资产。具体分类参见第四章第一节相关内容。

（二）负债

负债是指过去的交易、事项形成的现时义务，履行该义务预期会导致经济利益流出企业。现时义务是指企业在现行条件下已承担的义务。未来发生的交易或者事项形成的义务，不属于现时义务，不应当确认为负债。

1. 负债的特征

从负债的定义中，我们可以概括出负债具有如下三个特征：

第一，负债必须是由于过去的交易和事项形成的现时义务。

第二，义务包括法定义务和推定义务。法定义务是指企业具有约束力的合同或者法律、法规规定的义务所形成的负债，如根据借款合同形成的负债；推定义务是指根据企业的经营习惯、对客户的承诺等导致企业将承担的义务所形成的负债，如售后保修服务可以认为是一项或有负债。

第三,义务的履行必须会导致经济利益的流出。

2. 负债的确认条件

对于符合负债定义的项目,必须同时符合以下两点才能被确认为企业的负债:

(1)与该项目有关的经济利益已很可能流出企业。

(2)未来经济利益的流出能够可靠地计量。

比如,某企业某月某日购买3 000元的原材料用于产品的生产,经与供应商协商,货款将于下月支付,则该项业务导致企业下月经济利益流出,并且该经济利益流出能够可靠计量,为3 000元,属于企业的负债。

3. 负债的列示

对于既符合负债定义,又符合负债确认条件的项目,应当列入资产负债表;而对于符合负债定义,但是不符合负债确认条件的项目,不应当列入资产负债表。

4. 负债的分类

负债按其流动性分为流动负债和非流动负债。负债满足下列条件之一的,应当归类为流动负债:①预计在一个正常营业周期中清偿;②主要为交易目的而持有;③自资产负债表日起一年内到期应予以清偿;④企业无权自主地将清偿推迟至资产负债表日后一年以上。流动负债主要包括短期借款、交易性金融负债、应付票据、应付账款、预收账款、应付职工薪酬、应交税费、应付股利、其他应付款等。流动负债以外的负债应当归类为非流动负债。

(三)所有者权益

所有者权益是指资产扣除负债后由所有者享有的剩余权益,其金额为资产减去负债后的余额。公司的所有者权益又称为股东权益。

1. 所有者权益的特征

所有者权益主要有三个特征:

(1)所有者投资所形成的资产可供企业长期使用,其出资额在企业依法登记后,不得随意抽回。

(2)所有者投资所形成的资产是企业清偿债务的物质保证。

(3)所有者以其出资额享有获取企业利润的权利,与此同时,也以出资额承担企业的经营风险。

由于所有者权益体现的是所有者在企业中的剩余权益,因此所有者权益的确认主要依赖于资产和负债的确认,所有者权益的金额确定也主要取决于资产和负债的计量。

2. 所有者权益的列示

所有者权益项目应当列入资产负债表。

3. 所有者权益的来源

所有者权益的来源包括所有者投入的资本、直接计入所有者权益的利得和损失,以及留存收益等。

直接计入所有者权益的利得和损失是指不应计入当期损益,但会导致所有者权益发生增减变动的、与所有者投入资本或者向所有者分配利润无关的利得或者损失。

利得是指由企业非日常活动所形成的、会导致所有者权益增加的、与所有者投入资本无关的经济利益的流入。

损失是指由企业非日常活动所发生的、会导致所有者权益减少的、与向所有者分配利润无关的经济利益的流出。

4. 所有者权益的构成

所有者权益主要包括实收资本(或者股本)、资本公积、其他综合收益、盈余公积、未分配利润等。实收资本是指投资者实际投入企业经营活动的各种财产物资和货币资金,是企业所有者权益构成的主体;资本公积是指企业收到投资者出资超出其在注册资本或股本中所占的份额的资本或资产;其他综合收益是指根据企业会计准则规定未在损益中确认而直接计入所有者权益的利得和损失扣除所得税影响后的净额。盈余公积是指企业按照规定从税后利润中提取的公积金,主要包括法定盈余公积金和任意盈余公积等;未分配利润是指企业尚未分配的留于以后年度分配的利润。

(四)收入

收入是指企业在日常活动中形成的、会导致所有者权益增加的、与所有者投入资本无关的经济利益的总流入。其中,"日常活动"是指企业为完成其经营目标所从事的经常性活动,以及与之相关的其他活动。

1. 收入的特征

从上述收入的定义中,我们可以概括出收入的三个特征:

第一,收入应该是企业在日常经营活动中产生的,而不是从偶发的交易或事项中产生的。比如,工业企业的收入应该是从其销售商品或者提供工业性劳务等日常活动中产生的,而不是从处置固定资产等非日常活动中产生的。

第二,收入应当会导致经济利益的流入,该流入不包括所有者投入的资本,也不包括第三方或客户代收的款项。企业日常活动的营业收入总是产生于企业持续的、正常的生产经营活动中,其实质是净资产的增加。企业为第三方或和客户代收的款项,如增值税、代收利息等,一方面增加了企业的资产,另一方面也增加了企业的负债。因此,它既不增加所有者权益,也不属于本企业的经济利益,自然也不能作为本企业的收入。

第三,收入的增加应当最终会导致企业所有者权益的增加。不会导致所有者权益增加的经济利益的流入不符合收入的定义,不应该确认为收入。比如,企业向银行借入了一笔贷款,虽然导致了企业经济利益的流入,但是该利益的流入并不导致所有者权益的增加，反而使企业承担了一项义务，所以对于因借入款项导致经济利益的增加不应该将其确认为收入，而应当确认为一项负债。

2. 收入的确认条件

根据 2017 年公布的新收入准则，企业应当在履行了合同中的履约义务，即在客户取得相关商品控制权时确认收入。取得相关商品控制权，是指能够主导该商品的使用并从中获得几乎全部的经济利益。当企业与客户之间的合同同时满足下列条件时，企业应当在客户取得相关商品控制权时确认收入：

（1）合同各方已批准该合同并承诺将履行各自义务；

（2）该合同明确了合同各方与所转让商品或提供劳务（以下简称"转让商品"）相关的权利和义务；

（3）该合同有明确的与所转让商品相关的支付条款；

（4）该合同具有商业实质，即履行该合同将改变企业未来现金流量的风险、时间分布或金额；

（5）企业因向客户转让商品而有权取得的对价很可能收回。

比如，某企业与客户签订了销售合同，于次日给客户发了货，合同中签订的销售价为 30 000 元，客户约定下月初支付货款。在这笔业务中，企业履行了合约，给客户发货，并且客户已经取得了商品的控制权，因此企业在发货后即可以确认 30 000 元的收入。

3. 收入的列示

对于符合收入定义和收入确认条件的项目，应当列入利润表。

4. 收入的分类

关于收入的分类参见第四章第四节相关内容。

（五）费用

费用是指企业为销售商品、提供劳务等日常活动所发生的、会导致所有者权益减少的、与向所有者分配利润无关的经济利益的总流出。

1. 费用的特征

从上述费用的定义中，我们可以概括出费用的三大特征：

第一，费用应该是企业在日常经营活动中产生的经济利益的流出，而不是从偶发的交易或事项中发生的经济利益的流出。工业企业从事原材料采购活动、金融企业从事存贷款业务、服务性企业从事服务业务等所发生的经济利益的流出，都属于费用。有些交易或事项虽然也能使企业发生经济利益的流出，但由于不属于企业的日常经营活动，所以其经济利益的流出不属于费用，如工业企业出售固定资产净损失。将费用界定为日常活动所形成的，目的是为了将其与损失相区分，企业非日常活动所形成的经济利益的流出应当计入损失。

第二，费用应当会导致经济利益的流出，该流出不包括向所有者分配的利润。费用的发生通常会引起资产的减少，如生产过程中消耗原材料；费用的发生也会引起负债的增加，如发生的应付而未付的工资、水电费等；有些费用的发生会同时引起资产的减少和负债的增加，如在购买原材料时支付一部分款项而一部分欠付。可见，费用实质上是企业的一种经济利益的流出。

第三，费用的发生最终会导致企业所有者权益的减少。一般而言，企业的资金流入会增加企业的所有者权益，如销售商品获得收入款；相反，资金流出会减少企业的所有者权益，即形成企业的费用，如支付企业本月的电话费。然而，导致企业经济利益流出的项目并不一定是费用，必须要同时符合导致所有者权益减少的条件。比如，企业用100万元银行存款购买生产用的原材料，该购买行为尽管导致企业经济利益流出了100万元，但是并没有导致企业所有者权益的减少，而是使企业增加了另外一项资产，因此，不应该将该经济利益的流出确认为费用。另一方面，导致所有者权益减少的项目也并不一定就是费用。比如，向投资者分配利润，虽然会导致企业经济利益流出，会减少所有者权益，但是其不是企业的费用。

2. 费用的确认条件

对于符合费用定义的项目，必须具备如下条件才能予以确认：

（1）经济利益很有可能流出企业。

（2）会导致企业资产减少或者负债增加。

（3）经济利益的流出额能够可靠地计量。

企业为生产产品、提供劳务等发生的可归属于产品成本、劳务成本等的费用，应当在确认产品销售收入、劳务收入等时，将已销售产品、已提供劳务的成本等计入当期损益。

企业发生的支出不产生经济利益的，或者即使能够产生经济利益但不符合或不再符合资产确认条件的，应当在发生时确认为费用，计入当期损益。

企业发生的交易或者事项导致其承担了一项负债而又不确认为一项资产的，应当在发生时确认为费用，计入当期损益。

3. 费用的列示

对于符合费用定义和费用确认条件的项目，应当列入利润表。

4. 费用的分类

从广义上讲，费用分为生产费用和期间费用。生产费用是指能予以对象化为产品成本的那部分费用，也可以通俗地理解为费用虽然已经发生了，但是这部分费用的价值可以转移到新的产品，则这部分费用就成为生产费用；期间费用是指不能予以对象化为产品成本的支出，也可以通俗地理解为费用真正耗费掉了，无法把其价值转移到新产品中，这部分费用就是期间费用。期间费用包括管理费用、财务费用和销售费用。

(六) 利润

利润是指企业在一定会计期间的经营成果。利润通常是评价企业管理层业绩的一项重要指标，也是投资者、债权人等作出投资决策、信贷决策等的重要参考指标。

1. 利润的来源构成

利润包括收入减去费用后的净额、直接计入当期利润的利得和损失等。

收入减去费用后的净额反映的是企业日常活动的业绩；直接计入当期利润的利得和损失反映的是企业非日常活动的业绩，是指应当计入当期损益、会导致所有者权益发生增减变动的、与所有者投入资本或者向所有者分配利润无关的利得和损失，如营业外收入和营业外支出等。

可见，利润往往会导致所有者权益的增加，如企业当年实现了 30 万元的利润，会使得企业当年增加 30 万元的所有者权益；但并不是所有使得所有者权益增加的项目都是利润，如某投资者对企业追加投资 100 万元，这笔业务虽然也使得企业所有者权益增加，但并不是利润。

2. 利润的计量

利润金额取决于收入和费用、直接计入当期利润的利得和损失金额的计量，用公式表示为：

利润＝收入－费用＋直接计入当期利润的利得－直接计入当期利润的损失

3. 利润的列示

利润项目应当列入利润表。

六、会计要素的计量属性

会计计量是指为了将符合确认条件的会计要素登记入账，并列报于财务报表而确定其金额的过程。企业应当按照规定的会计计量属性进行计量，确定相关金额。计量属性是指所要计量的某一要素的特性方面，如原材料的重量、房屋的高度等。从会计角度看，计量属性是会计要素金额的确定基础，主要包括如下五种计量属性。

(一) 历史成本

历史成本又称为实际成本或原始成本，是指在取得或者制造某项财产物资时所支付的现金或其他等价物。在历史成本计量下，资产按照购置时支付的现金或现金等价物的金额，或者按照购置资产时所付出的对价的公允价值计量；负债按照因承担现时义务而实际收到的款项或资产的金额，或者承担现时义务的合同金额，或者按照日常活动中为偿还负债预期需要支付的现金或现金等价物的金额计量。

历史成本计量的优点是：具有数据客观性、可验证性和防止随意更改等特点，并有利于反映资产经管责任履行情况。但是，历史成本也有局限性，它的运用是在币值稳定的前提下，容易受物价水平波动的影响。因此，当货币购买力变动和物价上涨时，按照历史成本原则就不能准确反映企业资产的真实价值。比如，上年支付 20 万元购入的一台设备，按照历史成本计量方法，这台设备在企业的会计账簿中计量为 20 万元，如果由于通货膨胀等因素，本年同样的设备市场价变为 30 万元，而我们还是按照 20 万元计量，这就严重低估了企业实际的资产价值，使得会计信息失真，影响信息使用者作出决策。所以，在这种情况下我们必须改用其他的计量属性。

（二）重置成本

重置成本又称为现行成本，是指按照当前市场条件下，重新获得同样一项资产所需要支付的现金或现金等价物。在重置成本计量下，资产按照现在购买相同或相似资产所需支付的现金，或者现金等价物的金额计量；负债按照现在偿付该项债务所需支付的现金，或者现金等价物的金额计量。需要注意的是，重置成本并不等于资产的现行市场售价。因为重新获得资产除了要支付售价外，还需要支付其他的一系列相应的费用，如运费、安装费等。

重置成本的主要缺点是它缺少客观性。因为在计量重置成本之日，可能由于销售条件不一致、由于市场上并没有与之相同的资产等，对资产的重置成本计量往往只能依靠估计的方法，因而其主观成分较多。

在实务中，一般对盘盈的资产进行入账时，采用重置成本进行计量。

（三）可变现净值

可变现净值是指在正常生产经营过程中，以预计售价减去进一步加工成本和销售所必需的预计税金、费用后的净值。在可变现净值计量下，资产按照其正常对外销售所能收到现金或现金等价物的金额扣减该资产至完工时，估计将要发生的成本、估计的销售费用以及相关税费后的金额计量。比如，某企业有一批产品共 50 件，其与 A 公司签订销售合约，约定以每件 1 000 元的价格销售，而根据以往资料，销售这类产品的平均运杂费等销售费用为 2 元／件，则该批产品的可变现净值为：$50 \times 1\,000 - 2 \times 50 = 49\,900$ 元。可见，可变现净值是指把可实现销售价格减去预计销售费用，来对商品存货进行计量。由于企业销售商品必然会发生运输费和收款费用等，因此只有正确估计这些费用，并在商品销售价格中予以扣除，才能更合理地确定收入和费用，更合理地计量本期收益。

在实务中，在会计期末计提存货跌价准备时，经常用可变现净值与历史成本价比较，以确定是否需要计提跌价准备。

（四）现值

现值是指对未来现金流量以恰当的折现率进行折现后的价值，是考虑货币的时间价值因素等的一种计量属性。在现值计量下，资产按照预计从其持续使用和最终处置中，所产生的未来净现金流入量的折现金额计量；负债按照预计期限内，需要偿还的未来净现金流出量的折现金额计量。可见，要计算一项资产的现值需要知道该资产在未来使用年限内的每年的现金流入量，同时需要知道一个比较客观的折现率。

在实务中，一般对以租赁方式获得的资产入账时，可以采用现值作为计量基础。具有融资性质的分期付款购入资产、分期收款销售商品等用现值计量。

租赁负债应按照租赁期开始日尚未支付的租赁付款额的现值进行初始计量。

（五）公允价值

公允价值是指在公平交易中，熟悉情况的交易双方自愿进行资产交换或者债务清偿的金额。在公允价值计量下，资产和负债按照市场参与者在计量日发生的有序交易中，出售资产所能收到或者转移负债所需支付的价格计量。公允价值的特点是来自公平交易的市场，参与市场交易的理性双方充分考虑了市场信息后所达成的共识。因此，公允价值也就是公平市场的交易价格。

长期以来，我国都是以历史成本为基本计量属性，历史成本是传统会计计量的核心。但是，随着经济活动的日趋复杂，大量的兼并、重组、联营行为使资产价值频繁变动。另外，通货膨胀时期货币币值剧烈变动，使得历史成本计量下不同时期的会计信息失去了可比性；金融工具不断创新，期权、期货等衍生金融工具给传统的会计计量提出了新的挑战；商誉、人力资源等隐性资产在一些企业中变得越来越重要。这对历史成本形成了较大的冲击，其自身缺陷也暴露无遗。公允价值正是由于历史成本满足不了新经济形势的需求而被提出的。

我国在新的企业会计准则中适度、谨慎地引入公允价值这一计量属性，是因为随着我国资本市场的健康发展，金融市场的交易已经形成了较为活跃的市场，因此已经具备了引入公允价值的条件。在这种情况下，引入公允价值，更能反映企业的现实情况，对投资者等会计信息使用者的决策更加有用。

在实务中，一般对于金融市场的许多金融产品采用公允价值计量，如对交易性金融资产和交易性金融负债的计量；在估计资产可收回金额时，也经常用公允价值进行计量。

从上述不同计量属性的阐述中可以看出，不同计量属性会使相同的会计要素表现为不同的货币数量，从而使会计信息反映的企业经营成果和财务状况建立在不同计量基础之上，这就要求企业应当按照规定的会计计量属性进行计量。对会计要素进行计量是否符合实际，关键在于计量属性的选择，它与会计信息质量有着十分密切的关系。

在我国的《企业会计准则——基本准则》第43条中明确规定：企业在对会计要素进行计量时，一般应当采用历史成本；采用重置成本、可变现净值、现值、公允价值计量属性的,应当保证所确定的会计要素金额能够取得并可靠计量。可见,这一规定说明,在会计计量属性中,历史成本计量是基础,而在某些情况下,为了提高会计信息质量,企业可以采取其他的四种计量属性,但是应当保证所确定的会计要素金额能够取得并可靠计量,如果这些金额无法取得或者无法可靠计量,则不允许采用这些计量属性,而只能采用历史成本计量属性。

七、会计报表

尽管会计信息使用者对会计信息的侧重点要求不同,企业以下方面的会计信息则是他们所共同关注的,那就是:关于一个企业特定时点的财务状况的信息,关于一个企业特定会计期间的经营成果的信息,关于一个企业特定会计期间现金净流量的信息,关于一个企业特定会计期间所有者权益变动情况的信息。

从这个意义上来讲,财务会计提供的会计信息只是一种通用意义上的信息,一般体现为 4 张基本的财务报表(即资产负债表、利润表、现金流量表和所有者权益变动表)之中,但这 4 张财务报表对于所有的使用者具有不同程度的相关性。至于各个会计信息使用者的特殊需要,则必须根据基本的财务报表进行有针对性的分析以后才能得出。

(一)资产负债表

资产负债表是反映企业一定时点财务状况的报表,它为企业利益相关者提供他们所需要的各项会计资料。这些资料包括:企业所掌握的资源及其结构,企业的偿债能力,企业负担的债务及其结构,所有者的权益及其结构,企业的财务趋向。具体资产负债表形式如表 1-2 所示。

表 1-2　资产负债表

××企业　　　　　　　　　　　××年12月31日　　　　　　　　　　　单位:元

资产	期末余额	上年年末余额	负债和所有者权益(或股东权益)	期末余额	上年年末余额
流动资产:			流动负债:		
货币资金			短期借款		
交易性金融资产			交易性金融负债		
衍生金融资产			衍生金融负债		
应收票据			应付票据		
应收账款			应付账款		
应收款项融资			预收款项		
预付款项			合同负债		
其他应收款			应付职工薪酬		

续表

资产	期末余额	上年年末余额	负债和所有者权益（或股东权益）	期末余额	上年年末余额
存货			应交税费		
合同资产			其他应付款		
持有待售资产			持有待售负债		
一年内到期的非流动资产			一年内到期的非流动负债		
其他流动资产			其他流动负债		
流动资产合计			流动负债合计		
非流动资产：			非流动负债：		
债权投资			长期借款		
其他债权投资			应付债券		
长期应收款			其中：优先股		
长期股权投资			永续债		
其他权益工具投资			租赁负债		
其他非流动金融资产			长期应付款		
投资性房地产			预计负债		
固定资产			递延收益		
在建工程			递延所得税负债		
生产性生物资产			其他非流动负债		
油气资产			非流动负债合计		
使用权资产			负债合计		
无形资产			所有者权益（或股东权益）：		
开发支出			实收资本（或股本）		
商誉			其他权益工具		
长期待摊费用			其中：优先股		
递延所得税资产			永续债		
其他非流动资产			资本公积		
非流动资产合计			减：库存股		
			其他综合收益		
			专项储备		
			盈余公积		
			未分配利润		

续表

资产	期末余额	上年年末余额	负债和所有者权益（或股东权益）	期末余额	上年年末余额
			所有者权益（或股东权益）合计		
资产总计			负债和所有者权益（或股东权益）总计		

（二）利润表

利润表是反映企业一定时期经营成果的报表。利润表提供的信息，可用于反映和评价企业当期经营活动的效益。通过利润表可以反映企业经营活动的多个方面，据以考核企业管理部门的工作绩效。利润表可用于分析企业的获利能力、预测企业未来的盈利趋势，具体损益表形式如表1-3所示。

表1-3　利润表

××企业　　　　　　　　　　　　　××年度　　　　　　　　　　　　　单位：元

项　目	本期金额	上期金额
一、营业收入		
减：营业成本		
税金及附加		
销售费用		
管理费用		
研发费用		
财务费用		
其中：利息费用		
利息收入		
加：其他收益		
投资收益（损失以"－"号填列）		
其中：对联营企业和合营企业的投资收益		
以摊余成本计量的金融资产终止确认收益		
（损失以"－"号填列）		
净敞口套期收益（损失以"－"号填列）		
公允价值变动收益（损失以"－"号填列）		
信用减值损失（损失以"－"号填列）		
资产减值损失（损失以"－"号填列）		
资产处置收益（损失以"－"号填列）		
二、营业利润（亏损以"－"号填列）		
加：营业外收入		
减：营业外支出		
三、利润总额（亏损总额以"－"号填列）		
减：所得税费用		
四、净利润（净亏损以"－"号填列）		
五、其他综合收益的税后净额		
六、综合收益总额		
七、每股收益：		
（一）基本每股收益		
（二）稀释每股收益		

（三）现金流量表

现金流量表是一种为会计报表使用者提供企业一定会计期间内现金和现金等价物流入和流出的信息，以便于报表使用者了解和评价企业获取现金和现金等价物的能力，并据以预测企业未来现金流量的会计报表。具体现金流量表形式如表 1-4 所示。

表 1-4　现金流量表

××企业　　　　　　　　　　　　　　　××年度　　　　　　　　　　　　　　　单位：元

项　目	本期金额	上期金额
一、经营活动产生的现金流量		
销售商品、提供劳务收到的现金		
收到的税费返还		
收到其他与经营活动有关的现金		
经营活动现金流入小计		
购买商品、接受劳务支付的现金		
支付给职工以及为职工支付的现金		
支付的各项税费		
支付其他与经营活动有关的现金		
经营活动现金流出小计		
经营活动产生的现金流量净额		
二、投资活动产生的现金流量		
收回投资收到的现金		
取得投资收益收到的现金		
处置固定资产、无形资产和其他长期资产收回的现金净额		
处置子公司及其他营业单位收到的现金净额		
收到其他与投资活动有关的现金		
投资活动现金流入小计		
购建固定资产、无形资产和其他长期资产支付的现金		
投资支付的现金		
取得子公司及其他营业单位支付的现金净额		
支付其他与投资活动有关的现金		
投资活动现金流出小计		
投资活动产生的现金流量净额		
三、筹资活动产生的现金流量		
吸收投资收到的现金		
取得借款收到的现金		
收到其他与筹资活动有关的现金		
筹资活动现金流入小计		
偿还债务支付的现金		
分配股利、利润或偿付利息支付的现金		
支付其他与筹资活动有关的现金		
筹资活动现金流出小计		
筹资活动产生的现金流量净额		
四、汇率变动对现金及现金等价物的影响		

续 表

项 目	本期金额	上期金额
五、现金及现金等价物净增加额 　　加：期初现金及现金等价物余额 六、期末现金及现金等价物余额		

（四）所有者权益变动表

所有者权益变动表是反映企业一定时期所有者权益各组成部分增减变动情况的报表。该报表是在 2007 年《企业会计准则》颁布实施后，成为继资产负债表、利润表和现金流量表之后的需要对外公布的第四张报表。具体所有者权益变动表形式如表 1-5 所示。

表 1-5　所有者权益变动表

××企业　　　　　　　　　　　　××年度　　　　　　　　　　　　　　　单位：元

项目	本年金额									上年金额								
	实收资本（或股本）	其他权益工具			资本公积	减：库存股	其他综合收益	专项储备	盈余公积	未分配利润	所有者权益合计	实收资本（或股本）	其他权益工具			资本公积	减：库存股	其他综合收益	专项储备	盈余公积	未分配利润	所有者权益合计
		优先股	永续债	其他									优先股	永续债	其他							
一、上年年末余额																						
加：会计政策变更																						
前期差错更正																						
其他																						
二、本年年初余额																						
三、本年增减变动金额（减少以"—"号填列）																						
（一）综合收益总额																						

续 表

项目	本年金额									上年金额								
	实收资本（或股本）	其他权益工具			资本公积	减：库存股	其他综合收益	专项储备	盈余公积	未分配利润	所有者权益合计	实收资本（或股本）	其他权益工具			资本公积	减：库存股	其他综合收益	专项储备	盈余公积	未分配利润	所有者权益合计
		优先股	永续债	其他									优先股	永续债	其他							
（二）所有者投入和减少资本																						
（三）利润分配																						
（四）所有者权益内部结转																						
四、本年年末余额																						

本章小结

会计是由人类的社会生产实践活动所产生并发展的。会计的发展经历了两个历史阶段：古代会计阶段和现代会计阶段。

会计是一种计量技术，是一个信息系统，是一种管理活动。会计对象，即会计所反映、监督和分析、预测、控制的内容。会计的基本职能是核算和监督的职能；随着会计的发展，又产生了参与经济决策的职能，包括会计预测、决策职能和会计控制职能。会计的最终目标是满足会计信息使用者的需要。我国的会计规范体系是指财务信息的法规体系，可以分为会计法律、会计行政法规和会计行政规章三个子层次。

会计的基本程序包括会计确认、会计计量、会计记录和会计报告。会计的核算方法包括设置会计科目和账户、复式记账、填制和审核凭证、登记账簿、成本计算、财产清查和编制会计报表。

会计假设主要包括会计主体假设、持续经营假设、货币计量假设和会计分期假设。会计原则主要包括客观性原则、可比性原则、实质重于形式原则、相关性原则、及时性原则、明晰性原则、谨慎性原则和重要性原则。

会计确认、计量和报告的基础有权责发生制和收付实现制。

会计要素是对会计对象按照其经济特征所作的分类，包括资产、负债、所有者权益、收入、费用和利润。

会计要素的计量属性是指会计要素金额的确定基础，包括历史成本、重置成本、可变现净值、现值和公允价值。

财务会计报告主要包括4张基本的财务报表，即资产负债表、利润表、现金流量表和所有者权益变动表。

课后练习题

一、单项选择题

1. 下列不属于会计核算方法的是（ ）。
   A. 填制和审核会计凭证　　B. 财产清查和登记账簿
   C. 复式记账和成本计算　　D. 内部控制和内部规范

2. 企业将融资租入固定资产视同自有资产进行管理，体现了（ ）要求。
   A. 相关性　　　　　　　　B. 重要性
   C. 实质重于形式　　　　　D. 谨慎性

3. 下列属于国家法律层次的文件是（ ）。
   A. 会计法　　　　　　　　B. 政府工作条例
   C. 会计准则　　　　　　　D. 会计制度

4. 四柱清册中的"旧管"是指（ ）。
   A. 期初余额　　　　　　　B. 本期增加
   C. 本期减少　　　　　　　D. 期末余额

5. 企业会计期间假定是以下列（ ）项的假定为前提。
   A. 货币计量　　　　　　　B. 会计主体
   C. 历史成本　　　　　　　D. 持续经营

6. （ ）假设明确了会计工作的空间范围。
   A. 会计主体　　　　　　　B. 持续经营
   C. 会计分期　　　　　　　D. 货币计量

7. 会计主体是（ ）。
   A. 企业单位　　　　　　　B. 企业法人
   C. 法律主体　　　　　　　D. 对其进行独立核算的特定单位

8. 企业计提坏账准备是（ ）信息质量要求的运用。
   A. 谨慎性　　　　　　　　B. 可靠性

C. 一致性 D. 真实性

9. 会计核算必须以实际发生的经济业务为依据，必须有合法的书面凭证，不能凭空估计或虚构，这是（ ）的要求。

A. 可靠性 B. 重要性
C. 谨慎性 D. 实质重于形式

10. 资产按照预计从其持续使用和最终处置中所产生的未来净现金流入量的折现金额计量，其会计计量属性是（ ）。

A. 可变现净值 B. 现值
C. 历史成本 D. 公允价值

二、判断题

1. 凡是会计主体都必须是法人，而且都应该独立核算。（ ）
2. 负债是由已经发生和将要发生的交易或事项引起的企业现有义务。（ ）
3. 对于一项财产，只有拥有其所有权，才能作为企业的资产予以确认。（ ）
4. 资产按其流动性分为流动资产和非流动资产。（ ）
5. 按照《企业会计准则》规定，我国境内的企业一律以人民币为记账本位币。（ ）
6. 没有实物形态的资产都是无形资产。（ ）
7. 企业在对会计要素进行计量时，一般应当采用历史成本。（ ）
8. 预收账款和预付账款均属于负债。（ ）
9. 可比性解决的是企业之间的横向可比问题。（ ）
10. 凡是用于生产产品的资产都是流动资产。（ ）

三、多项选择题

1. 下列属于长期负债的是（ ）。

A. 应付票据 B. 应付债券
C. 长期借款 D. 长期应付款
E. 应付职工薪酬 F. 应付股利

2. 下列各项中，不符合会计主体假设的有（ ）。

A. 某厂的会计资料既记录本厂的经济业务，也记录其原料供应商的经济业务
B. 某厂的会计资料除记录本厂的经济业务以外，还记录其所有者的私人财务活动
C. 某厂的会计资料仅记录本厂的经济业务
D. 某厂的会计人员除办理本厂的经济业务以外，还办理本厂税务专管员私自旅游的费用报销业务

3. 下列各项目中，不符合及时性要求的有（　　）。

   A. 企业将本年 12 月份的一笔产品销售业务记到下年 1 月份的账中

   B. 企业将下年 1 月初的一笔费用记作本年 12 月份的费用

   C. 企业本年度的会计资料只记录了本年度发生的所有经济业务

   D. 企业本年度的会计资料漏记了该年末的一笔购货业务

4. 下列项目中，属于会计信息质量要求的是（　　）。

   A. 谨慎性　　　　　　　　　　B. 重要性

   C. 实质重于形式　　　　　　　D. 会计分期

   E. 货币计量

5. 会计的监督应包括（　　）。

   A. 事前监督　　　　　　　　　B. 事中监督

   C. 事后监督　　　　　　　　　D. 员工监督

   E. 领导监督

6. 资产是（　　）的经济资产。

   A. 企业拥有或控制的　　　　　B. 能以货币计量其价值

   C. 能给企业带来未来经济利益　D. 具有实物形态

   E. 可以是有形的，也可以是无形的　F. 企业拥有和控制的

7. 下列各项目中，属于会计要素的有（　　）。

   A. 负债　　　　　　　　　　　B. 所有者权益

   C. 财务状况　　　　　　　　　D. 经营成果

   E. 资产　　　　　　　　　　　F. 利润

8. 下列各项中，属于会计计量属性的有（　　）。

   A. 公允价值　　　　　　　　　B. 历史成本

   C. 重置成本　　　　　　　　　D. 可变现净值

   E. 现值

9. 下列属于流动资产的有（　　）。

   A. 预收账款　　　　　　　　　B. 银行存款

   C. 预付账款　　　　　　　　　D. 应交税费

   E. 库存商品

10. 所有者权益是指企业投资人对企业净资产的所有权，包括（　　）。

    A. 投资人投入的企业资本　　　B. 形成的资本公积

    C. 企业的营业收入　　　　　　D. 提取的盈余公积

    E. 未分配利润

四、计算实务题

××年 6 月某企业发生如下经济业务：

（1）3 日，购入办公用品一批，计 6 000 元，货款用银行存款支付。

（2）4 日，预收购货单位货款 5 000 元。

（3）8 日，出售商品一批，计 8 000 元，货款尚未收到。

（4）11 日，收到上月应收的销货款 6 800 元。

（5）15 日，预付第四季度仓库租金 1 500 元。

（6）18 日，购入材料一批，计 5 800 元，货款尚未支付。

（7）22 日，用银行存款支付本月水电费 2 600 元。

（8）26 日，出售商品一批，售价 18 000 元，货款收到存入银行。

（9）年初已预付全年的租入固定资产租金 12 000 元。

（10）30 日，预付购买材料款 3 000 元。

要求：(1) 采用收付实现制，确定 6 月收入、费用，并计算利润。

　　　（2）采用权责发生制，确定 6 月收入、费用，并计算利润。

　　　（3）分析上述两种方法计算结果不同的原因。

第二章 账户与复式记账

本章学习目的

通过本章学习，了解和掌握会计等式的原理和内容；了解会计科目的概念和作用；了解账户是依据会计科目在账簿中开设的记账单元，需要通过账户进行会计核算；了解复式记账原理，掌握借贷记账法；了解和掌握总账和明细账的关系，以及平行登记原则；了解和掌握试算平衡原理，以及试算平衡关系。

第一节 会计等式

会计等式是揭示会计要素之间内在联系的数学表达式，又称为会计恒等式或会计平衡公式。在第一章中，我们介绍了会计的六个要素：资产、负债、所有者权益、收入、费用和利润。在这一节中，我们会了解到这六个要素之间是存在着一定的关系的。

一、静态会计等式

静态会计等式是用来反映资产、负债和所有者权益这三个要素之间关系的等式，其关系式为

资产＝负债＋所有者权益（或：资产＝权益）

如何理解这一等式？我们不妨从创建一个企业谈起。企业要成立，首先要筹集到资金，然后用筹集到的资金准备生产经营活动所必需的一些资产。这些资产分布在经济活动的各个方面，表现为不同的资金占用形态，如货币资金、原材料、房屋建筑物、机器设备等。筹集的资金主要来自投资者和债权人，他们投入资金后就会对企业拥有一种要求权，我们称之为权益。所有者投入资金就形成企业的所有者权益，债权人投入资金就形成企业的债权人权益。

例 2-1：某企业成立需要注册资金 60 万元，其中：投资者甲投入货币资金 20 万元以及价值 10 万元的设备；投资者乙投入货币资金 10 万元以及价值 20 万元的办公用房；另外，企业从银行借入 40 万元的五年期借款。企业于 ×× 年 1 月 1 日正式成立，资金全部到位。则该企业在成立当天的资产为：货币资金 70 万元＋设备 10 万元＋办公用房 20 万元＝100 万元；所有者权益为：甲投资者 30 万元＋乙投资者 30 万元＝60 万元；负债为：银行的长期借款 40 万元。显然，该企业的财务状况表示式为

资产 100 万元＝负债 40 万元＋所有者权益 60 万元

因此，资产与负债和所有者权益实际上是资金运动的两个方面：资产是资金的占用形态，而负债和所有者权益是资金来源，两者必然相等。从数量上看，拥有一定的资产，就必然拥有对该资产的权益（包括所有者权益和债权人权益）。资产和权益的这种相互依存的关系，决定了资产总额必然等于权益总额，即资产＝权益，而权益包括所有者权益和债权人权益（负债）。所以，就有上述所表示的会计等式：资产＝负债＋所有者权益。这一等式反映的是资金运动过程中某一时刻会计要素之间的数量关系，所以称之为静态会计等式。

上述会计等式反映了企业资产的归属关系，它是设置账户、复式记账和编制资产负债表的理论依据，在整个会计核算中具有非常重要的地位。

二、动态会计等式

动态会计等式是用来反映收入、费用和利润三个要素之间关系的等式，其关

系式为

$$收入－费用＝利润$$

如何理解这一等式？接着上面的分析，当企业成立后就开始进入正常的营业。随着经营活动的进行，企业会取得各项收入，同时也必然发生相关的费用。企业在一定时期内获得的收入扣除相关费用后，即为企业的利润。

承例 2-1 资料：该企业在整个成立后的一年内实现了各种收入 80 万元，又发生了各种费用 50 万元，则企业在该年度的利润为 80 万元－50 万元＝30 万元。

显然，这一等式反映的是一段时期内（一般为一个会计期间）利润的形成情况，是资金运动的动态表现形式，所以我们称之为动态会计等式。它也是利润表的编制基础。

三、综合会计等式

综合会计等式是用来反映全部会计要素之间关系的等式，其关系式为

$$资产＝负债＋所有者权益＋（收入－费用）$$

这是一个动态与静态相结合的会计等式。在任何一个会计期间的起始时刻，有：资产＝负债＋所有者权益。随着生产经营活动的进行，企业会发生各种费用，并引起资产的减少或负债的增加；同时，企业还会通过销售产品或提供劳务而取得收入，并由此引起资产的增加或负债的减少；当然，企业也可能由于接受追加投资而使所有者权益发生变化。可见，在整个会计期间，各个会计要素都会发生数量上的变化。到了会计期末，当企业取得了经营成果，形成了净利润，企业的总资产和总权益比期初资产总额和权益总额增加了一个量，这个增长的量就是本期取得的净利润（如为亏损则为减少量）。假设会计期内负债总额不变，也没有追加或减少投资，则会计期末会计等式为

$$期末资产＝期初负债＋期初所有者权益＋（收入－费用）$$

也就是

$$期末资产＝期初负债＋期初所有者权益＋净利润$$

在上述等式中，企业实现的净利润归投资者所拥有，因此净利润可以并入所有者权益中，于是综合的会计等式又变回到原有的静态会计等式：资产＝负债＋所有者权益，只是等式两端各要素的金额发生了变化。

承前例：在企业实现了 30 万元的利润后，当年底企业的会计等式为

$$资产 130 万元 = 负债 40 万元 + 期初所有者权益 60 万元 +$$
$$利润 30 万元$$

变形后

$$资产 130 万元 = 负债 40 万元 + 所有者权益 90 万元$$

显然，这一会计等式能够全面地反映企业经营资金运动的内在规律性。从某一时刻看，可以看到资金的静态运动规律；从某一时期看，可以看出资金的动态运动规律。因为此会计等式能够综合反映企业资金的会计等式，所以称之为综合会计等式。

四、会计事项对会计等式的影响

在经济社会中，企业每天会发生各种各样的业务，但并不是所有的业务都需要进行会计处理，只有会计事项才需要由会计人员对其进行会计处理。所谓会计事项，是指发生于企业生产经营过程中，引起会计要素增减变化的事项。比如，某企业召开一个工作会议，这个业务并不是会计事项，因为它没有引起任何会计要素的增减变化。又比如，召开工作会议使用库存现金 200 元购买了水果和点心招待与会人员，这笔业务就是会计事项，因为它导致资产（库存现金）的减少和费用的增加。在会计实务和理论教学中，我们又经常把"会计事项"和"经济业务"作为同义语。

会计事项可以分为两大类——外部会计事项和内部会计事项。涉及企业本身以外的个体的会计事项，即为外部会计事项，如从供应商处购买原材料、从银行借入款项等；反之，凡是发生于某一企业内部的、不涉及企业本身以外的个体的会计事项，称为内部会计事项，如领用原材料投入生产、固定资产计提折旧等。

虽然企业在生产经营过程中，会发生各种各样的会计事项，但是不管发生何种业务，都不会破坏会计等式。

（一）只涉及资产、负债和所有者权益的经济业务

企业在生产经营过程中，会发生各种各样与资产、负债和所有者权益有关的业务，我们可以把这些业务归纳为九种类型，如表 2-1 所示。无论是哪种类型的业务都不会破坏静态会计等式的平衡，现分别对这九种类型举例说明。

例 2-2：A 企业在 ×× 年 1 月 1 日简化的资产负债表，如表 2-2 所示。

表 2-2 说明 A 企业的资产总额为 83 000 元，分别由货币资金 15 000 元、应收账款 10 000 元、存货 18 000 元和固定资产 40 000 元构成；权益总额也为 83 000 元，分别由短期借款 10 000 元、应付账款 8 000 元、长期借款 15 000 元、

表 2-1　各种经济业务对会计等式的影响

类型编号	类型描述	资产 =	负债 + 所有者权益	
1	资产与负债同增	增加	增加	
2	资产与所有者权益同增	增加		增加
3	资产与负债同减	减少	减少	
4	资产与所有者权益同减	减少		减少
5	资产一增一减	增加、减少		
6	负债一增一减		增加、减少	
7	所有者权益一增一减			增加、减少
8	负债与所有者权益一增一减		增加	减少
9	负债和所有者权益一减一增		减少	增加

表 2-2　A 企业资产负债表

××年1月1日　　　　　　　　　　　　　　　　　　　　　　　单位：元

资　产	金　额	负债及所有者权益	金　额
货币资金	15 000	短期借款	10 000
应收账款	10 000	应付账款	8 000
存货	18 000	长期借款	15 000
流动资产合计	43 000	负债合计	33 000
固定资产	40 000	实收资本	35 000
		未分配利润	15 000
		所有者权益合计	50 000
资产合计	83 000	负债及所有者权益合计	83 000

实收资本 35 000 元和未分配利润 15 000 元构成。显然，资产与负债和所有者权益保持平衡，这就是 A 企业年初静态会计等式的平衡。下面我们分别举例说明发生这九类业务后，会计等式仍旧平衡。

假设 A 企业该年 1 月份发生以下经济业务：

业务 1：1 月 3 日，购入原材料，价款共计 5 000 元，款项尚未支付。这笔经济业务的发生使资产要素下的存货和负债要素下应付账款同时增加 5 000。这笔业务属于表 2-1 中的第一类业务，会计等式左、右两边资产和负债同时等额增加，会计等式仍然保持平衡，如表 2-3 所示。

表 2-3　A 企业资产负债表

××年 1 月 3 日　　　　　　　　　　　　　　　　　　　　　单位：元

资产	金额	负债及所有者权益	金额
货币资金	15 000	短期借款	10 000
应收账款	10 000	应付账款	8 000＋5 000
存货	18 000＋5 000	长期借款	15 000
流动资产合计	48 000	负债合计	38 000
固定资产	40 000	实收资本	35 000
		未分配利润	15 000
		所有者权益合计	50 000
资产合计	88 000	负债及所有者权益合计	88 000

业务 2：1 月 6 日，投资者甲给 A 企业投入 50 000 元，存入银行。这项经济业务的发生使资产要素下的货币资金增加 50 000 元；投资者甲投入 50 000 元资本，意味着甲投资者对 A 企业拥有 50 000 元的权益，所以企业所有者权益要素下的实收资本同时增加 50 000 元。这笔业务属于表 2-1 中的第二类业务，会计等式左、右两边资产和所有者权益同时等额增加，会计等式仍然保持平衡，如表 2-4 所示。

表 2-4　A 企业资产负债表

××年 1 月 6 日　　　　　　　　　　　　　　　　　　　　　单位：元

资产	金额	负债及所有者权益	金额
货币资金	15 000＋50 000	短期借款	10 000
应收账款	10 000	应付账款	13 000
存货	23 000	长期借款	15 000
流动资产合计	98 000	负债合计	38 000
固定资产	40 000	实收资本	35 000＋50 000
		未分配利润	15 000
		所有者权益合计	100 000
资产合计	138 000	负债及所有者权益合计	138 000

业务 3：1 月 10 日，以银行存款偿还前欠货款 8 000 元。这笔经济业务的发生使资产要素下的货币资金减少了 8 000 元；由于归还了应付账款，所以负债

要素下的应付账款减少了 8 000 元。这笔业务属于表 2-1 中的第三类业务,会计等式左、右两边资产和负债同时等额减少,会计等式仍然保持平衡,如表 2-5 所示。

表 2-5　A 企业资产负债表

××年 1 月 10 日　　　　　　　　　　　　　　　　　　　　　　　单位:元

资　产	金　额	负债及所有者权益	金　额
货币资金	65 000－8 000	短期借款	10 000
应收账款	10 000	应付账款	13 000－8 000
存货	23 000	长期借款	15 000
流动资产合计	90 000	负债合计	30 000
固定资产	40 000	实收资本	85 000
		未分配利润	15 000
		所有者权益合计	100 000
资产合计	130 000	负债及所有者权益合计	130 000

业务 4:1 月 16 日,A 企业的投资者乙回购投资 10 000 元,企业用银行存款予以支付。这笔经济业务的发生使资产要素下的货币资金减少了 10 000 元;同时,所有者权益下的实收资本也同样减少了 10 000 元。这笔业务属于表 2-1 中的第四类业务,会计等式左、右两边资产和所有者权益同时等额减少,会计等式仍然保持平衡,如表 2-6 所示。

表 2-6　A 企业资产负债表

××年 1 月 16 日　　　　　　　　　　　　　　　　　　　　　　　单位:元

资　产	金　额	负债及所有者权益	金　额
货币资金	57 000－10 000	短期借款	10 000
应收账款	10 000	应付账款	5 000
存货	23 000	长期借款	15 000
流动资产合计	80 000	负债合计	30 000
固定资产	40 000	实收资本	85 000－10 000
		未分配利润	15 000
		所有者权益合计	90 000
资产合计	120 000	负债及所有者权益合计	120 000

业务 5：1 月 21 日，用银行存款购买生产所需的机器设备等固定资产，共计 10 000 元。这笔经济业务的发生导致资产要素下的货币资金项目减少了 10 000 元，而资产要素下的另一项目固定资产增加了 10 000 元，资产总额保持不变。这笔业务属于表 2-1 中的第五类业务，会计等式左边资产中一个项目增加而另一个项目等额减少，会计等式仍然保持平衡，如表 2-7 所示。

表 2-7　A 企业资产负债表

××年 1 月 21 日　　　　　　　　　　　　　　　　单位：元

资　产	金　额	负债及所有者权益	金　额
货币资金	47 000－10 000	短期借款	10 000
应收账款	10 000	应付账款	5 000
存货	23 000	长期借款	15 000
流动资产合计	70 000	负债合计	30 000
固定资产	40 000＋10 000	实收资本	75 000
		未分配利润	15 000
		所有者权益合计	90 000
资产合计	120 000	负债及所有者权益合计	120 000

业务 6：1 月 23 日，企业向工商银行借入期限为 6 个月的短期借款 5 000 元，直接用于偿还应付账款。这笔经济业务的发生使得负债要素下的短期借款增加 5 000 元；同时，使负债要素下的应付账款减少了 5 000 元。这笔业务属于表 2-1 中的第六类业务，会计等式右边负债中一个项目减少而另一个项目等额增加，会计等式仍然保持平衡，如表 2-8 所示。

表 2-8　A 企业资产负债表

××年 1 月 23 日　　　　　　　　　　　　　　　　单位：元

资　产	金　额	负债及所有者权益	金　额
货币资金	37 000	短期借款	10 000＋5 000
应收账款	10 000	应付账款	5 000－5 000
存货	23 000	长期借款	15 000
流动资产合计	70 000	负债合计	30 000
固定资产	50 000	实收资本	75 000
		未分配利润	15 000
		所有者权益合计	90 000
资产合计	120 000	负债及所有者权益合计	120 000

业务7：1月25日，企业实行去年的分红方案，从利润中送红股5 000元。这笔经济业务的发生使会计等式右边一项所有者权益——未分配利润减少了5 000元，而另一项所有者权益——实收资本增加了5 000元。这笔业务属于表2-1中的第七类业务，会计等式右边所有者权益中一个项目减少而另一个项目等额增加，会计等式仍然保持平衡，如表2-9所示。

表2-9　A企业资产负债表

××年1月25日　　　　　　　　　　　　　　　　　　　　单位：元

资产	金额	负债及所有者权益	金额
货币资金	37 000	短期借款	15 000
应收账款	10 000	应付账款	0
存货	23 000	长期借款	15 000
流动资产合计	70 000	负债合计	30 000
固定资产	50 000	实收资本	75 000＋5 000
		未分配利润	15 000－5 000
		所有者权益合计	90 000
资产合计	120 000	负债及所有者权益合计	120 000

业务8：1月26日，A企业宣告发放现金股利5 000元。这笔经济业务的发生使得会计等式右边负债要素下的应付股利增加了5 000元，而等式右边所有者权益要素下的未分配利润也减少了5 000元。这笔业务属于表2-1中的第八类业务，会计等式右边负债增加，而所有者权益等额减少，会计等式仍然保持平衡，如表2-10所示。

表2-10　A企业资产负债表

××年1月26日　　　　　　　　　　　　　　　　　　　　单位：元

资产	金额	负债及所有者权益	金额
货币资金	37 000	短期借款	15 000
应收账款	10 000	应付股利	0＋5 000
存货	23 000	长期借款	15 000
流动资产合计	70 000	负债合计	35 000
固定资产	50 000	实收资本	80 000
		未分配利润	10 000－5 000
		所有者权益合计	85 000
资产合计	120 000	负债及所有者权益合计	120 000

业务9：1月31日，投资者甲替A企业偿还短期借款10 000元，作为对企业投资的增加。这笔业务的发生使所有者权益要素下的实收资本增加了10 000元，而负债要素下的短期借款减少了10 000元。这笔业务属于表2-1中的第九类业务，会计等式右边负债减少，同时会计等式右边的所有者权益等额增加，会计等式仍然保持平衡，如表2-11所示。

表2-11 A企业资产负债表

××年1月31日　　　　　　　　　　　　　　　　　　　　　　单位：元

资产	金额	负债及所有者权益	金额
货币资金	37 000	短期借款	15 000－10 000
应收账款	10 000	应付股利	5 000
存货	23 000	长期借款	15 000
流动资产合计	70 000	负债合计	25 000
固定资产	50 000	实收资本	80 000＋10 000
		未分配利润	5 000
		所有者权益合计	95 000
资产合计	120 000	负债及所有者权益合计	120 000

通过上述分析可以看出，企业在生产经营活动中发生的只涉及资产、负债和所有者权益的任何一笔经济业务都不会破坏会计等式的平衡关系。

（二）涉及收入和费用的经济业务

在企业的生产经营活动中，除了只涉及资产、负债和所有者权益的经济业务，还存在许多涉及收入和费用的经济业务。同样，不管发生何种涉及收入和费用的经济业务，都不会破坏综合会计等式"资产＝负债＋所有者权益＋收入－费用"的平衡，最终依旧保持静态会计等式的平衡。

承例2-2资料，假设在上述涉及资产、负债和所有者权益的9笔业务的业务3之后穿插了如下两笔涉及收入和费用的业务：

业务10：1月12日，A企业销售产品一批，货款40 000元已经收到并存入银行。这笔业务的发生使综合会计等式左边资产要素下的货币资金增加了40 000元，同时使等式右边收入要素下的主营业务收入增加了40 000元，会计等式仍然保持平衡，如表2-12（接表2-5）所示。

业务11：1月13日，企业用银行存款支付销售产品的运输费用4 000元。为了使分析方便，我们不妨把综合会计等式进行变形，得到变形后的综合会计等

表 2-12 A 企业资产负债表

××年 1 月 12 日　　　　　　　　　　　　　　　　　　　　单位：元

资　产	金　额	负债及所有者权益	金　额
货币资金	57 000＋40 000	短期借款	10 000
应收账款	10 000	应付账款	5 000
存货	23 000	长期借款	15 000
流动资产合计	130 000	负债合计	30 000
固定资产	40 000	实收资本	85 000
		未分配利润	15 000
		所有者权益合计	100 000
		主营业务收入	0＋40 000
合计	170 000	合计	170 000

式为

$$资产＋费用＝负债＋所有者权益＋收入$$

这笔业务的发生使得上述会计等式左边资产要素下的货币资金减少了 4 000 元，同时使等式左边费用中的销售费用增加了 4 000 元，会计等式仍然保持平衡，如表 2-13 所示。

表 2-13 A 企业资产负债表

××年 1 月 13 日　　　　　　　　　　　　　　　　　　　　单位：元

资　产	金　额	负债及所有者权益	金　额
货币资金	97 000－4 000	短期借款	10 000
应收账款	10 000	应付账款	5 000
存货	23 000	长期借款	15 000
流动资产合计	126 000	负债合计	30 000
固定资产	40 000	实收资本	85 000
销售费用	0＋4 000	未分配利润	15 000
		所有者权益合计	100 000
		主营业务收入	40 000
合计	170 000	合计	170 000

综上所述，企业发生的任何会计事项，不管它是涉及哪个会计要素的，最终都不会破坏企业的会计等式。会计等式的平衡关系不仅不受任何会计事项的影响，而且不受企业类型、业务发生的时间和地点的影响，所以我们通常称会计等式为会计恒等式。

第二节 | 会计科目

一、会计科目的概念及其设置的作用

（一）会计科目的概念

在第一章中，我们介绍了会计的六个要素（资产、负债、所有者权益、收入、费用和利润），它们是指把会计对象按照经济内容分成六项。但是，这样的分类比较粗糙，还不能完整、系统、分类地对经济业务进行核算和监督，所以应该对会计要素的具体内容进行科学的再分类。比如，就资产要素而言，一个企业中符合资产定义的项目很多，如企业存在银行的款项、企业购入准备投入生产的材料、生产用的设备、存放在企业的库存现金等，显然它们都属于资产，但却有着截然不同的性质。又比如，企业欠销货方的货款和向银行借入的款项同属于负债，但它们的经济内容不同，来源渠道也不同，前者是在赊购或结算中形成的，而后者是向银行举债形成的。所以，在会计核算时，需要对这些不同性质的项目进行分别核算，需要用不同的名称来区别这些不同类别的项目，而这些不同的名称就是我们要讨论的会计科目。可见，会计科目是按照经济内容对会计要素所作的进一步分类。在整个会计课程的学习中，离不开会计科目的运用，所以我们在前面课程内容的讲解过程中，其实已经不自觉地用到各种会计科目的名称：资产类会计科目，如银行存款、固定资产、原材料等；所有者权益类会计科目，如实收资本、利润分配等；负债类会计科目，如短期借款、长期借款、应付账款等；收入类会计科目，如主营业务收入等；费用类会计科目，如销售费用等。

为了理解会计要素和会计科目之间的关系，我们可以作一个形象的比喻如下：如果把会计要素比喻为会计王国的六大家族，则会计科目就是六大家族中的百家姓。如果我们把会计要素分得更细更为具体，每一具体的类别给予一个名称，这个名称就是会计科目。

为了全面、系统、分类地反映和监督经济业务的发生情况及由此引起各项会计要素的增减变动情况，以满足企业内部管理和外部用户对会计信息的需要，每个会计主体成立后，在进行会计核算之前必须先设置会计科目。这就如同每个

婴儿出生后，首先得给他取个名字一样。

（二）会计科目的作用

会计科目的设置在会计核算的方法体系中占有很重要的地位。在我国，会计科目是会计制度中的一项重要制度，由主管会计工作的财政部门制定。通过设置会计科目，将复杂众多的经济业务加以科学分类，转变为有规律的经济信息，为以后填制会计凭证、设置和登记账簿、编制会计报表奠定基础，为向信息使用者提供全面、统一的会计信息创造条件。具体而言，会计科目有如下三个作用。

1. 会计科目是组织会计核算的依据

会计科目作为基本的会计制度，它规定了会计科目包括的核算范围、具体内容、核算方法、编制会计分录方法、明细核算和登记账簿的要求等。根据会计科目的规定，可以组织会计核算；在账簿中设置账户；进行日常事项的处理，确定会计分录，编制记账凭证；登记账簿等。例如，采购原材料 7 000 元，款项未付。这笔业务一方面反映原材料增加了，我们按"原材料"会计科目的规定进行账务处理；另一方面反映在结算过程中负债的增加，应按"应付账款"会计科目的规定进行账务处理。可见，会计科目是会计工作顺利进行的基础条件，如果没有会计科目的设置，我们无法想象会计工作该如何进行。

2. 会计科目是进行会计管理的手段

对会计科目的有关规定，是对日常经济活动进行控制的标准。比如，根据库存现金、银行存款会计科目的有关规定，可以控制货币资金的收入和支出。同时，这种控制是制度性的事前控制。如果会计科目的设置能够具体、全面又正确，就能充分发挥这种事前控制的作用。同时，会计科目提供的信息，是进行监督、分析和考核的依据。

3. 会计科目是加强国民经济核算的工具

会计科目作为统一的会计制度，统一规定会计科目的名称、内容和核算方法，保证了与统计、计划指标口径的一致；它所提供的资料，便于分析利用，也便于反映和监督全国或地区、部门的资金运动，这对于加强国民经济核算，组织国民经济的综合平衡，都有着重要的意义。

二、设置会计科目的原则

设置会计科目是会计核算方法之一，为了更好地发挥会计的作用，使会计主体提供的会计信息口径一致，便于相互比较，易于理解，各会计主体对会计科目的设置一般应遵循以下四个原则。

（一）会计科目设置要具有适用性，有利于组织会计核算

会计科目的设置必须适应会计核算对象的特点，即与各单位会计要素的特点相适应，符合本单位经济管理的要求，为加强内部经济管理提供必要资料。因

此，必须根据各单位会计要素的特点和经济管理的要求来确定应设置的会计科目。例如，制造企业是生产产品的单位，根据这一业务特点就必须设置核算和监督生产过程的会计科目，如"生产成本""制造费用"等。而商业企业的业务特点是进行商品购销，根据其业务特点应设置"商品进销差价"等会计科目。行政事业单位是完成国家赋予特殊任务的单位，既没有生产，也没有销售，而是靠政府给予拨款，所以应根据其业务特点设置"财政拨款预算收入""行政支出"等会计科目。

（二）会计科目设置要全面地反映会计主体资金运动

会计科目的设置应能全面反映企业生产经营活动情况，满足对外提供信息的需要，应符合国家宏观经济管理的要求，符合与企业有经济利益关系的团体或个人了解企业财务状况和经营成果的要求。例如，为了反映企业的债务情况，应设置"应付债券""长期借款""短期借款""应付职工薪酬""应付账款"等会计科目。同时，会计科目的设置要避免内容上的空缺和交叉，不能重复设置，也不能遗漏设置，凡是企业会发生的业务，都应该为其设置唯一的会计科目来反映。

（三）会计科目设置既要适应经济业务发展的需要，又要保持相对的稳定

会计科目的设置要适应社会经济环境的变化和本单位业务发展的需要。例如，随着技术市场的形成和专利法、商标法的实施，对拥有的专有技术、专利权、商标权等无形资产的价值及其变动情况，有必要专设"无形资产"科目予以反映。但是，会计科目的设置应保持相对稳定，以便在一定范围内综合汇总并在不同时期对比分析其所提供的核算指标。

（四）会计科目设置要适合企业的业务规模和具体特点，做到既统一又灵活

会计科目的制定要符合统一性，但并不是指所有企业要完全照着《企业会计准则》中规定的会计科目表一成不变，企业可以根据自身的业务规模和具体特点，对统一规定的会计科目作必要的补充、兼并或筛选。

三、会计科目的内容和级次

会计科目作为一个体系，包括会计科目内容和会计科目级次。会计科目的内容反映会计科目之间的横向联系，会计科目的级次反映会计科目内部的纵向联系。

（一）会计科目的内容

会计科目的内容是指在制定会计制度时，要规定会计科目反映的经济内容和登记方法，要依据会计要素各组成办法的客观性质划分，并要适应宏观和微观经济管理的需要。

在实务中，为了便于掌握和运用会计科目，使记账工作正常进行，尤其是为了适应会计电算化的需要，应该对会计科目按照一定的分类和标准编号，并编成会计科目表。我国常用的会计科目的编号一般为四位数字，其中第一位数字代

表该账户的类别,如"1"代表资产类账户,"2"代表负债类账户,"3"代表共同类账户,"4"代表所有者权益类账户,"5"代表成本类账户,"6"代表损益类账户。列有企业所有会计科目及其编号的表格,即为会计科目表。财政部会计司发布的企业会计信息化工作规范解读中提到:"会计软件应当提供符合国家统一会计准则制度的会计科目分类和编码功能"并非强制要求企业的每个科目及其代码都与财政部发布的会计科目表一致,而是要求会计软件具有与会计准则制度相符合的科目分类和编码方式,也就是说,会计科目应当按资产、负债、所有者权益、成本、损益等项目划分一级科目类别,同时科目编码也应当采用数字,通过首位数区分科目所属会计要素类别。2007年开始适用的新企业会计制度的最新会计科目表共设置了156个会计科目,该会计科目表不分行业,适用于所有的企业,与工业企业有关的主要会计科目大概有90个,2014年财政部新增和修订会计准则时又添加了一个"其他综合收益"科目。2017年修订的《企业会计准则第14号——收入》中新增了合同资产和合同负债两个会计科目。如表2-14所示。

表2-14 会计科目表

顺序号	编号	名称	顺序号	编号	名称
		一、资产类	16	1403	原材料
1	1001	库存现金	17	1404	材料成本差异
2	1002	银行存款	18	1405	库存商品
3	1012	其他货币资金	19	1406	发出商品
4	1101	交易性金融资产	20	1407	商品进销差价
5	1121	应收票据	21	1408	委托加工物资
6	1122	应收账款	22	1411	周转材料
7	1123	预付账款	23	1471	存货跌价准备
8		合同资产	24	1501	债权投资
9	1131	应收股利	25	1502	债权投资减值准备
10	1132	应收利息	26	1503	其他债权投资
11	1221	其他应收款	27	1504	其他权益工具投资
12	1231	坏账准备	28	1511	长期股权投资
13	1321	代理业务资产	29	1512	长期股权投资减值准备
14	1401	材料采购	30	1521	投资性房地产
15	1402	在途物资	31	1531	长期应收款

续表

顺序号	编号	名称	顺序号	编号	名称
32	1541	存出资本保证金	60	2502	应付债券
33	1601	固定资产	61	2701	长期应付款
34	1602	累计折旧	62	2702	未确认融资费用
35	1603	固定资产减值准备	63	2711	专项应付款
36	1604	在建工程	64	2801	预计负债
37	1605	工程物资	65	2901	递延所得税负债
38	1606	固定资产清理			三、共同类
39	1701	无形资产	66	3101	衍生工具
40	1702	累计摊销	67	3201	套期工具
41	1703	无形资产减值准备	68	3202	被套期项目
42	1711	商誉			四、所有者权益类
43	1801	长期待摊费用	69	4001	实收资本
44	1811	递延所得税资产	70	4002	资本公积
45	1901	待处理财产损溢	71	4003	其他综合收益
		二、负债类	72	4101	盈余公积
46	2001	短期借款	73	4103	本年利润
47	2101	交易性金融负债	74	4104	利润分配
48	2201	应付票据	75	4201	库存股
49	2202	应付账款			五、成本类
50	2203	预收账款	76	5001	生产成本
51		合同负债	77	5101	制造费用
52	2211	应付职工薪酬	78	5201	劳务成本
53	2221	应交税费	79	5301	研发支出
54	2231	应付利息			六、损益类
55	2232	应付股利	80	6001	主营业务收入
56	2241	其他应付款	81	6051	其他业务收入
57	2314	代理业务负债	82	6101	公允价值变动损益
58	2401	递延收益	83	6111	投资收益
59	2501	长期借款	84	6115	资产处置损益

续表

顺序号	编号	名称	顺序号	编号	名称
85	6301	营业外收入	91	6603	财务费用
86	6401	主营业务成本	92	6701	资产减值损失
87	6402	其他业务成本	93	6711	营业外支出
88	6403	税金及附加	94	6801	所得税费用
89	6601	销售费用	95	6901	以前年度损益调整
90	6602	管理费用			

（二）会计科目的级次

会计科目的级次是指在设置会计科目时，既要体现会计信息的不同详细程度，又要兼顾各会计信息使用者的需要对会计科目进行分级设置。这样就可以全面、多层次地反映经营活动。

企业外部信息使用者有时只需要了解企业的一些总体情况，不需要知道详细资料，而对于企业经营管理者则必须了解具体的情况。比如，对于企业的应收账款，作为外部人员，他们阅读企业会计报表时只需要了解应收账款的总体情况就可以了，如总额是多少、占到企业流动资产总额的比例多少。但是，对于企业内部管理者尤其是对于销售主管人员来说，他们需要了解企业应收账款的详细情况，如是哪些企业赊欠的、各企业赊欠的金额是多少、账龄是多少等。要了解这些详细情况，企业就必须通过对应收账款设置明细科目来进行反映，如"应收账款——A 公司""应收账款——B 公司"等。

一般情况下，会计科目的级次分为以下两类。

1. 总分类科目

这是对会计对象的不同经济内容所作的总括分类，它是反映总括性核算指标的会计科目，如"银行存款""固定资产"等。上述表 2-14 中所列示的都是总分类科目。

2. 明细分类科目

这是对总分类科目所含内容做的进一步分类，它是反映核算指标详细、具体情况的科目。比如，在"应付账款"总分类科目下，按具体单位分设明细科目"应付账款——甲企业"等；在"原材料"总分类科目下，按具体的材料类别分设明细科目"原材料——A 材料"等；在"交易性金融资产"总分类科目下，可以设置"成本"和"公允价值变动"两个明细科目。

为了适应管理工作的需要，在有的总分类科目下设的明细科目太多时，或者设置明细科目还不足以详细描述经济业务时，我们可以在总分类科目之下再增设明细科目（也称为子目）。一般地讲，会计科目可分为二级、三级等级次。这时一级科目称为"总分类科目"；二级科目称为"明细分类科目"；而三级科目可以称为"明细项目"。比如，"应交税费——应交增值税（进项税额）"，其中"应交税费"是总分类科目、"应交增值税"是二级科目（明细分类科目），而"进项税额"则是三级科目（明细项目）。这种三级科目在实际中运用得也比较多，如原材料科目也可以设置三个级次的科目，如表2-15所示。

表2-15 原材料科目的级次

总分类科目（一级科目）	明　细　科　目	
	二级明细科目（子目）	三级明细科目（细目）
原　材　料	原料及主要材料	圆钢
		生铁
	辅助材料	型砂
		油漆
	燃料	焦炭
		烟煤

我国现行会计制度规定，总分类科目一般由财政部或企业主管部门统一规定，明细分类科目除会计制度规定设置的以外，各单位可根据实际需要自行设置。

第三节 会计账户

一、账户的概念及意义

账户是根据会计科目开设的，具有一定的结构，用来分类、连续、系统地记录各项经济业务，反映各个会计要素增减变化情况及其结果的一种工具。

通过连续编制资产负债表，可以反映经济业务的发生对会计要素的影响结果，如本章第一节的例2-2中，每发生一笔经济业务，就编制业务发生后的简单资产负债表。但是，这样的操作在实务中显然是行不通的。因为实务中每天会发生许许多多的经济业务，不可能每发生一笔业务就需要编制一张资产负债表，而且资产负债表是静态报表，也只能反映各会计要素项目某一时点的金额，即增减变动后的结果，没有也不可能反映会计要素变化过程。设置会计科目只是对会计对象的具体内容所作的分类，规定每一类的名称，但它没有一定的结构，不能对经济业务进行连续、系统的记录,以形成有用的会计信息。因此,在实务中必须运用设置账户这一会计核算的专门方法,每个会计主体都应根据所设置的会计科目开设相应的账户。

设置账户是会计核算的方法之一。通过设置账户,会计人员才能对大量复杂的经济业务进行分类核算,从而提供各种性质和内容的会计信息。

二、账户与会计科目的关系

会计科目与账户之间既有联系,又有区别。

1. 两者的联系

(1)内容相同。账户是根据会计科目开设的,会计科目就是账户名称。两者反映的内容相同,会计科目包括的经济业务内容也就是账户核算和监督的内容。比如,"固定资产"会计科目反映使用年限在一年以上、价值比较高的各种劳动资料,同样"固定资产"账户也核算相同的内容。

(2)分类相同。会计科目的分类与账户的分类是相同的,某个会计科目所属类别与相应账户所属类别是一致的,如"银行存款"会计科目是资产类,"银行存款"账户也是资产类。

(3)方法相同。会计科目的核算方法与账户的核算方法是相同的,如"固定资产"科目确定固定资产价值的方法,也是"固定资产"账户确定固定资产价值的方法。

2. 两者的区别

(1)特征不同。会计科目只是会计要素的具体分类名称,具有静态特征;账户不但能反映经济业务的具体类别,而且还能反映经济业务的增减变动过程及其结果,具有动态特征。

(2)形式不同。会计科目只是一个名称,没有具体的结构;账户除了名称以外,还有一定的格式和结构。

(3)作用不同。会计科目作为国家制定的一项会计制度,除具有方法性和指导性外,还具有法规性,是企业组织会计核算和进行会计管理的一种依据;账户只具有方法性和指导性,是在账簿中记录经济业务的具体形式。另外,会计科目主要用于填制凭证和开设账户,但不能提供核算资料;账户可以记录经济业务,提供连续、分类、系统的日常核算和监督资料,并为编制会计报表提供依据。

(4)制定的权限不同。在我国,会计科目由国家财政部门统一制定,是会计的一项基本制度;账户则是企业、事业等单位根据会计科目的规定和管理的需要,自行在账簿中开设的。

由于账户是依据会计科目而设置的,两者名称完全一致,核算的内容也一样,因此在实务中常常不加区别,将两者作为同义语。

三、账户的基本结构

为了正确地在账户中登记各项经济业务,必须首先了解账户的结构。账户是用来记录和反映经济业务的,所以账户的基本结构设置要符合经济业务的变化情况。各项经济业务虽然错综复杂,但从数量上看,经济业务的发生所引起的会计要素的变动,不外乎就是增加和减少两种情况。因此,账户必须能分别反映会计要素具体内容增加数和减少数两部分;同时,为了反映增加、减少变化后的结果,有些账户还要有反映其结余数的部分。一般来说,反映会计要素具体内容增加数、减少数和结余数这三部分就是账户的基本结构。通常,把账户反映增加数和减少数的这两部分的基本结构简化为左、右两方:一方登记会计要素的增加额,另一方登记会计要素的减少额。至于哪一方记增加,哪一方记减少,则取决于所采用的记账方法和所记录的经济业务内容。

简要的账户结构如图 2-1 所示。

图 2-1 简要账户的结构

上述只是账户结构的简化形式,由于其形状像英文的大写字母"T"而被称为"T"型账户。具体来说,账户的基本结构主要包括以下内容:

(1)账户的名称,即会计科目。
(2)记录经济业务的日期和经济业务的内容摘要。
(3)所依据的记账凭证的编号。
(4)增、减金额,以及余额(即表 2-16 中的借方、贷方和余额栏)。

表 2-16 账户的基本结构

账户名称

年		凭证编号	摘 要	借 方	贷 方	借或贷	金 额
月	日						

上述"T"型账户是非正规的格式,一般在理论教学中用得较多。在实务中,手工记账常采用比较正规的三栏式格式,具体格式如表 2-17 所示,通常称之为三栏式账户。因为其金额栏有三栏:借方栏、贷方栏和余额栏,举例如下。

表 2-17 三栏式账户的结构

账户名称：应收账款

××年		凭证编号	摘要	借方	贷方	借或贷	金额
月	日						
1	1		期初余额			借	40 000
1	8		出售产品，货款未收	20 000		借	60 000
1	16	略	收回欠款		40 000	借	20 000
1	20		出售产品，货款未收	25 000		借	45 000
1	23		出售产品，货款未收	15 000		借	60 000
1	31		本期发生额及余额	60 000	40 000	借	60 000

在表 2-17 中，"借""贷"两字并无任何经济意义，只是记账符号，在借贷记账法中分别表示左边和右边。有关借贷记账法的具体记账方法将在下一节中阐述。

四、账户的发生额与余额

账户的发生额，是账户的借方与贷方记录本会计期间经济业务的金额，称为本期发生额。其中，本期增加的金额称为本期增加发生额，本期减少的金额称为本期减少发生额。记录在账户借方的本期发生额，称为本期借方发生额；记录在账户贷方的本期发生额，称为本期贷方发生额。

账户除了有本期借贷方发生额外，还有余额，表示在某一时刻该账户中现有的金额。按照所处的时点不同，余额又可分为期初余额和期末余额，期初余额是指会计期初账户中的金额，期末余额是指会计期末账户中的金额，本期的期末余额转入下期就成为下期的期初余额。

账户中的这 4 个金额要素之间的基本关系表示为

期末余额＝期初余额＋本期增加发生额－本期减少发生额

第四节 复式记账法

一、复式记账

前文述及，每一笔经济业务的发生都会引起会计要素的有关项目发生增减变动。有些经济业务会同时引起会计等式两边会计要素的有关项目发生增减变动，要么同时增加，要么同时减少。有些经济业务只引起资产方面或负债、所有者权益方面的有关项目发生增减变动，其中一个项目增加，另一个项目减少。为了将这些经济业务记录在有关的账户中，以全面、系统地反映各会计要素有关项目的增减变动情况及其结果，就必须采用复式记账法。

所谓复式记账法，就是指对于任何一笔经济业务都要用相等的金额，在两个或两个以上的有关账户中进行相互联系的记录的一种记账方法。

在复式记账法下，对于每一项经济业务都要在相互联系的两个或两个以上的账户中进行登记，这样就可以通过账户的对应关系，全面、清晰地反映经济业务的来龙去脉，从而了解经济业务的具体内容。例如，以银行存款购买材料这笔经济业务发生后，一方面应登记在银行存款账户中，反映银行存款减少；另一方面还要登记在原材料账户中，反映原材料的增加。此外，由于复式记账法是以会计等式为基础而建立起来的，在每一项经济业务发生后，都以相等的金额在有关账户中进行登记，因而便于用试算平衡的原理来检查账户记录的正确性。

目前，我国的企业采用的记账方法都是复式记账法，主要是借贷记账法。这是因为借贷记账法经过长时期的实践，已被全世界的会计工作者普遍接受，是一种比较成熟、完善的记账方法。另外，从实务角度看，企业间记账方法不统一，会给企业间横向经济联系和与国际经济交往带来诸多不便；不同行业、企业记账方法不统一，也必然会加大跨行业的公司和企业集团会计工作的难度，使经营活动信息和经营成果不能及时、准确地反映。因此，统一全国各个行业的记账方法，对会计核算工作的规范和更好地发挥会计的作用具有重要意义。

二、借贷记账法

（一）借贷记账法的含义

借贷记账法是指以"借""贷"为记账符号，反映各项会计要素增减变动情况的一种复式记账法。它是目前世界各国通用的一种记账方法，也是我国企业法定的记账方法。

借贷记账法产生于12世纪的意大利。最初，人们习惯于将债权记入"借方"，而将债务记入"贷方"。随着社会的发展，经济业务的内容日趋复杂，记录的经济业务已不再局限于货币资金的借贷业务，而逐渐扩展到财产物资、经营损益等。为了求得账簿记录的统一，对于非货币资金借贷业务，也以"借""贷"两字，记录其增减变动情况。这样，"借""贷"也就逐渐失去其原有的含义，成为纯粹的记账符号，用以标明记账的方向。

（二）借贷记账法的特点

借贷记账法有以下四个特点。

1. 以"借""贷"为记账符号

在借贷记账法下，"借""贷"仅仅作为记账符号，"借""贷"何时表示增加，何时表示减少，完全取决于账户的性质及账户的结构，而与"借""贷"两个字本身没有任何关系。

2. 以"有借必有贷，借贷必相等"为记账规则

所谓记账规则是指在运用某种记账方法处理经济业务时，确定计入账户哪个方向的一种规定。在借贷记账法下，任何一笔经济业务的发生都遵循着"有借必有贷，借贷必相等"的记账规则，这也是借贷记账法所特有的一个重要特点。

3. 可以设置双重性质的账户

在借贷记账法下，可能会存在一些双重性质的账户，即某个账户的性质是不固定的，有时候它是资产类账户，但有时候可能它又变成负债类账户了，比如"应收账款"账户，从单纯性质上看，它属于债权，是资产类账户，但对于同一个客户来说，当销货方实际收回的货款大于应收款时，多出来的款项就是预收账款，而预收账款是债务，是负债类账户，销货方可以不设"预收账款"账户，将多收的款项记录在"应收账款"账户中，这时候"应收账款"的实际含义是预收账款，而不是原来的应收账款，所以"应收账款"账户有时表示债权，有时又表示债务，具有双重性质。具有双重性质的账户也不少，比如还有"应付职工薪酬"、"应交税费"等账户，当这些账户的期末余额在借方时，它们是资产类账户，而当它们的期末余额在贷方时，它们变成了负债类账户。

4. 可以进行试算平衡

在借贷记账法下，每一笔经济业务的发生都依据记账规则进行记账，使得每一笔经济业务的借贷双方的平衡不会被破坏。同时，会计恒等式"资产＝负债＋所有者权益"的平衡也不会破坏。

（三）借贷记账法的账户结构

如上一节所述，每一个账户都有左、右两方。在借贷记账法下，账户的基本结构是：左方为借方，右方为贷方。那么，究竟用哪一方来登记增加的金额，又用哪一方来登记减少的金额，账户的期初或期末余额又在哪一方，这要根据账户所反映的经济内容而定。

1. 资产类账户的结构

反映各项资产的账户称为资产账户。由于一般在资产负债表的左方反映资产项目，习惯上在资产账户的借方登记其期初余额和本期增加额，而在账户的贷方登记本期减少额（见表 2-18）。在正常情况下，资产账户的期初余额与本期增加额之和总是大于本期减少额，因此资产账户的期末余额往往在借方，而期末余额转到下期就是下期的期初余额。所以，一般情况下，资产账户的余额与其增加所记的方向是一致的，即余额在借方。这 4 项金额的关系可用等式表示为

$$\begin{matrix}期初余额\\(借方)\end{matrix} + \begin{matrix}本期借方\\发生额\end{matrix} - \begin{matrix}本期贷方\\发生额\end{matrix} = \begin{matrix}期末余额\\(借方)\end{matrix}$$

资产账户的结构如图 2-2 所示（其中 ××× 表示金额，下同）。

借方		资产账户	贷方
期初余额	×××		
本期增加额	×××	本期减少额	×××
本期借方发生额	×××		
期末余额	×××	本期贷方发生额	×××

图 2-2 资产账户的结构

2. 负债和所有者权益账户的结构

反映负债和所有者权益的账户分别称为负债账户和所有者权益账户，因为它们都属于企业的权益，所以也可以统称为权益账户。由于负债和所有者权益一般列示在资产负债表的右方，习惯上在负债账户和所有者权益账户的贷方登记期初余额和本期增加额，而在账户的借方登记本期减少额。在正常情况下，负债和所有者权益的期初余额和本期增加额之和总是大于本期减少额，因此负债和所有者权益账户的余额一般在贷方。这 4 项金额的关系可用等式表示为

$$\begin{matrix}期初余额\\(贷方)\end{matrix} + \begin{matrix}本期贷方\\发生额\end{matrix} - \begin{matrix}本期借方\\发生额\end{matrix} = \begin{matrix}期末余额\\(贷方)\end{matrix}$$

负债和所有者权益账户的结构如图 2-3 所示。

借方		权益账户	贷方
		期初余额	×××
本期减少额	×××	本期增加额	×××
		本期贷方发生额	×××
本期借方发生额	×××	期末余额	×××

图 2-3 负债和所有者权益账户的结构

3. 收入、费用和利润账户的结构

通过分析会计等式，可知收入的取得将会导致资产的增加，同时也将导致所有者权益的增加；而费用的发生将会导致资产的减少，同时也会导致所有者权益的减少。因此，可以合理地假定，企业因取得收入而增加的资产归属于所有者，企业所发生的耗费则应该从所有者权益中扣减。所以，会计处理上最简单的做法就是，在所有者权益账户的贷方反映取得的收入，而在所有者权益账户的借方反映发生的费用。但是，当经济业务很多时，这样的处理方法将使企业难以区分所有者权益的增减到底是所有者投资的增减还是企业取得的收入或发生的费用，

并且不能集中反映企业一定期间取得的收入和发生的费用以及所实现的经营成果。为此，需要专门设置收入、费用以及利润账户。

如前所述，取得收入可理解为所有者权益的增加。因此，收入的记账方向与所有者权益相同：增加额记在账户的贷方而减少额记在借方；期末按收入账户贷方发生额减去借方发生额的差额，转入利润账户。当会计期末把收入账户的余额转入利润账户后，收入账户期末就没有余额。另一方面，发生费用可理解为所有者权益的减少。因此，费用的记账方向与资产相同：增加额记在账户的借方，而减少额记在贷方；期末按费用账户借方发生额减去贷方发生额的差额，转入利润账户。当会计期末把费用账户的余额转入利润账户后，费用账户期末一般也没有余额。由于收入转入了利润账户的贷方，而费用转入了利润账户的借方，这样通过对比收入和费用即可求得当期的经营成果。当收入大于费用时，利润账户余额在贷方，为企业实现的利润；当收入小于费用时，利润账户余额在借方，为企业发生的亏损。收入、费用和利润账户的结构，分别如图 2-4、图 2-5、图 2-6 所示。

借方	收入账户		贷方
本期减少额 或转销额	×××	本期增加额	×××
本期借方发生额	×××	本期贷方发生额	×××

图 2-4　收入账户的结构

借方	费用账户		贷方
本期增加额	×××	本期减少额 或转销额	×××
本期借方发生额	×××	本期贷方发生额	×××

图 2-5　费用账户的结构

借方	利润账户		贷方
费用转入额	×××	收入转入额	×××
期末余额	×××	期末余额	×××

图 2-6　利润账户的结构

要说明的是，由于利润最终应归属于所有者，因此在会计年度结束后，通常将利润账户年末余额转入所有者权益账户，这样利润账户年末一般无余额。而在平时，利润账户如有余额在贷方，表示本期获利额；如果余额在借方，表示本期亏损额。

为了便于掌握和使用以上不同类别账户的登账规则,现将上述各类账户的结构用表 2-18 所示进行概括。

表 2-18　各类账户的结构

账户类别	账户借方	账户贷方	账户余额
资产账户	增　加	减　少	一般在借方
负债、所有者权益和利润账户	减　少	增　加	一般在贷方（利润在借方或贷方）
费用账户	增　加	减　少	期末一般无余额
收入账户	减　少	增　加	期末一般无余额

我们还可以通过会计等式来进一步说明表 2-18 中各账户的登账原理。前文所述,综合会计等式为

$$资产=负债+所有者权益+（收入-费用）（或利润）$$

把费用移到等式的左边,有

$$资产+费用=负债+所有者权益+收入$$

从上式中可以看出,资产和费用在会计等式的左边,而负债、所有者权益、收入和利润都在会计等式的右边,要使得记账结束后会计等式仍旧平衡,那么在会计等式同一边的项目记账方向必须一致,这就是表 2-18 中资产和费用记账方向一致,而负债、所有者权益、收入和利润记账方向也一致的原因所在。所以,借贷记账法是一种非常科学的记账方法,并且是以会计等式为原理来设计的。

（二）借贷记账法的记账规则

借贷记账法的记账规则可以用一句话来概括,即:"有借必有贷,借贷必相等"。这一借贷记账规则是根据以下两方面来确定的:第一,在借贷记账法下,根据复式记账的原理,对于任何一笔经济业务,必须以相等的金额,在两个或两个以上的相互联系的账户中进行登记;第二,对每一项经济业务都应当作借贷相反的记录。具体地说,如果在一个账户中记借方,必须同时在另一个或几个账户中记贷方;或者在一个账户中记贷方,必须同时在另一个或几个账户中记借方。记入借方的金额同记入贷方的金额必须相等。因为在借贷记账法中,借方表示账户的左边,贷方表示账户的右边,所以在对每一笔业务都进行"有借必有贷,借贷必相等"的记录后,相当于每笔业务登记都符合"有左必有右,左右必相等",这样会计等式在业务发生前后都是平衡的。

现举例说明，怎样运用借贷记账法"有借必有贷，借贷必相等"的记账规则在有关账户中进行记录。

例 2-3：我们承接例 2-2，仍以 ×× 年 1 月份发生的业务为例，为每笔经济业务在账户中按照借贷记账法做记录。

业务 1：1 月 3 日，购入原材料，价款共计 5 000 元，款项尚未支付。对这笔经济业务可作如下分析：

受影响的账户	账户类别	金额的变化	借　方	贷　方
原材料	资　产	增　加	5 000	
应付账款	负　债	增　加		5 000

这样，这笔业务可在如下两个账户中作图 2-7 的登记（假设原材料的期初余额有 5 000 元、非原材料的存货有 13 000 元，其余账户的期初余额见例 2-2 中的表 2-3）。（图中的编号表示业务顺序号）

```
          资产账户                            负债账户
借        原材料        贷           借       应付账款       贷
   期初余额    5 000                            期初余额    8 000
    （1）     5 000                             （1）      5 000
```

图 2-7　业务 1 账户登记

业务 2：1 月 6 日，投资者甲给 A 企业投入 50 000 元，存入银行。对这笔经济业务可作如下分析：

受影响的账户	账户类别	金额的变化	借　方	贷　方
银行存款	资　产	增　加	50 000	
实收资本	所有者权益	增　加		50 000

这笔业务可在如下两个账户中作图 2-8 的登记。

```
          资产账户                          所有者权益账户
借        银行存款       贷          借        实收资本        贷
   期初余额   15 000                            期初余额   35 000
    （2）    50 000                             （2）     50 000
```

图 2-8　业务 2 账户登记

业务 3：1 月 10 日，以银行存款偿还前欠货款 8 000 元。对这笔经济业务的分析如下：

受影响的账户	账户类别	金额的变化	借 方	贷 方
银行存款	资 产	减 少		8 000
应付账款	负 债	减 少	8 000	

这笔业务可在如下两个账户中作图 2-9 的登记。

```
        资产账户                         负债账户
  借    银行存款       贷          借     应付账款        贷
期初余额  15 000   （3）  8 000                   期初余额  8 000
（2）    50 000                    （3）  8 000   （1）    5 000
```

图 2-9 业务 3 账户登记

业务 4：1 月 16 日，A 企业的投资者乙收回投资 10 000 元，企业用银行存款予以支付。对这笔经济业务分析如下：

受影响的账户	账户类别	金额的变化	借 方	贷 方
银行存款	资 产	减 少		10 000
实收资本	所有者权益	减 少	10 000	

这笔业务可在银行存款和实收资本两个账户中作图 2-10 的登记。

```
        资产账户                        所有者权益账户
  借    银行存款       贷          借     实收资本        贷
期初余额  15 000   （3）   8 000                  期初余额  35 000
（2）    50 000   （4）  10 000   （4）  10 000   （2）    50 000
```

图 2-10 业务 4 账户登记

业务 5：1 月 21 日，用银行存款购买生产所需的机器设备等固定资产，共计 10 000 元。对这笔经济业务可分析如下：

受影响的账户	账户类别	金额的变化	借 方	贷 方
银行存款	资 产	减 少		10 000
固定资产	资 产	增 加	10 000	

这笔业务可在如下两个账户中作图 2-11 的登记。

```
        资产账户                         资产账户
  借    银行存款       贷          借     固定资产        贷
期初余额  15 000   （3）   8 000   期初余额  40 000
（2）    50 000   （4）  10 000   （5）    10 000
                  （5）  10 000
```

图 2-11 业务 5 账户登记

业务 6：1 月 23 日，由于企业资金周转暂时有困难，所以向银行借入期限为 6 个月的短期借款 5 000 元，直接用于偿还应付账款。对这笔经济业务可分析如下：

受影响的账户	账户类别	金额的变化	借　方	贷　方
应付账款	负　债	减　少	5 000	
短期借款	负　债	增　加		5 000

这笔业务可在如下两个账户中作图 2-12 的登记。

```
        负债账户                        负债账户
借    短期借款         贷      借    应付账款         贷
      期初余额  10 000        （3）  8 000    期初余额  8 000
（6）           5 000         （6）  5 000             （1）5 000
```

图 2-12　业务 6 账户登记

业务 7：1 月 25 日，企业实行去年的分红方案，从利润中送红股 5 000 元。对这笔经济业务可分析如下：

受影响的账户	账户类别	金额的变化	借　方	贷　方
利润分配	所有者权益	减　少	5 000	
实收资本	所有者权益	增　加		5 000

这笔业务可在如下两个账户中作图 2-13 的登记。

```
       所有者权益账户                      所有者权益账户
借      实收资本          贷      借   利润分配——未分配利润   贷
        期初余额  35 000                    期初余额  15 000
（4）10 000  （2）    50 000      （7）5 000
             （7）     5 000
```

图 2-13　业务 7 账户登记

业务 8：1 月 26 日，A 企业宣告发放现金股利 5 000 元。对这笔经济业务可分析如下：

受影响的账户	账户类别	金额的变化	借　方	贷　方
应付股利	负　债	增　加		5 000
利润分配	所有者权益	减　少	5 000	

这笔业务可在如下两个账户中作图 2-14 的登记。

	负债账户			所有者权益账户	
借	应付股利	贷	借	利润分配——应付股利	贷
	期初余额 0	（7）5 000		期初余额 15 000
	（8）5 000	（8）5 000		

图 2-14 业务 8 账户登记

业务 9：1 月 31 日，投资者甲替 A 企业偿还短期借款 10 000 元，作为对企业投资的增加。对这笔经济业务可分析如下：

受影响的账户	账户类别	金额的变化	借 方	贷 方
实收资本	所有者权益	增 加		10 000
短期借款	负 债	减 少	10 000	

这笔业务可在如下两个账户中作图 2-15 的登记。

	负债账户			所有者权益账户	
借	短期借款	贷	借	实收资本	贷
	期初余额 10 000			期初余额 35 000
	（6）5 000	（4）10 000		（2）50 000
（9）10 000				（7）5 000
				（9）10 000

图 2-15 业务 9 账户登记

1 月 31 日，当 A 公司将所有的经济业务登记入账以后，可计算出各账户本期发生额和期末余额，如图 2-16 所示。

借方	银行存款		贷方
期初余额	15 000	（3）	8 000
（2）	50 000	（4）	10 000
		（5）	10 000
本期借方发生额	50 000	本期贷方发生额	28 000
期末余额	37 000		

借方	应收账款		贷方
期初余额	10 000		
本期借方发生额	0	本期贷方发生额	0
期末余额	10 000		

借方	原材料		贷方
期初余额	5 000		
（1）	5 000		
本期借方发生额	5 000	本期贷方发生额	0
期末余额	10 000		

借方	固定资产		贷方
期初余额	40 000		
（5）	10 000		
本期借方发生额	10 000	本期贷方发生额	0
期末余额	50 000		

借方	应付账款		贷方
（3）	8 000	期初余额	8 000
（6）	5 000	（1）	5 000
本期借方发生额	13 000	本期贷方发生额	5 000
		期末余额	0

借方	短期借款		贷方
		期初余额	10 000
（9）	10 000	（6）	5 000
本期借方发生额	10 000	本期贷方发生额	5 000
		期末余额	5 000

借方	应付股利		贷方
		期初余额	0
		（8）	5 000
本期借方发生额	0	本期贷方发生额	5 000
		期末余额	5 000

借方	长期借款		贷方
		期初余额	15 000
本期借方发生额	0	本期贷方发生额	0
		期末余额	15 000

借方	实收资本		贷方
		期初余额	35 000
（4）	10 000	（2）	50 000
		（7）	5 000
		（9）	10 000
本期借方发生额	10 000	本期贷方发生额	65 000
		期末余额	90 000

借方	利润分配		贷方
（7）	5 000	期初余额	15 000
（8）	5 000		
本期借方发生额	10 000	本期贷方发生额	0
		期末余额	5 000

图 2-16　A 公司各账户本期发生额和期末余额

把上述所有账户的期末余额编入该企业当年1月末的资产负债表,如表2-19所示,其实它与第一节分析中第九笔业务发生后的报表是一样的。

表2-19 A公司1月末的资产负债表

资 产	金 额	负债及所有者权益	金 额
货币资金	37 000	短期借款	5 000
应收账款	10 000	应付股利	5 000
存货	23 000	长期借款	15 000
流动资产合计	70 000	负债合计	25 000
固定资产	50 000	实收资本	90 000
		未分配利润	5 000
		所有者权益合计	95 000
资产合计	120 000	负债及所有者权益合计	120 000

通过例2-3我们验证了借贷记账法的记账规则:"有借必有贷,借贷必相等",每笔业务用借贷记账法登记后,会计等式仍旧平衡,即表2-19。但是,上例所举的业务都是只涉及两个会计账户,如果是涉及两个以上账户的,记账方法不变。比如,企业本期发生如下第a笔业务:采购一批原材料,价款共计90 000元,其中,40 000元用银行存款支付,剩余的50 000元暂时赊欠,则对这笔经济业务可分析如下:

受影响的账户	账户类别	金额的变化	借 方	贷 方
原材料	资 产	增 加	90 000	
银行存款	资 产	减 少		40 000
应付账款	负 债	增 加		50 000

这笔业务可在如下3个账户中作图2-17的登记。

图2-17 涉及两个以上账户业务登记

从图 2-17 可知，这笔业务的登记显然也是符合"有借必有贷，借贷必相等"的记账原理，只不过贷方发生额涉及两个账户，贷方两个账户发生额之和等于借方账户发生额。

综上所述，运用借贷记账法记账时，通常可以按照以下三个步骤分析经济业务：

第一步，确定经济业务发生后所影响的账户，其名称和所属类别；

第二步，确定这些账户的金额变动方向，是增加还是减少；

第三步，根据账户的性质（即所属类别），确定应记入账户的借方还是贷方。

有一点要补充说明的是，在借贷记账法下，可能会存在一些双重性质的账户，即账户的性质是不固定的。比如，某个账户期初余额在借方，我们称之为资产类账户；但是到了期末它的余额在贷方，则这时该账户的性质其实已经转变了，由期初的资产类账户变为期末的负债类账户。可见，双重性质的账户可根据其余额来确定其性质：如为借方余额，就是资产账户；如为贷方余额，就是负债账户。

三、会计分录

根据上一节的例 2-3 中，在把每笔经济业务记入账户之前，我们先编制一张表格进行业务分析，然后再把分析的结果登记到相应的账户中，但是这一方法在实际工作中显然太繁琐且不实用。所以，为了便于记账工作的进行和有利于核算工作的正确性，在把经济业务记入账户之前，应先根据经济业务的内容确定涉及的对应账户名称，应借、应贷的方向及其金额，据此编制会计分录。

（一）会计分录的概念

所谓会计分录，是指对每笔经济业务列示其应借记和应贷记账户及其金额的一种记录。会计分录是账户记录的依据，其正确与否，直接影响到账户的记录，甚至影响到会计信息的质量。以下便是一笔典型的会计分录。

借：原材料　　　　　　　　　　　2 000
　　贷：银行存款　　　　　　　　　2 000
（支用银行存款购买原材料）

可见，一个完整的会计分录应包括三个基本要素：①账户及其所属明细账户名称（或会计科目及其所属明细科目名称）；②记账方向（借记和贷记的记账符号）；③业务的发生额。

在作会计分录时，应注意如下四点：

（1）应先记借方后记贷方，并且贷记符号不能写在借记符号的同一行上，即贷记符号应写在借记符号的下面一行。

（2）贷记符号应在借记符号基础上向右留空一格或两格，借贷账户及金额均应叉栏列示。

（3）因为在作会计分录时，遵循借方在上面、贷方在下面，而且借贷是要错位的。所以，会计分录如果写得比较熟练时，分录中的"借："和"贷："也可以省略。当然，对于初学者最好不要省略。

（4）会计分录在理论教学中用得比较多，而在实务中是通过记账凭证来作会计分录的，即会计分录是填写在记账凭证中的。有关记账凭证的内容我们将在第五章中讲解。

（二）会计分录的分类

会计分录根据经济业务所涉及对应账户的多少，可分为简单会计分录和复合会计分录。简单会计分录是指一项经济业务只涉及两个账户，只有一借一贷的对应关系，即借方和贷方各只有一个账户。上面所举的便是简单会计分录。

复合会计分录是指一项经济业务涉及两个以上账户，以一借多贷或一贷多借或多借多贷的对应关系。也就是说，借方或贷方之中，有两个或两个以上的账户，或者借贷两方各涉及几个账户。以下便是一笔复合会计分录。

借：原材料　　　　　　　　　　　　　60 000
　　贷：银行存款　　　　　　　　　　　20 000
　　　　应付账款　　　　　　　　　　　40 000

（采购原材料，价款60 000元，用银行存款支付20 000元，其余40 000元暂欠。）

一笔复合会计分录可以分解为几个简单会计分录。

比如，职工小李报销差旅费1 300元，交回余款150元（外出时曾预借1 450元），这笔业务涉及3个会计科目，会计分录为：

借：管理费用——差旅费　　　　　　　1 300
　　库存现金　　　　　　　　　　　　　150
　　贷：其他应收款——小李　　　　　　　1 450

这一复杂会计分录，也可以编制为两个简单会计分录：

借：管理费用——差旅费　　　　　　　1 300
　　贷：其他应收款——小李　　　　　　　1 300
借：库存现金　　　　　　　　　　　　150
　　贷：其他应收款——小李　　　　　　　150

显然，把复杂会计分录编制成简单会计分录，增加了记账工作，分割了经济业务。因此，正确编制复杂会计分录，可以集中反映整个经济业务的全貌，简化记账工作、节省记账时间。但是，为了单纯地简化记账工作而把几个简单会计分录拼凑为复杂会计分录，容易混淆经济业务的界限，不能分析经济业务相互联系的因素，是不正确的。

（三）会计分录的应用

现对本章例 2-2 的 11 笔经济业务以会计分录的形式列示如下：

业务 1：借：原材料　　　　　　　　　　5 000
　　　　　贷：应付账款　　　　　　　　　5 000
业务 2：借：银行存款　　　　　　　　　50 000
　　　　　贷：实收资本　　　　　　　　50 000
业务 3：借：应付账款　　　　　　　　　8 000
　　　　　贷：银行存款　　　　　　　　　8 000
业务 4：借：实收资本　　　　　　　　　10 000
　　　　　贷：银行存款　　　　　　　　10 000
业务 5：借：固定资产　　　　　　　　　10 000
　　　　　贷：银行存款　　　　　　　　10 000
业务 6：借：应付账款　　　　　　　　　5 000
　　　　　贷：短期借款　　　　　　　　　5 000
业务 7：借：利润分配——未分配利润　　5 000
　　　　　贷：实收资本　　　　　　　　　5 000
业务 8：借：利润分配——应付股利　　　5 000
　　　　　贷：应付股利　　　　　　　　　5 000
业务 9：借：短期借款　　　　　　　　　10 000
　　　　　贷：实收资本　　　　　　　　10 000
业务 10：借：银行存款　　　　　　　　40 000
　　　　　 贷：主营业务收入　　　　　 40 000
业务 11：借：销售费用　　　　　　　　　4 000
　　　　　 贷：银行存款　　　　　　　　 4 000

第五节　总分类账户和明细分类账户

一、总分类账户和明细分类账户的设置

账户是根据会计科目开设的，会计科目既有总分类科目和明细分类科目，账户也就有总分类账户和明细分类账户。根据总分类科目（一级会计科目）在总分类账中开设的账户称为总分类账户，总分类账户的名称就是总分类账会计科目

的名称。比如，根据"原材料"总分类科目设置"原材料"总分类账户，提供企业全部原材料收入、发出和结存的总括核算指标。

根据总账科目所属的明细分类科目开设的账户称为明细分类账户，明细分类账户的名称就是明细分类科目的名称。比如，根据"原材料"总分类账户所属材料的品种、规格等明细项目设置原材料的明细分类账，据以提供各种材料的明细核算资料。

对某项经济业务，通过总分类账户进行核算，称为总分类核算；对某项经济业务，通过有关明细分类账户进行核算，称为明细分类核算。

二、总分类账户和明细分类账户的联系与区别

总分类账户和明细分类账户既有区别，又有联系。

1. 它们的联系

（1）总分类账户和所属明细分类账户的核算内容是相同的，如"原材料"总分类账与其所属的明细分类账都是用来反映材料收发业务的，两者提供相互补充的资料。

（2）登记总分类账户和明细分类账户的原始依据是相同的，如"原材料"总账与其所属的明细分类账的登记依据都是"原材料入库单"和"领料单"等。

2. 它们的区别

（1）总分类账户和明细分类账户核算经济业务的详略程度不一样。总分类账户是用来总括反映各会计要素增减变化及其结果的账户，而明细分类账户则是详细反映各会计要素增减变化及其结果的账户。比如，"原材料"总账是用来总括地反映企业所有材料的增减变化的，而"原材料——A材料""原材料——B材料"等明细账则是用来详细反映企业所有各种原材料增减变化的。有些明细分类账户还可以提供实物数量指标和劳动量指标等。

（2）总分类账户和明细分类账户的作用不同。总分类账户提供的总括资料是对有关明细分类账户资料的综合，对所属明细分类账户起着统驭作用；明细分类账户对有关总分类账户起着辅助和补充作用，它提供详细、具体的资料。

三、总分类账户和明细分类账户两者之间的平行登记规则

为了便于进行账户记录的核对，保证核算资料的完整性和正确性，在会计核算中，如果企业的某个账户设有总分类账户和所属的明细分类账户，则只要发生了与该账户相关的业务，就必须同时在总分类账和明细分类账中登记。比如，某企业原材料账户是设置明细账的，现在发生一笔经济业务：采购丙材料3 000元，则这笔业务应同时记入"原材料"总账和"原材料——丙材料"明细分类账中。

而把一笔业务同时记入总分类账和明细分类账中，要符合平行登记原则。平行登记原则包括三个要点，可以用 9 个字来概括：同时期、同方向、同金额。现说明如下。

（一）总分类账与明细分类账的同时期登记

经常有人把"同时期"想当然地认为是在同一时刻，即一笔业务在登记到总账以后，必须同时登记到明细分类账，其实这种认识是错误的。我们应该把同时期理解为同一会计期间。因为在实务中，业务发生以后，有的会计人员习惯于在业务发生之初就登记入明细分类账，而总账的登记则是隔一段时间统一登记一次，在这种情况下，总账和明细账就不是同一时刻登记的。但是，会计核算要遵循会计期间假设，一笔业务在某个会计期间发生的，则总账和明细账都必须在这一会计期间登记。

（二）总分类账与明细分类账的同方向登记

在绝大多数情况下，这里的同方向是指同借或同贷：在总分类账中如果记入借方，则在明细分类账中也需要记入借方；在总分类账中如果记入贷方，则在明细分类账中也需要记入贷方。但也并不是完全如此，在有些特殊的情况下总账和明细账的登记并不是符合同借或同贷的。比如，在实务中有一种只有借方或者只有贷方的明细分类账（关于账簿格式和种类我们将在第五章中详细讲解），这时候就不一定是同方向登记的。假如某企业管理费用明细账是采用借方多栏式格式（即明细账中只有借方），现发生了一笔管理费用的贷方发生额，如冲减管理费用业务，则这笔业务在管理费用的总账中是登记到贷方的，但是在明细账中没有贷方栏，我们只能把它计入借方，只不过在实务中需要用红字登记，表明这是贷方发生额。所以，总账与明细账的同方向登记我们不能简单地理解为同借或同贷，而应理解为金额的变动方向相同。

（三）总分类账与明细分类账的同金额登记

同金额主要是指一笔业务在总账中登记的金额应该等于记入到各明细账的金额之和。

经过平行登记以后，总账和明细账之间应该有如下关系：

（1）总账的期初余额＝所属各明细分类账期初余额之和。
（2）总账的本期借方发生额＝所属各明细分类账本期借方发生额之和。
（3）总账的本期贷方发生额＝所属各明细分类账本期贷方发生额之和。
（4）总账的期末余额＝所属各明细分类账期末余额之和。

在会计核算中，通常利用总分类账户与所属明细分类账户之间的上述关系，对总分类账户进行核对，检查账户登记是否正确。

（四）举例说明总分类账与明细分类账的平行登记

例 2-4：中成企业 ×× 年 11 月"原材料"总分类账户和明细分类账户的有

关资料如下：

"原材料"总分类账户有期初借方余额 40 000 元，其所属明细分类账户余额如下：

	期初结存	单价	金额
A 材料	3 000 千克	6 元	18 000 元
B 材料	2 000 只	5 元	10 000 元
C 材料	1 500 件	8 元	12 000 元
			40 000 元

（1）中成企业 11 月份发生的与原材料有关的业务如下：

① 11 月 6 日，从甲单位购入 A 材料 1 000 千克，单价 6 元，共计 6 000 元，材料已验收入库。

② 11 月 13 日，仓库发出 A 材料 2 500 千克，单价 6 元，计 15 000 元；发出 B 材料 1 000 只，单价 5 元，计 5 000 元；发出 C 材料 500 件，单价 8 元，计 4 000 元。总共发出材料计 24 000 元，这些材料都直接用于生产。

③ 11 月 20 日，向乙单位购入 B 材料 800 只，单价 5 元，共计 4 000 元，材料已验收入库。

④ 11 月 25 日，向丙单位购入 C 材料 1 000 件，单价 8 元，共计 8 000 元，材料已验收入库。

（2）根据上述资料，采用平行登记法记入"原材料"总分类账及其所属明细分类账户的具体步骤是：

① 将"原材料"总分类账和各明细分类账户的期初余额登记到"T"型账户。

② 将发生的上述 4 笔与原材料有关的业务分别登记到总分类账和明细分类账中（遵循平行登记原则）。

③ 分别计算出"原材料"总分类账户和其所属的明细分类账户的本期借贷方发生额和期末余额。

上述过程如图 2-18 至图 2-21 所示。

借方	原材料		贷方
期初余额	40 000		
（1）	6 000		
（3）	4 000	（2）	24 000
（4）	8 000		
本期借方发生额	18 000	本期贷方发生额	24 000
期末余额	34 000		

图 2-18　总分类账户

借方	原材料——A		贷方
期初余额	18 000		
（1）	6 000	（2）	15 000
本期借方发生额	6 000	本期贷方发生额	15 000
期末余额	9 000		

图 2-19　A 材料明细账

借方	原材料——B		贷方
期初余额	10 000		
（3）	4 000	（2）	5 000
本期借方发生额	4 000	本期贷方发生额	5 000
期末余额	9 000		

图 2-20　B 材料明细账

借方	原材料——C		贷方
期初余额	12 000		
（4）	8 000	（2）	4 000
本期借方发生额	8 000	本期贷方发生额	4 000
期末余额	16 000		

图 2-21　C 材料明细账

通过上述平行登记后，总账与明细账之间有 4 个平衡关系（见上文所述），如表 2-20 所示。

表 2-20　总账与明细账之间的平衡关系

账　户	期初余额	本期发生额		期末余额
		借　方	贷　方	
原材料	40 000	18 000	24 000	34 000
原材料——A	18 000	6 000	15 000	9 000
原材料——B	10 000	4 000	5 000	9 000
原材料——C	12 000	8 000	4 000	16 000
合计（A＋B＋C）	40 000	18 000	24 000	34 000

从表 2-20 中可见，最后一行 4 个合计数分别等于第二行"原材料"总账的 4 个数，这就是总分类账与明细分类账平行登记后的 4 个平衡关系。

第六节 试算平衡

一、试算平衡的意义

根据前面的介绍，经济业务发生后，首先分析业务的性质据以编制会计分录（在实际工作中是填制记账凭证），然后把会计分录登记到各总分类账中；把一定时期，如一个月的所有会计分录，从记账凭证全部登记到分类账后，各个账户就分别记录反映了当期的全部经济业务。于是，可以根据各个账户的内容，编制会计报表。但是，我们往往需要在编制会计报表之前了解前面的登记工作是否正确、有无差错，这就需要采用一定的方法进行检测。这种检测方法会计上称之为试算或试算平衡，俗称轧账。

可见，试算就是在记账工作到了某一阶段，将各总分类账户的借方余额和贷方余额，或借方发生额与贷方发生额分别相加，检查其双方合计数是否平衡，以验证分录与记账工作是否有误的一种方法。

试算平衡表能起到以下三个作用：

（1）验证会计记录下计算有无错误。各种经济业务发生后，企业通过记账凭证、分类账予以记载，但难免会发生错误，而通过试算平衡可以及时发现错误并予以更正。

（2）便于编制会计报表。试算表根据各分类账借贷余额汇总编制而成，依据试算表编制会计报表将比直接依据分类账来编制更为方便，拥有大量分类账的企业尤为便捷。

（3）粗略显示财务状况和经营成果。试算表所列数据虽未经调整、结账等程序，但从此表也可粗略了解企业的财务状况和经营成果。

二、试算平衡的原理及内容

借贷记账法的试算平衡有账户发生额试算平衡和账户余额试算平衡法两种。发生额试算平衡是根据借贷记账法的记账规则来确定的，余额试算平衡是根据静态会计等式"资产＝负债＋所有者权益"的平衡关系原理来确定的。由于借贷记账法以"资产＝负债＋所有者权益"这一会计等式为依据，按照"有借必有贷，借贷必相等"的记账规则记账，这就保证了为每一项经济业务所编会计分录的借贷两方发生额必然相等；在一定时期内（如一个月），所有账户的借方发生额合计与贷方发生额合计分别是每一项经济业务的会计分录借方发生额与贷方发生额的积累，所以两者必然保持平衡。所有账户的借方期末余额合计数与贷方期末余额合计数，又是以一定的累积发生额为基础计算的结果，因此它们两者也必然是相等的。

（一）账户发生额试算平衡

账户发生额试算平衡是用来检查本期每一个或全部账户的借贷发生额是否相等的方法，其计算公式为

$$\text{全部账户借方本期发生额合计} = \text{全部账户贷方本期发生额合计}$$

在把各项经济业务的会计分录全部登记入账之后，根据各类账户的本期发生额编制"本期发生额试算平衡表"，其格式如表 2-21 所示。

表 2-21　本期发生额试算平衡表

企业名称　　　　　　　　　　　　　　年　　月

账户名称（会计科目）	本期发生额	
	借方	贷方
合　计	×××	×××

账户发生额试算平衡的公式在表 2-21 中就是借贷方两栏的合计数相等。

（二）账户余额试算平衡

账户余额试算平衡是用来检查所有账户的借方期初（或期末）余额合计和贷方期初（或期末）余额合计是否相等的方法，其计算公式为

$$\text{全部账户借方期初（或期末）余额合计} = \text{全部账户贷方期初（或期末）余额合计}$$

余额试算平衡表的格式如表 2-22 所示。

表 2-22　余额试算平衡表

企业名称　　　　　　　　　　　　　　年　　月　　日

账户名称（会计科目）	期初（或期末）余额	
	借方	贷方
合　计	×××	×××

同样，账户余额试算平衡的公式在表2-22中就是借贷方两栏的合计数相等。

（三）综合试算平衡表

我们通常把发生额平衡和余额平衡结合起来编制一张综合试算平衡表，其格式如表2-23所示。

表2-23 综合试算平衡表

账户名称	期初余额		本期发生额		期末余额	
	借方	贷方	借方	贷方	借方	贷方
合计	X1	X1	X2	X2	X3	X3

可见，在综合试算平衡表的合计数中有3对平衡数。如果这3对数达到平衡，可以确定记账工作基本无误。但是，试算平衡并不一定说明记账工作肯定无误，因为在记账工作中有些错误是不会破坏试算平衡的。这类错误有如下四种：

（1）记账时，借贷同时漏记。当发生经济业务后，可能漏做了会计分录，也可能把会计分录记入到账簿时漏记；或者在编制试算表时，漏列一笔或几笔业务。这些错误都会使试算的借贷总额减少，但由于借贷方同时漏记，所以不会影响试算表平衡。

（2）记账时，借贷同时重复记账。在作分录时，借贷同时重复记载，或把会计分录记入到账簿时重复记账等，都会使试算表借贷总额同步增加，因两项多计的数字相等，所以仍旧不会影响试算表平衡。

（3）借方或贷方发生同数额的错误。在作会计分录、记账、编表时，某项经济业务的借（贷）方少记（或多计），而另一项借（贷）方金额正巧也以相同金额多计（或少计），两个错误正好抵消，借贷总额平衡未受影响，此类错误从试算表上很难查寻。

（4）会计科目记错，或借贷方记反等错误也不会破坏试算平衡。比如，以库存现金归还前欠货款这笔业务，应该库存现金减少，记贷方；应付账款也减少，记借方。但现在记成：库存现金的借方，应付账款的贷方。显然，这一记账错误是不会破坏试算平衡的。

除上述四种情况外，凡不影响试算平衡的错误，试算表上均难以发现。但是，因为记账工作中大多数错误往往会使借贷失衡，所以试算表在验证会计处理正确性方面仍有着重要的作用，不失为简便、有效的验证工具。

三、综合举例

为了能对借贷记账法的整个记账过程有个综合的了解，下面通过一个例子说明采用借贷记账法如何编制会计分录、登记账户和进行试算平衡的整个过程。

例 2-5：某企业 ×× 年 9 月 1 日资产、负债、所有者权益账户的期初余额如表 2-24 所示。

表 2-24　该企业各账户的期初余额

账户名称	借方余额	账户名称	贷方余额
银行存款	30 000	短期借款	28 000
应收账款	10 000	应付账款	22 000
原材料	25 000	实收资本	70 000
库存商品	20 000	盈余公积	40 000
固定资产	75 000		
合　　计	160 000		160 000

该企业 9 月份发生下列经济业务：

（1）以银行存款购买原材料 6 000 元，材料验收入库。
（2）收到购货单位归还所欠货款 5 000 元，存入银行。
（3）用银行存款偿还短期借款 10 000 元。
（4）吸收其他单位投入资金 50 000 元，存入银行。
（5）开出支票偿还货款 8 000 元。
（6）销售产品一批，价款 12 000 元，款项已收到并存入银行。

要求：（1）根据资料期初余额开设 "T" 型账户，并登记期初余额。
　　　（2）根据资料 9 月份的经济业务编制会计分录，并记入有关账户。
　　　（3）结出各账户的本期发生额和期末余额。
　　　（4）编制总分类账户的本期发生额、期末余额试算表。

解答过程如下。

第一步：按照表 2-24 资料开设账户，登记期初余额如图 2-22 所示。
第二步：对发生的经济业务作会计分录，并且把会计分录记入图 2-22 中，得到图 2-23。

（1）借：原材料　　　　　　　　　　　　　6 000
　　　　贷：银行存款　　　　　　　　　　　　　　6 000
（2）借：银行存款　　　　　　　　　　　　5 000

借	银行存款	贷		借	应收账款	贷
期初余额	30 000			期初余额	10 000	

借	原材料	贷		借	库存商品	贷
期初余额	25 000			期初余额	20 000	

借	固定资产	贷		借	短期借款	贷
期初余额	75 000				期初余额	28 000

借	应付账款	贷		借	实收资本	贷
	期初余额	22 000			期初余额	70 000

借	盈余公积	贷
	期初余额	40 000

图 2-22　登记期初余额图

　　　　　贷：应收账款　　　　　　　　　　　　5 000
（3）借：短期借款　　　　　　　　　　　　10 000
　　　　　贷：银行存款　　　　　　　　　　　　10 000
（4）借：银行存款　　　　　　　　　　　　50 000
　　　　　贷：实收资本　　　　　　　　　　　　50 000
（5）借：应付账款　　　　　　　　　　　　8 000
　　　　　贷：银行存款　　　　　　　　　　　　8 000
（6）借：银行存款　　　　　　　　　　　　12 000
　　　　　贷：主营业务收入　　　　　　　　　　12 000

在这一过程中有一注意点：在登记第六笔会计分录时，发现在图 2-22 中没有主营业务收入这个账户，因为图 2-22 是根据账户的期初余额编制的，主营业务收入账户没有期初余额，这时候须新开设该账户，故该账户没有期初余额。

借	银行存款		贷		借	应收账款		贷
期初余额	30 000	（1）	6 000		期初余额	10 000		
（2）	5 000	（3）	10 000				（2）	5 000
（4）	50 000	（5）	8 000					
（6）	12 000							

借	原材料	贷		借	库存商品	贷
期初余额	25 000			期初余额	20 000	
（1）	6 000					

借	固定资产	贷		借	短期借款	贷
期初余额	75 000			（3）	10 000	期初余额	28 000

借	应付账款		贷	借	实收资本		贷
		期初余额	22 000			期初余额	70 000
（5）	8 000					（4）	50 000

借	盈余公积		贷	借	主营业务收入		贷
		期初余额	40 000			（6）	12 000

图 2-23　登记发生额图

第三步：根据图 2-23 结出各账户的本期发生额和期末余额，得到图 2-24。

借方	银行存款		贷方
期初余额	30 000	（1）	6 000
（2）	5 000	（3）	10 000
（4）	50 000	（5）	8 000
（6）	12 000		
本期借方发生额	67 000	本期贷方发生额	24 000
期末余额	73 000		

借方	应收账款		贷方
期初余额	10 000	（2）	5 000
本期借方发生额	0	本期贷方发生额	5 000
期末余额	5 000		

借方	原材料		贷方
期初余额	25 000		
（1）	6 000		
本期借方发生额	6 000	本期贷方发生额	0
期末余额	31 000		

借方	库存商品		贷方
期初余额	20 000		
本期借方发生额	0	本期贷方发生额	0
期末余额	20 000		

借方	固定资产		贷方
期初余额	75 000		
本期借方发生额	0	本期贷方发生额	0
期末余额	75 000		

借方	短期借款		贷方
（3）	10 000	期初余额	28 000
本期借方发生额	10 000	本期贷方发生额	0
		期末余额	18 000

借方		应付账款	贷方
(5)	8 000	期初余额	22 000
本期借方发生额	8 000	本期贷方发生额	0
		期末余额	14 000

借方		实收资本	贷方
		期初余额	70 000
		(4)	50 000
本期借方发生额	0	本期贷方发生额	50 000
		期末余额	120 000

借方		盈余公积	贷方
		期初余额	40 000
本期借方发生额	0	本期贷方发生额	0
		期末余额	40 000

借方		主营业收入	贷方
		(6)	12 000
本期借方发生额		本期贷方发生额	12 000
		期末余额	12 000

图 2-24 登记发生额和余额图

第四步：根据图 2-24 中各账户的期初余额、本期借贷方发生额和期末余额编制综合的试算平衡表，如表 2-25 所示。

表 2-25 试算平衡表

××年9月30日   单元：元

账户名称	期初余额		本期发生额		期末余额	
	借方	贷方	借方	贷方	借方	贷方
银行存款	30 000		67 000	24 000	73 000	
应收账款	10 000			5 000	5 000	
原材料	25 000		6 000		31 000	
库存商品	20 000				20 000	
固定资产	75 000				75 000	
短期借款		28 000	10 000			18 000
应付账款		22 000	8 000			14 000
实收资本		70 000		50 000		120 000
盈余公积		40 000				40 000
主营业务收入				12 000		12 000
合　计	160 000	160 000	91 000	91 000	204 000	204 000

本章小结

会计反映的经济内容极其丰富,为了提供满足内外管理基本要求的信息,会计必须对经济活动进行基本分类,从而形成六个会计要素。这六个会计要素之间的关系为会计等式,即"资产＝负债＋所有者权益",以及"利润＝收入－费用"。会计等式是设置账户、复式记账,以及编制资产负债表、利润表的理论依据。

对会计要素按反映和控制要求作进一步分类,就产生了会计科目。为了便于提供日常管理和决策所需要的会计信息,必须连续和系统地反映经济业务及其所引起的会计要素金额变化,从而产生了会计账户。为了满足不同信息使用者的需要,会计账户需要分设总分类账户和明细分类账户。

登记会计账户必须使用复式记账,对每一项经济业务发生时所引起的会计要素数量的变化,以相等的金额同时在两个或两个以上相互联系的账户中进行全面登记。目前世界上通用的以及我国现在使用的复式记账方法是借贷记账法。在借贷记账法下,我们可以通过作会计分录,简略地反映经济业务;可以对总分类账和明细分类账进行同时期、同方向和同金额的平行登记;可以对整个企业所有账户进行发生额和余额的试算平衡。

课后练习题

一、单项选择题

1. 构成所有者权益主体的是（　）。

  A. 资本公积　　　　　　　　B. 实收资本

  C. 未分配利润　　　　　　　D. 盈余公积

2. 资产＝负债＋所有者权益不是（　）。

  A. 设置账户的理论依据

  B. 复式记账的理论依据

  C. 编制资产负债表的理论依据

  D. 总分类账与明细分类账户平行登记的理论依据

3. 引起资产和权益同时增加的业务有（　）。

  A. 从银行提取现金　　　　　B. 从银行借款并存入银行

  C. 用银行存款支付前欠购货款　D. 用银行存款上交税金

4. 会计账户的基本结构分为左右两方,其基本的依据是（　）。

  A. 便于登记收支业务　　　　B. 借贷原理

C. 收付原理　　　　　　　　　D. 资金在运动中量的增加和减少

5. 某企业资产总额为 150 000 元，当发生下列两笔经济业务后：①向银行借款 10 000 元存入银行；②用银行存款偿还应付账款 15 000 元，其权益总额为（　　）元。

　A. 145 000　　　　　　　　　B. 175 000
　C. 155 000　　　　　　　　　D. 125 000

6. 下列各项目中，正确的是（　　）。

　A. 在明细分类账户中，除了采用货币计量以外，还须采用实物计量
　B. 每个总分类账都要设置相应的明细分类账
　C. 总分类账户对所属的明细分类账户起统驭作用
　D. 总分类账户与所属的明细分类账户之间为对应关系

7. 账户余额方向一般与（　　）在同一方。

　A. 增加额　　　　　　　　　B. 减少额
　C. 发生额　　　　　　　　　D. 金额

8. 开出应付票据抵付应付账款，所引起的变动为（　　）。

　A. 一项资产减少，一项负债减少
　B. 一项资产增加，一项负债增加
　C. 一项所有者权益增加，另一项所有者权益减少
　D. 一项负债增加，另一项负债减少

9. 增加企业所有者权益的事项是（　　）。

　A. 购置资产　　　　　　　　B. 举借负债
　C. 销售商品　　　　　　　　D. 吸收投资

10. 按借贷记账法，（　　）的会计处理，应借记某一资产账户，贷记某一负债账户。

　A. 赊销商品　　　　　　　　B. 赊购商品
　C. 支付费用　　　　　　　　D. 偿还负债

二、判断题

1. 在借贷记账法中，"借""贷"作为记账符号已经失去了原来字面的含义，因此对于所有的账户来说，"借"表示增加，"贷"表示减少。　　　　　　　　　　　　　　　　　　　　　（　　）

2. 任何经济业务发生后，均会引起资产和权益同时发生增减变化，但资产和权益在数量上仍然相等。　　　　　　　　　　　　　　　　　　　　　　　　　　　　　　　　　（　　）

3. 账户发生额试算平衡是根据会计等式"资产＝负债＋所有者权益"来确定的。（　　）

4. 任何经济业务的发生都不会破坏会计等式的平衡关系。　　　　　　　　（　　）

5. 从特定企业看，全部总分类账户的本期借方发生额之和必然同全部明细分类账户的本期借方发生额之和相等。　　　　　　　　　　　　　　　　　　　　　　　　　　　（　　）

6. 一笔经济业务不可能使一项负债减少，而另一项负债也减少。（   ）
7. 在借贷记账法下，账户哪一方记增加，哪一方记减少，是根据账户的经济内容决定的。（   ）
8. 总账与明细账的平行登记，是指同时登记、同方向登记以及同金额登记。（   ）
9. 因为会计科目和账户所反映的经济内容是相同的，所以会计科目和账户没有什么区别。

（   ）
10. 会计科目设置既要适应经济业务发展的需要，又要保持相对的稳定。（   ）

三、多项选择题

1. 下列经济业务中，不会引起会计等式左右两边同时发生增减变动的是（   ）。

    A. 从银行提取现金

    B. 从银行取得借款，直接偿还应付账款

    C. 预付购买材料款

    D. 以银行存款支付购买固定资产款

    E. 接受社会捐赠的机器设备

2. 会计科目与账户的联系是（   ）。

    A. 内容相同 B. 性质相同

    C. 分类相同 D. 方法相同

3. 会计分录的基本内容包括（   ）。

    A. 账户名称 B. 记账符号

    C. 记账时间 D. 记账金额

    E. 记账顺序

4. 采用复式记账法登记经济业务，可以（   ）。

    A. 简化记账手续

    B. 如实地反映经济业务的来龙去脉

    C. 防止和检查会计数据的错漏

    D. 保持资产＝权益的平衡关系

5. 复式记账法下，期末余额一般情况下在贷方的会计科目有（   ）。

    A. 应付账款 B. 预收账款 C. 无形资产

    D. 短期借款 E. 预付账款 F. 应交税费

6. 账户中各项金额的关系可用（   ）来表示。

    A. 本期期末余额＝期初余额＋本期增加发生额－本期减少发生额

    B. 本期期末余额＝本期期初余额

    C. 本期期末余额＝本期增加发生额－本期减少发生额

    D. 本期期末余额＋本期减少发生额＝期初余额＋本期增加发生额

E. 本期期末余额＝期初余额＋本期减少发生额－本期增加发生额

7. 下列有关借贷记账法记账规则的说法中,正确的是(　　)。
A. 对任何类型的经济业务,都一律采用"有借必有贷,借贷必相等"的规则
B. 不论是一借多贷、多借一贷,还是多借多贷,借贷双方的金额必须相等
C. 运用借贷记账法记账,在有关账户之间都会形成应借、应贷的对应关系
D. 按照这一记账规则的登账结果,账户的借方发生额合计与贷方发生额合计必然相等
E. 记账规则,既是记账的规则,也是核对账目的规则

8. 在进行试算平衡时,下列错误中不会影响借贷双方平衡关系的是(　　)。
A. 漏记某项经济业务
B. 重复登记某项经济业务
C. 某项经济业务记错有关账户
D. 某项经济业务只记了账户的借方
E. 借方或贷方发生额中,偶然一多一少并相互抵消

9. 对于从银行提取现金1 000元这项经济业务来说,下列各项目中正确的是(　　)。
A. "库存现金"和"银行存款"两个账户互为对应账户
B. 应在"库存现金"账户借记1 000元,同时在"银行存款"账户贷记1 000元
C. 这项经济业务不会引起企业的资产和权益总额发生增减变化
D. "库存现金"和"银行存款"两个账户的余额一般在借方

10. 账户的基本结构一般包括(　　)。
A. 账户的名称　　　　　　　B. 日期和摘要　　　　　　　C. 增减金额
D. 凭证号数　　　　　　　　E. 余额

四、计算实务题

1. 下列A,B,C,D 4个组合,分别代表4个独立无关的会计主体(单位:元):

	A	B	C	D
期初:				
资产	①	38 800	18 000	64 400
负债	9 000	9 312	7 200	9 200
期末:				
资产	44 000	44 620	16 200	82 800
负债	7 000	9 312	3 600	④
本期内:				
追加投资	3 000	②	3 780	16 560
收入	24 400	18 236	③	32 200

```
    抽回投资      1 200      2 328      1 080      9 200
    费用         18 200    12 028      5 940     24 840
```
要求：根据上述资料，计算①至④的 4 个未知数。

2. 某企业月末各项目的资料如下：

（1）存在银行里的款项。

（2）向银行借入的半年期借款。

（3）出纳处存放现金。

（4）仓库里存放的原材料。

（5）仓库里存放的产成品。

（6）欠职工的工资。

（7）应付外单位货款。

（8）买入的 2 年期的 A 公司债券。

（9）企业某产品的商标权。

（10）向供应商购货时开出的 3 个月期的商业承兑汇票。

（11）向银行借入 2 年期的借款。

（12）出借包装物收取的押金。

（13）存放在外单位有待加工的材料。

（14）房屋及建筑物。

（15）所有者投入资本。

（16）机器设备。

（17）应收外单位货款。

（18）以前年度尚未分配的利润。

（19）销售产品获得的收入。

（20）为了进行产品促销而发生的广告费用。

（21）支付给企业管理人员的工资。

（22）出租包装物租金收入。

（23）按照利润额应付给国家的税金。

（24）公益性捐赠支出。

要求：（1）判断上列资料中各项目分别属于哪个会计要素。

（2）判断上述各项目分别用哪个会计科目来描述。

3. 某企业某年 12 月份部分账户资料如下表：

账户名称	期初余额	本期借方发生额	本期贷方发生额	期末余额
库存商品	890	650		750

续表

账户名称	期初余额	本期借方发生额	本期贷方发生额	期末余额
短期借款	8 000	5 000		7 000
应付账款	3 560		1 740	4 340
实收资本	30 000		20 000	50 000
原材料	3 780	5 500		1 236
银行存款	5 370		3 745	2 600
应付账款	2 608		3 512	1 401
盈余公积	84 000	19 000	12 000	
固定资产	47 000	18 250	9 750	

要求：根据各类账户的结构，计算并填写上述表格中的空格。

4. 某年 5 月 1 日，A 企业"银行存款"账户的期初余额为 80 000 元，5 月份 A 企业发生的存款收支业务如下：

（1）3 日，以银行存款支付购买材料的款项 30 000 元。

（2）7 日，收回销售产品的货款 50 000 元。

（3）9 日，从银行提取现金 2 000 元。

（4）15 日，收到投资者投入的现金出资额 80 000 元，存入银行。

（5）25 日，开出转账支票一张，票面额为 130 000 元，用于购买一台设备。

要求：开设"银行存款"的"T"型账户，将上述经济业务登入该"T"型账户中，并计算出 5 月份"银行存款"账户的本期借贷方发生额以及 5 月底的月末余额。

5. 某企业某年 4 月 1 日资产负债表如下：

某企业资产负债表

××年 4 月 1 日

资产		权益	
账户名称	金额	账户名称	金额
库存现金	1 000	短期借款	20 000
银行存款	20 000	应付账款	6 000
应收账款	5 000	其他应付款	4 000
其他应收款	2 000	应交税费	2 000
原材料	30 000	实收资本	80 000
生产成本	2 000	资本公积	5 000
库存商品	10 000	盈余公积	3 000
固定资产	50 000		
资产合计	120 000	权益合计	120 000

4月份发生以下经济业务：
（1）从银行提取现金2 000元，以备零用。
（2）收到投资人投入的资金50 000元，存入银行。
（3）以银行存款2 000元，缴纳上个月的应交税金。
（4）购买材料一批，价款5 000元，材料已经入库，款项未付。
（5）用银行存款支付前欠购料款6 000元。
（6）收回购货单位前欠的货款5 000元，存入银行。
（7）从银行取得6个月期的借款20 000元，存入银行。
（8）以银行存款10 000元购买设备一台。
（9）将资本公积4 000元转增资本。
（10）采购员预借差旅费1 000元，以库存现金付讫。
（11）销售产品一批，价款6 000元，收到款项存入银行。
（12）将多余库存现金1 000元存入银行。

要求：（1）根据该企业期初资产负债表的账户余额开设账户，并登记期初余额。
　　　（2）根据4月份发生的经济业务，采用借贷记账法编制会计分录。
　　　（3）根据所编会计分录登记上述开设的账户中。
　　　（4）期末结算每个账户的本期发生额和期末余额。
　　　（5）根据全部账户的月初余额、本月发生额和期末余额，编制发生额和余额试算平衡表。

6. 某企业某年5月份应收账款和所属明细分类账的有关资料如下：

应收账款总分类账

××年		凭证编号	摘　要	借　方	贷　方	借或贷	余　额
月	日						
5	1	略	期初余额			借	12 000
5	8		出售产品，货款未收	（　）		借	（　）
5	23		收回欠款		20 000	（　）	（　）
5	31		本期发生额及余额	（　）	（　）	（　）	（　）

A 单位： **应收账款明细分类账**

××年		凭证编号	摘要	借方	贷方	借或贷	余额
月	日						
5	1	略	期初余额			借	4 000
5	8		出售产品，货款未收	10 000		借	14 000
5	23		收回欠款		( )	( )	( )
5	31		本期发生额及余额	( )	( )	( )	( )

B 单位： **应收账款明细分类账**

××年		凭证编号	摘要	借方	贷方	借或贷	余额
月	日						
5	1	略	期初余额			借	( )
5	8		出售产品，货款未收	6 000		( )	( )
5	23		收回欠款		12 000	( )	( )
5	31		本期发生额及余额	( )	( )	( )	( )

要求：运用总账与明细账平行登记的原理，将上述账户中的空缺数字填列齐全。

第三章

复式记账的运用——产品制造企业基本业务的会计核算

本章学习目的

通过本章学习，了解产品制造企业的主要经济业务的种类；了解和掌握企业资金筹集过程的会计核算；了解和掌握产品生产准备过程的会计核算；了解和掌握产品生产过程的会计核算；了解和掌握产品销售过程的会计核算；了解和掌握财务成果的会计核算。

第一节 产品制造企业的主要经济业务核算概述

一、产品制造企业的资金循环

产品制造企业是市场经济中从事生产经营活动的经济实体。它必须面向市场生产能够被市场所接受的产品，以满足社会各方面的需要。产品制造企业的基本任务是努力增加产品产量、提高产品质量、扩大花色品种、做好售后服务、满足市场需要、加强企业管理、进行技术改造、减少劳动耗费、降低生产成本、增加盈利、提高经济效益，为企业的自身发展积累更多的资金。

为了独立地进行生产经营活动，每个企业都必须拥有一定数量的经营资金，作为从事经营活动的物质基础。企业的这些资金主要是由所有者投入和债权人提供的，通过生产经营，不断地被运用出去，其形态也相应地从货币资金变成生产资金，最后再变成货币资金，周而复始，形成资金的循环与周转（见图3-1）。一个产品制造企业的主要经营过程一般可以分为以下几个阶段，即资金筹集过程、供应过程、产品生产过程、产品销售过程和利润分配过程等。

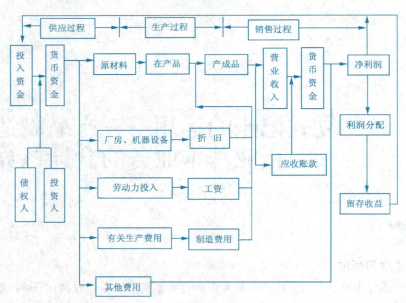

图3-1　产品制造企业资金循环周转示意图

企业从各种渠道筹集的资金，首先表现为货币资金。企业以货币资金建造或购买厂房、建筑物、机器设备，为进行产品生产准备必要的生产资料。这时，资金就从货币资金形态转化为固定资金形态。

在供应过程中，企业用货币资金购买材料，支付材料的买价和采购费用，费用归集到一定种类和数量的材料上，就构成了材料采购成本；同时，还与材料的供应单位发生货款的结算关系，这时资金从货币资金形态转化为储备资金形态。

在产品生产过程中，劳动者借助劳动资料对劳动对象进行加工，制造出各种为社会所需的产品。在产品生产过程中发生的各种材料费用、固定资产折旧费用、工资费用等生产费用的总和构成了产品成本。这时，资金从固定资金、储备资金和货币资金形态转化成生产资金形态。随着产品的完工和验收入库，资金又从生产资金形态转化为成品资金形态。

在销售过程中，企业将产品销售出去，收回货币资金。这时，资金从成品资金形态又回到货币资金形态。

产品制造企业的经营活动，通过上述三个过程，即完成了一个生产经营循环。为了及时总结一个企业在一定时期内的财务成果，将企业一定会计期间所有取得的全部收入与全部费用支出相抵。如果收入大于费用支出，即为取得利润；如果收入小于费用，则为亏损。如果形成利润，还应按照有关规定进行利润分配；如果发生亏损，还要进行亏损弥补。通过分配，一部分资金退出公司，一部分要重新投入生产周转。

二、产品制造企业的主要经济业务

产品制造企业除了要对主要经营过程中所发生的经济业务进行记录、核算外，还应对企业生产经营过程中经常发生的其他经济业务进行记录、核算。诸如，在生产经营过程中，经常发生的与固定资产、无形资产增减有关的经济业务；企业因资金周转的需要而向银行、其他金融机构等借入资金的经济业务；除产品制造、销售业务以外的其他收支的经济业务；经常发生的现金、银行存款等货币资金业务；同外单位或个人经常发生的各种各样的债权债务等经济业务。

在产品制造企业里，对主要经营过程中所发生的各项费用都要按照一定的对象进行分配和归集，以确定各产品的实际成本。例如，计算和确定供应过程中的材料采购成本、生产过程中的产品生产成本（亦称制造成本）、销售过程中的产品销售成本等。成本是一项综合性的经济指标，从一定意义上反映出一个企业的生产效率和工作质量。同时，正确地计算产品生产成本也是为了正确计算企业财务成果的需要。因此，产品制造企业必须应用成本计算的专门方法，正确、及时地计算成本。成本计算对于促进企业加强经营管理、控制和降低成本、增加企业的竞争能力都有非常重要的意义。

综上，产品制造企业的主要经济业务有以下五种：

（1）资金筹集的经济业务；

（2）生产准备的经济业务；

（3）产品生产的经济业务；

（4）产品销售的经济业务；

（5）财务成果计算与分配的经济业务。

为了全面、正确地核算和监督企业基本业务，企业必须根据各项经济业务的具体内容和管理上的要求，相应地设置不同的账户进行核算。以下各节以这些业务环节的主要内容为例，说明会计账户和借贷记账法的具体运用。

第二节 资金筹集业务的会计核算

资金筹集是企业开展生产经营活动的前提，它是企业再生产顺利进行的保证。企业为了满足生产经营的需要，就必须通过一定的渠道，筹集一定数量的资金，用于购建机器设备、厂房，购买原材料，支付工资，偿还到期的债务等。企业筹资的渠道有多种：投资者投入、从银行等金融机构借入、向其他单位借入等。投资者投入和从银行等金融机构借入是两种主要形式。因此，资金筹集业务的核算主要包括向所有者筹集资金业务的核算和向债权人借入资金的核算。

一、向投资者筹集资金的核算

（一）向投资者筹集资金

《中华人民共和国公司法》规定，设立企业必须有法定的资本。它是保证企业正常经营的必要条件。企业可以通过发行股票、吸收直接投资或内部积累等方式来筹集资金。投入资本按其物质形式不同，分为货币投资、实物投资和无形资产投资。

企业收到投资者的投资，应按实际投资额入账。其中，以现金出资的应按实际收到或存入企业开户银行的金额作为实收资本入账；以非现金资产投入的资本，应按投资各方评估确认的价值作为实收资本入账。企业在生产经营过程中所取得的收入和收益、所发生的费用和损失，不可直接增减投入资本。

投资者向企业投入的资本，企业在一般情况下无需偿还，并可以长期周转使用。我国目前实行的是注册资本认缴登记制度，企业对筹集的资本金，依法享有经营权。在企业经营期内，投资者除依法转让外，不可以任何方式抽回资本金。

（二）向投资者筹集资金业务核算应设置的会计账户

为了核算从投资者筹集资金的情况，在会计核算中应设置以下三个主要会计账户。

1. "实收资本"账户

它属于所有者权益类账户，用以核算企业实际收到投资者投入的资本。贷方登记企业收到投资者投入企业资本的实际数额；借方登记按规定程序减少注册资本的数额；期末贷方余额，反映企业实有的资本或股本数额。

2. "银行存款"账户

它属于资产类账户，用以核算企业存入银行的各种款项。借方登记款项存入银行而引起的存款增加数；贷方登记提取或支出存款而引起的减少数；期末借方余额，反映企业存在银行的款项实有数。

3. "无形资产"账户

它属于资产类账户,用以核算企业的专利权、非专利技术、商标权、著作权等各种无形资产。借方登记企业购入和其他单位投资转入的无形资产价值;贷方登记出售和对外投资的无形资产价值;期末借方余额,反映无形资产的价值。

(三) 向投资者筹集资金会计核算实例

例 3-1:华天公司××年 12 月 1 日,收到 A 公司投入的投资款 700 000 元,存入银行。

这项经济业务说明,华天公司收到投资者的投资款,一方面使华天公司的所有者权益增加,形成资本金;另一方面款项存入银行使华天公司银行存款也增加。因此,这项经济业务涉及"银行存款"和"实收资本"两个会计账户。银行存款增加是华天公司资产的增加,应记入"银行存款"账户的借方;A 公司对华天公司的投资的增加是华天公司所有者权益中资本金的增加,应记入"实收资本"账户的贷方。会计分录如下:

借:银行存款 700 000
  贷:实收资本 700 000

例 3-2:华天公司××年 12 月 1 日,收到 B 企业实物资产投资,其中设备一台协议价 800 000 元,材料价值 100 000 元验收入库。(不考虑增值税问题)

这项经济业务说明,B 企业以设备和材料向华天公司投资,一方面使企业的固定资产和材料增加,另一方面使 B 企业对华天公司的投资也增加。因此,这项经济业务涉及"固定资产""原材料"和"实收资本"三个会计账户。固定资产和材料的增加是华天公司资产的增加,应记入"固定资产"和"原材料"账户的借方,B 企业对华天公司投资的增加是华天公司所有者权益中资本金的增加,应记入"实收资本"账户的贷方。会计分录如下:

借:固定资产 800 000
  原材料 100 000
  贷:实收资本 900 000

例 3-3:华天公司××年 12 月 1 日,收到 C 公司一项专有技术投资,经评估确认其价值为 800 000 元。

这项经济业务说明,C 公司以专有技术向华天公司投资,一方面使华天公司无形资产增加,另一方面使 C 公司对华天公司的投资增加。这项经济业务涉及"无形资产"和"实收资本"两个账户。无形资产增加应记入"无形资产"账户的借方,C 公司对华天公司投资的增加,应记入华天公司"实收资本"账户的贷方。会计分录如下:

借:无形资产 800 000
  贷:实收资本 800 000

二、向债权人筹集资金的核算

（一）向债权人筹集资金

企业为了进行生产经营活动或扩大经营活动，除了从投资者处筹集资金外，还经常需要向银行或其他金融机构等借入资金（包括短期借款和长期借款），或通过发行债券等来筹集资金。企业向银行融资、发行债券则形成企业的负债。期限在1年或超过1年的一个营业周期以内的各种借款为短期借款，属于流动负债；期限在1年或超过1年的一个营业周期以上的各种借款为长期融资，属于长期负债。企业借入的各种款项应按照规定的用途使用，按期归还本金并支付利息。向债权人筹集资金的核算主要包括取得本金、计提利息、归还本金及利息等业务。

（二）向债权人筹集资金业务核算应设置的会计账户

为了核算债务资金及其变动情况，企业在会计核算中应当设置以下两个主要会计账户。

1. "短期借款"账户

它属于负债类账户，用以核算企业向银行或其他金融机构等借入的期限在1年以下（含1年）的各种借款。贷方登记借入资金的实际金额；借方登记偿还的实际金额；期末贷方余额，反映企业尚未偿还的短期借款。

2. "长期借款"账户

它属于负债类账户，用以核算企业向银行或其他金融机构借入的期限在1年以上（不含1年）的各项借款。贷方登记借入的本金和发生的利息金额；借方登记偿还借款的本息金额；期末贷方余额，反映企业尚未偿还的长期借款。

（三）向债权人筹集资金会计核算实例

例3-4： 华天公司××年1月1日，从银行取得借款600 000元，期限为6个月，年利率为6%，××年7月1日归还本金和利息。

1. 取得借款时

这项经济业务说明，取得借款一方面使华天公司银行存款增加，另一方面使华天公司的短期借款也增加。因此，这项经济业务涉及"银行存款"和"短期借款"两个账户。银行存款的增加是资产增加，应记入"银行存款"账户的借方；短期借款的增加是流动负债的增加，应记入"短期借款"账户的贷方。会计分录如下：

借：银行存款　　　　　　　　　　　　　　600 000
　　贷：短期借款　　　　　　　　　　　　　　　600 000

2. 按月计算本月短期借款利息

1月末计算本月利息费用3 000元（600 000×6%÷12）

借：财务费用	3 000	
贷：应付利息		3 000

2月末至6月末作同样分录。

7月1日还本付息：

借：应付利息	18 000	
短期借款	600 000	
贷：银行存款		618 000

例 3-5：华天公司××年1月1日，向银行借入3年期、年利率为6%、到期一次还本付息的款项 5 000 000 元，已存入公司银行结算账户。

一般来说，举借长期借款，在申请手续、借款费用、使用渠道、还款要求等方面，都比短期借款严格得多。华天公司××年1月1日取得借款时，会计分录如下：

借：银行存款	5 000 000	
贷：长期借款		5 000 000

根据上述例 3-1 至例 3-5 的业务，将企业资金筹集过程的经济业务总分类核算列示如图 3-2。

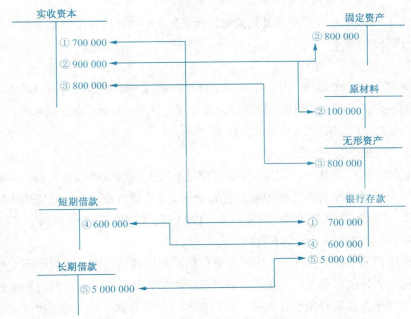

图 3-2　企业筹集资金业务的主要总分类核算示意图

第三节 产品生产准备业务的会计核算

产品制造企业为了进行产品生产，必须建造厂房、购置机器设备、运输工具及采购材料等。为此，固定资产购置业务和材料采购业务核算，构成了产品生产准备阶段会计核算的主要内容。

一、固定资产购入业务的核算

固定资产是为了生产商品、提供劳务而持有的，使用寿命超过一个会计年度的有形资产，包括房屋及建筑物、机器设备、运输设备、工具器具等。固定资产取得途径有外购、自行建造、租入以及投资人的投入。有些固定资产取得后即可投入使用，有些固定资产则需要安装和测试后才可投入使用，所以固定资产根据取得方式的不同，其会计核算也不同。

固定资产应按取得时的实际成本（即原始价值）入账。实际成本是指为购建某项固定资产达到可以使用状态前所发生的一切合理、必要的支出，包括买价、运杂费、包装费和安装费等。

（一）固定资产购置核算应设置的会计账户

为了核算固定资产购置及其变化情况，企业在会计核算中应当设置以下主要会计账户。

1. "固定资产"账户

它属于资产类账户，用以核算固定资产的增减变动和结存情况。其借方登记增加固定资产的原始价值，贷方登记减少固定资产的原始价值，期末借方余额反映企业期末固定资产的原始价值数额。

2. "在建工程"账户

它属于资产类账户，用以核算自行建造和安装而形成的固定资产。其账户的借方登记建造和安装过程中所发生的全部支出，贷方登记结转已完工工程实际成本，其期末借方余额表示尚未完工工程的实际支出。

3. "应交税费——应交增值税"账户

该账户属于负债类账户，核算企业在购买物资或销售商品过程中所发生的增值税。从计税原理上说，增值税是对商品和劳务以及服务在流转过程中产生的增值额作为征税对象而征收的一种流转税。增值税属于价外税，也就是要由消费者负担，有增值额才征税，没有增值额则不征税。该账户一般按进项税额、销项税额等设置明细账。其借方登记购进货物、加工修理修配劳务、购进服务、无形资产或者不动产所支付的增值税或实际已缴纳的增值税，贷方登记发生销售货物或提供加工、修理修配劳务、销售服务、无形资产或不动产时，按照销售额与规定税率计算并向购买方收取的增值税税额。其期末借方余额表示多缴或已经缴纳的增值税，而贷方余额表示尚未缴纳的增值税。

（二）固定资产购入会计核算实例

我们以华天公司购置机器设备为例说明购入固定资产业务的会计核算方法。

华天公司购入的机器设备中，有的不需要安装即可投入生产使用，有的则需要安装、调试后才能投入生产使用。如果购入的是不需要安装的设备，在投入生产使用时，应按购入时的实际成本（即原始价值）入账，实际成本包括买价、运杂费、包装费用等。如果购入的是需要安装的设备，则应通过"在建工程"账户核算其安装工程成本，应将其购进时支付的买价、运杂费、包装费以及安装时发生的安装费用记入"在建工程"账户的借方。安装工程完工交付使用时，应按安装工程的全部支出（即实际成本），从在建工程的贷方转入"固定资产"账户的借方。

自行建造固定资产与购入的固定资产相同，应当以建造该项固定资产达到可使用状态前所发生的一切合理、必要支出作为其入账价值。因此，自行建造固定资产的成本为建造固定资产所耗费的材料、人工费用等使其达到预期可使用状态的所有支出。

例3-6：华天公司××年12月3日，购入不需要安装的设备一台，价值100 000元，增值税13 000元，运费等其他费用3 000元，款项已用银行存款支付。

这项经济业务说明，购入机器设备一方面使华天公司固定资产增加，应记入"固定资产"账户的借方，另一方面以银行存款支付，使华天公司银行存款减少，应记入"银行存款"账户的贷方。会计分录如下：

借：固定资产　　　　　　　　　　　　　103 000
　　应交税费——应交增值税（进项税额）　13 000
　　贷：银行存款　　　　　　　　　　　　116 000

例3-7：华天公司××年12月4日，购入需要安装的机器设备一台，买价186 000元，增值税24 180元，款项用银行存款转账支付，应付本公司安装人员工资13 000元。

这项经济业务说明，购入需要安装的机器设备，一方面企业的在建工程支出增加199 000（186 000＋13 000）元，另一方面使企业银行存款减少210 180（186 000＋24 180）元，应付职工薪酬增加13 000元。因此，这项经济业务涉及"在建工程""银行存款""应付职工薪酬"三个账户。在建工程支出增加，应记入"在建工程"账户的借方；银行存款的减少，应记入"银行存款"账户的贷方；应付职工薪酬的增加，应记入"应付职工薪酬"账户的贷方。会计分录如下：

借：在建工程　　　　　　　　　　　　　199 000
　　应交税费——应交增值税（进项税额）　24 180
　　贷：银行存款　　　　　　　　　　　　210 180
　　　　应付职工薪酬　　　　　　　　　　13 000

例 3-8：例 3-7 中机器设备安装工作完毕，经验收合格交付使用，结转安装工程成本。

这项经济业务说明，安装工程完工交付使用，使华天公司固定资产增加，应按实际成本记入"固定资产"账户的借方，结转完工工程成本记入"在建工程"账户的贷方。会计分录如下：

借：固定资产　　　　　　　　　　　　199 000
　　贷：在建工程　　　　　　　　　　　199 000

根据上述例 3-6 至例 3-8 的业务，将企业购置设备经济业务的总分类核算列示如图 3-3。

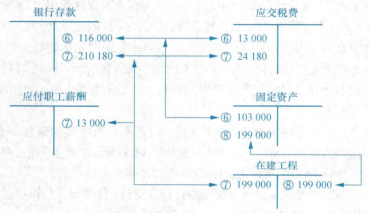

图 3-3　购入固定资产经济业务的总分类核算示意图

二、原材料供应业务的会计核算

原材料是企业生产经营活动不可缺少的物质要素。为了保证及时地按质、按量满足生产的需要，企业必须定期采购和储备原材料，同时还要考虑加速资金周转，避免材料积压，因此需要合理储备。

（一）原材料及其采购成本

原材料供应过程是生产的准备阶段。在这个过程中，企业用货币资金购买各种材料物资，作为生产的储备，用来保证生产的需要。原材料是工业企业在生产经营过程中为耗用而储存的流动资产，属于存货的一种。原材料作为生产过程中必不可少的物质要素，其特点是：一经投入生产后，经过加工而改变其原有的实物形态，并构成产品的实体，或被消耗而有助于生产的进行、产品的形成。与此同时，其价值就一次全部地转移到产品中去，成为产品成本的重要组成部分。

企业储备的原材料，通常都是向外单位采购来的。企业因为采购材料而发生的各项耗费，通常称为采购费用，包括材料的买价、支付的运输费、装卸费、整理挑选费用等。采购费用按一定种类和数量的材料进行归集，就形成了材料采购成本。或者说，为采购一定种类和数量的材料而发生的各项耗费之和，即为该种材料的采购成本。产品制造企业材料采购成本包括：

（1）买价，指进货发票所开列的货款金额。

（2）运杂费，包括运输费、装卸费、包装费、保险费等。

（3）运输途中的合理损耗，指企业与供应或运输部门所签订的合同中规定的合理损耗或必要的自然损耗。

（4）入库前的挑选整理费用，指购入的原材料在入库前需要挑选整理而发生的费用，包括挑选过程中所发生的工资、费用支出和必要的损耗，但要扣除残料的价值。

（5）购入原材料负担的税金和其他费用等(税金主要指关税)。

以上第（1）、第（5）项应直接计入各种材料的采购成本，第（2）、第（3）、第（4）项，凡能分清是某种材料负担的，可以直接计入该种材料的采购成本，不能分清是某种材料负担的，应按材料的重量、买价等比例，采用一定的方法，分摊计入各种材料的采购成本中。

对于企业供应部门或材料仓库所发生的经常性费用、采购人员的差旅费，以及市内零星运杂费等则不计入材料采购成本，而作为管理费用列支。

因此，供应过程核算的任务，主要是核算和监督材料的买价和其他采购费用的发生情况，确定材料采购成本，考核有关采购计划的执行情况；核算和监督与供应单位的款项结算情况；核算供应阶段材料储备资金的占用情况等。

（二）原材料采购业务核算应设置的主要会计账户

为了核算和监督材料购入业务的情况，在会计核算中应设置以下五个主要账户。

1."在途物资"账户

它属于资产类账户，用以核算企业采用实际成本进行材料、商品等物资的日常核算，货款已付尚未验收入库的在途物资的采购成本。借方登记购入材料、商品时应计入采购成本的金额；贷方登记所购材料、商品到达验收入库的实际成本；期末借方余额反映尚未到达或已到达尚未验收入库的在途材料、商品。

2."原材料"账户

它属于资产类账户，用以核算企业库存的各种材料。借方登记增加的原材料的成本；贷方登记减少的原材料的成本；期末借方余额，反映库存原材料的成本。

3."应付账款"账户

它属于负债类账户，用以核算企业因购买材料、商品和接受劳务等而应付给供应单位的款项。贷方登记应支付但尚未支付的款项；借方登记偿还的账款；期末贷方余额，反映企业尚未支付的应付账款。

4."应付票据"账户

它属于负债类账户，用以核算企业因购买材料、商品和接受劳务供应等而开出、承兑的商业汇票，包括银行承兑和商业承兑汇票。贷方登记企业开出、承兑的商业汇票；借方登记商业汇票到期支付的款项；期末贷方余额，反映企业持有尚未到期的应付票据本息。

5. "预付账款"账户

它属于资产类账户，用以核算企业按照购货合同规定预付给供应单位的款项。借方登记按照购货合同规定预付给供货单位的款项，以及结算货款时补付给供货单位的款项；贷方登记企业预付货款中收到的物资的款项；期末借方余额，反映企业实际预付的款项，期末如为贷方余额，反映企业尚未补付的款项。

(三) 供应过程会计核算实例

例 3-9：华天公司××年12月5日，向北方公司购买甲材料，收到北方公司开来的专用发票，数量 2 000 千克，单价 19 元，价款 38 000 元；增值税额为 4 940 元；价税合计 42 940 元，以银行存款支付。

这项经济业务说明，一方面发生材料买价 38 000（19×2 000）元，它是构成材料采购成本的主要部分，应记入"在途物资"账户的借方；同时，因购买材料支付的、准予从销项税额中扣抵的增值税额 4 940 元，应记入"应交税费"账户的借方；另一方面，材料价款和增值税款以银行存款支付，应记入"银行存款"账户的贷方。会计分录如下：

借：在途物资——甲材料　　　　　　　　38 000
　　应交税费——应交增值税（进项税额）　4 940
　　贷：银行存款　　　　　　　　　　　　　　42 940

例 3-10：华天公司××年12月18日，根据合同规定，以银行存款 67 800 元预付东方公司购买乙材料款。

这项经济业务说明，一方面华天公司因购买乙材料已经预付了材料款，应记入"预付账款"账户的借方；另一方面货款从银行存款中支付，银行存款减少，应记入"银行存款"账户的贷方。会计分录如下：

借：预付账款　　　　　　　　　　　67 800
　　贷：银行存款　　　　　　　　　　　　67 800

例 3-11：例 3-10 中，乙材料已到达华天公司，供应单位专用发票载明乙材料 6 000 千克，每千克 10 元，价款 60 000 元；增值税款 7 800 元，价税合计为 67 800 元。

这项经济业务说明，购买的乙材料已到，其买价根据发票确定为 60 000 元，应记入"在途物资"账户的借方，准予扣抵的增值税额 7 800 元，应记入"应交税费"账户的借方；同时，购买乙材料的款项原先已经预付给供货单位，应记入"预付账款"账户的贷方。会计分录如下：

借：在途物资——乙材料　　　　　　　60 000

应交税费——应交增值税（进项税额）　　　7 800
　　贷：预付账款　　　　　　　　　　　　　　　67 800

例 3-12：华天公司××年12月20日，以银行存款4 800元支付上述甲、乙两种材料的运费。

这项经济业务说明，发生了材料采购费用，是构成材料采购成本的组成部分，应记入"在途物资"账户的借方，以便计算确定材料采购成本；同时银行存款减少，应记入"银行存款"账户的贷方。会计分录如下：

借：在途物资　　　　　　　　　　　　　　　4 800
　　贷：银行存款　　　　　　　　　　　　　　　4 800

上述购入材料所发生的运费，是甲、乙两种材料共同发生的，应选择适当的分配标准，在甲、乙两种材料间进行分配，以便分别计算并确定它们的实际采购成本。所谓适当的分配标准，是指等待分配对象共有的，并且能够体现等待分配对象对共同性费用的合理分担关系的因素。在实际工作中，可根据具体情况选择重量、体积、件数、买价等分配标准。现以甲、乙两种材料的重量比例作为分配标准，分配运费如下：

$$分配率 = \frac{4\ 800}{2\ 000 + 6\ 000} = 0.6（元/千克）$$

甲材料应分配的运费 = 2 000 千克 × 0.6（元/千克）= 1 200（元）

乙材料应分配的运费 = 6 000 千克 × 0.6（元/千克）= 3 600（元）

根据上述计算结果，应分别在"在途物资——甲材料"和"在途物资——乙材料"两个明细账借方的采购费用栏内分别登记1 200元和3 600元，以便计算甲、乙材料的实际采购成本。

例 3-13：华天公司××年12月21日，向东方公司购买乙材料，发票账单已到，数量3 000千克，单价10元，运费1 800元，增值税额3 900元，材料已到未验收入库，且货款尚未支付。

这项经济业务说明，一方面发生材料的买价和采购费用，以及应予扣抵的增值税，应分别记入"在途物资"账户和"应交税费"账户的借方，另一方面购料款项尚未支付，负债增加，应记入"应付账款"账户的贷方。会计分录如下：

借：在途物资——乙材料　　　　　　　　　　31 800
　　应交税费——应交增值税（进项税额）　　　3 900
　　贷：应付账款　　　　　　　　　　　　　　　35 700

例 3-14：华天公司××年12月23日，以银行存款35 700元偿还前欠东方公司货款。

这项经济业务说明，一方面偿还欠款，负债减少，应记入"应付账款"账户

的借方;另一方面,以银行存款支付,银行存款减少,应记入"银行存款"账户的贷方。会计分录如下:

　　借:应付账款　　　　　　　　　　　　　　35 700
　　　贷:银行存款　　　　　　　　　　　　　　　35 700

例 3-15:华天公司××年12月末,甲、乙两种材料已验收入库,结转其实际采购成本。

根据甲、乙两种材料采购明细分类账户的记录,编制入库材料的采购成本计算表,见表3-1。

表 3-1　采购成本计算表

××年12月份　　　　　　　　　　　　　　　　　　　　　　　单位:元

项　目	甲材料(2 000千克)		乙材料(9 000千克)		成本合计
	总成本	单位成本	总成本	单位成本	
买　价	38 000	19	90 000	10	128 000
采购费用	1 200	0.6	5 400	0.6	6 600
采购成本	39 200	19.6	95 400	10.6	134 600

甲、乙两种材料实际采购成本确定后,应从"在途物资"账户的贷方转入"原材料"账户的借方。会计分录如下:

　　借:原材料——甲　　　　　　　　　　　　39 200
　　　　　　——乙　　　　　　　　　　　　95 400
　　　贷:在途物资　　　　　　　　　　　　　　134 600

根据例3-9至例3-15,企业材料供应过程的经济业务的总分类核算列示如图3-4。

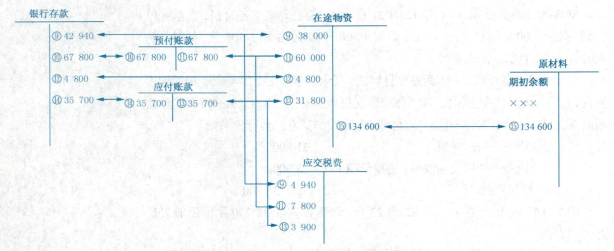

图 3-4　材料供应过程经济业务的总分类核算示意图

第四节 产品生产业务的会计核算

一、产品生产业务核算的主要内容

产品生产过程是制造企业经营活动的主要过程，是连接购进和销售的中心环节。在这一过程中，劳动者利用劳动资料对劳动对象进行加工，生产出符合社会需要的产品。企业的生产过程一方面是产品制造的过程，另一方面也是各种耗费发生的过程。生产业务核算的主要内容就是归集和分配各项费用，确定产品的制造成本。

为了制造一定数量的产品，企业必然要发生各种材料费用。材料在生产过程中要么一次性被消耗掉，要么改变原有的实物形态，其价值也随之全部地转移到新产品的价值中去，构成产品制造成本的一部分。产品在生产过程中还要使用机器、设备等固定资产对材料进行加工。这些固定资产可以被长期地使用而保持其原有的实物形态，但其价值随着固定资产的损耗，逐渐地转移到它所参与生产的新产品中去，成为产品制造成本的一部分。固定资产使用过程中逐渐损耗而转移到产品成本中的那部分价值，称为固定资产折旧。

产品的生产是通过劳动者的活劳动得以实现的。劳动者为自己的劳动所创造的那部分价值，企业以工资的形式支付给劳动者，形成企业的工资费用，这部分费用也构成产品制造成本的一部分。除了上述费用外，在生产过程中还会发生为组织和管理生产活动而支付的各项间接费用，如车间管理人员的工资及福利费、车间机物料消耗、修理费等，这些费用也成为产品制造成本的一部分。

综上，为制造产品所发生的各种耗费，如材料费、人工费、折旧费以及其他各项间接费用，构成了产品的制造成本。产品完工后，随着产成品的验收入库，为制造产品所发生的制造成本也应转入产成品成本中。

此外，企业的行政管理部门还会发生为组织和管理生产活动而支付的各项费用，这些费用不构成产品的制造成本，形成期间费用的一部分，计入管理费用。

二、产品生产业务核算应设置的会计主要账户

为了便于生产过程的核算，需要设置以下五种主要账户。

1. "生产成本"账户

它属于成本类账户，用以核算产品制造过程中所发生的一切费用，并据以确定产品的实际生产成本。它的借方登记月内发生的全部生产费用，贷方登记结转的完工产品的实际生产成本，期末的借方余额，表示尚未完工的产品（在产品）的实际生产成本。

为了具体反映每一种产品的生产费用和实际生产成本，该账户可按成本核

算对象（如产品种类）进行明细核算。

2."制造费用"账户

它属于成本类账户，用以归集和分配企业制造部门为生产产品和提供劳务而发生的各项间接费用，包括生产车间管理人员工资及福利费、生产车间房屋建筑物及机器设备等的折旧费、低值易耗品摊销、办公费、水电费、劳动保护费、机器物料消耗以及季节性或修理期间的停工损失等不能直接计入产品生产成本的费用。它的借方登记本期发生的各种制造费用，贷方登记分配结转的应由各种产品负担的制造费用，期末该账户一般无余额。

3."应付职工薪酬"账户

它属于负债类账户，用以核算企业根据有关规定应付给职工的各种薪酬，包括短期薪酬、离职后福利、辞退福利和其他长期职工福利。企业提供给职工配偶、子女、受赡养人、已故员工遗属及其他受益人等的福利，也属于职工薪酬。短期薪酬，是指企业在职工提供相关服务的年度报告期间结束后 12 个月内需要全部予以支付的职工薪酬，因解除与职工的劳动关系给予的补偿除外。短期薪酬具体包括：职工工资、奖金、津贴和补贴，职工福利费，医疗保险费、工伤保险费和生育保险费等社会保险费，住房公积金，工会经费和职工教育经费，短期带薪缺勤，短期利润分享计划，非货币性福利以及其他短期薪酬。其贷方登记企业计算的应由本期承担的薪酬增加数，借方登记应付职工薪酬的减少数，期末贷方余额反映企业应付未付的职工薪酬。

4."累计折旧"账户

它属于固定资产的备抵账户，用以核算固定资产累计损耗的价值。其贷方登记固定资产折旧的提取数和调入、盘盈固定资产的已提折旧额（即累计折旧的增加数），借方登记出售、报废、毁损和盘亏固定资产的已提折旧额（即累计折旧的减少数），期末余额在贷方，表示固定资产累计折旧的实有数额。

5."库存商品"账户

它属于资产类账户，用以核算企业生产完工并验收入库可供销售的产品的实际成本。它的借方登记已经完工验收入库的各种产品的实际生产成本，贷方登记已经出库的各种产品的实际生产成本，期末借方余额表示库存产成品的实际成本。

三、产品生产业务会计核算实例

产品生产过程的主要经济业务有：车间领用原材料投入生产；计算和分配职工工资和福利；从银行提取现金发放工资；计提固定资产折旧；分配制造费用；计算产品成本；产品完工结转实际生产成本等。

现举例说明如下。

例 3-16：华天公司××年 12 月 15 日，某生产部门从仓库领用甲、乙两种原材料各一批（单价见表 3-1），用以生产 A、B 两种产品和其他一般耗用，如表 3-2 所示。

表 3-2　领用材料汇总表

项　目	甲材料		乙材料		合　计
	数量（千克）	金额（元）	数量（千克）	金额（元）	
生产产品耗用 　A 产品 　B 产品	1 000	19 600	4 000	42 400	19 600 42 400
小　计		19 600		42 400	62 000
车间一般耗用 管理部门领用			400 500	4 240 5 300	4 240 5 300
合　计	1 000	19 600	4 900	51 940	71 540

这笔经济业务的发生，一方面减少了库存原材料，应记入"原材料"账户的贷方。另一方面原材料被领用，其中：直接用于 A、B 产品的，应直接记入产品成本，记入"生产成本"账户的借方；车间一般耗用材料和行政管理部门耗用材料分别属于间接费用和期间费用，应分别记入"制造费用"和"管理费用"账户的借方。会计分录如下：

　　借：生产成本——A 产品　　　　　　　19 600
　　　　　　　　——B 产品　　　　　　　42 400
　　　　制造费用　　　　　　　　　　　　 4 240
　　　　管理费用　　　　　　　　　　　　 5 300
　　　　贷：原材料　　　　　　　　　　　71 540

例 3-17：华天公司××年 12 月末，结算 12 月应付职工薪酬 23 256 元，其中：生产 A 产品工人职工薪酬 13 680 元，生产 B 产品工人职工薪酬 4 560 元，车间管理人员职工薪酬 2 052 元，企业管理人员职工薪酬 2 964 元。

这笔经济业务的发生，一方面说明本月应付职工薪酬增加，应记入"应付职工薪酬"账户的贷方；另一方面说明工资费用增加，其中：制造 A、B 产品的生产工人工资属于直接费用，应直接计入产品成本，记入"生产成本"账户的借方；车间和厂部管理人员工资属于间接费用和期间费用，应分别记入"制造费用"和"管理费用"账户的借方。会计分录如下：

　　借：生产成本——A 产品　　　　　　　13 680
　　　　　　　　——B 产品　　　　　　　 4 560

制造费用	2 052
管理费用	2 964
贷：应付职工薪酬	23 256

例 3-18：华天公司××年 12 月 23 日，以银行存款支付行政管理部门办公费、水电费 2 100 元。

这笔经济业务的发生，一方面使银行存款减少，应记入"银行存款"账户的贷方；另一方面使行政管理部门的费用增加，应记入"管理费用"账户的借方。会计分录如下：

借：管理费用	2 100
贷：银行存款	2 100

例 3-19：华天公司××年 12 月 24 日，以银行存款 1 500 元预付明年上半年书报杂志订阅费。

这笔经济业务按权责发生制原则处理，应将书报杂志费分别由明年上半年的 6 个月负担。因此，一方面要增加预付账款，记入"预付账款"账户的借方；另一方面银行存款减少，记入"银行存款"账户的贷方。会计分录如下：

借：预付账款	1 500
贷：银行存款	1 500

例 3-20：华天公司××年 12 月末，计算应由本月行政管理费负担的书报杂志订阅费 250 元。

书报杂志订阅费属于办公费用。这笔经济业务的发生，一方面使管理费用增加，应记入"管理费用"账户的借方；另一方面使预付账款减少，应记入"预付账款"账户的贷方。会计分录如下：

借：管理费用	250
贷：预付账款	250

例 3-21：华天公司××年 12 月末，计算应由本月负担，但尚未支付的短期借款利息 300 元。

短期借款利息应计入本期损益：一方面，华天公司要记入"财务费用"账户的借方，作为期间费用增加；另一方面，华天公司要增加应付利息，记入"应付利息"账户的贷方。

借：财务费用	300
贷：应付利息	300

例 3-22：华天公司××年 12 月末，按照规定的固定资产折旧率，计提本月固定资产折旧 10 400 元，其中车间固定资产折旧 6 000 元，行政管理部门固定资产折旧 4 400 元。

固定资产在使用过程中因有形和无形损耗而丧失的价值称为固定资产折旧。

这部分价值应按固定资产原始价值和规定的折旧率按月计算折旧费用，计入间接费用或期间费用。

这笔经济业务一方面要反映折旧费用增加，按固定资产的使用部门分别记入"制造费用"和"管理费用"账户的借方；另一方面要反映固定资产因折旧增加而价值减少，要记入"累计折旧"账户的贷方。会计分录如下：

  借：制造费用   6 000
    管理费用   4 400
   贷：累计折旧   10 400

例 3-23：华天公司××年 12 月 26 日发生差旅费，其中车间差旅费 2 660 元，行政管理部门差旅费 1 400 元，用银行存款支付。

这笔经济业务的发生，一方面要增加生产车间的间接费用和行政管理部门的管理费用，记入"制造费用"和"管理费用"账户的借方；另一方面记入"银行存款"账户的贷方。会计分录如下：

  借：制造费用   2 660
    管理费用   1 400
   贷：银行存款   4 060

例 3-24：华天公司××年 12 月末，将发生的制造费用 14 952 元分配计入 A、B 两种产品成本（分配结果及其处理见本节产品生产成本计算）。

制造费用是产品生产成本的组成部分，月末应将本月内归集的各种间接费用从"制造费用"账户转入"生产成本"账户，以反映产品生产成本。

这笔经济业务一方面要转销制造费用，记入"制造费用"账户的贷方；另一方面要增加产品生产成本，记入"生产成本"账户的借方。会计分录如下：

  借：生产成本   14 952
   贷：制造费用   14 952

例 3-25：华天公司××年 12 月末，A 产品 100 台全部制造完工、B 产品 200 台中的 150 台完工并已验收入库，按其实际生产成本转账（A 产品、B 产品成本计算方法详见本节表 3-4 和表 3-5）。

这笔经济业务说明 A 产品已全部制造完工，并已验收入库。一方面表示产品生产完工应按实际成本转账，记入"生产成本"账户的贷方；另一方面表示产成品增加，记入"库存商品"账户的借方。会计分录如下：

  借：库存商品——A 产品   44 494
   贷：生产成本——A 产品   44 494

此外，由于本月 B 产品尚未全部制造完工，因此 12 月末，假设 150 台完工产品的生产成本 42 750 元：一方面表示产品生产完工应按实际成本转账，记入"生产成本"账户的贷方；另一方面表示产成品增加，记入"库存商品"账户的借方。"生产成本"的借方余额 7 948 元为 B 产品在产品的实际生产成本。

借：库存商品——B 产品　　　　　　　　　　42 750
　　贷：生产成本——B 产品　　　　　　　　　　42 750

四、产品生产成本的计算

产品生产成本，又称产品制造成本，是指制造业企业生产一定种类、一定数量的产品所支出的各种生产费用总和。产品生产成本计算是指将生产过程中发生的，应计入产品成本的生产费用，按照产品品种或类别进行归集和分配计算出各种产品的总成本和单位成本。

（一）产品生产成本计算的一般程序

1. 确定成本计算对象

成本计算必须具有一定的计算对象，离开了计算对象就谈不上成本计算。在进行产品成本计算的工作中，首先要确定成本计算对象。所谓成本计算对象，就是指归集和分配费用的对象。在计算产品成本时，只有确定成本计算对象后，才能把发生的各项生产费用归集、分配到一定产品上去。成本计算对象的确定要适应企业生产特点和管理要求，通常有以下三种成本计算对象：

（1）以产品品种为成本计算对象。
（2）以生产步骤为成本计算对象。
（3）以产品批次为成本计算对象。

成本计算对象确定后，按每个成本计算对象开设生产成本明细账，归集生产费用，计算产品成本。

2. 确定成本计算期

成本计算期就是成本计算的间隔期，即多长时间计算一次成本。企业在生产经营过程中，各阶段发生的生产费用和成本形成是逐步积累的，产品生产成本计算期最好与产品生产周期保持一致。两者能否保持一致，主要取决于企业生产组织的特点，以及成本管理和分期考核经营成果的要求。例如，在大量、大批生产的企业，连续不断生产同一种或几种产品，但是为了加强成本计划管理，计算考核每期经营成果，往往不按生产周期而按月计算产品成本。在单件、小批量生产的企业，只有产品生产完工后，才能计算产品成本，这种情况就可以按产品的生产周期作为成本计算期。

3. 确定成本项目

成本项目是指生产费用按其经济用途分类的项目。将计入成本的生产费用按经济用途划分为若干成本项目，按成本项目归集生产费用，计算产品成本，能明确反映成本的经济内容，分析成本变动原因，以降低产品成本。因此，为了科学地进行成本计算，企业应当正确确定成本项目。按计入产品成本的生产费用可以进一步分为以下三个成本项目。

（1）直接材料：构成产品实体，或有助于产品形成或便于进行生产而耗费的各种材料，包括原料及主要材料、辅助材料、外购半成品、燃料、动力等。

（2）直接人工：从事产品制造的生产工人工资，包括生产工人的工资和福利、奖金、各种工资性津贴和补贴，以及按照规定提取的职工福利费等。

（3）制造费用：企业内部生产单位（分厂、车间）为组织和管理生产所发生的各项费用，包括生产单位管理人员工资、职工福利费、生产单位房屋建筑物及机器设备等的折旧费、租赁费（不含融资租赁费）、机物料消耗、低值易耗品、取暖费、水电费、办公费、劳动保护费等。

4. 正确归集和分配生产费用

成本计算过程就是按一定成本计算对象归集和分配生产费用的过程，在确定应由本期产品成本负担的费用之后，还必须按成本计算对象归集和分配生产费用。在生产经营过程中，所发生的计入成本的各项生产费用，如果只是为某一种产品所消耗，应直接计入该产品成本，不存在各产品之间进行分配的问题，但如果是为几种产品所消耗，应按一定标准分配后计入产品成本。凡为生产某一种产品所发生的直接费用，可直接计入该产品成本；凡是为了生产几种产品所共同发生的间接费用，应采用适当标准分配后计入各种产品成本。在实际工作中，分配间接费用的标准有：

（1）生产工人工时；

（2）生产工人工资；

（3）机器工时；

（4）有关消耗定额。

企业在选用分配间接费用的标准时，应考虑分配标准与间接费用有没有直接关系，以保证分配结果的准确性。正确区分直接费用和间接费用，合理选择间接费用的分配标准，有利于正确计算产品成本。

5. 将费用在完工产品和在产品之间进行分配

在计算产品生产成本时，如果成本计算期与生产周期一致，则期末所有的产品都是完工产品，不存在完工产品与期末在产品的费用分配问题；如果成本计算期与生产周期不一致，则期末既有完工产品又有期末在产品，此时要计算出完工产品的成本就必须将按照成本计算对象归集的生产费用，在各种产品内部的完工产品与在产品之间进行分配，以确定完工产品的成本。完工产品与期末在产品成本之间的关系用公式表示：

期初在产品成本＋本期生产费用＝本期完工产品成本＋期末在产品成本

本期完工产品成本＝期初在产品成本＋本期生产费用－期末在产品成本

期末在产品成本＝期初在产品成本＋本期生产费用－本期完工产品成本

6. 设置和登记费用、成本明细账,编制成本计算表

成本计算所必需的数据资料,必须通过费用、成本明细账进行登记。因此,必须按成本计算对象及规定的成本项目设置有关费用、成本明细账。根据有关会计凭证,将发生的应计入成本的各种费用,按成本项目在各明细分类科目中进行归集和分配,借以计算各成本计算对象的成本,然后根据费用、成本明细账中有关成本的资料,按规定的成本项目编制成本计算表,以确定各个成本计算对象的总成本和单位成本,全面、系统地反映各种成本指标的经济构成和形成情况。

(二)产品生产成本计算实例

下面根据前例说明产品制造成本的一般计算方法。华天公司××年12月,生产A、B两种产品所发生的各项生产费用按其用途归集如表3-3所示。

表3-3 A、B两种产品生产费用计算表　　　　　　　　　　　单位:元

产品名称	完工产品数量	直接材料	直接人工	制造费用	合计
A产品	100 台	19 600	13 680		
B产品	150 台	42 400	4 560		
合 计		62 000	18 240	14 952	95 192

从表3-3所列资料看出,直接材料62 000元和直接人工(生产工人薪酬)18 240元是直接费用,可直接计入各种产品的制造成本。而制造费用14 952元是A、B两种产品共同负担的间接费用,需要按一定标准在A、B产品之间进行分配,然后再分别计入各种产品的制造成本。分配的标准如前所述,有生产工人工资、生产工人工时、机器工时、有关消耗定额等。企业选用某一种分配标准时,要慎重考虑间接费用的发生与该种分配标准有无直接关系、分配结果是否接近实际,以保证产品制造成本的计算相对正确。总之,要根据企业实际情况选用适当的分配标准。

现举例说明上述制造费用的具体分配方法。

(1)设按A、B产品的生产工人工资分摊制造费用。

每元工资应负担的制造费用:

$$\frac{14\,952}{13\,680 + 4\,560} = 0.819\,74$$

A产品应分摊的制造费用:

$$13\,680 \times 0.819\,74 = 11\,214(元)$$

B产品应分摊的制造费用:

$$4\ 560 \times 0.819\ 74 = 3\ 738(元)$$

经过分配，上述例 3-24 的会计分录可编制如下：

借：生产成本——A 产品　　　　　　　　11 214
　　　　　　——B 产品　　　　　　　　3 738
　　贷：制造费用　　　　　　　　　　　14 952

（2）登记 A、B 产品生产成本明细账，如表 3-4 和表 3-5 所示。

表 3-4　"生产成本"明细分类账

产品品种或类别：A 产品　　　　　　　　　　　　　　　　　　　　　　　单位：元

年		凭证号码	摘要	借方（成本项目）				贷方	借或贷	余额
月	日			直接材料	直接人工	制造费用	合计			
			生产耗用材料	19 600			19 600		借	19 600
			分配职工薪酬		13 680		13 680		借	33 280
			分配制造费用			11 214	11 214		借	44 494
			结转完工产品生产成本					44 494	平	—
			本期发生额和余额	19 600	13 680	11 214	44 494	44 494	平	—

表 3-5　"生产成本"明细分类账

产品品种或类别：B 产品　　　　　　　　　　　　　　　　　　　　　　　单位：元

年		凭证号码	摘要	借方（成本项目）				贷方	借或贷	余额
月	日			直接材料	直接人工	制造费用	合计			
			生产耗用材料	42 400			42 400		借	42 400
			分配职工薪酬		4 560		4 560		借	46 960
			分配制造费用			3 738	3 738		借	50 698
			结转完工产品生产成本					42 750	借	7 948
			本期发生额和余额	42 400	4 560	3 738	50 698	42 750	借	7 948

编制产品制造成本计算表，见表 3-6。

表 3-6　产品生产成本计算表

单位：元

成本项目	A 产品	
	总成本（100 台）	单位成本
直接材料	19 600	196.00
直接人工	13 680	136.80
制造费用	11 214	112.14
产品生产成本	44 494	444.94

根据上述产品生产过程核算业务（例 3-16 至 3-25），将企业产品生产过程总分类核算如图 3-5 列示如下。

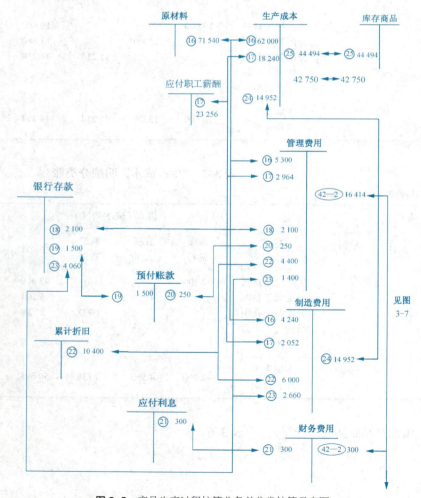

图 3-5　产品生产过程核算业务总分类核算示意图

第五节 产品销售业务的会计核算

一、产品销售业务核算的主要内容

销售是企业产品价值实现的过程。企业所生产的产品能否在市场上顺利地销售出去，决定了企业能否在激烈竞争的市场环境下继续生存、发展并不断壮大。

产品销售过程是企业经营活动的最后阶段，也是营业收入的实现过程。在销售过程中，一方面，将生产出来的符合标准的产品，按照合同规定的条件发送给订货单位，以满足社会消费的需要；另一方面，按照销售价格和结算制度的规定，向购货方办理结算手续，及时收取货款或形成债权，通常把这种货款或债权称为商品销售收入。在商品销售过程中，公司为取得一定数量的销售收入，必须付出相应数量的产品，为制造这些销售产品而耗费的生产成本，称为商品销售成本。为了将产品销售出去，还会发生各种费用，如广告费、包装费、装卸费和运输费等，称为销售费用。公司取得销售收入时，应按照国家税法规定，计算缴纳公司生产经营活动应负担的税金，称为税金及附加。此外，公司还可能发生一些其他经营业务，取得其他业务收入，产生其他业务成本。

二、产品销售业务核算应设置的会计账户

为了便于生产过程的核算，可以设置以下六种账户。

1. "主营业务收入"账户

它属于损益类账户，用来核算企业在销售商品、提供劳务及让渡资产使用权等日常活动中所产生的收入。收入包括产成品、自制半成品等的销售收入。它的贷方登记已销售产品的销售收入，借方登记期末转入"本年利润"账户的数额，结转后本账户期末应无余额。

2. "主营业务成本"账户

它属于损益类账户，用以核算企业因销售产成品、提供劳务或让渡资产使用权等日常活动而发生的实际成本。它的借方登记已销售产品的实际成本，贷方登记期末转入"本年利润"账户的数额，结转后账户期末应无余额。

3. "税金及附加"账户

它属于损益类账户，用以核算企业日常活动应负担的税金及附加，包括除增值税和企业所得税以外的消费税、城市维护建设税、资源税、教育费附加、房产税、城镇土地使用税、车船税、印花税等。其借方登记按规定税率计算应负担的销售税金及附加，贷方登记期末转入"本年利润"账户的数额，结转后本账户期末应无余额。销售环节的增值税由纳税人直接记入"应交税费"账户，不通过本

账户核算。

4. "应收账款"账户

它属于资产类账户，用以核算企业因赊销产品而对购货单位发生的债权。其借方登记应向购货单位收取的销货款，贷方登记收回的销货款，期末余额一般在借方，表示购货单位尚欠的货款。

5. "合同资产"账户

企业已向客户转让商品而有条件收取对价的权利，且该权利取决于时间流逝之外的其他因素。

6. "应收票据"账户

它属于资产类账户，用来核算企业因销售产品等而收到的商业汇票。该账户借方登记企业收到的应收票据，贷方登记票据到期收回的票面金额和尚未到期票据向银行贴现的票面金额，期末借方余额表示尚未到期的应收票据金额。

7. "预收账款"账户

它属于负债类账户，用以核算企业不构成交付商品或提供劳务的履约义务所预收的款项。企业因转让商品收到的预收款适用收入准则进行会计处理时，不再使用"预收账款"科目及"递延收益"科目。

8. 合同负债

企业已收或应收客户对价而应向客户转让商品的义务，如企业在转让承诺的商品之前已收取的款项。合同负债的确认，是以履约义务为前提的，若所预收的款项与合同规定的履约义务无关，则不能作为合同负债核算，应作为预收账款计量。

三、产品销售业务会计核算实例

例 3-26：华天公司 ×× 年 12 月 15 日，销售 A 产品 80 件，每件售价 800 元，按规定计算应交增值税 8 320 元，价税合计 72 320 元，已收到存入银行。

这项经济业务说明，企业因销售 A 产品获得收入 64 000 元，应记入"主营业务收入"账户的贷方，应交增值税 8 320 元，应记入"应交税费"账户的贷方；同时，价税款 72 320 元已存入银行，应记入"银行存款"的借方。会计分录如下：

借：银行存款　　　　　　　　　　　　　72 320
　　贷：主营业务收入　　　　　　　　　　64 000
　　　　应交税费——应交增值税（销项税额）　8 320

例 3-27：华天公司 ×× 年 12 月 18 日，采用托收承付结算方式销售 B 产品 80 件，每件售价 500 元，按规定计算应交增值税 5 200 元，产品已发出，代垫运费 600 元，华天公司以银行存款支付。企业根据发票、账单等凭证，已向银行办妥托收手续，但货款尚未收到。

这项经济业务说明，企业采用托收承付结算方式销售 B 产品，产品已经发出并已办妥托收手续，销售收入已经实现 40 000 元，应记入"主营业务收入"账户的贷方，应交增值税 5 200 元，应记入"应交税费"账户的贷方；同时，因货款和税款尚未收到，应记入"应收账款"账户的借方。会计分录如下：

借：应收账款　　　　　　　　　　　　　　45 800
　　贷：主营业务收入　　　　　　　　　　　　40 000
　　　　应交税费——应交增值税（销项税额）　 5 200
　　　　银行存款　　　　　　　　　　　　　　　 600

例 3-28：华天公司 ×× 年 12 月 20 日，采用商业承兑汇票结算方式销售 A 产品 20 件，每件售价 800 元，按规定计算应交增值税 2 080 元，产品已经发出并收到购货单位开出商业承兑汇票一张，金额为 18 080 元。

这项经济业务说明，企业采用商业汇票结算方式销售 A 产品，产品已发出并收到商业汇票，销售收入已经实现，应记入"主营业务收入"账户的贷方 16 000（20×800）元，应交增值税 2 080 元，应记入"应交税费"账户的贷方；同时，应收票据增加，应按应收票据的金额 18 080 元记入"应收票据"账户的借方。会计分录如下：

借：应收票据　　　　　　　　　　　　　　18 080
　　贷：主营业务收入　　　　　　　　　　　　16 000
　　　　应交税费——应交增值税（销项税额）　 2 080

例 3-29：华天公司 ×× 年 12 月 20 日，预收购货单位购买 B 产品价税款 5 650 元，存入银行。

这项经济业务说明，未来需要按合同规定实行履约义务，应记入"合同负债"账户的贷方 5 650 元；同时，银行存款增加，应记入"银行存款"账户的借方 5 650 元。会计分录如下：

借：银行存款　　　　　　　　　　　　　　 5 650
　　贷：合同负债　　　　　　　　　　　　　　 5 650

例 3-30：华天公司 ×× 年 12 月 21 日，根据合同规定，向上项预付货款的购买单位发出 B 产品 10 件，每件售价 500 元，按规定计算应交增值税 650 元，价税合计 5 650 元。

这项经济业务说明，采用预收货款方式销售 B 产品，因产品已经发出，销售收入已经实现，应记入"主营业务收入"账户的贷方；同时，随着合约义务的履行，合同负债减少，应记入"合同负债"账户的借方。会计分录如下：

借：合同负债　　　　　　　　　　　　　　 5 650
　　贷：主营业务收入　　　　　　　　　　　　 5 000
　　　　应交税费——应交增值税（销项税额）　 650

例 3-31：华天公司××年 12 月 24 日接到银行通知，××年 12 月 18 日采用托收承付结算方式销售的 B 产品 80 件，价税款和代垫运费中的 45 800 元已收妥入账。

这项经济业务说明，采用托收承付结算方式销售 B 产品货款和代垫运费收到，应收账款减少，应记入"应收账款"账户的贷方；同时，银行存款增加，应记入"银行存款"账户的借方。会计分录如下：

借：银行存款　　　　　　　　　　　　　45 800
　　贷：应收账款　　　　　　　　　　　　45 800

例 3-32：华天公司××年 12 月 25 日，以银行存款支付销售产品的广告费 300 元，装卸费 200 元。

这项经济业务说明，因销售产品而支付了广告费及装卸费，应记入"销售费用"账户的借方；同时，银行存款减少，应记入"银行存款"账户的贷方。会计分录如下：

借：销售费用　　　　　　　　　　　　　500
　　贷：银行存款　　　　　　　　　　　　500

例 3-33：假设华天公司××年 12 月，销售的 A、B 两种产品属于消费税征收范围，按规定计算应交消费税（税率 10%）12 500〔(64 000＋40 000＋16 000＋5 000)×10%〕元。

这项经济业务说明，企业因销售应税产品而应交纳消费税，应记入"税金及附加"账户的借方；同时，应交税金增加，应记入"应交税费"账户的贷方。会计分录如下：

借：税金及附加　　　　　　　　　　　　12 500
　　贷：应交税费——应交消费税　　　　　12 500

例 3-34：华天公司××年 12 月末，计算并结转已售产品的销售成本。

就制造企业而言，随着完工产品入库，产品的生产成本转入库存产品成本。主营业务成本是指已销产品的生产成本。主营业务成本的计算，实际上就是产品销售成本的计算，其实质是已销产品成本的结转。结转已售产品的销售成本，按照已售产品的数量乘以单位成本计算确定（本月已完工 B 产品单位成本 42 750 元÷150 台＝285 元/台，资料见表 3-5）。

A 产品销售成本＝444.94 元/台×100 台
　　　　　　　＝44 494 元（资料见表 3-6）
B 产品销售成本＝285 元/台×90 台
　　　　　　　＝25 650 元

根据上述计算结果，结转 A、B 产品的销售成本，应记入"主营业务成本"账户的借方；同时，产成品的减少应记入"库存商品"账户的贷方。会计分录如下：

借：主营业务成本——A 产品　　　　　　　　44 494
　　　　　　　——B 产品　　　　　　　　25 650
　　贷：库存商品　　　　　　　　　　　　　　　　70 144

根据上述销售过程核算业务（例 3-26 至例 3-34），将华天公司产品销售业务的总分类核算列示如图 3-6。

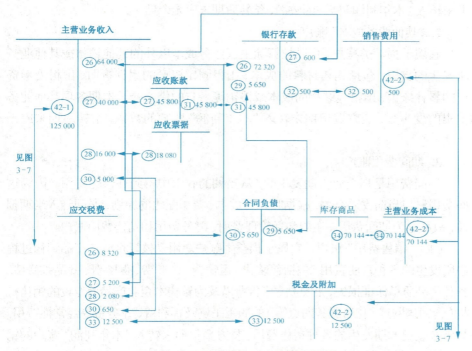

图 3-6　产品销售业务的总分类核算示意图

第六节 财务成果的会计核算

一、财务成果会计核算的主要内容

利润是企业一定期间生产经营活动的最终财务成果，是收入扣减费用后所剩余的差额。收入如大于费用，净剩余为正，形成盈利；反之，则为亏损。企业利润的构成分为三个层次：营业利润、利润总额、净利润，其计算步骤见表 1-3。

企业实现的利润，应按规定向国家交纳所得税，余下的部分为税后净利润，要在投资者和企业之间进行分配，其计算式为：

净利润（或净亏损）＝利润总额（或亏损总额）－所得税费用

二、财务成果核算应设置的主要会计账户

1. "其他业务收入"账户

它属于损益类账户,用以核算企业除主营业务收入以外的其他销售或其他业务收入,包括出租固定资产、出租无形资产、销售材料、代购代销、出租包装物、提供劳务等收入。它的贷方登记本期各项其他业务收入的发生数,借方登记期末转入"本年利润"账户的数额,结转后期末应无余额。

2. "其他业务成本"账户

它属于损益类账户,用以核算除主营业务成本以外的其他销售或其他业务所发生的支出,包括销售材料的成本、出租固定资产的累计折旧、出租无形资产的累计摊销、出租包装物的成本或摊销等。它的借方登记本期各项其他业务支出的发生数,贷方登记期末转入"本年利润"账户的数额,结转后期末应无余额。

3. 期间费用账户

期间费用是指企业当期发生的、从当期的收入中得到补偿的费用。因为这些费用只与当期收入有关,根据收入与成本、费用配比的原则,必须计入当期损益,故称之为期间费用。主要包括管理费用、财务费用和销售费用账户。

(1)"销售费用"账户。它属于损益类账户。用以核算企业在产品销售过程中所发生的各种营业费用,包括包装费、运输费、装卸费、保险费、商品维修费、预计产品质量保证损失、展览费、广告费以及为销售本企业产品而专设的销售机构(含销售网点、售后服务网点等)的职工工资及福利费、业务费等经常性费用。其借方登记本期发生的各种销售费用,贷方登记期末转入"本年利润"账户的销售费用,结转后期末本账户应无余额。

(2)"财务费用"账户。它属于损益类账户,用以核算企业为筹集经营所需资金等而发生的费用,包括利息支出(减利息收入)、汇兑损失(减汇兑收益)以及相关的手续费等。其借方登记本期发生的各种财务费用,贷方登记期末转入"本年利润"、企业发生的现金折扣或收到的现金折扣账户的数额,结转后期末本账户应无余额。

(3)"管理费用"账户。它属于损益类账户,用来核算企业为组织和管理企业生产经营所发生的管理费用,包括企业在筹建期间发生的开办费、企业董事会和行政管理部门在公司经营管理中发生的,或者应当由企业统一负担的公司的经费(如行政管理部门职工工资及福利费、物料消耗、低值易耗品摊销、办公费和差旅费等)、工会经费、董事会费、聘请中介机构费、咨询费(含顾问费)、诉讼费、业务招待费、技术转让费、排污费以及行政管理部门等发生的固定资产修理费用等。其借方登记月内发生的各种管理费用,贷方登记期末转入"本年利润"账户的数额,结转后期末本账户应无余额。

4. "营业外收入"账户

它属于损益类账户，用以核算企业发生的、与企业生产经营无直接关系的各项收入，包括与日常经营无关的政府补助、盘盈利得和捐赠利得以及确实无法支付的应付账款。其贷方登记本期各项营业外收入的发生数，借方登记期末转入"本年利润"账户的数额，结转后期末账户应无余额。

5. "营业外支出"账户

它属于损益类账户，用以核算企业发生的与企业生产经营没有直接关系的各项支出，包括固定资产盘亏、固定资产报废净损失、无形资产报废净损失、罚款支出、捐赠支出、非常损失等。其借方登记本期各项营业外支出的发生数，贷方登记期末转入"本年利润"账户的数额，结转后期末账户应无余额。

6. "投资收益"账户

它属于损益类账户，用以核算企业对外投资所取得的收益或发生的损失。其贷方登记本期对外投资的收益。借方登记本期对外投资的亏损；期末余额在贷方表明本期收益大于亏损的数额，期末余额在借方表明本期收益小于亏损的差额；期末余额转入"本年利润"账户，结转后期末账户应无余额。

7. "本年利润"账户

它属于所有者权益类账户，用以核算企业在本年度内实现的净利润。它的贷方登记由"主营业务收入""其他业务收入""营业外收入""投资收益""公允价值变动损益"等账户贷方转入的金额；借方登记"主营业务成本""其他业务成本""税金及附加""销售费用""管理费用""财务费用""投资收益""营业外支出"等账户借方转入的金额；期末，企业应将本期的收入和支出相抵后结出累计余额，贷方余额表示本期的利润总额，借方余额表示本期的亏损总额。年度终了，根据本期"利润总额"计算出应交所得税，从"本年利润"账户中减去。利润总额减除"所得税费用"后的余额为"净利润"，"净利润"的余额全部转入"利润分配"账户的贷方（如为净亏损作相反分录）。年度结转后，"本年利润"账户期末应无余额。

8. "利润分配"账户

它属于所有者权益类账户，用以核算企业利润的分配（或亏损的弥补）和历年分配（或弥补）后的余额。它的借方登记提取的盈余公积、应付股利等及由"本年利润"账户转入的本年累计亏损数；贷方登记盈余公积弥补的亏损数及年末由"本年利润"账户转来的本年累计的净利润数；期末贷方余额表示未分配利润，期末借方余额表示未弥补亏损。

9. "应付股利"账户

它属于负债类账户，用以核算企业经董事会或股东大会，或类似机构决议确定分配的现金股利或利润。它的贷方登记应付给投资者的利润数，借方登记实际支付的利润数。期末余额在贷方为尚未支付的利润数,期末余额在借方为多付的利润数。

10. "所得税费用"账户

它属于损益类账户,用以核算企业按照税法规定从本期损益中扣除的所得税。该账户的借方登记应从当期利润总额中扣除的所得税费用,贷方登记期末转入"本年利润"账户的金额,结转后该账户期末应无余额。

11. "盈余公积"账户

它属于所有者权益类账户,用以核算企业按规定从净利润中提取的盈余公积,是具有特定用途的留存收益。它的贷方登记提取数,借方登记用以弥补企业亏损或转增资本数,期末贷方余额为提取的结余数。该账户要按提取的不同用途设置明细分类账,包括法定盈余公积、任意盈余公积和企业发展基金等。

12. "其他综合收益"账户

它属于所有者权益类账户,用来核算企业根据企业会计准则规定未在损益中确认的各项利得和损失扣除所得税影响后的净额。包括可重分类进损益的其他综合收益和不可重分类进损益的其他综合收益:

以后会计期间不能重分类进损益的其他综合收益:

(1) 重新计量设定受益计划净负债或净资产导致的变动。

(2) 采用权益法核算的长期股权投资,按照被投资单位实现的不可重分类进损益的其他综合收益中所享有的份额。

(3) 其他权益工具投资公允价值变动及外汇利得和损失。

(4) 指定以公允价值计量的金融负债且其自身信用风险引起的公允价值变动。

以后会计期间能重分类进损益的其他综合收益:

(1) 采用权益法核算的长期股权投资,按被投资单位实现的可重分类进损益的其他综合收益中所享有的份额。

(2) 其他债权投资公允价值变动。

(3) 金融资产重分类时,按金融工具准则规定原计入其他综合收益可转损益的部分。

(4) 其他债权投资信用减值准备。

(5) 现金流量套期工具产生的利得或损失中属于有效套期的部分。

(6) 外币报表折算差额。

(7) 存货或自用房地产转换为投资性房地产。

三、财务成果主要会计核算实例

财务成果核算的经济业务主要是利润结算和利润分配。

例 3-35：华天公司××年 12 月 27 日，出售甲材料一批，价值 12 500 元，应交销项增值税税率 13%，计 1 625 元。款已收到，存入银行。

这笔经济业务属于华天公司产品销售以外的其他销售，应分别记入"其他业务收入""应交税费"账户的贷方和"银行存款"账户的借方。会计分录如下：

借：银行存款　　　　　　　　　　　　　14 125
　　贷：其他业务收入　　　　　　　　　　12 500
　　　　应交税费——应交增值税（销项税额）　1 625

例 3-36：华天公司××年 12 月 30 日，结转出售甲材料的实际成本 9 800 元。

这笔经济业务一方面表明销售材料实际成本增加，应记入"其他业务成本"账户的借方；另一方面表明库存材料减少，应记入"原材料"账户的贷方。

借：其他业务成本　　　　　　　　　　　9 800
　　贷：原材料　　　　　　　　　　　　　9 800

例 3-37：华天公司××年 12 月 30 日，以现金支付交通违章罚款 675 元。

罚款支出属于营业外支出。这笔经济业务表明华天公司营业外支出增加 675 元，应记入"营业外支出"账户的借方和"库存现金"账户的贷方。会计分录如下：

借：营业外支出　　　　　　　　　　　　675
　　贷：库存现金　　　　　　　　　　　　675

例 3-38：华天公司××年 12 月 30 日，没收逾期未退还的包装物的押金 482.91 元。（需要计算交纳增值税，税率 13%）

包装物出租的押金收入，原已记入"其他应付款"账户的贷方。这笔经济业务的发生，一方面表明对方逾期未退回包装物，应按规定没收押金，因此应冲销"其他应付款"账户的贷方金额，记入"其他应付款"账户的借方；另一方面表明华天公司没收的押金收入属于其他业务收入，根据规定：对因逾期未收回包装物不再退还的押金，应按所包装货物的适用税率征收增值税，因此应扣除增值税 13%，分别记入"其他业务收入""应交税费"账户的贷方。会计分录如下：

借：其他应付款　　　　　　　　　　　　482.91
　　贷：其他业务收入　　　　　　　　　　427.35
　　　　应交税费——应交增值税（销项税额）　55.56

例 3-39：华天公司××年 12 月 31 日，从被投资方分得投资利润 20 000 元，存入银行。

这项经济业务说明，华天公司因对外投资从其他单位分得了投资利润，属于投资收益增加，应记入"投资收益"账户的贷方；同时，华天公司银行存款增加，应记入"银行存款"账户的借方。会计分录如下：

借：银行存款　　　　　　　　　　　　　20 000

贷：投资收益　　　　　　　　　　　　　　　　20 000

例 3-40：华天公司××年 12 月 31 日，收到一笔罚款，数额为 9 000 元，经批准转作营业外收入。

这项经济业务说明收到罚款，一方面银行存款增加，应记入"银行存款"的借方，同时应记入"营业外收入"的贷方。会计分录如下：

　　借：银行存款　　　　　　　　　　　　　　　　9 000
　　　　贷：营业外收入　　　　　　　　　　　　　　9 000

例 3-41：华天公司××年 12 月 31 日，以银行存款支付公益性捐赠 5 000 元。

这项经济业务说明，华天公司支付了公益性捐赠，属于营业外支出，应记入"营业外支出"账户的借方；同时华天公司银行存款减少，应记入"银行存款"账户的贷方。会计分录如下：

　　借：营业外支出　　　　　　　　　　　　　　　5 000
　　　　贷：银行存款　　　　　　　　　　　　　　　5 000

例 3-42：华天公司××年 12 月 31 日，计算并结转本期利润总额。

$$利润总额＝营业利润＋营业外收入－营业外支出$$

根据前例有关资料，知：

主营业务收入 125 000 元＝64 000＋40 000＋16 000＋5 000（见图 3-6）

其他业务收入 12 927.35 元＝12 500＋427.35

营业收入＝主营业务收入＋其他业务收入＝137 927.35 元

主营业务成本 70 144 元（见图 3-6）

其他业务成本 9 800 元

营业成本＝主营业务成本＋其他业务成本＝79 944 元

税金及附加＝12 500 元（见图 3-6）

管理费用 16 414 元＝5 300＋2 600＋364＋2 100＋250＋4 400＋1 400（见图 3-5）

销售费用 500 元

财务费用 300 元

期间费用＝管理费用＋销售费用＋财务费用＝17 214 元

投资收益 20 000 元

营业利润＝营业收入－营业成本－税金及附加－期间费用＋投资收益
　　　　＝137 927.35－79 944－12 500－17 214＋20 000
　　　　＝48 269.35 元

营业外收入 9 000 元

营业外支出 675＋5 000＝5 675 元

利润总额＝营业利润＋营业外收入－营业外支出＝ 51 594.35 元

其会计分录如下所示：

3-42-1：

借：主营业务收入　　　　　　　　　125 000
　　　其他业务收入　　　　　　　　　12 927.35
　　　营业外收入　　　　　　　　　　9 000
　　　投资收益　　　　　　　　　　　20 000
　　贷：本年利润　　　　　　　　　　166 927.35

3-42-2：

借：本年利润　　　　　　　　　　　115 333
　　贷：主营业务成本　　　　　　　　70 144
　　　　税金及附加　　　　　　　　　12 500
　　　　其他业务成本　　　　　　　　9 800
　　　　营业外支出　　　　　　　　　5 675
　　　　销售费用　　　　　　　　　　500
　　　　管理费用　　　　　　　　　　16 414
　　　　财务费用　　　　　　　　　　300

例 3-43：华天公司××年 12 月末，按利润总额 51 594.35 元计算应交所得税。

按利润总额 51 594.35 元×25%（按我国税法规定，企业所得税税率一般为 25%）计算即为应交所得税税额 12 898.59 元。这笔经济业务一方面表明所得税增加 12 898.59 元，应记入"所得税费用"账户的借方；另一方面表明应交所得税增加 12 898.59 元，应记入"应交税费"账户的贷方。会计分录如下：

借：所得税费用　　　　　　　　　　12 898.59
　　贷：应交税费——应交所得税　　　12 898.59

例 3-44：华天公司××年 12 月末，将"所得税费用"账户余额结转"本年利润"账户，应分别记入"本年利润"账户的借方和"所得税"账户的贷方。会计分录如下：

借：本年利润　　　　　　　　　　　12 898.59
　　贷：所得税费用　　　　　　　　　12 898.59

例 3-45：华天公司××年 12 月末，将本年净利润转入利润分配。

本年净利润为本年利润减所得税后的余额，计 38 695.76（51 594.35－12 898.59）元。将此余额转入"利润分配"账户贷方，此时"本年利润"账户应无余额。会计分录如下：

借：本年利润　　　　　　　　　　　38 695.76
　　贷：利润分配——未分配利润　　　38 695.76

例 3-46：华天公司××年 12 月末，按税后净利润 38 695.76 元的 10% 提取盈余公积。

这笔经济业务的发生，一方面表明华天公司利润分配数增加，应记入"利润分配"账户的借方；另一方面表明华天公司提取的盈余公积增加，应记入"盈余公积"账户的贷方。会计分录如下：

借：利润分配——提取盈余公积　　　　　　3 869.58
　　贷：盈余公积　　　　　　　　　　　　　　　3 869.58

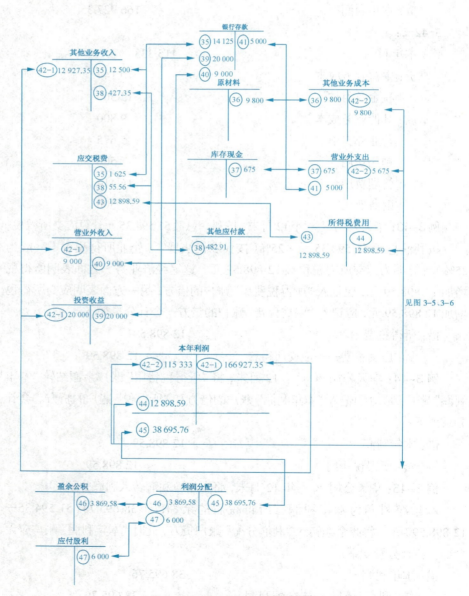

图 3-7　财务成果总分类核算示意图

例 3-47：华天公司××年12月末，支付给投资者的利润为6 000元。

这笔经济业务表明，华天公司在提取盈余公积金后，可在剩余净利润中分一部分给投资者作为投资回报。因此，一方面是华天公司应付给投资者的利润增加，应记入"应付股利"账户的贷方；另一方面则表明华天公司分给投资者的利润是从利润中支付的，属于利润分配的项目，应记入"利润分配"账户的借方。会计分录如下：

借：利润分配——应付股利　　　　　　　6 000
　　贷：应付股利　　　　　　　　　　　　　6 000

根据财务成果核算（例3-35至例3-47），将华天公司财务成果核算的总分类核算列示如图3-7（见上页）。

本章小结

通过本章学习可以全面地认识账户与复式记账的基本原理。学习本章后，我们知道了任何一个企业或单位要想进行生产经营，完成其各自的生产经营任务，就需要筹集一定数量的资金用以购买一定数量的财产物资，这些财产物资是以各种形态存在于企业的经济资源，它们从各种不同渠道进入企业以后，参与企业供应、生产、销售等各个过程。由于种种原因，企业的一部分资产会脱离企业的生产经营过程，从而退出企业。

通过本章学习可以更全面地理解和把握企业生产费用及其内容、分类；了解和掌握企业资金筹集过程、生产准备过程、产品生产过程及产品销售过程的资金、材料、产品生产和产品销售成本的构成内容，利润形成及利润分配的有关内容；熟练掌握企业资金筹集、生产准备、产品生产、产品销售、利润及利润分配的核算。

课后练习题

一、单项选择题

1. 短期借款利息应记入（　　）账户的贷方。
   A. 销售费用　　　　　　　　　　B. 管理费用
   C. 应付利息　　　　　　　　　　D. 财务费用
2. 下列账户期末结转后可能有余额的是（　　）。
   A. 财务费用　　　　　　　　　　B. 税金及附加
   C. 生产成本　　　　　　　　　　D. 制造费用

3. 下列账户应设置明细账的是（　　）。
A. 银行存款　　　　　　　　B. 本年利润
C. 主营业务利润　　　　　　D. 应收账款

4. "固定资产"账户所核算的固定资产的原始价值，是指（　　）。
A. 该固定资产投入市场初期的价格
B. 不包括运杂费、安装费的买价
C. 购建当时的买价和附带支出
D. 现行的购置价格与附带支出

5. 下列各项中，构成企业职工福利薪酬的主要内容是（　　）。
A. 工资与外购材料　　　　　B. 工资与福利费
C. 福利费与外购材料　　　　D. 福利费与税金

6. 销售产品一批，货款尚未收回，应记入（　　）账户的贷方。
A. 库存商品　　　　　　　　B. 主营业务成本
C. 生产成本　　　　　　　　D. 主营业务收入

7. 某企业损益表中主营业务收入为30 000元、主营业务成本为15 000元、销售费用为9 000元、管理费用为10 000元、其他业务收入28 000元、其他业务成本9 000元、营业外支出为500元、所得税利率为25%，则企业的税后净利润为（　　）。
A. 14 500元　　　　　　　　B. －4 000元
C. 10 875元　　　　　　　　D. 15 000元

8. 采购材料支付的增值税为价外税，以后可以从产品销售时取得的销项税额中抵扣。因此，企业收到增值税专用发票列示的增值税额，应借记（　　）账户。
A. 在途物资——甲材料　　　B. 应交税费——应交增值税
C. 应收账款——甲材料　　　D. 营业外支出——材料损耗

9. 向投资者分配利润时，会影响（　　）这一会计要素。
A. 收入　　　　　　　　　　B. 利润
C. 所有者权益　　　　　　　D. 费用

10. 借：资本公积，贷：实收资本。这笔会计分录反映的经济业务是（　　）。
A. 提取资本公积　　　　　　B. 将资本公积转增注册资本
C. 实收资本转增资本公积　　D. 冲销资本公积和实收资本

二、判断题

1. "本年利润"和"利润分配"账户月末一般都没有余额。（　　）
2. 在材料采购过程中支付的各种采购费用，不构成材料的成本，故应将其列为期间费用处理。（　　）

3. 生产成本是每个会计期间按产品种类归集的生产费用。它只是本期发生的直接费用，不包括间接费用。（　）

4. 企业计提固定资产折旧时，应借记"累计折旧"账户，贷记"固定资产"账户。（　）

5. 企业没有设置"预付账款"账户，如果发生预付材料价款经济业务，可以通过"应付账款"账户进行核算。（　）

6. 企业本期预收的销货款，属企业本期的收入。（　）

7. 所有者权益包括的主要内容有投入资本、未分配利润、盈余公积金、资本公积金。（　）

8. 企业为生产产品而购进材料时，需要向供货方支付增值税额，称为进项税，计入所购商品成本。（　）

9. 提取盈余公积金和收到外商投入设备的业务都会引起资产和所有者权益同时增加。（　）

10. 企业在生产经营中所取得的收入和收益、所发生的费用和损失，最终要增减投入资本，因此，可直接增加或减少企业的投入资本数额。（　）

三、多项选择题

1. 材料领用的核算可能涉及的账户有（　）。
   A. 在途物资　　　　　B. 原材料　　　　　C. 应付职工薪酬
   D. 生产成本　　　　　E. 制造费用

2. 企业预付材料的价款，可以记入（　）。
   A. "预付账款"账户借方　　B. "预付账款"账户贷方
   C. "应付账款"账户借方　　D. "应付账款"账户贷方
   E. "应收账款"账户借方

3. 下列账户中，能与"主营业务收入"账户发生对应关系的是（　）。
   A. 库存现金　　　　　B. 银行存款　　　　　C. 应收账款
   D. 预收账款　　　　　E. 本年利润

4. 固定资产应按取得时的实际成本入账，具体包括（　）。
   A. 买价　　　　　　　B. 增值税　　　　　　C. 运杂费、包装费
   D. 安装费、保险费　　E. 所得税费用

5. 为了反映企业在一定时期内利润的实现和分配情况，应设置与运用（　）账户。
   A. 本年利润　　　　　B. 利润分配　　　　　C. 投资收益
   D. 财务费用　　　　　E. 管理费用

6. 下列费用中，在发生后应直接计入当期损益的内容有（　）。
   A. 直接材料　　　　　B. 销售费用　　　　　C. 管理费用
   D. 制造费用　　　　　E. 财务费用

7. 为了具体核算企业利润分配及未分配利润情况，"利润分配"账户应设置的明细账户

有（　　）。

A. 应交所得税　　　　B. 盈余公积补亏　　　C. 应付利润

D. 提取盈余公积　　　E. 未分配利润

8. 下列账户中，月末一般没有余额的是（　　）。

A. 生产成本　　　　　B. 制造费用　　　　　C. 管理费用

D. 应付职工薪酬　　　E. 财务费用

9. 关于实收资本，下列说法正确的是（　　）。

A. 是企业实际收到投资人投入的资本

B. 是企业进行正常经营的条件

C. 是企业向外投出的资产

D. 应按照实际投资数额入账

E. 在生产经营中取得的收益不得直接增加实收资本

10. 关于"制造费用"账户，下列说法正确的是（　　）。

A. 借方登记实际发生的各项制造费用

B. 贷方登记分配转入产品成本的制造费用

C. 期末余额在借方，表示在产品的制造费用

D. 期末结转"本年利润"账户后没有余额

E. 期末一般没有余额

四、计算实务题

（一）某企业生产甲、乙两种产品，×1 年 4 月的有关经济业务如下。

1. 本月生产车间领用材料及用途汇总如下表所示：

项目	A 材料	B 材料	C 材料	合计
生产产品耗用	50 000	40 000	10 000	100 000
其中：甲产品	35 000	12 000	4 000	51 000
乙产品	15 000	28 000	6 000	49 000
车间一般耗用	700	—	200	900
合计	50 700	40 000	10 200	100 900

2. 计算出本月应付职工薪酬 72 960 元，具体分配如下：

生产工人工资——甲产品	36 936
——乙产品	24 624
车间管理人员工资	11 400
合计	72 960

3. 以银行存款购入车间办公用品及劳保用品 1 200 元。

4. 租入厂房一间，预付三个月的租金 4 500 元，本月负担 1 500 元。

5. 月末，计提本月生产车间的折旧费 1 300 元。

6. 月末，用银行存款支付水电费 1 000 元。

7. 根据上述业务，汇总制造费用，按甲、乙两种产品的生产工时进行分摊，甲产品生产工时 600 小时，乙产品生产工时 400 小时。

8. 计算甲、乙两种产品成本。甲产品全部完工，结转完工入库产品生产成本。

要求：1. 根据所给资料编制会计分录。

   2. 开设"制造费用"和"生产成本"账户，并结出本期发生额及期末余额。

（二）某企业 ×1 年 8 月份发生如下经济业务：

1. 从银行取得临时借款 600 000 元存入银行。

2. 接受投资人投入的房产一栋，评估作价 800 000 元投入使用。

3. 接受某单位捐赠设备价值 20 000 元。

4. 用银行存款 8 500 元上缴上个月税金。

5. 收回某单位所欠本企业货款 70 000 元存入银行。

6. 用银行存款 10 000 元预付本月在内的 5 个月的管理部门用房租。

7. 企业销售 A 产品总价款 282 500 元（含税），增值税税率为 13%，已收款。

8. 供应单位发来甲材料 38 000 元，增值税税率为 13%，价款已从银行存款中支付，材料尚未验收入库。

9. 生产 A 产品领用甲材料 3 600 元，乙材料 2 400 元。

10. 车间一般性消耗材料 1 200 元。

11. 车间发生水电费 800 元，用现金支付。

12. 从银行提取现金 30 000 元直接发放职工薪酬。

13. 银行转来通知，已支付企业当月水电费 2 200 元。

14. 车间领用甲材料 5 000 元用于 B 产品的生产。

15. 用银行存款 1 000 元支付销售 A 产品广告费。

16. 企业销售 B 产品价款 50 000 元，暂未收到（不需要交纳增值税）。

17. 按 5% 税率计算 B 产品消费税。

18. 企业购买一台车床买价 24 000 元，运杂费 1 000 元，款项暂未支付，设备交付使用（不考虑增值税）。

19. 开出现金支票购买车间办公用品 780 元。

20. 提取本月折旧，其中车间 1 800 元，管理部门 3 200 元。

21. 计算应由本月负担的银行借款利息 980 元。

22. 用银行存款 34 000 元支付上年分配给投资者的利润。

23. 分配职工薪酬，其中 A 产品工人 13 680 元，B 产品工人 11 400 元，车间管理人员 9 120 元。
24. 经批准将资本公积金 60 000 元转增资本。
25. 将本月发生的制造费用，按生产工时（A 产品 6 000 个，B 产品 4 000 个）分配计入 A、B 产品成本。
26. 本月生产的 A 产品 15 台现已完工，总成本 27 900 元，验收入库，结转成本。
27. 用银行存款 5 400 元支付罚款支出。
28. 用现金 4 200 元支付职工的劳动防护用品费用。
29. 结转已销产品成本 155 000 元。
30. 将本月实现的主营业务收入，发生的主营业务成本、销售费用、税金及附加等转入"本年利润"账户。
31. 将本月实现利润总额，按 25% 税率计算所得税并予以结转。
32. 按税后利润的 10% 提取盈余公积金。
33. 将剩余利润 40% 分配给投资人。

要求：（1）编制本月业务的会计分录。

（2）编制试算平衡表（发生额平衡法）。

第四章

会计要素的确认和计量

本章学习目的

通过本章学习,要求了解资产、负债、所有者权益、收入、费用和利润六大会计要素的含义和基本特征;掌握每个会计要素中主要项目的确认和计量,如货币资金的确认和计量、交易性金融资产的确认和计量、应收款的确认和计量、存货的确认和计量、债权投资的确认和计量、固定资产的确认和计量、无形资产的确认和计量、应付款的确认和计量、应交税费的确认和计量、应付职工薪酬的确认和计量、应付股利的确认和计量、长期应付债券的确认和计量、实收资本确认和计量、资本公积确认和计量、盈余公积确认和计量、各种收入的确认和计量、各种费用的确认和计量、利润的确认和计量等。

第一节 资产的确认和计量

一、资产的性质和分类

（一）资产的性质

资产是企业由于过去的交易或事项形成，并由企业拥有或控制的、能为该企业带来未来经济利益的资源，包括各种财产、债权和其他权利。

（二）资产的分类

资产可以有多种形式的分类：按资产是否具有实物形态，可以分为有形资产和无形资产；按来源划分，可以分为自有资产和租入资产；按转化为货币的速度即流动性划分，可以分为流动资产和非流动资产。

资产按照其流动性分为流动资产和非流动资产。可以在一个正常营业周期内变现或耗用的资产是流动资产。正常营业周期通常是指从购买用于加工的资产起至实现现金或现金等价物的期间。正常营业周期通常短于一年，但是也存在长于一年的情况，如飞机制造商制造的用于对外出售的飞机，往往超过一年才能变现出售。正常营业周期不能确定的，以一年作为一个正常营业周期。

资产满足下列条件之一的，应当归类为流动资产：①预计在一个正常营业周期中变现、出售或耗用；②主要为交易目的而持有；③预计在资产负债表日起一年内（含一年，下同）变现；④自资产负债表日起一年内，交换其他资产或清偿负债的能力不受限制的现金或现金等价物。

流动资产主要包括库存现金及银行存款、交易性金融资产、应收及预付款项、存货等。

除符合流动资产条件以外的资产，都属于非流动资产，包括债权投资、其他债权投资、长期股权投资、固定资产、在建工程、无形资产和商誉等。

下面我们介绍货币资金、交易性金融资产、应收项目、存货、债权投资、长期股权投资、固定资产和无形资产等主要资产项目的核算。

二、资产主要项目的核算

（一）货币资金的确认和计量

我国会计实务中的货币资金，是指处于货币形态的资金，包括库存现金、银行存款和其他货币资金。

1. 现金的确认和计量

现金是货币资金的重要组成部分，也是企业中流动性最强的一项资产。狭义的现金，仅指库存现金。广义的现金，除了库存现金外，还包括银行存款和其他符合现金定义的票证，如个人支票、旅行支票、银行汇票、银行本票、信用证、信用卡等。会计核算中的现金是指库存现金。

为了核算现金的收支情况，企业应设置"库存现金"账户，其借方登记现金的收入数，贷方登记现金的支出数，借方余额表示现金的库存数额。企业收到现金：借记"库存现金"账户，贷记有关账户；支付现金：贷记"库存现金"账户，借记有关账户。

例 4-1：华天公司××年12月2日，用现金购买文具用品 840 元，购买图书资料 200 元。会计分录如下：

借：管理费用　　　　　　　　　　　　　1 040
　　贷：库存现金　　　　　　　　　　　　　　　1 040

2. 银行存款的确认和计量

银行存款是指企业存放在银行的货币资金，包括人民币存款和外币存款。根据国家规定，凡实行独立核算的企业，都必须按照规定在银行开设账户，以办理存取款和结算业务。企业经营活动中与外部其他单位所发生的各项结算业务，除了少量按国家规定可以用现金支付外，大部分都必须通过银行办理转账结算。

企业使用银行存款账户，必须遵守银行与企业存款户往来的各项规定，并向银行提供有关资料。例如，在企业经营中，企业应合法使用银行账户办理与外界的款项收付，不准签发没有资金保证的票据或远期支票，套取银行信用；不准签发、取得和转让没有真实交易和债权债务的票据，套取银行和他人资金；不准无理拒绝付款、任意占用他人资金；不准违反规定开立和使用账户。

为了记录和反映企业存入银行或其他金融机构的各项存款，企业应设置"银行存款"账户。账户的借方反映存款的增加，贷方反映存款的减少，期末余额一般在借方，反映期末存款的余额。

企业将款项存入银行或其他金融机构时，借记"银行存款"账户，贷记"库存现金"等账户；提取或支出时，借记"库存现金"等账户，贷记"银行存款"账户。

例 4-2：华天公司××年12月8日，向银行托收的光明公司货款 8 000 元，银行已收款入账。会计分录如下：

借：银行存款　　　　　　　　　　　　　8 000
　　贷：应收账款——光明公司　　　　　　　　　8 000

3. 其他货币资金的确认和计量

企业在生产经营过程中还有许多其他货币资金，包括外埠存款、银行汇票存款、银行本票存款、在途货币资金等。这些资金的性质与现金和银行存款一样，都属于企业的货币资金。但是，由于存放地点和用途不同，需要设置"其他货币资金"账户，并设置"外埠存款""银行汇票存款""银行本票存款"等明细账，单独集中反映这些资金的收入、支出和结存的情况。

例 4-3：华天公司××年 12 月 5 日，委托当地开户银行汇款 50 000 元给采购地银行开立专户。

汇出款时，会计分录如下：

借：其他货币资金——外埠存款　　　　　　50 000
　　贷：银行存款　　　　　　　　　　　　　　　50 000

7 日，收到采购员交来的供应单位发票等报销凭证 46 499.5 元，其中货款 41 150 元，应交增值税（进项税）5 349.5 元，会计分录如下：

借：在途物资　　　　　　　　　　　　　　41 150
　　应交税费——应交增值税（进项税额）　　5 349.5
　　贷：其他货币资金——外埠存款　　　　　　46 499.5

9 日，采购员完成了采购任务，将多余的外埠存款转回当地银行时，根据银行的收账通知，会计分录如下：

借：银行存款　　　　　　　　　　　　　　3 500.5
　　贷：其他货币资金——外埠存款　　　　　　3 500.5

（二）交易性金融资产的确认和计量

1. 交易性金融资产的概念

交易性金融资产是企业持有的，目的主要是为近期出售，通常用于从价格或交易商保证金的短期波动中获利的那些金融资产。例如，企业为充分利用闲置资金，以赚取差价为目的从二级市场上购入的股票、债券、基金等。

2. 交易性金融资产的确认和计量

（1）取得交易性金融资产时，按交易性金融资产的公允价值，借记"交易性金融资产"（成本），按发生的交易费用，借记"投资收益"，按实际支付的金额，贷记"银行存款"等。

（2）在持有交易性金融资产期间被投资单位宣告发放的现金股利或债券利息，借记"应收股利"或"应收利息"，贷记"投资收益"；对于收到的属于取得交易性金融资产支付价款中包含的已宣告发放的现金股利或债券利息，借记"银行存款"科目，贷记"应收股利"或"应收利息"。

（3）资产负债表日，交易性金融资产的公允价值高于其账面余额的差额，借记"交易性金融资产"（公允价值变动），贷记"公允价值变动损益"科目；公允价值低于其账面余额的差额，作相反的会计分录。

（4）出售交易性金融资产时，应按实际收到的金额，借记"银行存款"等；按该项交易性金融资产的成本，贷记"交易性金融资产"（成本）；按该项交易性金融资产的公允价值变动，贷记或借记"交易性金融资产"（公允价值变动）；按其差额，贷记或借记"投资收益"。

例 4-4：××年 5 月 13 日，华天公司支付价款 100 万元从二级市场购入浩海公司发行的股票 10 万股，每股价格 10.60 元（含已宣告但尚未发放的现金股利 0.60 元），另支付交易费用 1 000 元。华天公司将持有的浩海公司股权划分为交易性金融资产，且持有 B 公司股权对其无重大影响；5 月 23 日，收到 B 公司发放的现金股利；6 月 30 日，浩海公司股票价格涨到 13 元；8 月 15 日，将持有的浩海公司股票全部售出，每股售价 15 元。会计分录如下：

（1）5 月 13 日，购入股票：

借：交易性金融资产——成本　　　　　　1 000 000
　　应收股利　　　　　　　　　　　　　　　60 000
　　投资收益　　　　　　　　　　　　　　　　1 000
　　贷：银行存款　　　　　　　　　　　　　　　　1 061 000

（2）5 月 23 日，收到浩海公司发放的现金股利：

借：银行存款　　　　　　　　　　　　　　60 000
　　贷：应收股利　　　　　　　　　　　　　　　　60 000

（3）6 月 30 日，浩海公司股票的公允价值发生明显变化：

借：交易性金融资产——公允价值变动　　　300 000
　　贷：公允价值变动损益　　　　　　　　　　　　300 000

（4）8 月 15 日，抛售浩海公司股票：

借：银行存款　　　　　　　　　　　　　1 500 000
　　贷：交易性金融资产　　　　　　　　　　　　1 300 000
　　　　投资收益　　　　　　　　　　　　　　　　200 000

（三）应收项目的确认和计量

应收项目是指企业拥有的将来收取货币资金或得到商品和劳务的权利。这种权利属于短期性债权关系，即在 1 年内或长于 1 年的一个经营周期内可以收回的债权，它主要包括应收账款、应收票据、预付账款、其他应收款等。

1. 应收账款的确认和计量

（1）应收账款的确认和计量。由于应收账款是因为赊销业务而产生的，因此其入账时间与确认销售收入的时间是一致的。在通常情况下，按照历史成本计价的原则，应收账款应根据交易实际发生的金额记账，包括发票金额和代购货单位垫付的运杂费两部分。

为了加强对应收账款的核算与管理，应设置"应收账款"账户，应收账款的发生记入"应收账款"账户的借方，收回应收账款记入"应收账款"账户的贷方，借方余额表示尚未收回的应收账款。企业应设置应收账款的明细账，按各个债务单位进行明细核算。

例 4-5：华天公司××年 12 月 10 日，向乙公司销售产品一批，货价 46 000 元，增值税 5 980 元，共计 51 980 元，货款尚未收到。会计分录如下：

借：应收账款——乙公司　　　　　　　　　　51 980
　　贷：主营业务收入　　　　　　　　　　　　46 000
　　　　应交税费——应交增值税（销项税额）　 5 980

例 4-6：华天公司××年 12 月 11 日，通过银行收到乙公司交来前欠账款 51 980 元。会计分录如下：

借：银行存款　　　　　　　　　　　　　　　51 980
　　贷：应收账款　　　　　　　　　　　　　　51 980

（2）预期信用损失与坏账准备核算。随着时间的流逝，企业确认的应收账款可能会由于债务人信用状况恶化或非正常事件而无法收回，会计上把这种无法收回的应收账款称为坏账。企业一旦发生坏账，就意味着发生一笔损失。由于应收账款是一项金融资产，估计坏账应采用预期信用损失的方法。预期信用损失是以违约风险概率为权重计算的信用损失的加权平均数，信用损失是由于信用风险显著增加导致预期不能收回的现金流量的现值。应收账款是未来要收回的现金流量，无法全额收回的信用风险总是存在的，因此，需要估计应收账款中无法收回的现金流量，确认信用损失。

由于预期信用损失（坏账）并未实际发生，不能直接冲减应收账款，需要采用备抵法进行核算。备抵法是指期末根据应收账款的违约概率估计可能发生的损失并形成坏账准备，在实际发生时再冲减坏账准备的方法。

坏账准备从账户结构来看，是一个备抵性质的账户，起冲减被备抵账户的作用。坏账准备的被备抵账户是应收账款，坏账准备账户的贷方登记估计的坏账准备，表示增加，借方是减少额，一般是注销坏账的金额。

在每个会计期末，按照坏账发生的概率对应收账款余额估计损失时，借记信用减值损失，贷记坏账准备。资产负债表上的应收账款金额是账面价值，即应收账款账户借方余额减去坏账准备账户贷方余额之后的差额。

例 4-7：华天公司×1 年末应收账款合计 3 000 万元，其中 A 公司 1 000 万元应收账款无法收回的可能性为 10%，B 公司 500 万元应收账款无法收回的可能性为 70%，C 公司 1 500 万元应收账款无法收回的可能性为 20%。请根据上述资料估计预期信用损失的金额。

分析：将对 A、B、C 公司的应收账款中可能发生坏账的金额分别乘以各自可能发生的概率，预期信用损失的估计金额见表 4-1。

如表 4-1 所示，A、B、C 三家公司可能发生坏账的应收账款估计的预期信用损失合计为 750 万元，预期信用损失比例为 25%。按照金融工具会计准则，企业必须按照预期信用损失的方法确定应收账款的坏账损失，即 750 万元。

表 4-1 预期信用损失估计金额   单位：万元

应收账款	应收账款金额	发生坏账的概率	预计发生坏账金额
A	1 000	10%	100
B	500	70%	350
C	1 500	20%	300
合　计	3 000		750

借：信用减值损失　　　　　　　　　750 万元
　　贷：坏账准备　　　　　　　　　　750 万元

在估计应收账款资产的信用损失时，可以按照一些共同的信用风险特征对其进行分类，根据历史经验和数据、目前的经济状况以及对未来经济形势的判断，估计各种违约风险状况和不能收回的现金流量。比如，可以按照账龄进行分类，也可以按照客户的信用级别等进行分类，针对每类应收账款分别估计各种违约风险和收不回来的金额，确定各类应收账款的信用损失。

账龄分类表如表 4-2 所示。账龄分类并不意味着可以按照不同账龄的应收账款余额的一定百分比直接计提坏账，而是按照不同账龄的应收账款发生坏账的概率来估计预期信用损失。

表 4-2 应收账款账龄分类表

账龄	账面价值	发生坏账的概率	预计发生坏账金额
6 个月以内（含 6 个月）			
6 个月至 1 年（含 1 年）			
1 年至 2 年（含 2 年）			
2 年至 3 年（含 3 年）			
3 年以上			

如果客户的财务状况发生改变或恶化，甚至破产清算，无力偿还应收账款，企业就需要注销这笔应收账款，会计可以通过编制一笔注销会计分录来实现，即借记坏账准备，贷记应收账款。

由于企业在判断客户的支付能力上会存在一定的偏差，比如判断客户财务发生严重困难，无力支付到期款项，企业注销了这笔坏账，但实际情况可能相反，对方经营有了极大的改善并还清了欠款，这就形成了应收账款坏账的收回业务。坏账的收回需要分坏账的转回和正常收款两笔业务进行会计核算。

例 4-8：华天公司有一个 C 客户，欠公司货款 60 万元已经 3 年有余，华天公司在编制×1年年报时，将该客户的60万元欠款全部注销。但5个月后，公司在×2年5月11日意外收到C客户偿还的60万元货款。

×1年12月31日，注销C客户的应收账款：

借：坏账准备　　　　　　　　　　　　60万元
　　贷：应收账款——C客户　　　　　　60万元

×2年5月11日，恢复估计失误的应收账款：

借：应收账款——C客户　　　　　　　60万元
　　贷：坏账准备　　　　　　　　　　60万元

×2年5月11日，正常收款：

借：银行存款　　　　　　　　　　　　60万元
　　贷：应收账款——C客户　　　　　　60万元

2. 应收票据的确认和计量

应收票据是指企业因销售产品等而持有的未到期或未承兑的商业汇票，不包括银行汇票、银行本票、支票等。企业收到的尚未兑现的商业汇票是企业拥有的将来向付款人收回款项的一种权利。商业汇票按承兑人不同，可以分为承兑人为付款单位的商业承兑汇票和承兑人为银行的银行承兑汇票；商业汇票按是否计息，又可分为带息票据和不带息票据。带息票据到期可以按票据的面值和规定的利率收取本金和利息，不带息票据到期按面值收取款项。

为了反映应收票据的增加、减少和结存的情况，企业应设置"应收票据"账户进行核算。该账户属资产类账户，借方登记因销售产品而收到的商业汇票的票面金额，贷方登记到期实际收到的金额，向银行办理贴现以及背书转让的商业汇票，期末借方余额表示尚未到期收回票款的商业汇票。

（1）不带息票据。不带息票据是指票据上只标明票据的面值与票据的到期日，其面值一般含有利息，到期收回的就是面值。

例4-9：华天公司××年12月5日，销售50 000元的产品给华尔公司，收到一张面值56 500元（货款50 000元和增值税6 500元），30天期的票据一张。会计分录如下：

① 华天公司12月5日收到票据时：

借：应收票据　　　　　　　　　　　　56 500
　　贷：主营业务收入　　　　　　　　50 000
　　　　应交税费——应交增值税（销项税额）　6 500

② 票据到期：

借：银行存款　　　　　　　　　　　　56 500
　　贷：应收票据　　　　　　　　　　56 500

（2）带息票据。带息票据是指票据上列明面值、利率和到期日的票据。票据形成时，按面值计价。票据收回时，由本金和利息两部分组成。本金是出票人承诺的债务金额，利息是债务到期时由债务人支付的资金使用费。

例 4-10：华天公司 ×1 年 12 月 1 日，因出售商品接受客户一张面值 113 000 元、期限为 6 个月、票面年利率为 12% 的票据。会计分录如下：

① 华天公司 ×1 年 12 月 1 日收到票据时：

借：应收票据　　　　　　　　　　　113 000
　　贷：主营业务收入　　　　　　　　　　100 000
　　　　应交税费——应交增值税（销项税额）　13 000

② 每月月末计提利息时：

借：应收票据　　　　　　　　　　　1 130
　　贷：财务费用——利息收入　　　　　　1 130

③ ×2 年 6 月 1 日票据到期时：

借：银行存款　　　　　　　　　　　119 780
　　贷：应收票据　　　　　　　　　　　119 780

假如上述票据到期遭到拒付，华天公司应将票据退还给客户公司协商解决时：

借：应收账款　　　　　　　　　　　119 780
　　贷：应收票据　　　　　　　　　　　119 780

（四）存货的确认和计量

1. 存货概念

存货是指企业在日常生产经营过程中，持有以备出售的库存产品或仍然处在生产过程的半成品，或者在生产或提供劳务过程中将耗用的材料和物料等，包括原材料、库存商品、发出商品、周转材料等。

存货会计核算的主要问题就是确认与计量存货的数量和价值。为了正确确定企业存货的数量就应首先确认存货的范围。确认存货范围应遵循一条基本原则，同时满足下列条件的存货，才能予以确认：①与该存货有关的经济利益很可能流入企业；②该存货的成本能够可靠地计量。

不属于存货范围的有：为在建工程准备的各种材料和特种储备物资。

按存货准则规定，下列项目不应记入企业存货范围：依照合同开出的发票账单，但客户尚未提取的库存货物；库存受其他单位委托代销、代加工的存货；约定未来购入的存货。

2. 存货的计价方法

企业对存货进行计价，主要是对存货的收入和发出进行计价。

我国会计准则规定，各种存货应当按照取得时的实际成本计价，如外购存货的实际成本包括买价、运杂费、运输途中合理损耗、入库前整理挑选费用、购入存货负担的税金和其他费用等。

存货发出的计价，在采用实际成本计价的基础时，计价方法主要有以下四种。

（1）先进先出法。先进先出法是以先入库的财产物资先发出为假设，先确定本期发出或销售财产物资的成本，然后以此来计算库存成本的方法。

例 4-11：华天公司 ×× 年 12 月 31 日，甲种原材料库存的有关资料如下：期初（12 月 1 日）结存 200 件，单价 50 元；12 月共购进两批，第一批 12 月 3 日购进 300 件，单价 54 元；第二批 12 月 25 日购进 200 件，单价 56 元。12 月 23 日共发出该种材料 350 件，那么，按先进先出法计算如下：

本期发出材料成本为：

$$50 \times 200 + 54 \times 150 = 18\,100（元）$$

库存材料成本为：

$$50 \times 200 + 54 \times 300 + 56 \times 200 - 18\,100 = 19\,300（元）$$

或：

$$54 \times 150 + 56 \times 200 = 19\,300（元）$$

采用先进先出法，可以将财产物资的计价工作分散在月内进行，可以随时计算发出或销售财产物资的成本，但在财产物资的收发业务频繁、单价经常变动的情况下，核算工作量就很繁重。

（2）加权平均法。加权平均法是指定期（一般在月末）计算财产物资在一段期间内（一个月）的加权平均单价，根据加权平均单价计算本期发出或销售财产物资的成本以及库存成本的方法。其计算公式为：

$$加权平均单价 = \frac{期初结存成本 + 本期购进成本之和}{期初结存数量 + 本期购进数量之和}$$

本期发出或销售成本 = 本期发出或销售数量 × 加权平均单价

期末库存成本 = 期末账面库存数量 × 加权平均单价

或：

$$期末库存成本 = 期初库存成本 + 本期购进成本 - 本期发出或销售成本$$

例 4-12：承例 4-11 资料。甲种材料的加权平均单价为：

$$\frac{50 \times 200 + (54 \times 300 + 56 \times 200)}{200 + (300 + 200)} = 53.428\,6（元）$$

本期发出甲材料的成本为：

$$53.428\,6 \times 350 = 18\,700.01(元) \approx 18\,700(元)$$

期末甲材料的库存成本为：

$$(200+300+200-350) \times 53.428\,6 = 18\,700.01(元)$$
$$\approx 18\,700(元)$$

或：$50 \times 200 + 54 \times 300 + 56 \times 200 - 18\,700 = 18\,700(元)$

加权平均法大大简化了财产物资的计价工作量，但往往计价工作集中在月末进行，使平时在财产物资明细账中由于没有发出财产物资的单价而无法计算财产物资的成本。

（3）移动加权平均法。移动平均法是以每次取得存货后，都计算一次加权平均单价，并将其作为发出存货单位成本的计价方法。这种方法大都用于前后成本差异较大，而不得不采取平抑成本的企业存货成本核算。

移动加权平均法的计算公式为：

$$移动加权平均单位成本 = \frac{原有存货的实际成本+本次进货实际成本}{原有存货的数量+本期进货的数量}$$

发出存货成本＝移动平均单位成本 × 发出存货数量

结存存货成本＝移动平均单位成本 × 结存存货数量

例 4–13：承例 4–11 资料。使用移动加权平均法计算材料成本如下：

12 月 3 日进货后平均单价 $= \dfrac{50 \times 200 + 54 \times 300}{200+300} = 52.4(元)$

12 月 23 日发货材料成本 $= 52.4 \times 350 = 18\,340(元)$

12 月 25 日进货后平均单价 $= \dfrac{52.4 \times 150 + 56 \times 200}{150+200} = 54.457\,1(元)$

结存存货成本 $= 54.457\,1 \times 350 = 19\,060(元)$

（4）个别计价法。个别计价法是以某批存货收入时的实际单价作为该批存货发出或销售时的实际成本的一种计价方法。采用这种方法时，平时在存货明细账上必须按进货的批次详细记录其数量、单价和金额，每批存货都必须有编号，以便分别计算其发货成本。个别计价法的优点是能够真实反映该批存货的实际成本；缺点是在存货收发批次较多又不能分别保管时，不易分清收发批次，工作量大，不易推行。个别计价法适合于品种数量不多、单位价值较高、能分批保管的存货，如贵金属、首饰、轮船、高档汽车等。

3. 存货的期末计量

资产负债表日，期末存货应当按照成本与可变现净值孰低计量。其中的成本是指期末存货的历史成本；可变现净值是指日常活动中，存货的估计售价减去至完工时估计将要发生的成本、估计销售费用以及相关税费后的金额。当成本低于可变现净值时，存货按成本计量；反之，存货则按可变现净值计量。

（1）存货的可变现净值。可变现净值的特征表现为存货的预计未来净现金流量，而不是指存货的售价或合同价。企业销售存货预计取得的现金流量，并不完全构成存货的可变现净值。由于存货在销售过程中可能发生相关税费和销售费用，为达到预定可销售状态还可能发生进一步的加工成本，这些相关税费、销售费用和成本支出，均构成存货销售产生现金流入的抵减项目，只有在扣除这些现金流出后，才能确定存货的可变现净值。

（2）通常表明存货的可变现净值低于成本的情形。存货存在下列情形之一的，表明存货的可变现净值可能低于成本：

① 该存货的市场价格持续下跌，并且在可预见的未来无回升的希望。

② 企业使用该项原材料生产的产品的成本大于产品的销售价格。

③ 企业因产品更新换代，原有库存原材料已不适应新产品的需要，而该原材料的市场价格又低于其账面成本。

④ 因企业所提供的商品或劳务过时或消费者偏好改变而使市场的需求发生变化，导致市场价格逐渐下跌。

⑤ 其他足以证明该项存货实质上已经发生减值的情形。

存货存在下列情形之一的，表明存货的可变现净值为零：

① 已霉烂变质的存货。

② 已过期且无转让价值的存货。

③ 生产中已不再需要，并且已无使用价值和转让价值的存货。

④ 其他足以证明已无使用价值和转让价值的存货。

（3）存货跌价准备的计提。当可变现净值低于成本时，企业应计提存货跌价准备。我国会计制度规定，存货跌价准备应按单个存货项目计提，设置"存货跌价准备"账户核算。每一会计期末，通过比较期末的成本与可变现净值，计算出应计提的存货跌价准备，然后与"存货跌价准备"账户金额比较，若应提数大于已提数，应予补提；反之，应冲销部分已提数。提取或补提存货跌价准备时，借记"资产减值损失"账户，贷记"存货跌价准备"账户；冲回或转销存货跌价准备时，借记"存货跌价准备"账户，贷记"资产减值损失"账户。

企业按成本与可变现净值比较对存货计提跌价准备时，有三种不同计算方式可供选择如下。

① 单项比较法。将每一项存货的成本与可变现净值逐一进行比较，确定每项存货的跌价准备，即每项存货均取其较低者来确定其期末存货的价值。

② 分类比较法。将每一类存货的成本与可变现净值进行比较，计算每类存货的跌价准备，即每类存货取其较低者来确定其期末存货的价值。

③ 总额比较法。将全部存货的总成本与其可变现净值总额进行比较，计算确定全部存货的跌价准备，即期末存货的价值是总成本与可变现净值总额的较低者。

（五）债权投资的确认和计量

"债权投资"科目核算以摊余成本计量的金融资产。金融资产同时符合下列条件的，应分类为以摊余成本计量的金融资产：

① 企业管理该金融资产的业务模式是以收取合同现金流量为目标；

② 该金融资产的合同条款规定，在特定日期产生的现金流量，仅为对本金和以未偿付本金金额为基础的利息的支付。

在通常情况下，企业持有的、在活跃市场上有公开报价的国债、企业债券、金融债券等，可以划分为债权投资。

企业购入债券时，有的按债券面值购入，有的按溢价购入，或按折价购入。溢价或折价购入债券是由于债券的名义利率（或票面利率）与实际利率（或市场利率）不同而引起的。当债券票面利率高于市场利率时，一般是溢价购入债券；当债券的票面利率低于市场利率时，一般是折价购入债券。

通过设置"债权投资"科目进行核算。债权投资的增加数记入该账户的借方，债权投资的减少及收回记入该账户的贷方，期末借方余额表示债权投资的结余额。

1. 债权投资的初始计量

债权投资初始确认时，应当按照公允价值计量和相关交易费用之和作为初始入账金额。实际支付的价款中包括的已到付息期但尚未领取的债券利息，应单独在"应收利息"账户中确认。

债权投资初始确认时，应当计算确定其实际利率，并在该债权投资预期存续期间或适用的更短期间内保持不变。

实际利率，是指将金融资产或金融负债在预期存续期间的未来现金流量，折现为该金融资产或金融负债当前账面价值所使用的利率。企业在确定实际利率时，应当在考虑金融资产或金融负债所有合同条款（包括提前还款权、看涨期权、类似期权等）的基础上预计未来现金流量。

2. 债权投资的后续计量

企业应当采用实际利率法，按摊余成本对债权投资进行后续计量。实际利率法，是指按照金融资产或金融负债（含一组金融资产或金融负债）的实际利率计算其摊余成本及各期利息收入或利息费用的方法。摊余成本，是指该金融资产的初始确认金额经下列调整后的结果：①扣除已偿还的本金；②加上或减去采用实际利率法将该初始确认金额与到期日金额之间的差额进行摊销形成的累计摊销额；③扣除已发生的减值损失。

企业应在债权投资持有期间，采用实际利率法，按照摊余成本和实际利率计算确认利息收入，记入"投资收益"账户。实际利率应当在取得债权投资时确定，实际利率与票面利率差别较小的，也可按票面利率计算利息收入，记入"投资收益"账户。

处置债权投资时，应将所取得价款与债权投资账面价值之间的差额，计入当期损益。

例 4-14：2016 年 7 月 1 日，华天公司购入光明公司发行的面值为 1 000 元的债券 500 份，票面利率 8%，该类债券当时的市场利率（实际利率）为 10%，到期日为 2019 年 6 月 30 日。该债券的发行价为每份 950 元，一年付息一次，假定无须支付其他相关费用。会计分录如下：

① 2016 年 7 月 1 日购入时

借：债权投资——面值　　　　　　　　500 000
　　贷：债权投资——利息调整　　　　　　　25 000
　　　　银行存款　　　　　　　　　　　　475 000

② 在实际利率法下，债券投资折价摊销如表 4-3 所示：

表 4-3　债券投资折价摊销表（实际利率法）

计息日期	约定利息收入 (1)=面值×票面利率	投资收益 (2)=上期(5)×实际利率	折价摊销 (3)=(2)-(1)	未摊销折价 (4)=上期余额-(3)	面值和未摊销折价之和 (5)=上期余额+(3)
2016.7.1				25 000	475 000
2016.12.31	20 000	23 750	3 750	21 250	478 750
2017.12.31	40 000	47 875	7 875	13 375	486 625
2018.12.31	40 000	48 662.50	8 662.5	4 712.5	495 287.5
2019.6.30	20 000	24 712.50①	4 712.5②	0	500 000
合　计	120 000	145 000	25 000		

根据表 4-3，华天公司在每期计提利息时，应编制有关会计分录。例如 2016 年 12 月 31 日计息时，应编制会计分录如下：

---

① 最后期的投资收益为当期的约定利息收入 20 000 元加折价摊销数 4 712.5 元，为 24 712.50 元。
② 为最后折价摊销余额 4 712.5（25 000－3 750－7 875－8 662.5）元。

借：债权投资——利息调整　　　　　　　3 750
　　　应收利息　　　　　　　　　　　　20 000
　　　贷：投资收益　　　　　　　　　　　　　23 750

（以后各期末计算应计利息，分录同上，略）

（六）长期股权投资的确认和计量

长期股权投资是指通过投出各种资产取得被投资企业股权并且不准备随时出售的投资。

长期股权投资的核算要设置"长期股权投资"账户，对外投资时记入本账户的借方，收回投资时记入本账户的贷方，余额在借方，表示企业持有的对外长期股权投资的期末余额。

长期股权投资的计价在取得长期投资时按成本计价。在取得长期投资后，长期股权投资根据对被投资企业是否存在控制分别按成本法和权益法计价。

下面我们主要介绍长期股权投资的初始成本的确定和长期股权投资的成本法和权益法的核算。

（1）长期股权投资初始成本的确定。企业取得的对联营企业、合营企业投资形成的长期股权投资，在取得时应以初始投资成本计价，初始投资成本是指为获得一项投资而支付的全部价款，包括支付的税金、手续费等相关费用，实际支付的价款中包含已宣告但尚未领取的现金股利，应按实际支付的价款减去已宣告但尚未领取的现金股利后的差额，作为初始投资成本。

例 4–15：华天公司××年 12 月 31 日，购入 C 公司股份 50 000 股，每股价格 12 元，另支付相关税费 3 200 元。华天公司购入 C 公司股份占 C 公司有表决权资本的 30%，并准备长期持有。华天公司的会计分录如下：

计算初始投资成本＝ 50 000×12 ＋ 3 200 ＝ 603 200（元）

××年 12 月 31 日购入时：
借：长期股权投资——C 公司　　　　　603 200
　　贷：银行存款　　　　　　　　　　　　　603 200

长期股权投资取得方式可以划分为两大类：一是通过企业合并取得的长期股权投资；二是通过企业合并以外的其他方式取得的长期股权投资。

投资企业对被投资企业形成子公司的长期股权投资的企业合并包括两种情形，即同一控制下的企业合并和非同一控制下的企业合并。

① 同一控制下的企业合并，是指参与合并的企业在合并前后均受同一方或相同的多方最终控制且该控制并非暂时性的。

在同一控制下的企业合并中，合并方如果是以支付现金、转让非现金资产或承担债务方式作为合并对价的，应当在合并日按照取得被合并方所有者权益账面价值的份额作为长期股权投资的初始成本。长期股权投资的初始成本与支付的现金、转让的非现金资产以及所承担债务账面价值之间的差额，应当调整资本公积；资本公积不足冲减的，调整留存收益。合并方如果是以发行权益性证券作为合并对价的，应当在合并日按照取得被合并方所有者权益账面价值的份额作为长期股权投资的初始成本。按照发行股份的面值总额作为股本，长期股权投资的初始成本与所发行股份面值总额之间的差额，应当调整资本公积；资本公积不足冲减的，调整留存收益。

例 4-16： ×1 年 3 月 31 日，A 公司向同一集团内 D 公司的原股东定向增发 1 000 万股普通股（每股面值为 1 元，市价为 11 元），取得 D 公司 100% 股权，并于当日起能够对 D 公司实施控制。合并后 D 公司仍保持其独立法人资格继续经营。合并日，D 公司账面所有者权益总额为 7 600 万元。

合并日，A 公司应编制如下会计分录：

借：长期股权投资　　　　　　　　　　76 000 000
　　贷：股本　　　　　　　　　　　　　　10 000 000
　　　　资本公积　　　　　　　　　　　　66 000 000

② 非同一控制下的企业合并，是指参与合并的各方在企业合并前后不受同一方或相同各方最终控制的。

在非同一控制下的企业合并中形成的长期股权投资的初始成本，就是合并方支付的所发生的合并成本对价，多支付或少支付部分在合并报表时确认商誉或营业外收入。在取得长期股权投资时，根据确认的初始成本，借记"长期股权投资"账户，贷记"银行存款"等账户。

例 4-17： ×1 年 5 月 21 日，M 公司以现金 400 000 元购入 L 公司 100% 的股权，另支付中介机构佣金 10 000 元。

M 公司在取得对 L 公司的长期股权投资时，应该编制如下会计分录：

借：长期股权投资——L 公司　　　　　400 000
　　管理费用　　　　　　　　　　　　　 10 000
　　贷：银行存款　　　　　　　　　　　　410 000

企业为企业合并发生的审计、法律服务、评估咨询等中介费用以及其他直接相关费用计入管理费用。

本例中，如果 M 公司是以一项账面原值为 500 000 元、已提折旧 150 000 元、公允价值为 400 000 元的固定资产交换 L 公司 100% 的股权，另支付中介机构佣金 10 000 元，则应该编制的会计分录如下：

借：长期股权投资　　　　　　　　　　400 000
　　管理费用　　　　　　　　　　　　　 10 000
　　累计折旧　　　　　　　　　　　　　150 000

    贷：固定资产　　　　　　　　　　　　500 000
        银行存款　　　　　　　　　　　　 10 000
        资产处置损益　　　　　　　　　　 50 000

（2）长期股权投资的成本法。所谓成本法，就是按股权投资的投资成本计价核算的方法。企业的长期股权投资，不随着接受投资企业所有者权益的增减变动而变动，其账面价值除提取长期股权投资减值准备外，反映的是该项投资的投资成本，并且股权投资的价值一经入账，除追加或收回投资外，一般不再进行调整。也就是说，无论接受投资企业经营状况如何，净资产是否增减、收益多少，作为投资企业，均不改变股权投资的账面价值，仍以投资成本反映企业的投资额。

投资企业能够对被投资企业实施控制的，应采用成本法核算。

长期股权投资采用成本法核算的一般程序如下：

① 初始投资或追加投资时，按照初始投资或追加投资时的初始投资成本加追加投资后的初始投资成本，作为长期股权投资的账面价值，借记"长期股权投资"账户；根据应收现金股利，借记"应收股利"账户；根据实际支付的款项，贷记"银行存款"账户。

② 被投资单位宣告分派的利润或现金股利，投资企业按应享有的部分，确认为当期投资收益，借记"应收股利"账户，贷记"投资收益"账户。

③ 股票投资处理（转让、出售股票、收回投资）时，按实际收到的款项，借记"银行存款"账户；按长期股权投资该种股票的账面价值，即投资成本，贷记"长期股权投资"账户；按应收的现金股利，贷记"应收股利"账户；按其差额作为当期投资收益，贷记或借记"投资收益"账户。

例 4–18：华天公司 ×1 年 1 月 1 日，以银行存款购入乙公司 60% 的股份，并准备长期持有，初始投资成本 160 000 元。乙公司于 ×2 年 1 月 1 日宣告分派 ×1 年度的现金股利 60 000 元，乙公司 ×1 年度实现净利润 80 000 元。×2 年 6 月 3 日华天公司以 200 000 元的价格转让全部股份，收回投资。华天公司的会计分录如下：

① ×1 年 1 月 1 日投资时：
借：长期股权投资——乙公司　　　　　160 000
　　贷：银行存款　　　　　　　　　　　160 000

② ×2 年 1 月 1 日，乙公司宣告分派 ×1 年度的现金股利 60 000 元：
借：应收股利　　　　　　　　　　　　 36 000
　　贷：投资收益　　　　　　　　　　　 36 000

③ ×2 年 6 月 3 日收回投资：

收回投资时：

借：银行存款　　　　　　　　　　　　200 000
　　贷：长期股权投资　　　　　　　　　　160 000
　　　　投资收益　　　　　　　　　　　　 40 000

采用成本法记账的优点是核算比较简单，将投资方与接受投资方作为独立法人，反映两者的经济关系更符合法律规范。但是，这样处理也有其明显的缺点，主要是投资企业与被投资企业虽然都是两个独立法人，而在投资企业账上，反映不出接受投资企业的收益中，属于本企业的收益有多少，投资企业与被投资企业经济关系反映不充分。

（3）长期股权投资权益法。所谓权益法，是指投资以初始投资成本计量后，在投资持有期间根据投资企业享有被投资单位所有者权益份额的变动对投资的账面价值进行调整的方法。

投资企业对被投资企业具有联营或合营的长期股权投资应采用权益法核算。这里合营是指按照合同约定对某项经济活动所共有的控制，仅在该项经济活动相关的重要财务和经营决策需要分享控制权的另一方一致同意时存在；联营是指对一个企业的财务和经营政策参与决策的权利，但并不能控制或者与其他方一起控制这些政策的制定。一般来说，企业对其他单位的投资占该公司有表决权资本总额 20% 或 20% 以上但低于 50%，或虽投资不是 20% 但有重大影响时，应采用权益法核算。

长期股权投资采用权益法核算的一般程序如下：

① 被投资单位当年实现净利润时，投资企业应按所持表决权股份比例计算应享有的份额，增加长期股权投资的账面价值，并确认为当期投资收益。

② 被投资企业当年发生净亏损时，投资企业应按所持表决权股份比例计算应享有的份额，减少长期股权投资的账面价值，并确认当期投资损失。

③ 被投资单位宣告分派利润或现金股利时，由于投资企业的长期股权投资已包含应享有被投资单位净资产的份额，而被投资单位分派利润或现金股利必然使净资产减少，因此，投资企业按持股比例计算的应分得的利润或现金股利，冲减长期股权投资的账面价值。

例 4-19：华天公司在 ×1 年初，以 2 400 万元的取得成本购进东方公司全部普通股股票的 30%（华天公司为非控股股东）。东方公司 ×1 年至 ×3 年各年净利润及股利分派记录见表 4-4。

华天公司的会计分录如下：

① 购入股票时：

借：长期股权投资——东方公司　　　　2 400 万元
　　贷：银行存款　　　　　　　　　　　　2 400 万元

表4-4 东方公司各年净利润及现金股利分派记录   单位：万元

年　份	净利润	分派股利
×1年	320	0
×2年	160	256
×3年	－64	64
合　计	416	320

② ×1年企业确认投资收益96万元（320万元×30%）：
借：长期股权投资——损益调整　　　　96万元
　　贷：投资收益　　　　　　　　　　　　　96万元
③ ×2年企业确认投资收益48万元（160万元×30%）：
借：长期股权投资——损益调整　　　　48万元
　　贷：投资收益　　　　　　　　　　　　　48万元
×2年收到现金股利76.8万元（256万元×30%）：
借：银行存款　　　　　　　　　　　　76.8万元
　　贷：长期股权投资——损益调整　　　　　76.8万元
④ ×3年确认投资损失19.2万元（64万元×30%）：
借：投资收益　　　　　　　　　　　　19.2万元
　　贷：长期股权投资——损益调整　　　　　19.2万元
×3年收到现金股利19.2万元（64万元×30%）：
借：银行存款　　　　　　　　　　　　19.2万元
　　贷：长期股权投资——损益调整　　　　　19.2万元

采用权益法核算长期投资的特点是，在投资企业账上能够充分反映投资企业与接受投资企业的经济联系。随着我国市场经济的发展，企业间相互参股和控股的情况越来越多，从而形成了企业投资渠道、投资主体的多元化。在这种经济形势下，对于企业投资对被投资企业具有共同控制或重大影响的长期投资，应采用权益法记账。

（七）固定资产的确认和计量

1. 固定资产的特点

固定资产是供企业长期使用、价值较高且不以出售为目的的资产，如企业的房屋及建筑物、机器设备、运输工具、工具器具等。固定资产应同时具备如下特征：

（1）为生产商品、提供劳务、出租和经营管理中持有的；
（2）使用寿命超过一个会计年度；

（3）固定资产是有形资产。

在实际工作中，按照重要性原则，企业可以确定固定资产的范围，加以管理。对于那些虽然符合固定资产特征，但达不到单位价值标准的资产，一般列为低值易耗品，作为存货处理，在会计上进行简化处理。

2. 固定资产的取得

（1）购入不需要安装的固定资产。购入不需要安装的固定资产时，需要按实际支付的价款，包括买价及支付的包装费、运输费等，借记"固定资产"账户。

例4-20：华天公司××年12月20日，购入不需要安装的生产用设备一台，买价100 000元，增值税13 000元，包装费1 500元，运杂费2 000元，通过银行付款，设备已交付使用。会计分录如下：

借：固定资产——设备　　　　　　　　　　103 500
　　应交税费——应交增值税（进项税额）　　13 000
　　贷：银行存款　　　　　　　　　　　　　116 500

（2）购入需要安装的固定资产。购入需要安装的固定资产，经安装调试符合要求才能交付使用。其原始价值包括实际支付的价款（买价，支付的包装费、运输费等）和安装调试费用等。购入需要安装的固定资产，先通过"在建工程"账户核算，待安装调试完工交付使用后，转入"固定资产"账户核算。

例4-21：华天公司××年12月22日，购入需要安装的生产用设备一台，买价500 000元，增值税65 000元，包装费1 500元，运杂费2 000元，已通过银行付款。会计分录如下：

① 购入时：

借：在建工程——设备　　　　　　　　　　503 500
　　应交税费——应交增值税（进项税额）　　65 000
　　贷：银行存款　　　　　　　　　　　　　568 500

② 发生安装调试费用1 800元，以现金支付：

借：在建工程——设备　　　　　　　　　　1 800
　　贷：库存现金　　　　　　　　　　　　　1 800

③ 设备安装完毕，交付使用：

借：固定资产——设备　　　　　　　　　　505 300
　　贷：在建工程——设备　　　　　　　　　505 300

3. 固定资产折旧

（1）固定资产折旧的性质及范围。固定资产折旧是指固定资产在使用过程中，由于使用、磨损而减少的价值。固定资产损耗的这部分价值，应当在固定资产的有效使用年限内进行分摊，形成折旧费用，计入产品成本或期间费用。

企业应当对所有固定资产计提折旧。但是，已提足折旧仍继续使用的固定资产和单独计价入账的土地除外。

在会计实务中，企业一般都是按月计提固定资产折旧的，为了简化核算，本月开始使用的固定资产，当月不计提折旧，从下月起计提折旧；本月减少或停用的固定资产，当月仍计提折旧，从下月起停止计提折旧。此外，固定资产提足折旧后，不管能否继续使用，均不再提取折旧；提前报废的固定资产，其净损失计入企业当期损益，不再补提折旧。

（2）影响固定资产折旧的因素。影响固定资产折旧的因素主要有三个方面。

① 折旧基数。计算固定资产折旧的基数一般为取得固定资产的原始成本，即固定资产的账面原价。在会计核算中，以原价作为计提折旧的基数，可以使折旧的计算建立在客观的基础之上，不受主观因素的影响。

② 预计净残值。固定资产预计净残值是指固定资产报废时，预计可以收回的残值收入（报废清理时剩下的器材、零件、材料等残余价值）扣除预计清理费用（报废清理时发生的拆卸、整理、搬运等费用）后的净额。固定资产账面原价减去预计净残值即为固定资产应提折旧总额。

③ 预计使用年限。固定资产预计使用年限是指固定资产预计经济使用年限，即折旧年限，通常短于固定资产的实物年限。以经济使用年限作为固定资产的折旧年限是因为企业在计算折旧时，不仅要考虑固定资产的有形损耗，还要考虑固定资产的无形损耗。

固定资产折旧年限的长短，直接影响各期应提折旧额的计算，但折旧年限是很难确切估计的。为了避免企业人为地延长或缩短折旧年限，合理计算固定资产的转移价值，企业应根据国家有关规定，结合本企业的具体情况合理地确定折旧年限，作为计提折旧的依据。

（3）固定资产折旧方法。计算固定资产折旧的方法常用的有直线折旧法和加速折旧法。直线折旧法是将固定资产在其有效使用期内按时间或产量平均计提折旧的方法，包括使用年限法和工作量法。加速折旧法是指固定资产使用初期多提折旧，以后折旧额逐年减少，使固定资产的取得成本尽快得到补偿的方法。其主要理由是：随着社会科学技术的进步，固定资产的使用年限和更新年限明显缩短，固定资产的无形损耗日益严重，加速折旧法后期剩下的固定资产成本较少，有助于避免无形损耗带来的投资风险。其次，固定资产使用的成本包括折旧费用和维修费用，在固定资产使用的初期，性能较好，修理费用较少；随着时间的推移，固定资产磨损加剧，需要的维修费用就会逐渐增加。加速折旧法早期提取的折旧费用多、维修费用少，后期提取的折旧费用少、维修费用多，使每期的固定资产使用成本相对平衡。下面分别介绍各种折旧方法的计算原理。

① 使用年限法。使用年限法也称平均年限法，是以固定资产预计使用年限

为分摊标准，将固定资产应计提折旧总额均衡地分摊到各期的一种方法。采用这种方法计提折旧，各期固定资产折旧额完全相等，其计算公式如下：

$$年折旧率 = \frac{1-预计净残值率}{预计使用年限} \times 100\%$$

$$月折旧率 = 年折旧率 \div 12$$

$$月折旧额 = 固定资产原值 \times 月折旧率$$

例 4-22：华天公司有厂房一幢，原值为 400 000 元，预计使用年限 20 年，预计净残值率为 4%。计算如下：

$$年折旧率 = \frac{1-4\%}{20} \times 100\% = 4.8\%$$

$$月折旧率 = 4.8\% \div 12 = 0.4\%$$

$$月折旧额 = 400\,000 \times 0.4\% = 1\,600（元）$$

直线法计提折旧简便易行，容易理解，因而是会计实务中常使用的一种方法。但是，这种方法会使固定资产在整个使用期间的使用成本不均衡，同时也忽视了各期的使用情况。

② 工作量法。工作量法是以固定资产预计可完成的工作量为分摊标准，根据各期实际完成的工作量计算折旧额的一种方法。采用这种方法计提折旧，各期固定资产的折旧额随工作量的变动而成正比例变动。计算公式如下：

$$单位工作量折旧额 = \frac{固定资产原值 \times (1-预计净残值率)}{预计总工作量}$$

$$\begin{matrix}某项固定资产\\月折旧额\end{matrix} = \begin{matrix}该项固定资产\\当月工作量\end{matrix} \times \begin{matrix}单位工作量\\折旧额\end{matrix}$$

例 4-23：华天公司有运输货车一辆，原值 200 000 元，预计净残值 5 000 元，预计总行驶里程 600 000 千米，当月行驶 4 000 千米，该项固定资产的当月折旧额计算如下：

$$每千米折旧额 = \frac{200\,000 - 5\,000}{600\,000} = 0.325（元/千米）$$

$$本月折旧额 = 4\,000 \times 0.25 = 1\,300（元）$$

③ 加速折旧法。我国目前允许采用的加速折旧法，主要包括双倍余额递减法和年数总和法两种。

A. 双倍余额递减法。双倍余额递减法是在不考虑固定资产残值的情况下，根据每期期初固定资产账面余额和双倍的直线法折旧率计算固定资产折旧的一种方法。计算公式为：

$$年折旧率 = \frac{2}{预计的折旧年限} \times 100\%$$

$$月折旧率 = 年折旧率 \div 12$$

$$月折旧额 = 固定资产账面净值 \times 月折旧率$$

由于双倍余额递减法不考虑固定资产的残值收入，因此，在应用这种方法时必须注意不能使固定资产的账面折余价值降低到它的预计残值收入以下，即实行双倍余额递减法计提折旧的固定资产，应当在其固定资产折旧年限到期以前两年内，将固定资产净值扣除预计净残值后的余额平均摊销。

例 4-24：华天公司一项固定资产的原价为 1 000 000 元，预计使用年限为 5 年，预计净残值 20 000 元。按双倍余额递减法计算折旧，每年的折旧额计算如下：

双倍直线折旧率 = $\frac{2}{5} \times 100\% = 40\%$

第一年应提的折旧额 = 1 000 000 × 40% = 400 000（元）
第二年应提的折旧额 =（1 000 000 - 400 000）× 40% = 240 000（元）
第三年应提的折旧额 =（600 000 - 240 000）× 40% = 144 000（元）

从第四年起改按平均年限法（直线法）计提折旧。

第四、第五年的年折旧额 =（216 000 - 20 000）÷ 2 = 98 000（元）

B. 年数总和法。 年数总和法又称合计年限法，是将固定资产的原值减去净残值后的净额乘以一个逐年递减的分数计算每年的折旧额，这个分数的分子代表固定资产尚可使用的年数，分母代表使用年数的逐年数字总和。计算公式如下：

$$年折旧率 = \frac{尚可使用年数}{预计使用年限的年数总和}$$

$$或者，年折旧率 = \frac{预计使用年限 - 已使用年限}{预计使用年限 \times (预计使用年限 + 1) \div 2} \times 100\%$$

$$月折旧率 = 年折旧率 \div 12$$

$$月折旧额 = (固定资产原值 - 预计净残值) \times 月折旧率$$

例 4-25：华天公司拥有一项固定资产的原值为 500 000 元，预计使用年限为 5 年，预计净残值为 20 000 元。采用年数总和法计算的各年折旧额如表 4-5 所示。

表 4–5　年数总和法折旧额计算表

年份	尚可使用年限（年）	原值—净残值（元）	变动折旧率	每年折旧额（元）	累计折旧（元）
1	5	480 000	5/15	160 000	160 000
2	4	480 000	4/15	128 000	288 000
3	3	480 000	3/15	96 000	384 000
4	2	480 000	2/15	64 000	448 000
5	1	480 000	1/15	32 000	480 000

采用加速折旧法后，在固定资产使用的早期多提折旧，后期少提折旧，其递减的速度逐年加快。加快折旧速度，目的是使固定资产成本在估计耐用年限内加快得到补偿。

4. 固定资产减值准备

企业应当定期或者至少在每年年度终了时，对固定资产逐项进行检查。当发现某项固定资产由于市价持续下跌或技术陈旧、损坏、长期闲置等原因导致其可收回金额低于账面价值时，应当按可收回金额低于账面价值的差额计提固定资产减值准备，并确认损失。固定资产减值准备应当按照单项资产计提。

如果固定资产实质上已经发生了减值，应当计提减值准备。当存在下列情况之一时，应当按照该项固定资产的账面价值全额计提固定资产减值准备：

（1）长期闲置不用，在可预计的未来不会再使用，且已无转让价值的固定资产。

（2）由于技术进步等原因，已不可使用的固定资产。

（3）虽然固定资产尚可使用，但使用后产生大量不合格品的固定资产。

（4）已遭毁损，以至于不再具有使用价值和转让价值的固定资产。

（5）其他实质上已经不能再给企业带来经济利益的固定资产。

企业发生固定资产减值时，借记"资产减值损失——固定资产减值"账户，贷记"固定资产减值准备"账户。"固定资产减值准备"账户是"固定资产"账户的抵减账户，确认了固定资产减值损失后，未来会计期间该项资产的折旧应当作出相应的调整，即按照新的账面价值计提折旧。要注意的是，固定资产减值损失一经确认，在以后的会计期间不得转回。

5. 固定资产清理会计处理

企业在生产经营过程中，部分固定资产会因不适用或不需用而对外出售或转让，因磨损、技术进步等原因而报废，或因遭灾毁损而处置。凡是由于这些原因发生的固定资产减少，我们在会计中通常需要统一用"固定资产清理"账户核算。该账户借方登记企业因出售、报废或毁损等原因转入清理的固定资产净值，以及清理过程中发生的清理费用等；贷方登记固定资产的出售收入、残料变价收入、应向保险公司或过失人收取的赔款等；其借方余额表示固定资产清理后的净损失，其贷方余额表示固定资产清理后的净收益。

例 4-26：××公司出售旧机器一台，该机器账面原值 2 500 000 元，已提折旧 500 000 元，已计提固定资产减值准备 80 000 元，清理中支付清理费用 20 000 元，出售收入为 2 050 000 元。

分析及编制的会计分录如下：

（1）注销固定资产原值和已提折旧时：

借：固定资产清理　　　　　　　　2 000 000
　　累计折旧　　　　　　　　　　　 500 000
　　贷：固定资产　　　　　　　　　　　　　2 500 000

（2）结转固定资产减值准备时：

借：固定资产减值准备　　　　　　　　80 000
　　贷：固定资产清理　　　　　　　　　　　　80 000

（3）支付清理费用时：

借：固定资产清理　　　　　　　　　　20 000
　　贷：银行存款　　　　　　　　　　　　　 20 000

（4）收回出售价款时：

借：银行存款　　　　　　　　　　2 050 000
　　贷：固定资产清理　　　　　　　　　　2 050 000

（5）结转固定资产清理后的净收益：

借：固定资产清理　　　　　　　　　110 000
　　贷：资产处置损益　　　　　　　　　　　110 000

6. 租入固定资产的会计处理

《企业会计准则第 21 号——租赁》中规定，在租赁期开始日，承租人应当对租赁确认使用权资产和租赁负债，应用短期租赁和低价值资产租赁简化处理的除外。

使用权资产，是指承租人可在租赁期内使用租赁资产的权利。租赁期开始日，是指出租人提供租赁资产使其可供承租人使用的起始日期。

使用权资产应当按照成本进行初始计量。该成本包括：

（1）租赁负债的初始计量金额；

（2）在租赁期开始日或之前支付的租赁付款额，存在租赁激励的，扣除已享受的租赁激励相关金额；

（3）承租人发生的初始直接费用；

（4）承租人为拆卸及移除租赁资产、复原租赁资产所在场地或将租赁资产恢复至租赁条款约定状态预计将发生的成本。前述成本属于为生产存货而发生的，适用《企业会计准则第 1 号——存货》。

租赁负债应当按照租赁期开始日尚未支付的租赁付款额的现值进行初始计量。

租赁付款额，是指承租人向出租人支付的与在租赁期内使用租赁资产的权利相关的款项，包括：

（1）固定付款额及实质固定付款额，存在租赁激励的，扣除租赁激励相关金额；

（2）取决于指数或比率的可变租赁付款额，该款项在初始计量时根据租赁期开始日的指数或比率确定；

（3）购买选择权的行权价格，前提是承租人合理确定将行使该选择权；

（4）行使终止租赁选择权需支付的款项，前提是租赁期反映出承租人将行使终止租赁选择权；

（5）根据承租人提供的担保余值预计应支付的款项。

例 4-27： 承租人甲公司就某栋建筑物的某一层楼与出租人乙公司签订了为期 10 年的租赁协议，并拥有 5 年的续租选择权。有关资料如下：（1）初始租赁期内的不含税租金为每年 50 000 元，续租期间为每年 55 000 元，所有款项应于每年年初支付；（2）为获得该项租赁，甲公司发生的初始直接费用为 20 000 元，其中，15 000 元为向该楼层前任租户支付的款项，5 000 元为向促成此租赁交易的房地产中介支付的佣金；（3）作为对甲公司的激励，乙公司同意补偿甲公司 5 000 元的佣金；（4）在租赁期开始日，甲公司评估后认为，不能合理确定将行使续租选择权，因此，将租赁期确定为 10 年；（5）甲公司无法确定租赁内含利率，其增量借款利率为每年 5%，该利率反映的是甲公司以类似抵押条件借入期限为 10 年、与使用权资产等值的相同币种的借款而必须支付的利率。

为简化处理，假设不考虑相关税费影响。

分析：承租人甲公司的会计处理如下：

第一步，计算租赁期开始日租赁付款额的现值，并确认租赁负债和使用权资产，在租赁期开始日，甲公司支付第 1 年的租金 50 000 元，并以剩余 9 年租金（每年 50 000 元）按 5% 的年利率折现后的现值计量租赁负债。计算租赁付款额现值的过程如下：

剩余 9 期租赁付款额 = 50 000 × 9 = 450 000（元）

租赁负债 = 剩余 9 期租赁付款额的现值 = 50 000 × (P/A, 5%, 9)

= 355 391（元）

未确认融资费用＝剩余 9 期租赁付款额－剩余 9 期租赁付款额的现值＝450 000－355 391＝94 609（元）

  借：使用权资产   405 391
    租赁负债——未确认融资费用   94 609
    贷：租赁负债——租赁付款额   450 000
      银行存款（第 1 年的租赁付款额） 50 000

第二步，将初始直接费用计入使用权资产的初始成本。

  借：使用权资产   20 000
    贷：银行存款   20 000

第三步，将已收的租赁激励相关金额从使用权资产入账价值中扣除。

  借：银行存款   5 000
    贷：使用权资产   5 000

（八）无形资产的确认和计量

1. 无形资产的概念

无形资产是指企业拥有或控制的、没有实物形态的非货币性长期资产，包括专利权、商标权、著作权、土地使用权、非专利技术等。

无形资产具有以下一些基本特征：

（1）没有实物形态。

（2）能在较长时期内使企业获得经济利益。

（3）持有的目的是使用而不是出售。

（4）无形资产能够为企业提供的未来经济效益具有较大的不确定性。

2. 无形资产的计量

（1）无形资产的初始计量。无形资产应按取得时发生的实际成本计价入账。无形资产的入账价值应按其取得的方式不同分别确定：

① 购入的无形资产，按实际支付的价款作为实际成本；

② 投资者投入的无形资产，按投资各方协商确定的价值作为实际成本；

③ 企业自行研究开发的无形资产，应按研究阶段支出和开发阶段支出分别核算。

第一种阶段：研究阶段企业实际发生的支出全部费用化。发生研发支出时，借记"研发支出——费用化支出"账户，贷记有关账户；期末根据发生的全部研发支出，借记"管理费用"账户，贷记"研发支出——费用化支出"账户。

第二种阶段：开发阶段实际发生的符合资本化条件的支出应资本化。因完成研究阶段的工作后，此时实施开发所发生的支出旨在使其能使用或出售，故凡能可靠计量、符合该无形资产资本化条件的开发性支出，均应列作未来能被使用或出售的无形资产的成本。发生开发性支出时,应借记"研发支出——资本化支出"账户,贷记有关账户;在确认为无形资产时,应借记"无形资产"账户,贷记"研发支出——资本化支出"账户。

(2)无形资产的后续计量。无形资产的后续计量是指企业对无形资产进行初始计量确定其成本后,对其价值如何进行摊销的计量。

① 判断企业无形资产的使用寿命。如果无法预见无形资产为企业带来经济利益的期限,则应视为使用寿命为不确定的无形资产。使用寿命不确定的无形资产,对其无形资产的成本不应摊销。

② 对使用寿命有限的无形资产应合理确定其使用寿命的期限、摊销方法(直线摊销法或加速摊销法)和应摊销的金额,无形资产的摊销金额一般应当计入管理费用或制造费用。

例4-28: ×1年1月1日,华天公司从外单位购得一项非专利技术,支付价款5 000万元,款项已支付,估计该项非专利技术的使用寿命为10年,该项非专利技术用于产品生产;同时,购入一项商标权,支付价款3 000万元,款项已支付,估计该商标权的使用寿命为15年。假定这两项无形资产的净残值均为零,并按直线法摊销。

华天公司的账务处理如下:

① 取得无形资产时:

借:无形资产——非专利技术　　　　　50 000 000
　　　　　　——商标权　　　　　　　30 000 000
　贷:银行存款　　　　　　　　　　　　　　　　80 000 000

② 按年摊销时:

借:制造费用——非专利技术　　　　　5 000 000
　　管理费用——商标权　　　　　　　2 000 000
　贷:累计摊销　　　　　　　　　　　　　　　　7 000 000

如果华天公司×2年12月31日根据科学技术发展的趋势判断,×1年购入的该项非专利技术在4年后将被淘汰,不能再为企业带来经济利益,决定对其再使用4年后不再使用,为此,华天公司应当在×2年12月31日据此变更该项非专利技术的估计使用寿命,并按会计估计变更进行处理。

×2年12月31日该项无形资产累计摊销金额为1 000(500×2)万元,×3年该项无形资产的摊销金额为1 000[(5 000-1 000)÷4]万元。

华天公司×3年对该项非专利技术按年摊销的账务处理如下:

借:制造费用——非专利技术　　　　　10 000 000
　贷:累计摊销　　　　　　　　　　　　　　　　10 000 000

(3)无形资产减值准备。企业应定期对无形资产的账面价值进行检查,至少于每年年末检查一次，检查各项无形资产预计给企业带来未来经济利益的能力，对预计可收回金额低于其账面价值的，应当计提减值准备。

无形资产的价值受多种因素影响，若检查时发现无形资产可收回金额低于其账面价值，应按其差额计提无形资产的减值准备。无形资产的减值准备应按无形资产分项确定，计提时，借记"资产减值损失"账户，贷记"无形资产减值准备"。

例 4-29：×1 年 1 月 1 日，华天公司购入一项市场领先的畅销产品的商标的成本为 6 000 万元，该商标按照法律规定还有 5 年的使用寿命，但是在保护期届满时，华天公司可每 10 年以较低的手续费申请延期，同时，华天公司有充分的证据表明其有能力申请延期。此外，有关的调查表明，根据产品生命周期、市场竞争等方面情况综合判断，该商标将在不确定的期间内为企业带来现金流量。

根据上述情况，该商标可视为使用寿命不确定的无形资产，在持有期间内不需要进行摊销。

×2 年年底，华天公司对该商标按照资产减值的原则进行减值测试，经测试表明该商标已发生减值。×2 年年底，该商标的公允价值为 4 000 万元。

则华天公司的账务处理如下：
（1）×1 年购入商标时：
借：无形资产——商标权　　　　　　60 000 000
　　贷：银行存款　　　　　　　　　　　　　　60 000 000
（2）×2 年发生减值时：
借：资产减值损失　　20 000 000（60 000 000－40 000 000）
　　贷：无形资产减值准备——商标权　　　　20 000 000

第二节 | 负债的确认和计量

一、负债的性质和分类

（一）负债的性质

负债是指由于过去的交易或事项形成的现有义务，履行该义务预期会导致经济利益流出企业。

（二）负债的分类

按偿还期限的长短来分，负债可分为流动负债与长期负债。

流动负债是指预计在一个正常营业周期中清偿，或者主要为交易目的而持有，或者自资产负债表日起一年内（含一年）到期应予以清偿，或者企业无权自主地将清偿推迟至资产负债表日后一年以上的负债，主要包括短期借款、应付票据、应付账款、预收账款、应付职工薪酬、应交税费、应付股利、其他应付款等。

长期负债是指偿还期在1年或者一个营业周期以上的债务，包括长期借款、长期应付债券、长期应付款等。

下面我们主要介绍应付账款、应交税费、应付职工薪酬等主要负债项目的确认和计量。

二、负债主要项目的确认和计量

（一）应付账款的确认和计量

应付账款指因购买材料、商品或接受劳务供应等而发生的债务。这是买卖双方在购销活动中由于取得货物与支付货款在时间上不一致而产生的负债。

因购买商品等而产生的应付账款，在我国会计核算中设置"应付账款"账户进行核算，用以反映这部分负债的价值。

应付账款一般在较短期限内支付，有些应付账款由于债权单位撤销或其他原因而无法支付，或者将应付账款划转给关联方等其他企业的，无法支付或无需支付的应付款项应计入营业外收入。

例4-30：华天公司××年12月1日，购入甲材料一批，货款100 000元，增值税13 000元，材料已验收入库，款项尚未支付。会计分录如下：

（1）根据购货发票：

借：原材料　　　　　　　　　　　　　　　　　100 000
　　应交税费——应交增值税（进项税额）　　　 13 000
　　贷：应付账款　　　　　　　　　　　　　　　113 000

（2）××年12月27日华天公司支付上述款项：

借：应付账款　　　　　　　　　　　　　　　　113 000
　　贷：银行存款　　　　　　　　　　　　　　　113 000

（二）应付票据的确认和计量

应付票据是指采用商业汇票支付方式购买材料、物资等应偿付的商业汇票，它由出票人出票，委托付款人在指定日期无条件支付确定的金额给收款人或者持票人的票据。应付票据也是委托付款人允诺在一定时期内支付一定款额的书面证明。应付票据与应付账款不同，虽然都是由于交易而引起的流动负债，但应付账款是尚未结清的债务，而应付票据是一种期票，是延期付款的证明。在我国，应付票据是在经济往来活动中由于采用商业汇票方式而发生的，由签发人签发、承兑人承兑的票据。按照《支付结算办法》规定，在银行开立存款账户的法人以及其他组织之间，具有真实的交易关系或债权债务关系，均可使用商业汇票。我国商业汇票的付款期限最长不超过 6 个月。因此，将应付票据归于流动负债进行管理和核算。

例 4-31： 华天公司为增值税一般纳税人，采购原材料采用商业汇票方式结算货款，根据有关发票账单，×× 年 12 月 5 日，购入材料的实际成本为 150 000 元，增值税专用发票上注明的增值税额 19 500 元，材料已经验收入库，华天公司开出 3 个月承兑的商业汇票。会计分录如下：

借：原材料　　　　　　　　　　　　　　150 000
　　应交税费——应交增值税（进项税额）　19 500
　　贷：应付票据　　　　　　　　　　　　　　169 500

（三）应交税费的确认和计量

应交税费是指企业按照税收法规的规定应向国家交纳的各种税金。企业应设置"应交税费"账户核算企业应交纳的各种税费，如增值税、消费税、所得税、城市维护建设税等。

1. 增值税

增值税是以商品和劳务以及服务在流转过程中产生的增值额作为征税对象而征收的一种流转税。这是对在中国境内销售货物，提供加工修理修配应税劳务、销售服务、无形资产及不动产的应税行为，以及进口货物的企业、单位和个人，就其销售货物、提供应税劳务、发生应税行为的增值额和货物进口金额为计税依据而课征的一种流转税。增值税实行价外税制度，税率为 6%、9% 和 13% 不等。

增值税的征收范围包括：销售货物、进口货物、提供加工、修理修配劳务；销售应税服务、销售无形资产和销售不动产，其中应税服务包括如交通运输服务、邮政服务、电信服务、建筑服务、金融服务、现代服务、生活服务等。

增值税（一般纳税人）应纳税额的计算为当期销项税额减去进项税额后的余额。如果当期销项税额小于进项税额，则当期不交纳增值税，该差额作为下一期的抵减内容。

企业计算交纳的增值税，可通过"应交税费——应交增值税"账户进行核算。该账户借方登记企业购进货物或接受劳务的进项税额和已交纳的增值税额；贷方登记销售货物和提供劳务应交纳的增值税额；贷方余额反映企业尚未向国家交纳的增值税，借方余额反映企业多交或尚未扣抵的增值税。期末应将"应交税费——应交增值税"财产的贷方余额转入"应交税费——未交增值税"账户，结转后"应交税费——应交增值税"账户无贷方余额。

一般纳税人应在"应交增值税"明细账内设置"进项税额""销项税额""已交税金""转出未交增值税""出口退税""进项税额转出""转出多交增值税""销项税额抵减"等专栏。

例 4-32：华天公司××年 12 月 10 日，购入甲材料 1 000 000 元，增值税税率为 13%，已用银行存款付讫。会计分录如下：

借：原材料——甲材料　　　　　　　　　　　1 000 000
　　应交税费——应交增值税(进项税额)　　　130 000
　　贷：银行存款　　　　　　　　　　　　　　　　1 130 000

例 4-33：华天公司××年 12 月 11 日，销售库存产品 1 500 000 元，增值税税率为 13%，款已收到。会计分录如下：

借：银行存款　　　　　　　　　　　　　　　1 695 000
　　贷：主营业务收入　　　　　　　　　　　　　　1 500 000
　　　　应交税费——应交增值税(销项税额)　　　195 000

例 4-34：华天公司××年 12 月，应交纳的增值税 65 000 元(销项税 195 000－进项税 130 000)。会计分录如下：

借：应交税费——应交增值税(已交税金)　　65 000
　　贷：银行存款　　　　　　　　　　　　　　　　65 000

2. 消费税

消费税是指对在我国境内生产、委托加工和进口应税消费品的单位和个人征收的一种税。应税消费品具体包括烟、酒、高档化妆品、贵重首饰及珠宝玉石、鞭炮、焰火、小汽车、摩托车、高尔夫球及球具、高档手表、游艇、木制一次性筷子、实木地板、电池、涂料等 15 种商品。

消费税率为 1%～56% 不等。

企业生产需要交纳消费税的消费品，在销售时应按照应纳税额，借记"税金及附加"账户，贷记"应交税费——应交消费税"账户。

例 4-35：华天公司××年 12 月，销售应纳消费税产品售价 1 000 000 元，适用税率 10%，计提消费税。会计分录如下：

借：税金及附加　　　　　　　　　　　　　　100 000
　　贷：应交税费——应交消费税　　　　　　　　　100 000

(四)应付职工薪酬的确认和计量

应付职工薪酬是企业对职工个人的一种负债，是指企业为获得职工提供的服务或终止劳动合同关系而给予的各种形式的报酬。主要包括四个方面。
①短期薪酬，如：构成工资总额的各组成部分(如工资、奖金、津贴和补贴等)；提取的职工福利费；企业为职工支付的医疗保险、养老保险、工伤保险、失业保险、生育保险和住房公积金，简称"五险一金"；工会经费和职工教育经费；非货

币性福利，如以产品作为福利发放给职工；辞退福利；短期带薪缺勤；非货币性福利等。②离职后福利，指企业为获得职工提供的服务而在职工退休或与企业解除劳动关系后，提供除短期薪酬外各种形式的报酬和福利。③辞退福利，指企业在职工劳动合同到期之前解除与职工的劳动合同关系，或者为鼓励职工自愿接受裁减而给予职工的补偿。④其他长期职工福利，包括长期带薪缺勤、长期残疾福利、长期利润分享计划等。

企业应付职工的劳动报酬，在会计上设置"应付职工薪酬"账户进行核算。"应付职工薪酬"账贷方反映应付职工的薪酬，借方反映实际支付给职工的薪酬，期末贷方金额反映应付未付的薪酬。由于职工所在的部门及岗位不同，其人工费用的用途各不相同。其中，生产工人直接从事产品生产，其薪酬为直接生产费用，可直接计入生产成本；车间管理、技术人员不直接参与产品的制造过程，主要从事产品的组织和管理工作，其人工费用属于间接生产费用，应通过"制造费用"账户归集；企业行政管理人员的工资和福利费，属于期间费用，发生时应计入"管理费用"账户的借方。

例 4-36：××年 6 月，华天公司当月应发工资 200 万元，其中：生产部门直接生产人员工资 100 万元；生产部门管理人员工资 20 万元；公司管理部门人员工资 36 万元；公司专设产品销售机构人员工资 10 万元；建造厂房人员工资 22 万元；内部开发存货管理系统人员工资 12 万元。

根据所在地政府规定，公司分别按照职工工资总额的 8%、20%、1.5% 和 7% 计提医疗保险费、养老保险费、失业保险费和住房公积金，缴纳给当地社会保险经办机构和住房公积金管理机构。公司分别按照职工工资总额的 2% 和 1.5% 计提工会经费和职工教育经费。

应计入生产成本的职工薪酬金额
$=100＋100×(8\%＋20\%＋1.5\%＋7\%＋2\%＋1.5\%)$
$=140（万元）$

应计入制造费用的职工薪酬金额
$=20＋20×(8\%＋20\%＋1.5\%＋7\%＋2\%＋1.5\%)$
$=28（万元）$

应计入管理费用的职工薪酬金额
$=36＋36×(8\%＋20\%＋1.5\%＋7\%＋2\%＋1.5\%)$
$=50.4（万元）$

应计入销售费用的职工薪酬金额
$=10＋10×(8\%＋20\%＋1.5\%＋7\%＋2\%＋1.5\%)$
$=14（万元）$

应计入在建工程成本的职工薪酬金额
=22＋22×(8%＋20%＋1.5%＋7%＋2%＋1.5%)
=30.8(万元)

应计入无形资产成本的职工薪酬金额
=12＋12×(8%＋20%＋1.5%＋7%＋2%＋1.5%)
=16.8(万元)

公司在分配工资、职工福利费、各种社会保险费、住房公积金、工会经费和职工教育经费等职工薪酬时，应当作如下账务处理：

借：生产成本　　　　　　　　　　1 400 000
　　制造费用　　　　　　　　　　　 280 000
　　管理费用　　　　　　　　　　　 504 000
　　销售费用　　　　　　　　　　　 140 000
　　在建工程　　　　　　　　　　　 308 000
　　研发支出——资本化支出　　　　 168 000
　贷：应付职工薪酬——工资　　　　　　　2 000 000
　　　　　　　　——社会保险费　　　　　　590 000
　　　　　　　　——住房公积金　　　　　　140 000
　　　　　　　　——工会经费　　　　　　　 40 000
　　　　　　　　——职工教育经费　　　　　 30 000

（五）应付股利的确认和计量

企业作为独立核算的经济实体，对其实现的经营成果除了按照税法及有关法律、法规规定交税、交费外，还必须对运用投资者投入的资金给予一定的回报，作为投资者应该分享的所得税后的利润分配，取得投资收益。因此，企业分配给投资者的现金股利或利润，实际未支付给投资者之前，形成了一笔负债。在会计核算中设置"应付股利"账户进行核算。应付股利包括应付给投资者的现金股利、应付给国家以及其他单位和个人的利润等。

企业按照董事会提请股东大会批准的利润分配方案中应分配给股东的现金股利，借记"利润分配"账户，贷记"应付股利"账户；股东大会批准的年度利润分配方案与董事会提请股东大会批准的利润分配方案不一致的，按股东大会批准的利润分配方案与董事会提请股东大会批准的利润分配方案中分配现金股利的差额，调整"利润分配"和"应付股利"账户。企业分配的股票股利，不通过"应付股利"账户核算。

"应付股利"的会计处理，可以参见第三章第六节利润分配部分内容。

（六）长期借款的确认和计量

长期借款是企业向银行等金融机构借入的、偿还期限超过 1 年的各种借款。企业取得长期借款，必须按照规定的程序进行，一般要经过申请、审批、签订合同和划拨款项等四个步骤。在借款的使用期间，应按期支付利息，到期偿还本金。为了核算长期借款的取得、计息和归还情况，企业应设置"长期借款"账户。该账户的贷方登记取得的长期借款本金和定期计提的长期借款利息，借方登记归还的本金和利息，期末余额在贷方，反映尚未归还的本金和利息。

企业从银行借入长期借款，应与银行签订借款合同，约定借款本金和利息的偿还方式，并在使用过程中正确核算借款的取得、使用和归还情况。由于还本付息方式的不同，在会计处理上也有所区别。长期借款的还本付息有到期一次还本付息、分期偿还本息等形式。下面分别举例说明它们的会计核算方法。

1. 长期借款采用到期一次还本付息方法

例 4–37：华天公司 ×1 年 12 月 31 日，向银行借款人民币 2 000 000 元，借款期限 3 年，年利率 10%，复利计息，一次还本付息，借款用于固定资产的建造。固定资产的建造工程于 ×2 年 12 月 31 日完工交付使用，并办理了工程竣工决算手续。

（1）×1 年 12 月 31 日年初取得借款时：

借：银行存款　　　　　　　　　　　2 000 000
　　贷：长期借款　　　　　　　　　　　　　2 000 000

（2）该项借款每年末应计利息（按复利计算）：

第一年末应计利息 2 000 000×10% = 200 000（元）

第二年末应计利息（2 000 000 + 200 000）×10% = 220 000（元）

第三年末应计利息（2 200 000 + 220 000）×10% = 242 000（元）

三年应计利息合计 662 000 元

第三年末，借款到期时应偿还的本利和为：2 000 000 + 662 000 = 2 662 000（元）

（3）第一年末计息时：

借：在建工程　　　　　　　　　　　200 000
　　贷：长期借款　　　　　　　　　　　　　200 000

（4）第二年末计息时：

借：财务费用　　　　　　　　　　　220 000
　　贷：长期借款　　　　　　　　　　　　　220 000

（5）第三年末还本付息：

借：财务费用　　　　　　　　　　　242 000
　　长期借款　　　　　　　　　　　2 420 000

贷：银行存款　　　　　　　　　　　　　　　2 662 000

2. 长期借款采用每年支付利息，到期还本方法

例 4-38：承例 4-34 资料，仅偿还方式改变为每年年终支付利息，第三年末一次还本，其他条件不变，则每年末应付利息均为：2 000 000×10% = 200 000 元。会计分录如下：

（1）第一年末支付利息时：

借：在建工程　　　　　　　　　　　　　　　200 000
　　贷：银行存款　　　　　　　　　　　　　　　200 000

（2）第二年末支付利息时：

借：财务费用　　　　　　　　　　　　　　　200 000
　　贷：银行存款　　　　　　　　　　　　　　　200 000

（3）第三年末还本付息时：

借：财务费用　　　　　　　　　　　　　　　200 000
　　长期借款　　　　　　　　　　　　　　　2 000 000
　　贷：银行存款　　　　　　　　　　　　　　　2 200 000

（七）长期应付债券的确认和计量

长期债券是企业筹集长期使用资金而发行的一种书面凭证。通过凭证上所记载的利率、期限等，表明发行债券企业承诺在未来某一特定日期还本付息。企业发行的超过 1 年期以上的债券，构成了一项长期负债。

企业发行的长期债券，设置"应付债券"账户，核算企业为筹集长期资金而实际发行的债券及应付的利息。在"应付债券"账户下设置了"面值""利息调整"和"应计利息"三个明细账户。

无论是按面值发行，还是溢价或折价发行，均按债券面值记入"应付债券"账户的"面值"明细账户，实际收到的价款与面值的差额，记入"利息调整"明细账户。债券的溢价或折价，在债券的存续期间内进行摊销。

例 4-39：华天公司 ×1 年 1 月 1 日，为筹建某大型项目，发行 5 年期面值为 4 000 000 元的债券，票面利率 6%，华天公司按面值发行。发行债券、年末计提利息和到期还本付息时，应作会计分录如下：

（1）收到发行债券款时：

借：银行存款　　　　　　　　　　　　　　　4 000 000
　　贷：应付债券——面值　　　　　　　　　　　4 000 000

（2）年末计提利息时：

借：在建工程　　　　　　　　　　　　　　　240 000
　　贷：应付债券——应计利息　　　　　　　　　240 000

（3）后 4 年的分录同上。

(4) 5年后到期还本付息时：

借：应付债券——面值　　　　　　　　4 000 000
　　　　　——应计利息　　　　　　　1 200 000
　　贷：银行存款　　　　　　　　　　　5 200 000

例 4-40：2014 年 12 月 31 日，华天公司经批准发行 5 年期一次还本、分期付息的公司债券 5 000 000 元，债券利息在每年 12 月 31 日支付，票面利率为年利率 6%。假定债券发行时的市场利率为 5%。根据复利现值表及年金现值表可知，利率为 5%，期限为 5 年的每元复利现值系数和年金现值系数分别为 0.783 5 和 4.329 5，据此可以计算债券的发行价格：

未来本金的现值 = 5 000 000 × 0.783 5 = 3 917 500（元）
5 年期利息的现值 = 5 000 000 × 6% × 4.329 5 = 1 298 850（元）
债券的发行价格 = 3 917 500 + 1 298 850 = 5 216 350（元）

华天公司根据上述资料，采用实际利率法计算确定利息费用如表 4-6。

表 4-6　利息费用一览表　　　　　　　　　　　　　　　　　　　　　　单位：元

付息日期	支付利息	利息费用	摊销利息调整	应付债券摊余成本
2014.12.31				5 216 350.00
2015.12.31	300 000	260 817.5	39 182.50	5 177 167.50
2016.12.31	300 000	258 858.38	41 141.62	5 136 025.88
2017.12.31	300 000	256 801.30	43 198.70	5 092 827.18
2018.12.31	300 000	254 641.36	45 358.64	5 047 468.54
2019.12.31	300 000	252 531.46*	47 468.54	5 000 000.00

注：* 尾数调整

根据表 4-4 的资料，华天公司的财务处理如下：

2014 年 12 月 31 日发行债券时：

借：银行存款　　　　　　　　　　　　5 216 350
　　贷：应付债券——面值　　　　　　　5 000 00
　　　　　　——利息调整　　　　　　　216 350

2015 年 12 月 31 日计算利息费用时：

借：财务费用（在建工程）　　　　　　260 817.50
　　应付债券——利息调整　　　　　　 39 182.50
　　贷：应付利息　　　　　　　　　　　300 000
借：应付利息　　　　　　　　　　　　 300 000

　　　　贷：银行存款　　　　　　　　　　　　　　300 000

2016 年、2017 年、2018 年确定利息费用的会计处理同 2015 年。

2019 年 12 月 31 日归还债券本金及最后一期利息费用时：

　　借：财务费用（在建工程）　　　　　　　252 531.46
　　　　应付债券——面值　　　　　　　　　5 000 000
　　　　　　　　——利息调整　　　　　　　　47 468.54
　　贷：银行存款　　　　　　　　　　　　　　　5 300 000

第三节　所有者权益的确认和计量

一、所有者权益的性质和分类

（一）所有者权益的性质

所有者权益，是指企业所有者对企业净资产的要求权，是企业全部资产减去负债后的余额，它包括投入资本以及留存利润等。

企业的全部资产来源于两条渠道：一是负债，二是投资者的投资及其增值。因此，债权人和投资者对企业的资产均拥有要求权，在资产负债表上都反映在右方，负债和所有者权益的合计总额等于资产总额。但是，负债和所有者权益之间又存在着明显的区别，主要有如下四个方面。

（1）对象不同。负债是企业对债权人承担的偿付责任，而所有者权益是企业对投资者承担的经济责任。

（2）性质不同。负债是在经营或其他事项中发生的债务，是债权人要求企业清偿的权利；所有者权益是投资者享有的对投入资本及其运用所产生盈余（或亏损）的权利。

（3）偿还期限不同。负债必须于一定时期偿还；所有者权益一般只有在企业解散清算时（除按法律程序减资等外），或在破产清算时才可能还给投资者。为了保证债权人的利益不受侵害，法律规定债权人对企业资产的要求权优先于投资者，故债权又称为第一要求权。投资者具有对剩余财产的要求权，又称为剩余权益。

（4）享受的权利不同。债权人无权过问企业的重大生产经营政策，也无权分享企业的盈利，只享有到期收回债权本金及利息的权利；而投资者则通过股东大会或董事会，对企业的生产经营及盈利分配等政策施加影响。

不同组织形式的企业，在对资产、负债、收入、费用和利润的会计核算中并无重大区别,但在所有者权益的核算上却有一定差别。公司制企业,尤其是股份有限公司对所有者权益的核算,比其他类型的企业更为复杂和详细。

(二)所有者权益的分类

在不同组织形式的企业里,所有者权益构成是不同的。

1. 独资组织

在独资组织,个体业主的投资是所有者权益的主要组成部分。此外,尚有一部分是税后利润的留存部分,它可看作业主的追加投资。由于业主对企业的债务承担无限责任,法律并不要求业主保全投入资本,所以个体业主可以从企业提款供个人消费或用于其他经营活动。

2. 合伙组织

在合伙组织,合伙人的资本份额构成企业的所有者权益。同样,因合伙人对企业债务承担无限责任,合伙人可以从企业提款(需经其他合伙人同意),其资本份额由于合伙人提款而减少。这种提款是个别合伙人减少其权益份额的行为,不是企业对合伙人必须履行的义务。在合伙契约中,通常也规定个别合伙人可放弃合伙人身份而退出企业,称为退伙。在这种情况下,合伙企业虽仍在经营,但在法律上这一退伙行为则被视为原有合伙企业的解散、新合伙企业的创立,因为资本结构发生了变化,由此变换了会计主体。

3. 有限责任公司和股份制公司

在有限责任公司和股份有限公司,出于保护债权人利益的法律要求,其所有者权益(即股东权益)按形成来源分为实收资本(股本)、资本公积、其他综合收益、盈余公积和未分配利润等部分。其中,盈余公积和未分配利润统称留存收益。它们的性质分析如下:

(1)实收资本(股本)。投资者投入资本形成法定资本的价值,所有者向企业投入的资本,在一般情况下无需偿还,可以长期周转使用。实收资本(股本)的构成比例,即投资者的出资比例或股东的股份比例,通常是确定所有者在企业所有者权益中所占的份额和参与企业财务经营决策的基础,也是企业进行利润分配或股利分配的依据,同时还是企业清算时确定所有者对净资产的要求权的依据。

(2)资本公积。企业收到投资者的超出其在企业注册资本(或股本)中所占份额的投资,主要有资本溢价(或股本溢价),如有溢价发行股票、投资者超额缴入资本等。

(3)其他综合收益。企业根据会计准则规定未在当期损益中确认的各项利得和损失。如其他债权投资公允价值的变动,确认按照权益法核算的在被投资单位其他综合收益中所享有的份额导致的其他综合收益变动,存货或自用房地产转换为投资性房地产转换当日的公允价值大于原账面价值,其差额部分,境外经营外币财务报表折算差额等。

（4）盈余公积。企业按照规定从净利润中提取的各种积累资金。盈余公积包括法定盈余公积、任意盈余公积。为使企业达到以丰补歉、不断壮大经营实力之目的，公司法和《企业会计准则》都要求企业从税后利润中提取法定盈余公积。法定盈余公积累计额达到公司注册资本的百分之五十以上的，可不再提取。任意盈余公积指公司从税后利润中提取法定公积金后，经股东会或者股东大会决议，还可以从税后利润中提取任意公积金用于企业重大事项的开支。

（5）未分配利润。企业留待以后年度分配或待分配的利润。企业实现利润后，应首先按税法的规定计算和交纳所得税。税后利润应提取盈余公积金，剩余部分才是可供向投资者分配的利润。企业按确定的利润分配方案在各投资者（股东）之间进行分配。在一般情况下，各年并不是将全部可供分配的利润分配完，而总是保留一定的数额，留待以后年度分配或在亏损年度以丰补歉，以吸引长期投资者。

二、所有者权益主要项目的确认和计量

（一）实收资本的确认和计量

除股份有限公司对股东投入资金应设置"股本"账户外，其余企业均设置"实收资本"账户，核算企业实际收到的投资者投入的资本。

投资人可以用现金投资，也可以用现金以外的其他有形资产投资；符合国家规定比例的，还可以用无形资产投资。企业收到投资时，一般应作如下会计处理：收到投资人投入的货币资金，应在实际收到或者存入企业开户银行时，按实际收到的金额，借记"现金""银行存款"账户，贷记"实收资本"账户；以实物资产投资的，应在办理实物产权转移手续时，借记有关资产账户，贷记"实收资本"账户；以无形资产投资的，应按照合同、协议或公司章程规定，移交有关凭证时，借记"无形资产"账户，贷记"实收资本"账户。

由于有限责任公司和股份制公司的组织形式不同，因此，所有者实收资本的会计核算方法也有所不同。下面分别介绍有限责任公司和股份制公司的投入资本的核算。

1. 有限责任公司的投入资本

有限责任公司是指由两个以上50个以下股东共同出资，每个股东以其所认缴的出资额对公司承担有限责任，公司以其全部资产对其债务承担责任的企业法人。

有限责任公司具有以下特征：

（1）有限责任公司的股东是以其认缴的出资额对公司承担有限责任，公司

以其全部资产对其债务承担责任。

（2）有限责任公司实行资本金制度，但公司股本不分成等额股份，股东仅以其出资额为限对公司负责。

（3）有限责任公司的股东数既有下限也有上限，我国为两人以上、50人以下。国家授权的机构或者国家授权的部门可以单独投资设立国有独资的有限责任公司。

（4）有限责任公司不能公开募股，不能发行股票。

（5）股东的出资不能随意转让，如需转让，应经股东大会或董事会讨论通过。

（6）财务报告不必公开，但应当按公司章程规定的期限将财务会计报告送交各股东。

创立有限责任公司时，各投资者按照合同、协议或公司章程投入企业的资本，应全部记入"实收资本"账户，企业的实收资本应等于企业的注册资本。企业增资扩股时，如有新投资者加入，为了维护原有投资者的权益，新加入投资者的出资额，并不一定全部作为实收资本处理，他们所缴纳的出资额按约定比例计算的、其在注册资本中所占份额部分，应记入"实收资本"账户，大于部分应记入"资本公积"账户。

例 4-41：华天公司由甲、乙两位股东各出资 2 000 000 元，在 ×× 年 1 月 8 日设立，设立时的实收资本为 4 000 000 元。经过几年的生产经营，该企业的留成收益为 960 000 元。这时，有丙投资者有意加入该企业，并表示愿意出资 2 500 000 元，而仅占该企业股份的三分之一。

① 设立企业时，会计分录如下：

借：银行存款　　　　　　　　　　　　4 000 000
　　贷：实收资本——甲　　　　　　　　　　2 000 000
　　　　　　　——乙　　　　　　　　　　2 000 000

② 接受丙企业投资时，会计分录如下：

借：银行存款　　　　　　　　　　　　2 500 000
　　贷：实收资本——丙　　　　　　　　　　2 000 000
　　　　资本公积——资本溢价　　　　　　　 500 000

2. 股份有限公司的投入资本

股份有限公司（简称股份公司）是指全部资本由等额股份构成，并通过发行股票筹集资本，股东以其所持股份对公司承担有限责任，公司以其全部资产对公司债务承担责任的企业法人。

股份公司与其他企业比较，最显著的特点就是将企业的全部资本划分为等额股份，并通过发行股票的方式来筹集资本。股东以其所认购股份对公司承担有限责任。股票的面值与股份总数的乘积为股本，股本应等于企业的注册资本，所以，股本也是债权人等信息使用者十分关注的指标。为了直观地反映这一指标，股份公司应单独设置"股本"账户。

要强调的是，在发行有面值的股票时，无论发行价格与面值是否一致，记入"股本"账户的金额总是股票面值。因此，在采用溢价发行股票的情况下，企业应将相当于股票面值的部分记入"股本"账户，其余部分在扣除发行手续费、佣金等发行费用后记入"资本公积"账户。

例 4-42： 华天公司××年12月28日，委托某证券公司代理发行普通股2 000 000 股，每股面值为1元，并与受托单位约定，按发行收入的3%收取手续费，从发行收入中扣除。假如收到的股款已存入银行。

（1）按面值发行时，收到委托发行单位交来的现金1 940 000（元）= 2 000 000×1×（1－3%）。华天公司应编制会计分录如下：

借：银行存款　　　　　　　　　　　　　1 940 000
　　资本公积　　　　　　　　　　　　　　　60 000
　　贷：股本——普通股　　　　　　　　　　　　2 000 000

（2）溢价发行时，假如每股的发行价为2.5元，则公司收到委托发行单位交来的现金4 850 000（元）= 2 000 000×2.5×（1－3%）。公司应编制会计分录如下：

借：银行存款　　　　　　　　　　　　　4 850 000
　　贷：股本——普通股　　　　　　　　　　　　2 000 000
　　　　资本公积——股本溢价　　　　　　　　　2 850 000

（二）资本公积的确认和计量

资本公积与实收资本虽然都属于投入资本范畴，但两者又有区别。实收资本一般是投资者投入的、为谋求价值增值的原始投资，而且属于法定资本，与企业的注册资本相一致，因此实收资本无论是在来源上还是金额上，都有比较严格的限制；资本公积有特定来源，其主要来源是资本（或股本）溢价，是企业投入资本（实缴资本超过股票面值或设定价值的部分），只是由于法律的规定而无法直接以资本的名义出现。不同来源形成的资本公积由所有投资者共同享有。投资者投入的资本通常被视为企业的永久性资本，通常不得任意支付给股东。一般只有在企业清算时，在清偿所有的负债后才可将剩余部分返还给投资者。

通常要设置"资本公积"账户，贷方用于记录因各种原因增加的资本公积；借方记录因转增资本或弥补亏损而减少的资本公积；贷方余额为资本公积的实有数额。该账户反映资本公积的企业所有者投入的资金超过其在注册资本中所占份额的部分；或股份公司在发行股票时，其股票发行价格高于股票面值部分。

（三）盈余公积的确认和计量

根据《中华人民共和国公司法》等有关法规的规定，企业当年实现的净利润，一般应当按照如下顺序进行分配。

（1）提取法定公积金。法定公积金按照税后利润的 10% 的比例提取。

公司的法定公积金不足以弥补上一年度公司亏损的，在提取法定公积金之前，应当先用当年利润弥补亏损。

（2）提取任意公积金。公司在提取法定公积金后，经股东大会决议，可以提取任意公积金。

（3）向投资者分配利润或股利。公司弥补亏损和提取公积金后的剩余利润，有限责任公司按照股东的出资比例向股东分配利润，股份有限公司按照股东持有股份比例分配股利。

为了核算反映盈余公积形成及使用情况，企业应设置"盈余公积"账户。企业提取盈余公积时，借记"利润分配"账户，贷记"盈余公积（法定盈余公积、任意盈余公积）"账户。用盈余公积派发现金股利时，借记"盈余公积——任意盈余公积"账户，贷记"应付股利"账户。

例 4-43：华天公司 ×1 年，实现税后利润 1 000 000 元，根据公司法的规定，按 10% 提取法定盈余公积。同时公司章程规定，按 10% 计提任意盈余公积，200 000 用于派发现金股利。会计分录如下：

```
借：利润分配——提取法定盈余公积      100 000
          ——提取任意盈余公积      100 000
          ——应付普通股股利        200 000
    贷：盈余公积                           200 000
        应付股利                           200 000
```

（四）未分配利润的确认和计量

未分配利润是企业留待以后年度进行分配的结存利润，也是企业所有者权益的组成部分。相对于所有者权益的其他部分而言，企业对于未分配利润的使用分配有较大的自主权。从数量上来讲，未分配利润是期初未分配利润，加上本期实现的净利润，减去提取的各种盈余公积和分出利润后的余额。未分配利润有两层含义：一是留待以后年度处理的利润；二是未指定特定用途的利润。

在会计核算上，未分配利润是通过"利润分配"账户进行核算的，具体来说是通过"利润分配"账户之下的"未分配利润"明细账户进行核算的。企业在生产经营过程中取得的收入和发生的成本费用，最终通过"本年利润"账户进行归集，计算出当年盈利，然后转入"利润分配——未分配利润"账户进行分配。其结存于"利润分配——未分配利润"账户的贷方余额，则为未分配利润；如为借方余额，则为未弥补亏损。

例 4-44：华天公司 ×2 年发生亏损 1 200 000 元。在年度终了时，企业应当结转本年发生的亏损，即编制如下会计分录：

借：利润分配——未分配利润　　　　　1 200 000
　　贷：本年利润　　　　　　　　　　　　　　1 200 000

例 4-45：承例 4-42 资料，假设 ×1 年至 ×5 年，华天公司每年均实现利润 200 000 元。按照现行制度规定，企业在发生亏损以后的 5 年内可以以税前利润弥补亏损。华天公司在 ×1 年至 ×5 年均可在税前弥补亏损。此时，华天公司在 ×1 年至 ×5 年年度终了时，均应编制会计分录如下：

借：本年利润　　　　　　　　　　　　200 000
　　贷：利润分配——未分配利润　　　　　　　200 000

×1 年至 ×5 年各年度终了，按照上述会计分录的结果，×5 年"利润分配——未分配利润"账户期末余额为借方余额 200 000 元，即 ×6 年尚未弥补的亏损还有 200 000 元。

第四节　收入的确认和计量

一、收入的性质和分类

收入是指企业在日常活动中形成的、会导致所有者权益增加的、与所有者投入无关的经济利益的总流入。其中，日常活动是指企业为完成其经营目标所从事的经常性活动以及与之相关的其他活动。工业企业制造并销售产品、商品流通企业销售商品、咨询公司提供咨询服务、软件公司为客户开发软件、安装公司提供安装服务、建筑企业提供建造服务等，均属于企业的日常活动。企业按照收入准则确认收入的方式应当反映其向客户转让商品或提供服务的模式，收入的金额应当反映企业因转让这些商品或服务而预期有权收取的对价金额。这里讲的收入不涉及企业对外出租资产收取的租金、进行债权投资收取的利息、进行股权投资取得的现金股利、保险合同取得的保费收入等。

二、收入的确认和计量

（一）营业收入的确认和计量

营业收入的确认和计量大致分为五步：第一步，识别与客户订立的合同；第二步，识别合同中的单项履约义务；第三步，确定交易价格；第四步，将交易价格分摊至各单项履约义务；第五步，履行各单项履约义务时确认收入。

1. 识别与客户订立的合同

识别与客户订立的合同是企业确认收入的第一步。不管企业签订的是什么形式的合同，用于确认收入的合同必须是有效的合同。有效的合同同时满足下列条件的，企业应当在客户取得相关商品控制权时确认收入：

（1）合同各方已批准该合同并承诺将履行各自的义务。

（2）该合同明确了合同各方与所转让的商品或提供服务的相关权利和义务。

（3）该合同有明确的与所转让的商品相关的支付条款。

（4）该合同具有商业实质，即履行该合同将改变企业未来现金流量的风险、时间分布或金额。

（5）企业因向客户转让商品而有权取得的对价很可能收回。

如果合同不满足上述条件，企业即便收到了客户的货款，也不能确认收入。但如果满足下列条件之一，可以将收到的货款确认为收入：

（1）企业没有保留向客户交付商品和服务的义务，收到了客户承诺的几乎所有对价，并且是不可退还的。

（2）合同已经终结，收到的客户的对价是不可退还的。

2. 识别合同中的单项履约义务

确立合同后，第二步是识别合同中需要承担哪些履约义务。履约义务是企业合同中向客户交付商品和服务的承诺。如果承诺交付的商品和服务是可以明确区分的，每一个交付商品和服务的承诺构成一项履约义务。例如，A 公司销售客户关系管理软件，并承诺提供咨询服务，使其软件可以满足信息技术环境的个性化需要，合同总价款 600 万元。A 公司向客户提供软件的永久许可、安装服务和 5 年客户支持（升级和电话支持），安装服务需要 A 公司对软件进行一定设置，但不需要修改软件，也不需专门知识，其他软件技术人员都可以提供类似服务。因为该软件不需要专门的安装服务、升级或者电话支持，客户可以从软件中收益，也能够从已经交付软件的安装服务、升级和电话支持服务中受益。所以，A 公司认为，每一项商品和服务都可以单独辨认。因为安装、升级和电话支持服务没有对软件进行重大修改或者个性化改造，而且，软件和服务没有整合在一起，所以，这个合同有四项履约义务：软件许可、安装服务、升级和电话支持。

3. 确定交易价格

确认收入的第三步是确定合同的交易价格。交易价格是企业因向客户交付商品或服务而预期有权收取的对价金额，不包括代第三方收取的款项（如增值税）以及企业预期将退还给客户的款项。

确定交易价格时，企业需要考虑可变对价、重大融资成分、非现金对价、应付客户对价等因素。例如，企业与客户的合同中约定的对价金额可能会因折扣、价格折让、返利、退款、奖励积分、激励措施、业绩奖金等可变对价因素而变化。由于可变对价对合同价格产生很大影响，具有很高的不确定性，因此，企业应当限制交易价格中的可变价格的金额。

4. 将交易价格分配给履约义务

确定了履约义务和交易价格后，企业应当按照合同开始日履约义务的单独销售价格将交易价格分配给每一项履约义务。确定单独销售价格的最恰当证据是向类似客户单独销售商品和服务时可以观察到的价格。

如果合同中各单项履约义务所承诺商品的单独销售价格之和高于合同交易价格，就表明客户获得了折扣，需要将该折扣在各单项履约义务之间按比例进行分摊。

5. 履行履约义务时确认收入

当企业向客户转让商品或服务的控制权时，企业可以确认收入。控制权是指客户有能力支配商品或服务的使用并获得商品或服务的几乎所有经济利益。

转移控制权可以是在某个时点，也可以是在某个期间。如果是在一个期间转移控制权，企业可以在某一个时期按照履约义务的进度确认收入。

例4-46：×1年12月20日华天公司与客户A订立合同，合同总价款为200万元。华天公司×1年12月28日交付软件，客户A支付80%的款项。华天公司于×2年1月2日为客户A安装软件（工期10天），该服务为标准安装服务，不涉及对软件的重大修改，该安装服务亦经常由其他企业提供。安装验收合格后，客户A支付剩余的20%款项。华天公司也向其他客户单独销售上述项目，该软件的单独售价为195万元，标准安装服务的单独售价为3万元，18个月的售后技术支持服务的单独售价为8万元。按照的五步法确认×1年、×2年、×3年该合同的收入。

华天公司该合同收入确认的五步法：

（1）识别与客户A的合同为销售软件合同。

（2）识别合同中的单项履约义务包括交付软件、安装服务和技术支持服务三个单项履约义务。

（3）合同一揽子的交易价格为200万元。交付软件、安装服务和技术支持服务市场单独售价为195万元、3万元和8万元、市场价合计206万元。交付软件单独售价占94.66%（195万元/206万元）、安装服务占1.456%（3万元/206万元）、技术支持服务占3.883%（8万元/206万元）。

（4）按交付软件、安装服务和技术支持服务市场单独售价的比例将200万元交易价格分配给三项单独履约义务：

交付软件 189.32 万元 = 200 万元 × 94.66%

安装服务 2.91 万元 = 200 万元 × 1.456%

技术支持服务 7.77 万元 = 200 万元 × 3.883%

（5）当华天公司向客户A交付软件、提供安装服务和技术支持时，华天公司可以确认收入：

×1：×1 年 12 月 18 日交付软件，确认收入 189.32 万元。

×2：×2 年完成软件安装服务，确认收入 2.91 万元；同时完成 1 年的技术支持服务确认收入 5.18 万元（7.77 万元 ×12 个月/18 个月）。华天公司该合同的收入确认见表 4-7。

表 4-7　华天公司该合同的确认收入

单位：万元

履约义务	确认的时间	单独售价	比例 %	分摊交易价格	确认的金额			
					×1 年	×2 年	×3 年	合计
1. 交付软件	时点	195	94.66	189.32	189.32			189.32
2. 标准安装服务	时点	3	1.456	2.91		2.91		2.91
3. 18 个月的技术支持	时点	8	3.883	7.77		5.18	2.59	7.77
		206	100	200	189.32	8.09	2.59	200

（二）营业外收支的确认和计量

营业外收支是指企业发生的与日常活动无直接关系的各项收支。营业外收支虽然与企业生产经营活动没有多大的关系，但从企业主体来考虑，同样带来收入或形成企业的支出，也是增加或减少利润的因素，对企业的利润总额及净利润产生较大的影响。

1. 营业外收入

营业外收入是指企业发生的与日常活动无直接关系的各项利得。营业外收入并不是由企业经营资金耗费所产生的，不需要企业付出代价，实际上是一种纯收入，不可能也不需要与有关费用进行配比。因此，在会计核算上，应当严格区分营业外收入与营业收入的界限。具体内容见第三章第六节。

2. 营业外支出

营业外支出是指企业发生的与日常活动无直接关系的各项损失。具体内容见第三章第六节。

企业应通过"营业外支出"科目，核算营业外支出的发生及结转情况。该科目可按营业外支出项目进行明细核算。期末应将该科目余额转入"本年利润"科目，结转后该科目无余额。

要注意的是，营业外收入和营业外支出应当分别核算。在具体核算时，不得以营业外支出直接冲减营业外收入，也不得以营业外收入冲减营业外支出。也就是说，企业在会计核算时，应当区别营业外收入和营业外支出进行核算。

第五节 费用的确认和计量

一、费用的性质

费用有狭义和广义之分。广义的费用泛指企业各种日常活动发生的所有耗费，狭义的费用仅指与本期营业收入相配比的那部分耗费。费用应按照权责发生制基础确认，凡应属于本期发生的费用，不论其款项是否支付，均确认为本期费用；反之，不属于本期发生的费用，即使其款项已在本期支付，也不确认为本期费用。

在确认费用时，首先应当划分生产费用与非生产费用的界限。生产费用是指与企业日常生产经营活动有关的费用，如生产产品所发生的原材料费用、人工费用等；非生产费用是指不应由生产费用负担的费用，如用于购建固定资产所发生的费用，不属于生产费用。其次，应当分清生产费用与期间费用的界限。生产费用应当计入产品成本，而期间费用直接计入当期损益。

二、费用的分类

以产品制造业为例，费用按经济用途可分为计入产品成本的生产费用和不计入产品成本的期间费用两类。

（一）生产费用

生产费用指应归属于一定种类和一定数量的产品的生产成本，即产品成本或制造成本。这些费用在生产产品时发生，但不一定在该期间转为与收入配比的费用，只有在这些产品售出时才转为费用，与当期销售收入相配比。生产费用包括直接材料、直接人工和制造费用。

（二）期间费用

1. 管理费用

管理费用指企业为组织和管理企业生产经营所发生的管理费用，它包括企业在筹建期内发生的开办费、行政管理部门在企业经营管理中发生的或者应由企业统一负担的公司经费（包括行政管理部门职工的工资及福利费、办公及差旅费等）、工会经费、职工教育经费、业务招待费、技术转让费、无形资产摊销、咨询费、公司经费、聘请中介机构费、社会保险费、待业保险费、董事会会费等。

企业发生的管理费用，在"管理费用"科目核算，并在"管理费用"科目中按费用项目设置明细账，进行明细核算。期末，"管理费用"科目的余额结转"本年利润"科目后无余额。

2. 销售费用

销售费用是指企业在销售商品和材料、提供劳务的过程中发生的各种费用，包括企业在销售商品过程中发生的保险费、包装费、展览费和广告费、商品维修费、预计产品质量保证损失、运输费、装卸费等，以及为销售本企业商品而专设的销售机构（含销售网点、售后服务网点等）的职工薪酬、业务费、折旧费、固定资产修理费用等费用。

企业发生的销售费用，在"销售费用"科目中按费用项目设置明细账，进行明细核算。期末，"销售费用"科目的余额结转"本年利润"科目后无余额。

3. 财务费用

财务费用是指企业为筹集生产经营所需资金等而发生的筹资费用，包括利息支出（减利息收入）、汇兑损益以及相关的手续费、企业发生的现金折扣或收到的现金折扣等。

企业发生的财务费用，在"财务费用"科目核算，并在"财务费用"科目中按费用项目设置明细账，进行明细核算。期末，"财务费用"科目的余额结转"本年利润"科目后无余额。

三、费用的确认和计量

从费用的定义来看，费用的确认必须与收入配比起来。究竟哪些支出形成当期费用，这涉及费用确认的基本原则。根据费用与收入之间的相互关系，费用确认应遵循的基本原则是配比原则和权责发生制原则。首先，对企业发生的直接费用，因其与收入的取得存在明显的因果关系，可以采用直接配比的方法，在销售收入成立时，就将销售成本转为费用。其次，对企业发生的摊销费用，因与本期收入的取得不存在明显的直接因果关系，但能够给若干个期间带来经济利益，可以采用系统而合理的方法，将费用分摊计入各受益期间。如固定资产折旧、无形资产摊销、租金及保险费的摊销均属此类。其三，对既无直接因果关系可循，又无预期未来经济利益可作为分配依据的期间费用，在发生时即刻转为费用，这样既可节约会计成本，也有助于及时提供会计信息，更可体现会计推算的稳健性。例如，资产提取减值准备，就可在当期转化为费用。

例 4-47：××年 12 月 23 日，华天公司开出转账支票，支付产品广告费 30 000 元。会计分录如下：

借：销售费用　　　　　　　　　　　　30 000
　　贷：银行存款　　　　　　　　　　　　30 000

例 4-48：××年 12 月份行政管理部门的应付职工工资 80 000 元。会计分录如下：

借：管理费用　　　　　　　　　　　　80 000

　　　　贷：应付职工薪酬　　　　　　　　　　　　　　　80 000

例 4-49：华天公司××年 11 月末预提当月银行借款利息费用 6 800 元，月末确定银行存款美元户汇兑净损失 1 800 元。会计分录如下：

　　借：财务费用——利息费用　　　　　　　　　　　　6 800
　　　　贷：应付利息　　　　　　　　　　　　　　　　　6 800
　　借：财务费用——汇兑损益　　　　　　　　　　　　1 800
　　　　贷：银行存款——美元户　　　　　　　　　　　　1 800

第六节　利润的确认和计量

一、利润的构成

企业作为独立的经济实体，应当以自己的经营收入抵补其成本费用，并且实现盈利。企业盈利的大小在很大程度上反映企业生产经营的经济效益，表明企业在每一会计期间的最终经营成果。

利润是指企业在一定会计期间的经营成果，包括收入减去费用后的净额、直接计入当期利润的利得和损失等。

直接计入当期的利得和损失，是指应当计入当期损益的、会导致所有者权益发生增减变动的、与所有者投入资本或者向所有者分配利润无关的利得或者损失。

与利润相关计算公式如下。

（一）营业利润

营业利润＝营业收入－营业成本－税金及附加－销售费用－管理费用－财务费用－资产减值损失－信用减值损失＋公允价值变动收益（或公允价值变动损失）＋资产处置收益（或资产处置损失）＋投资收益（或投资损失）＋其他收益

其中，营业收入是指企业经营业务所确定的收入总额，包括主营业务收入和其他业务收入；营业成本是指企业经营业务所发生的实际成本总额，包括主营业务成本和其他业务成本；资产减值损失是指企业计提各项资产减值准备所形成的损失；信用减值损失是企业金融资产减值准备所形成的预期信用损失；公允价值变动收益（或损失）是指企业交易性金融资产等公允价值变动形成的应计入当期损益的利得（或损失）；资产处置收益（或损失）是指企业固定资产、无形资产、在建工程等因出售、转让等原因产生的处置利得或损失；投资收益（或损失）是指企业以各种方式对外投资所取得的收益（或发生的损失）；其他收益主要核算部分政府补助、债务人以非金融资产偿债的债务重组收益等。

（二）利润总额

$$利润总额＝营业利润＋营业外收入－营业外支出$$

其中，营业外收入（或支出）是指企业发生的与日常活动无直接关系的各项利得（或损失）。

（三）净利润

$$净利润＝利润总额－所得税费用$$

其中，所得税费用是指企业确认的应从当期利润总额中扣除的所得税费用。

二、利润的确认和计量

（一）利润的确认

企业在生产经营过程中不断地取得营业收入，并且发生各种成本、费用和损益，为此要设置一些收入费用类账户，定期总结账簿中的记录，将营业收入和相关成本、费用配合起来，确定企业在一定时期内经营活动的盈与亏。具体步骤：①先计算企业从主要经济活动中取得的利润，把营业收入和相关成本、费用进行合理配比；②计算从次要经济活动中取得的利润，一般仅列示其收入和直接成本或直接费用；③计算非正常事项的收入和损失，但非正常事项产生的收入与支出不存在配比关系。

（二）利润的计量

企业实现的利润（或亏损）总额，一律通过"本年利润"账户进行核算，它是将收入与费用配比的核心账户。"本年利润"账户的贷方登记会计期末从收入类账户转来的企业收入总额，借方登记从成本、费用类账户转来的企业各项成本、费用支出的各损益类账户。结转后，"本年利润"如有贷方余额，说明本期有净利润；若为借方余额，说明企业发生亏损。

年度末时，企业汇集当年的收入与成本（费用），两者相抵后结出本年累计实现的利润（或亏损）总额。若有利润，将本账户的贷方余额从其借方转入"利润分配——未分配利润"账户的贷方；若亏损，将本账户的借方余额从其贷方转入"利润分配——未分配利润"账户的借方；年度末结转后，本账户无余额。

例 4-50：华天公司××年实现产品销售收入 2 300 万元，发生的产品销售成本为 1 100 万元，本期应负担销售费用 95 万元、管理费用 80 万元、财务费用 106 万元、税金及附加 184 万元；实现其他业务收入 210 万元、发生其他业务支出 112 万元；投资净收益 89 万元；营业外收入 15 万元、营业外支出 18 万元。企业所得税税率 25%。则企业经营成果如下：

营业利润 =（2 300 + 210）-（1 100 + 112）- 95 - 80 - 106 -
　　　　　184 + 89 = 922（万元）

利润总额 = 922 +（15 - 18）= 919（万元）

净利润 = 919 - 919 × 25% = 919 - 229.75 = 689.25（万元）

华天公司的会计分录如下：

（1）结转各项收入：

借：主营业务收入	23 000 000	
其他业务收入	2 100 000	
投资收益	890 000	
营业外收入	150 000	
贷：本年利润		26 140 000

（2）结转各项费用：

借：本年利润	19 247 500	
贷：主营业务成本		11 000 000
销售费用		950 000
税金及附加		1 840 000
其他业务成本		1 120 000
管理费用		800 000
财务费用		1 060 000
营业外支出		180 000
所得税费用		2 297 500

（3）收入与支出对比后，"本年利润"账户有贷方余额 689.25 万元，是华天公司当年实现的净利润，年末时转入"利润分配——未分配利润"账户。

借：本年利润	6 892 500	
贷：利润分配——未分配利润		6 892 500

结转后，"本年利润"账户无余额。

（三）利润分配的计量

会计准则规定"利润分配"科目主要核算企业利润的分配（或亏损的弥补）和历年分配（或弥补）后的余额。本科目应当分别通过"提取法定盈余公积""提取任意盈余公积""应付现金股利""应付利润""转作股本股利""盈余公积补亏"和"未分配利润"等进行明细核算。

企业按规定提取的盈余公积，借记"利润分配"账户，贷记"盈余公积"等账户；经股东大会决议，分配给股东的现金股利或利润，借记"利润分配"账户，贷记"应付股利"账户；经股东大会决议，分配给股东的股票股利，应在办理增资手续后，借记"利润分配"账户，贷记"股本"账户；用盈余公积弥补亏损，借记"盈余公积"账户，贷记"利润分配"账户。

年度终了，企业应将本年实现的净利润，自"本年利润"账户转入"利润分配"账户，借记"本年利润"账户，贷记"利润分配"账户，如为净亏损做相反的会计分录；同时，将"利润分配"账户所属其他明细账户的余额转入"利润分配"账户的"未分配利润"明细账户。结转后，本账户除"未分配利润"明细账户外，其他明细账户应无余额。

"利润分配"账户年末余额，反映企业的未分配利润（或未弥补亏损）。

例 4-51：按例 4-50 例，华天公司可供分配的利润为 6 892 500 元。当年华天公司应提取的法定盈余公积为 6 892 500 × 10% = 689 250 元。经股东大会同意：①对公司提取 5% 的任意盈余公积 6 892 500 × 5% = 344 625 元；②对公司股东发放现金股利 2 000 000 元。

（1）分配利润：

借：利润分配——提取法定盈余公积　　　689 250
　　　　　　——提取任意盈余公积　　　344 625
　　　　　　——分派股东红利　　　　2 000 000
　　贷：盈余公积　　　　　　　　　　1 033 875
　　　　应付股利　　　　　　　　　　2 000 000

（2）结转利润分配：

借：利润分配——未分配利润　　　　　3 033 875
　　贷：利润分配——提取法定盈余公积　　689 250
　　　　　　　　——提取任意盈余公积　　344 625
　　　　　　　　——分派股东红利　　　2 000 000

经过以上分配和结转后，华天公司"利润分配——未分配利润"账户最终余额为：6 892 500 − 3 033 875 = 3 858 625 元。

本章小结

通过本章学习，我们了解了六大会计要素，即资产、负债、所有者权益、收入、费用和利润的含义和基本特征以及每个会计要素的主要项目的确认和计量。

资产会计要素的确认和计量，包括资产的性质和分类、货币资金的确认和计量、交易性金融资产的确认和计量、应收款的确认和计量、存货的确认和计量、债权投资的确认和计量、长期股权投资的确认和计量、固定资产的确认和计量、无形资产的确认和计量。

负债会计要素的确认和计量,包括负债的性质和分类、应付款的确认和计量、应交税费的确认和计量、应付职工薪酬的确认和计量、长期借款的确认和计量、长期应付债券的确认和计量。

所有者权益会计要素的确认和计量,包括所有者权益的性质和分类、实收资本的确认和计量、资本公积和其他综合收益的确认和计量、盈余公积的确认和计量、未分配利润的确认和计量。

收入、费用、利润会计要素的确认和计量,包括各种收入的确认和计量、各种费用的确认和计量、利润的确认和计量等。

课后练习题

一、单项选择题

1. 短期银行借款的利息记入（　　）。

   A. 财务费用　　　　　　　　B. 销售费用
   C. 在建工程　　　　　　　　D. 营业外支出

2. 下列各项属于长期负债的是（　　）。

   A. 应付职工薪酬　　　　　　B. 应付账款
   C. 应付债券　　　　　　　　D. 应付股利

3. 所有者权益是企业投资人对企业（　　）的所有权。

   A. 流动资产　　　　　　　　B. 固定资产
   C. 无形资产　　　　　　　　D. 净资产

4. 当票面利率大于市场利率时,一般采用（　　）。

   A. 溢价发行　　　　　　　　B. 折价发行
   C. 平价发行　　　　　　　　D. 高价发行

5. 大众公司某年 5 月 31 日以银行存款 10 000 元偿还银行借款,此项业务导致（　　）。

   A. 资产增加和所有者权益增加
   B. 资产增加和负债减少
   C. 资产减少和所有者权益减少

D. 资产减少和负债减少

6. 企业支付的印花税费用应计入（ ）。

A. 税金及附加 　　　　　　　　B. 制造费用

C. 营业外支出 　　　　　　　　D. 其他业务支出

7. 下列各项中，不属于存货范围的是（ ）。

A. 尚在加工中的在产品

B. 委托加工存货

C. 购货单位已交款并已开出提货单，而尚未提走的货物

D. 款项已支付，而尚未运达企业的存货

8. A 企业 ×1 年年初购入 B 公司 40% 的有表决权股份，为第二大股东。当年 B 公司经营获利 100 万，发放股利 20 万元。×1 年 A 企业该项投资的投资收益为（ ）。

A. 20 万　　　　B. 40 万　　　　C. 100 万　　　　D. 32 万

9. 划分流动负债和长期负债的依据是（ ）。

A. 偿付期限的长短

B. 偿还能力的大小

C. 数量金额的多少

D. 综合以上条件区分

10. 下列会计事项中，会引起企业净资产变动的是（ ）。

A. 提取盈余公积

B. 用盈余公积弥补亏损

C. 用盈余公积转增资本

D. 用未分配利润分配现金股利

二、判断题

1. 企业举借长期负债，不会影响企业的股权结构。（ ）
2. 收入会增加所有者权益，费用会减少所有者权益，所以减少所有者权益的一定是费用。（ ）
3. 无形资产无论是生产车间使用，还是厂部行政管理部门使用，其摊销的价值均记入"管理费用"账户。（ ）
4. 对于一项资产，只有拥有其所有权，才能作为企业的资产予以确认。（ ）
5. 企业的销售收入一般在取得价款后确认。（ ）
6. 负债是由于已经发生的和将要发生的交易或事项引起的企业现有义务。（ ）
7. 提前报废的固定资产，无论是否提足折旧，均不再补提折旧。（ ）
8. 一般说来，对于新加入的投资者的出资额，全部作为实收资本处理。（ ）
9. 企业发生的借款利息及债券利息的净支出，应全部作为财务费用列支。（ ）

10. 长期股权投资采用成本法核算，应按被投资企业实现的净利润中投资企业应分享的份额确认投资收益。（   ）

三、多项选择题

1. 对一般纳税人而言，下列不应计入外购存货的采购成本的项目是（   ）。
   A. 买价
   B. 购入存货应负担的增值税
   C. 购入存货应负担的关税
   D. 入库前的整理及挑选费用
   E. 采购人员的差旅费

2. 下列（   ）属于营业外支出。
   A. 罚款支出
   B. 捐赠支出
   C. 职工工资
   D. 转销固定资产盘亏
   E. 非常损失

3. 企业的所有者权益包括（   ）。
   A. 实收资本
   B. 资本公积
   C. 盈余公积
   D. 未分配利润
   E. 长期借款

4. 企业在下列（   ）情况下的长期股权投资应当采用权益法。
   A. 子公司
   B. 合营
   C. 联营
   D. 不是合营但是有重大影响
   E. 无重大影响

5. 下列资产中应计提折旧的有（   ）。
   A. 房屋及建筑物
   B. 在用的机器设备
   C. 未提足折旧提前报废的固定资产
   D. 以经营租赁方式租入的固定资产
   E. 接受投资转入的固定资产

6. 按照我国会计准则的要求，企业可以选择使用的发生存货计价方法有（   ）。
   A. 先进先出法
   B. 加权平均法
   C. 个别计价法
   D. 后进先出法
   E. 计划成本法

7. 下列税费中，应通过"税金及附加"账户核算的有（   ）。
   A. 增值税
   B. 消费税
   C. 资源税
   D. 城建税
   E. 教育费附加

8. 资本公积的主要来源包括（　　）。

A. 从净利润中提取　　　B. 从营业收入中提取

C. 资本溢价　　　　　　D. 股本溢价　　　　E. 接受捐赠

9. 影响固定资产折旧的因素有（　　）。

A. 固定资产的原始成本

B. 固定资产的取得方式

C. 固定资产预计残值

D. 固定资产的预计使用年限

E. 固定资产的用途

10. 企业销售商品，同时满足下列（　　）条件，在客户取得相关商品控制权时可确认收入。

A. 合同各方已批准该合同并承诺将履行各自的义务。

B. 该合同明确合同各方与所转让的商品或提供服务的相关权利和义务。

C. 该合同有明确的与所转让的商品相关的支付条款。

D. 该合同具有商业实质，即履行该合同将改变企业未来现金流量的风险、时间分布或金额。

E. 企业因向客户转让商品而有权取得的对价很可能收回。

四、计算实务题

1. 光明机械制造公司的2020年末应收账款及其分类和坏账准备计提的相关资料如下（单位：万元）：

	期末余额			期初余额		
	账面余额	坏账计提比例	坏账准备	账面余额	坏账计提比例	坏账准备
按单项计提坏账	1 500	50%	?	1 500	10%	?
按组合计提坏账	8 500			10 500		
按账龄分类，其中						
1年以内	7 800	0.8%	?	9 800	0.6%	?
1—2年	350	26.9%	?	320	25.5%	?
2—3年	180	72.2%	?	260	65.3%	?
3年以上	170	90.1%	?	120	82.2%	?
合计	10 000		?	12 000	?	?

该公司坏账准备的计提政策：

对于不含重大融资成分的应收款项以及合同资产，该公司运用简化计量方法，按照相当于整个存续期内的预期信用损失金额计量损失准备。评估预期信用损失时,以过去经验数据为基本依据、考虑有关当前状况以及未来经济状况预测的合理且有依据的信息做出调整。

公司将应收账款按单项估计和组合估计分两大类计提坏账,单项估计按企业类别单独逐笔评估;组合估计按账龄分组进行评估。

2020年,该公司发生赊销总计为35 930万元,货款收回总计37 650万元,并且核销确认的坏账金额为280万元。

要求:

(1)为光明机械制造公司编制赊销和收回货款的分录;

(2)核算2020年坏账准备的期初和期末余额,编制计提坏账准备的会计分录,并说明其对本年利润的影响。

2. 某公司×1年9月关于A材料的业务如下:

(1)9月1日,结存200件,单价11元。

(2)9月5日,购进100件,单价12元。

(3)9月7日,发出120件。

(4)9月17日,购进150件,单价12.5元。

(5)9月20日,发出250件。

(6)9月25日,购进200件,单价13元。

(7)9月27日,购进100件,单价13.5元。

(8)9月28日,发出150件。

该企业存货数量的确定采用永续盘存制。

要求:分别采用先进先出法,加权平均法,移动加权平均法计算9月份发出材料的成本。

3. 某公司×1年、×2年、×3年存货情况如下表:

日 期	成 本	可变现净值
×1年1月1日	200 000	200 000
×1年12月31日	300 000	290 000
×2年12月31日	250 000	260 000
×3年12月31日	120 000	111 500

该公司对存货采用成本与市价孰低法计价,存货盘点采用永续盘存制。

要求:用备抵法对存货的期末计价进行处理。

4. 光华公司在×2年12月31日购入一台设备,价值50 000元,估计使用年限为5年,预计净残值率为10%。

要求:分别用直线法、年数总和法和双倍余额递减法计算第一年和第二年的折旧额,并编制会计分录。

5. P 公司于 ×1 年 1 月 2 日收购了 S 公司 30% 的股份（为第二大股东），收购价格为 450 万元，S 公司在 ×1 年 1 月 2 日的股东权益为 1 500 万元。×1 年 S 公司实现净利润 200 万元，支付股利 150 万元。×2 年 S 公司实现净利润负 100 万元，没有支付股利。

要求：编制 P 公司与该投资有关的会计分录。

6. A 公司采用的固定资产折旧方法及相关资料如下：

（1）A 公司采用年限平均法计提固定资产折旧。某台设备原始价值 200 000 元，预计净残值率 4%，预计使用寿命为 10 年。

（2）假定 A 公司采用工作量法计提固定资产折旧。某台设备原始价值 200 000 元，预计净残值率 4%，预计使用寿命为 10 年，预计可工作 40 000 个小时。该设备投入使用后，各年的实际工作时数假定为：前 5 年每年 5 000 个小时，后 5 年每年 3 000 小时。

（3）假定 A 公司采用双倍余额递减法计提固定资产折旧。某台设备原始价值 200 000 元，预计净残值率 4%，预计使用寿命为 10 年。

（4）假定 A 公司采用年数总和法进行固定资产折旧。某台设备原始价值 200 000 元，预计净残值率 4%，预计使用寿命为 10 年。

要求：（1）根据所给资料分别采用年限平均法、工作量法、双倍余额递减法和年数总和法，计算该公司各年的折旧率和折旧额、各月的折旧率和折旧额。其中，双倍余额递减法和年数总和法的有关指标可分别采用表 1 和表 2 计算。列示第 9、第 10 两年的折旧额平均数的计算过程。

表 1　折旧计算表

（双倍余额递减法）　　　　　　　　　　　　　　　　金额单位：元

年次	年初账面净值	年折旧率	年折旧额	累计折旧额	期末账面净值
1					
2					
3					
4					
5					
6					
7					
8					
9					
10					

表2 折旧计算表
(年数总和法)

金额单位：元

年次	原值－净残值	年折旧率	年折旧额	累计折旧额	期末账面净值
1					
2					
3					
4					
5					
6					
7					
8					
9					
10					

（2）假定该设备生产车间的使用量占 4/5，公司管理部门的使用量占 1/5。分别计算双倍余额递减法和年数总和法两种方法下，生产车间和公司管理部门各自应分摊的该设备第 1 年第 1 个月的折旧额，并根据计算出来的月折旧额编制提取折旧的会计分录。

（3）试根据例题说明，采用不同的折旧方法对该公司各月份的费用会产生怎样的影响。

7. 长风公司发生如下有关无形资产的经济业务：

（1）公司购入一项商标权，价款和其他支出共计 150 000 元，用银行存款支付。

（2）公司收到明达公司作为投资的一项专有技术，经评估确认价值为 200 000 元。

（3）本月应摊销商标权和专有技术使用费 7 000 元。

（4）公司购入的商标权具有减值迹象。该专利技术的账面价值为 150 000 元，经计算可收回金额为 120 000 元，确认减值损失为 30 000 元。

（5）公司将上述商标权转让给长盛公司，转让收入 100 000 元已存入银行。

（6）上述商标权的账面成本为 150 000 元，结转转让成本，同时结转已计提的累计摊销 50 000 元。

（7）公司自行开发一项新产品专利技术。在研究开发过程中，发生材料费 50 000 元，开发研究人员工资 20 000 元，另用银行存款支付其他费用 15 000 元。其中，费用化支出为 15 000 元、资本化支出为 70 000 元。

（8）将上述研发支出转为企业的费用和无形资产。

要求：根据所给资料编制会计分录。

第五章 会计凭证和账簿

本章学习目的

通过本章学习，了解和掌握会计凭证的种类及其填制与审核；了解和掌握会计账簿的种类和作用；了解会计账簿的设置和登记；了解和掌握期末账项调整的意义和种类；了解错账的查找方法；了解和掌握错账的更正方法；了解结账的内容；了解会计循环的一般过程；了解常用的几种记账程序。

第一节 会计凭证

一、会计凭证的意义与种类

为了如实反映各种经济业务对企业会计诸要素的影响，有必要在经济业务发生时，填制或取得适当的凭证作为证明文件。记账必须以合格的凭证为依据，不能凭空记账。会计凭证就是记录经济业务的发生情况，明确经济责任，按一定格式编制的作为记账依据的书面证明。例如，购买商品时要由供货单位开给发票；商品收进或发出时要有收货单、发货单等。这些都是会计凭证。

（一）会计凭证的作用

会计凭证是会计信息的载体之一。经济业务的内容首先记录在会计凭证上。会计工作主要包括"凭证—账簿—报表"三个重要步骤，填制或取得并审核会计凭证是其中的起点和基本环节。因此，填制和审核会计凭证在经济管理中主要有如下三方面的重要作用。

1. 会计凭证起到审核经济业务的作用

经济业务是否真实、正确、合理、合规，在记账前都要根据会计凭证进行逐笔审核。由于会计凭证是经济业务的记录，企业每发生一笔经济业务，按规定都应由经办单位和人员，将经济业务发生的内容、时间、地点和条件等，填写在会计凭证上，通过审核凭证，可以检查该项业务是否符合有关政策、法规、制度、计划和预算等规定，防止不合理、不合法的经济业务发生，从而起到会计控制作用。

2. 会计凭证是记账的依据

记账必须以经过审核无误的会计凭证为依据，以保证账簿记录的真实可靠，防止弄虚作假。在会计工作中，不可能存在无凭证记载的经济业务，也不可能存在无根据的账簿记录。因此，会计凭证是记账的依据。

3. 会计凭证可以加强经济责任

由于每一项经济业务都要填制或取得适当的会计凭证，有关经办人员都要在凭证上签字，根据凭证可以明确哪些人应对该项业务负责、各负什么责任等。通过会计凭证的审核，使有关责任人在其职权范围内负责，并作为处理争议的具有法律效力的依据。这样就加强了经济责任，促进有关人员在自己职责范围内严格按政策、制度、计划、预算办事，提高责任感。一旦出现问题，也便于事后检查，分清责任。

（二）会计凭证的种类

会计凭证多种多样，可以按照不同的标志进行分类。会计凭证按其填制程序和用途不同，可分为原始凭证和记账凭证；而原始凭证和记账凭证又可以按照一定的标志分类，如图5-1所示。

二、原始凭证

（一）原始凭证的内容

原始凭证俗称单据，是在经济业务发生时，由经办人员直接取得或填制的，用来记载和证明经济业务已经发生或完成的具体内容，明确经济责任，并具有法

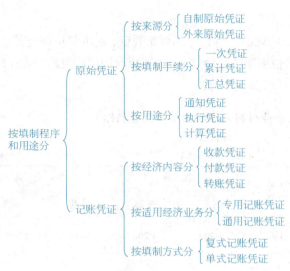

图 5-1 会计凭证的分类

律效力的原始证明文件。

经济业务是多种多样的,因而记录经济业务的各种原始凭证,其具体内容和格式也不尽相同。不管怎样,它们都必须具备下列一些基本内容(要素)。

(1)原始凭证的名称。标明原始凭证所记录经济业务的内容和用途,反映原始凭证的用途,如"发票""入库单"等。

(2)填制单位的名称。与接受凭证单位相联系,标明经济业务的来龙去脉。

(3)填写凭证的日期和编号。填制原始凭证的日期一般是业务发生或完成的日期,如因各种原因未能及时填制的,应以实际填制日期为准。此外,为便于检查、核对,对各种原始凭证应按顺序编号。

(4)对外凭证要有接受单位的名称。

(5)经济业务的内容摘要。根据经济业务内容,可以监督经济业务的真实性、合法性和合理性。

(6)经济业务所涉及的财物数量和金额。主要表明经济业务的计量数据,是原始凭证的核心内容,根据这里的计量数据(主要是金额)进行会计处理。

(7)经办人员的签名或盖章。

(8)凭证的附件。有些原始凭证有附件,须注明其号码和件数,如发货票附有运货单和货物明细清单等。

(二)原始凭证的种类

1. 原始凭证按填制单位不同(来源不同)的划分

(1)自制原始凭证。也称内部原始凭证,是由本单位经办业务的单位和人员,在通知或执行、完成某项经济业务时自行填制的原始凭证,如企业材料入库时填制的收料单(见表 5-1)、领用材料时填制的领料单、职工出差报销费用时填制的差旅费报销单等。

（2）外来原始凭证。也称外部原始凭证，是本单位在与其他单位发生经济业务时收到外单位填制的原始凭证，如购货时取得的发票（见表5-2）、付款时取得的收据、银行的收款通知等。

表5-1　企业材料入库收料单（企业名称）

供货单位：A企业　　　　　　　　　　　收料单　　　　　　　　　　　凭证编号：0078
发票编号：0034　　　　　　　　　　××年11月5日　　　　　　　　收料仓库：4号库

材料类别	材料编号	材料名称及规格	计量单位	数量		金　额（元）		
				应收	实收	单价	买价	合计
钢材	56	圆钢 φ25 mm	kg	1 200	1 200	10.00	12 000	12 000
备　注						合计		12 000

仓库保管员：　　　　　　　收料人：　　　　　　　记账：　　　　　　　采购员：

表5-2　上海市商业零售统一发票
销　售　发　票

购货单位：B企业　　　　　　　　　　　××年11月5日　　　　　　　　　凭证编号：1289

货号	品名规格	单位	数量	单价	满万元无效	金额					
						千	百	十	元	角	分
10-201	网球鞋#39	双	10	145		1	4	5	0	0	0
合计金额	人民币（大写）	壹仟肆佰伍拾元整									

单位地址：　　　　　　　　收款员：　　　　　　　　营业员：

2. 原始凭证按填制手续（填写方法）不同的划分

（1）一次凭证。一次凭证是只记录一项经济业务或若干项同类经济业务，并且填制手续是一次完成的原始凭证。其特点是一张一次凭证不能重复使用，如收货单、银行结算凭证、收款收据和费用报销单等。

（2）累计凭证。累计凭证是在一定时期内连续地记载若干项不断重复发生的同类经济业务，至期末按其累计数作为记账依据的自制原始凭证。它可以在一张凭证中连续、累计填列某一时期不断重复发生而分次进行的特定业务，即它的填制手续不是一次完成的。使用累计凭证可以减少凭证张数和简化填制手续；也能提供一些一次凭证所不能提供的汇总指标；而且它可以随时计算出累计数，以便同计划数或定额数对比，控制支出、防止浪费。它主要适用于某些经常重复发生的经济业务，如限额领料单（见表5-3）、费用登记表等都是累计凭证。

（3）汇总凭证。汇总原始凭证又称为原始凭证汇总表，是指根据若干张反映相同经济业务的原始凭证经过汇总而另行填制的一种自制原始凭证，用以集中反映某项经济业务总括发生情况的凭证，如发料凭证汇总表（见表5-4）、库存现金收入汇总表等。

表5-3 限额领料单（单位名称）

领料部门： 编　号：1203
用　途： ××年11月5日 发料仓库：

材料编号	材料名称规格	计量单位	计划投产量	单位消耗定额	领用限额	实　发													
						数量	单价								金额						
							十	万	千	百	十	元	角	分	千	百	十	万	千	百	十	元	角	分

日期	领　用			退　料			限额结余数量
	数量	领料人	发料人	数量	退料人	收料人	

生产计划部门： 供销部门： 仓库：

表5-4 发料凭证汇总表（单位名称）

××年11月30日 单位：元

领料单位	领料用途	材料类别			合计
		原料及主要材料	辅助材料	燃料	
一车间	生产成本制造费用				
	小　计				
二车间	生产成本制造费用				
	小　计				
行政部门	管理费用				
	小　计				

会计主管 记账 稽核 制单

外来原始凭证是由外单位或个人填制的，填制手续只能是一次填制完成，所以所有的外来原始凭证都是一次凭证。

3. 原始凭证按其用途不同的划分

（1）通知凭证。通知凭证是指要求、指示或命令企业执行某项经济业务的凭证，如支票、收款通知书、罚款通知书、货物运单和产品订货单等。这种凭证由有关部门签字发出，通知有关部门执行，它不能证明某项经济业务已经完成。

（2）执行凭证。执行凭证是指证明某项经济业务正在进行或已经完成情况的原始凭证，如领料单、产品入库单、固定资产报废单等。

（3）计算凭证。计算凭证是指对已经完成的经济业务，根据有关的资料经过一定计算而填制的凭证，如产品成本计算单、制造费用分配表、工资计算单等。

（三）原始凭证的填制

原始凭证作为经济业务的原始证明，是进行会计核算的依据，而且它又是一份具有法律效力的证明文件，所以其填制必须符合一定的要求。

1. 真实

凭证上对经济业务的记录，必须同实际情况相符，对实物数量和质量须经有关部门和人员的检查验收，有关金额的数字计算要经有关人员核对，不得弄虚作假、少报多领和违反财经纪律等。

2. 完整

凭证规定的项目（上述的 8 项内容）必须逐项填写齐全，不可遗漏省略，而且凭证填写的手续必须完备，符合内部控制原则。

3. 书写清楚、正确、规范

凭证中的文字说明和数字须填写清楚、整齐、易于辨认。数量、单价、金额等的计算要准确无误，须用蓝色或黑色墨水书写。如遇填错，不得任意涂改、刮擦或挖补，可用划线更正法更正，并由更正人员在更正处盖章以示负责。涉及库存现金、银行存款收付的原始凭证，如收据、支票等，都须印有连续编号，按编号顺序使用。这类凭证如填写错误，应作废重填，并在填错的凭证上加盖"作废"章，与存根一起保存，不得任意撕毁。

4. 有经办人员的签字

有关经办人员都要在原始凭证上签名或盖章，表示对该项业务的真实性和正确性负责，以贯彻经济责任制。

5. 填制及时

根据业务的发生或执行，应按规定时间填制凭证，以便及时、正确地反映经济业务情况，避免事后回忆填制，造成差误。

6. 数字的填制要求

在原始凭证填制中经常会用到一些数字，这些数字的使用要规范，具体有如下三点：

（1）小写金额在阿拉伯数字前面应写上货币单位符号，而在数字后面则不用再写"元"字，并且符号和数字之间不留空格。

（2）大写金额要规范，金额后面不到分的要在大写金额后面加上"整"字，以免被人为添加数字。阿拉伯数字之间有"0"的，汉字大写要写"零"字。

（3）一张原始凭证中同时有小写和大写金额的，两者必须一致，否则这张原始凭证就不能作为记账依据。

另外，在原始凭证的填制过程中，还应特别注意以下四点：

① 从外单位取得的原始凭证，必须盖有填制单位的公章；从个人取得的原始凭证，必须有填制人员的签名或者盖章。自制原始凭证必须有经办单位领导人或者其指定的人员签名或盖章。对外开出的原始凭证，必须加盖本单位的公章。

② 一式几联的原始凭证，应当注明各联的用途，只能以一联作为报销凭证。一式几联的发票和收据，必须用双面复写纸套写，并且连续编号。

③ 发生销货退回的，除填制退货发票外，还必须有退货验收证明；退款时，必须取得对方的收款收据或汇款银行的凭证，不得以退货发票代替收据。

④ 经上级有关部门批准的经济业务，应将批准文件作为原始凭证附件。如果批准文件要单独归档的，应当在凭证上注明批准机关名称、日期和文件字号。

（四）原始凭证的审核

原始凭证必须经过审核，才能作为记账依据。这是保证会计记录真实和正确，充分发挥会计监督作用的重要环节。所以，原始凭证的审核是一项严肃的工作，必须认真执行。

《会计法》第十四条规定："会计机构、会计人员必须按照国家统一的会计制度的规定对原始凭证进行审核，对不真实、不合法的原始凭证有权不予接受，并向单位负责人报告；对记载不准确、不完整的原始凭证予以退回，并要求按照国家统一的会计制度的规定更正、补充。"在第十四条中还规定："原始凭证记载的各项内容均不得涂改；原始凭证有错误的，应当由出具单位重开或者更正，更正处应当加盖出具单位印章。原始凭证金额有错误的，应当由出具单位重开，不得在原始凭证上更正。"这是因为原始凭证上的金额是反映经济业务事项情况的最重要数据，如果允许随便更改，容易产生舞弊，不利于保证原始凭证的质量。

原始凭证的审核是会计人员职权范围内的一项极为重要的经济把关工作，应由会计主管或专人负责。原始凭证的审核内容主要包括如下四个方面。

1. 真实性审核

原始凭证是会计信息的基本信息来源，所以原始凭证的真实性对信息质量至关重要。真实性审核包括两方面：一是凭证本身的纸张是否真实，如发票有辨别真伪的标志；二是业务内容是否真实，不能是虚构的业务。

凡有下列情况之一者不能作为正确的原始凭证：①未写接收单位或名称不符；②数量和金额计算不正确；③有关责任人员没有签字或盖章；④凭证联次不符；⑤有污染、抹擦、刀刮和挖补等。

2. 合法性、合规性、合理性审核

会计人员应审核经济业务内容是否符合有关政策、法令、制度、计划、预算和合同等规定，是否符合审批权限和手续，以及开支是否符合节约原则等。

凡有下列情况之一者不能作为合法的会计凭证：①多计或少计收入、支出、费用、成本；②擅自扩大开支范围；③不按国家规定的资金渠道和用途使用资金，或者挪用资金进行计划外基本建设；④不按国家规定的标准、比例提取费用；⑤虚报冒领，违反规定出借公款、公物；⑥擅自动用公款、公物请客送礼等。

3. 完整性审核

会计人员应审核原始凭证填写的手续是否完备，项目是否填写齐全，有关经办人员是否都已签名或盖章，是否经过主管人员审批同意等。如发现内容不够完整、签章手续不够齐备等，都要退回并更正，重新填写完整后，方能接受。

4. 正确性审核

会计人员应审核原始凭证的摘要和数字是否填写清楚、正确，数量、单价、金额、合计数等有无差错，大写、小写金额是否相等。对于数字填写有差错的凭证，应退还经办人员进行更正后才能据以入账。

（五）原始凭证审核后的处理

会计人员要认真对原始凭证进行审核，严格进行上述四方面的审核，对审核后的凭证进行正确的处理。

（1）对于经审核符合要求的凭证，应按规定及时办会计手续，据以编制记账凭证，并作为记账凭证的附件保存，以备核对使用。

（2）对于经审核业务真实但不符合要求的原始凭证应予退回，如果填写内容不全应补填有关内容、经办手续不完备应补办手续、数字计算有错误应更正、文字有遗漏应补写，经补充更正后再办理手续。

（3）对于经审核不合规和不合理的原始凭证，会计人员有权拒绝接收，不予办理会计手续；有严重违法乱纪行为的，如伪造、变造、虚报冒领的凭证，应向有关部门反映。

三、记账凭证

（一）记账凭证的作用及内容

前已述及，经济业务发生后，会计人员要依据经审核的原始凭证，编制会计分录，列示应借记和应贷记的账户及其余额，作为记账的依据。在实际会计工作中，会计分录一般编制在专门的表单中。这种表单就是记账凭证。

记账凭证又称传票，它是会计人员根据审核无误的原始凭证或原始凭证汇总表编制，是确定会计分录，作为记账依据的一种会计凭证。有些特殊事项如更正错账、期末账项调整等，无法取得原始凭证时，也可以由会计人员根据账簿资料编制记账凭证。

由于原始凭证的内容和格式不一，直接根据原始凭证记账容易发生差错，在记账前，一般先要根据原始凭证编制记账凭证，在记账凭证的摘要栏中说明经济业务的内容，确定应借、应贷的账户名称和金额，然后据以记账，而把原始凭证作为记账凭证的附件。这样既便于记账，又可防止差错，保证账簿记录工作的正确性。

记账凭证必须具备下列基本内容：

（1）记账凭证的名称。
（2）记账凭证的填制日期。
（3）记账凭证的编号。
（4）经济业务的内容摘要。
（5）应借、应贷的账户名称，包括总分类账户、二级账户和明细分类账户的名称和金额。
（6）所附原始凭证和其他资料的张数。
（7）会计主管人员，复核、记账和填制人员的签名或盖章；收付款凭证还要有出纳人员的签名或盖章。

（二）记账凭证的种类

1. 记账凭证按经济业务内容不同划分

原始凭证中所反映的经济业务，虽然多种多样、复杂各异，但归纳起来，不外乎是两种业务：一种是与款项有关的收付款业务，即直接引起库存现金或银行存款增减变化的业务，如收到购货单位付的款项，就是收款业务；以库存现金支付职工差旅费就是付款业务。另一种是转账业务，即不涉及库存现金或银行存款发生增减变化的其他经济业务，如生产车间领用原材料、产品完工验收入库等。所以，我们可以把记账凭证按照经济业务内容不同分为收款凭证、付款凭证和转账凭证。

（1）收款凭证。收款凭证是反映货币资金（主要是库存现金和银行存款）收入业务的记账凭证，是根据有关库存现金和银行存款的收款业务的原始凭证或原始凭证汇总表填制的。

在实际工作中，出纳人员应根据会计管理人员或指定人员审核批准的收款凭证，作为记录货币资金的收入依据。出纳人员根据收款凭证收款时，要在凭证上加盖"收讫"戳记，以避免差错。收款凭证一般按库存现金和银行存款分别编制现金收款凭证和银行存款收款凭证。

（2）付款凭证。付款凭证是反映货币资金（主要是库存现金和银行存款）付出业务的记账凭证，是根据有关库存现金和银行存款的付款业务，以及货币资金之间相互收、付业务的原始凭证或原始凭证汇总表填制的。

在实际工作中，出纳人员应根据会计管理人员或指定人员审核批准的付款凭证，作为记录货币资金的支出并付出货币资金的依据。出纳人员根据付款凭证付款时，要在凭证上加盖"付讫"戳记，以避免重复。付款凭证一般也按库存现金和银行存款分别编制现金付款凭证和银行存款付款凭证。

（3）转账凭证。转账凭证是反映与货币资金无关的转账业务的记账凭证，是根据有关转账业务的原始凭证或原始凭证汇总表填制的。

2. 记账凭证按适用的经济业务不同划分

可分为专用记账凭证与通用记账凭证两种。

（1）专用记账凭证是专门用于某一类经济业务的记账凭证。上述的收款凭证、付款凭证和转账凭证就是专用记账凭证。在实际工作中，为了识别、防止差错，提高工作效率，各种专用记账凭证通常用不同颜色的纸张印刷。一般收款凭证用红色，付款凭证用蓝色，转账凭证用绿色。

（2）通用记账凭证是适合于所有经济业务的记账凭证。采用通用记账凭证的单位，不再区分收款、付款和转账三类凭证，即无论是款项的收付业务还是转账业务，都采用统一格式的记账凭证。通用记账凭证通常适合规模不大、款项收付不多的中小型企业，其格式与转账凭证格式一样。

3. 记账凭证按填制方式不同划分

可分为复式记账凭证和单式记账凭证两种。

（1）复式记账凭证。复式记账凭证又叫多科目记账凭证，是指在一张记账凭证上反映一笔完整的经济业务。同一笔经济业务所涉及的会计科目不论有几个，都集中填制在一张记账凭证上。复式记账凭证可以集中反映账户的对应关系，因而便于了解经济业务的全貌、了解资金的来龙去脉、便于查账；同时，可以减少填制记账凭证的工作量。上述收款凭证、付款凭证和转账凭证的格式都是复式记账凭证的格式。

（2）单式记账凭证。单式记账凭证又叫作单科目记账凭证，要求将某项经济业务所涉及的每个会计科目，分别填制记账凭证，每张记账凭证只填列一个会计科目，其对方科目只供参考，不凭以记账，即把某一项经济业务的会计分录，按所涉及的会计科目，分别填制两张或两张以上的记账凭证。单式记账凭证便于汇总计算每一个会计科目的发生额，便于分工记账；但是填制记账凭证的工作量变大，而且出现差错不易查找。

(三）记账凭证的填制

1. 收款凭证的填制

收款凭证是根据有关库存现金和银行存款业务的原始凭证或原始凭证汇总表填制的。由于收款凭证的借方科目是固定的：库存现金或银行存款。所以，收款凭证是以借方科目来设置，在凭证的左上方"借方账户"处，应视其所反映经济业务的具体内容的不同，分别填写"库存现金"或"银行存款"科目。日期处应填列填制记账凭证的确切日期；右上角为凭证的编号，可以编以"现收字第几号"或"银收字第几号"。具体的编号一般可以在会计期初从 1 号开始编，到会计期末止，下一个会计期间再从 1 号编起。各月各类收款凭证不得有重号或漏号。"摘要"栏应填制经济业务的简要说明。"贷方账户"栏应填列与收入"库存现金""银行存款"相对应的总账科目及明细科目。"金额"栏表示借贷双方的记账金额。从记账凭证记入到账簿以后，在"记账"栏画"√"（也可在该栏中注明所记账户的账页数，以备查考），表示已经过账，以免重记或漏记。"会计主管""记账""出纳""审核""填制"等处，应由各有关责任人员签名或盖章，以明确责任。"附件　张"处，应填写所附原始凭证张数。

例 5-1： 企业 ×× 年 5 月 20 日收到开户银行收款通知，购货单位美达公司偿还购货的欠款 30 000 元。这是一笔收款业务，根据银行收款通知编制银行存款收款凭证，如表 5-5 所示。

表 5-5　银行存款收款凭证（企业名称）

借方账户：银行存款　　　　　　　　　××年5月20日　　　　　　　　　银收字第 × 号

摘　要	贷方账户		金额	记账
	一级账户	明细账户		
收到外单位购货欠款	应收账款	美达公司	30 000	√
合　计			30 000	

附件 × 张

会计主管　　　　　　记账　　　　　　出纳　　　　　　审核　　　　　　填制

如果是现金收款业务，则在编制凭证时，借方账户后面填写"库存现金"，编号处为"现收字第几号"，其余与表 5-5 中的格式和内容相同。

2. 付款凭证的填制

付款凭证是根据有关现金和银行存款的付款业务，以及货币资金之间相互收、付业务的原始凭证或原始凭证汇总表填制的。它的填制方法，除了以下两点外，其余的与上述收款凭证的填制方法完全相同。

（1）与收款凭证相反，由于付款凭证的贷方账户是固定的：库存现金或银行存款。所以，付款凭证是以贷方科目来设置，在凭证的左上方"贷方账户"处，应视其所反映的经济业务的具体内容的不同，分别填写"库存现金"或"银行存款"科目。

（2）编号处应为"现付字第几号"或"银付字第几号"。

例 5-2： 企业用银行存款采购原材料一批，价款共计 20 000 元（税金略）。这是一笔银行存款的付款业务，应编制银行存款的付款凭证，如表 5-6 所示。

表 5-6　银行存款付款凭证（企业名称）

贷方账户：银行存款　　　　　　　　　××年×月×日　　　　　　　　　银付字第 × 号

摘 要	借方账户		金额	记账	附件
	一级账户	明细账户			
采购原材料	原材料	A 材料	20 000	√	×张
合　计			20 000		

会计主管　　　　　　记账　　　　　　出纳　　　　　　审核　　　　　　填制

如果是现金付款业务，则在编制凭证时，贷方账户后面填写"库存现金"，编号处为"现付字第几号"，其余与表 5-6 中的格式和内容相同。

收款凭证和付款凭证既是登记库存现金日记账、银行存款日记账、总账和明细账的依据，也是出纳人员办理收、付款项的依据。

在编制收款凭证、付款凭证时，需要注意的是：凡是涉及货币资金之间收付款的业务，如将库存现金存入银行或从银行提取库存现金等类经济业务，按照上述有关收付款凭证的编制原理，这样的业务既是收款业务，又是付款业务，就需要同时编制收款凭证和付款凭证，但这样就会导致重复记账（因为一笔业务编制了两张记账凭证）。所以，对于这种业务，为了避免重复记账，在实际工作中一律只编制付款凭证，而不再编制收款凭证。例如，从银行提取现金业务只编制银行存款付款凭证，不再编制库存现金收款凭证。

3. 转账凭证的填制

转账凭证是根据有关转账业务的原始凭证或原始凭证汇总表填制的。转账凭证多数项目的填制与收款凭证、付款凭证相同，但有以下三点须注意的。

（1）在编号处应为"转字第几号"。

（2）因为转账业务的借贷方会计科目都是不固定的，所以转账凭证不是以确定的借方或贷方科目来设置的，而是所有借贷方会计科目都在凭证里面。在"会计科目"栏，分别填列应借、应贷的总账科目和所属的明细科目，一般按先借后贷的顺序填写。

（3）记入总账科目的金额与记入所属明细账科目的金额应相等，记入借方栏金额和贷方栏金额也相等。

例 5-3：企业销售一批产品给 B 公司，售价 10 000 元，增值税 1 300 元，价款和增值税都未收到。这笔业务没有涉及货币资金，应该编制转账凭证，如表 5-7 所示。

表 5-7　转账凭证（企业名称）

××年×月×日　　　　　　　　　　　　　　　　　　　　转字第 × 号

摘　要	会计科目		借方金额	贷方金额	记账	
	一级账户	明细账户				
销售产品，款项未收	应收账款	B公司	11 300		√	附件 × 张
	主营业务收入			10 000	√	
	应交税费	应交增值税		1 300	√	
合　计			11 300	11 300		

会计主管　　　　　　记账　　　　　　审核　　　　　　填制

在同一项经济业务中，如果既有库存现金或银行存款的收付业务，又有转账业务时，应填制收、付款凭证和转账凭证。例如，采购员李某出差回来，报销差旅费 1 000 元，走之前已经预借 1 200 元，剩余的款项交回现金。对于这笔业务，应同时编制一张库存现金的收款凭证和一张转账凭证。

4. 单式记账凭证的填制

以上所述的收款凭证、付款凭证和转账凭证都是复式记账凭证，每发生一笔业务填制一张记账凭证。而单式记账凭证是把一笔经济业务所涉及的借方会计科目和金额、贷方会计科目和金额，分别填制记账凭证。单式记账凭证按照单独反映每项经济业务所涉及的会计科目及对应关系，又分为"借项记账凭证"和"贷项记账凭证"。下面通过举例说明单式记账凭证的编制方法。

例 5-4：承接上例 5-3，如果这笔业务需要编制单式记账凭证，则需要编制一张借项记账凭证和两张贷项记账凭证，凭证编制如表 5-8 至表 5-10 所示。

表 5-8　借项记账凭证（企业名称）

××年×月×日　　　　　　　　　　　　　　　　　　　　转字第 $12\frac{1}{3}$ 号

摘　要	一级账户	明细账户	金额	记账	
销售产品，款项未收	应收账款	B公司	11 300	√	附件 × 张
对应科目：主营业务收入、应交税费		合　计	11 300		

会计主管　　　　　　记账　　　　　　出纳　　　　　　审核　　　　　　填制

表 5-9　贷项记账凭证（企业名称）

××年×月×日　　　　　　　　　　　　　　　转字第 12 $\frac{2}{3}$ 号

摘　要	一级账户	明细账户	金　额	记　账
销售产品，款项未收	主营业务收入		10 000	√
对应科目：应收账款		合　计	10 000	

附件 × 张

会计主管　　　　　　记账　　　　　　出纳　　　　　　审核　　　　　　填制

表 5-10　贷项记账凭证（企业名称）

××年×月×日　　　　　　　　　　　　　　　转字第 12 $\frac{3}{3}$ 号

摘　要	一级账户	明细账户	金　额	记　账
销售产品，款项未收	应交税费	应交增值税	1 300	√
对应科目：应收账款		合　计	1 300	

附件 × 张

会计主管　　　　　　记账　　　　　　出纳　　　　　　审核　　　　　　填制

上述单式记账凭证中的编号为"分数编号法"，只适用于单式记账凭证。而复式记账凭证一般用顺序编号法，如"收字第几号""转字第几号"等，这里的"几"字一般表示企业该会计期间发生的这类凭证中的第几张。在单式记账凭证的"分数编号法"中，前面的整数表示业务的顺序号，分数中的分母表示这笔业务总共有几张记账凭证，分子表示这是第几张凭证。例如，上述凭证中编号"12 $\frac{2}{3}$"，12 表示这是本会计期间的第 12 笔转账业务，3 表示这笔业务总共有 3 张凭证，2 表示这张凭证是这笔业务的第 2 张凭证。

综上所述，不管是编制哪一类记账凭证，必须注意以下三点：

（1）要正确使用会计科目。在填制记账凭证时，必须按照会计制度规定的账户名称填写，而不能以账户的代号或简称来代替，更不能随意改动每一会计科目的核算内容。

（2）所附原始凭证的张数必须注明并相符，以便复核和查阅。如果根据同一张原始凭证填制两张记账凭证，则应在未附原始凭证的记账凭证上加以注明，以便于复核。

（3）记账凭证必须连续编号。如果一笔经济业务需要填制多张记账凭证，可以采用分数编号。

（四）记账凭证的审核

为了保证账簿记录的正确性，监督款项的收付，除了编制记账凭证的人员应当认真负责、正确填制、加强自审以外，同时还应建立专人审核制度对记账凭证进行审核。如前所述，记账凭证是根据审核后的合法的原始凭证填制的。因此，记账凭证的审核，除了要对原始凭证进行复审外，还应注意以下三点：

（1）记账凭证是否附有原始凭证。所附原始凭证的内容和张数是否与记账凭证相符，所附原始凭证的经济内容应与记账凭证核对一致。

（2）记账凭证的应借、应贷的账户名称和金额是否正确。账户对应关系是否清晰；借贷方金额是否相等；总账科目金额和所属明细科目金额是否相等；所使用的账户名称、账户的核算内容，必须符合会计制度的规定。

（3）记账凭证的填制内容是否全面。例如，日期、凭证编号、二级和明细科目、附件张数，以及有关人员是否签名或盖章。

审核中如发现差错，应查明原因及时处理和更正。只有经过审核无误的记账凭证，才能据以登记账簿。

四、会计凭证的管理

（一）会计凭证的传递

会计凭证的传递是指会计凭证从编制、办理业务手续、审核、整理、记账到装订保管的过程中，在有关单位和人员之间传送的顺序、时间和衔接手续。

各种原始凭证所记录的经济业务内容不同，所办理会计手续的程序和占用时间也不同。在实际工作中，应该为每种会计凭证的传递程序和在各个环节上的停留时间作出规定。

正确地组织会计凭证的传递，对于及时地反映和控制经济业务的发生与完成情况，合理地组织会计核算，强化经济责任具有重要意义。因为正确地组织会计凭证的传递，能够及时、如实地反映和控制经济业务发生和完成情况；把有关部门与经办人员组织起来，分工协作，使得经济活动得以顺利地实现。科学的传递程序，应该使会计凭证沿着最快捷、最合理的流向运行。因此，在制定会计凭证传递程序时，应该注意以下三点：

（1）要根据经济业务的特点、企业内部机构的设置和人员分工情况以及经营管理上的需要，恰当地规定各种会计凭证的联数与所必须流经的必要环节。一般来讲，既要保证会计凭证经过必要的环节进行处理和审核，又要尽量避免重复和繁琐。

（2）要根据有关部门与经办人员对经济业务办理必要手续的需要，确定会计凭证在各个环节停留的时间，保证经济业务手续的完成。同时又要防止在各个流经环节过多的、不必要的耽搁。这样，就能使会计凭证以最快、最合理的速度进行传递。

（3）建立严格的会计凭证交接和签收制度。为了保证会计凭证的安全与完整,在各个环节中都应该指定专门的人员办理交接手续,做到责任明确,手续齐全、严密。

例如,对于材料收入业务的凭证传递,应该明确规定:凭证应设置几联;各联分别传送到什么部门;材料运进企业以后,需要多少时间验收入库;由谁负责填制收料凭证;何时将收料凭证送到会计部门及其业务部门;会计部门收到后,应由谁负责审核;由谁和在何时编制记账凭证与登记账簿;由谁负责整理和保管凭证等。这样,就可以把材料收入业务从验收入库到登记入账时为止的全部工作,在本企业内部进行分工协作、共同完成。

(二) 会计凭证的保管

会计凭证作为反映经济业务、监督经济业务、明确经济责任和登记账簿依据的书面文件,对于本单位、主管部门和其他单位加强企业管理和会计监督都是非常重要的。因此,会计人员要加强会计凭证的保管。

1. 会计凭证的日常保管

(1) 会计凭证应及时传递,不得积压;登记完毕后,应按照分类和编号顺序保管,不得散乱和丢失。

(2) 对于各种记账凭证,应连同所附的原始凭证或原始凭证汇总表,按照编号顺序折叠整齐。

(3) 原始凭证不得外借,其他单位如因特殊原因要使用原始凭证时,经本单位领导批准可以复制。向外单位提供的原始凭证复印件,应在专设的登记簿上登记,并由提供人员和收取人员共同签名或盖章。

(4) 从外单位取得的原始凭证如有遗失,应取得原签发单位盖有公章的证明,并注明原来凭证的号码、金额和内容等,由经办单位负责人批准后才能代作为原始凭证。确实无法取得证明的,如火车票等,由当事人写出详细情况,由经办单位负责人批准后代作原始凭证。

2. 会计凭证的归档保管

会计凭证是重要的经济档案和历史资料。企业对于会计凭证,应当在完成经济业务手续和记账之后,按规定的归档制度,形成会计档案,并妥善保管,以便随时查阅。

对于会计凭证的保管,既要做到会计凭证的安全和完整,又要便于日后查阅。会计凭证归档保管的主要方法和要求如下:

(1) 每月记账完毕,应将本月各种记账凭证按编号顺序连同所附原始凭证,定期装订成册。为了便于以后查阅,每册都应加具封面,并载明相关信息。为了防止任意拆装,在装订线上要加贴封签,并由会计主管人员盖章。

(2) 如果在一个月内凭证过多,可以分册进行装订。如果某些记账凭证所附原始凭证数量过多,则可以单独装订保管,但应该在封面上说明。对于重要的原始凭证如合同、押金收据等，以及今后随时需抽出利用的原始凭证，可另行装订，并在记账凭证中说明。

（3）装订成册的会计凭证应该集中保管，并指定专人负责。如需查阅时，要办理一定的手续。

（4）会计凭证的保管期限和销毁手续，必须严格执行会计制度规定。

第二节　会计账簿

一、账簿的意义与种类

（一）账簿的概念和意义

如前所述，会计凭证在会计工作中有着极为重要的作用，对企业发生的任何经济业务都必须取得或填制原始凭证，并依据审核无误的原始凭证编制记账凭证。但是，会计凭证存在明显的缺陷。首先，从外表形式看，会计凭证一般采用活页式，经常翻阅容易破损和丢失，特别是原始凭证，其外形尺寸大小、纸质各不相同，不便于经常使用；其次，从内容看，一般一张会计凭证只记录一笔业务，只能反映一笔业务所引起资金增减的变化，无法反映资金的结存情况；最后，从登记方法看，多数会计凭证是一次登记完毕，就会计凭证本身无法对企业所发生的全部业务进行全面、系统、连续的反映。因此，为了对企业的资金运动进行全面、系统、连续的反映，有必要设置账簿。

账簿是由一定格式、互有联系的账页组成，以审核无误的会计凭证为依据，用来序时地、分类地记录和反映各项经济业务的会计簿籍（或称账本）。

账簿与账户之间，既有区别，又有联系。账户是在账簿中按照规定的会计科目开设的户头，用来反映某一个会计科目所要核算的经济内容，而账簿是按照账户归类反映各项经济业务，可以提供总括与详细的核算指标。我们可以认为，账簿是账户的外表形式，而账户记录则是账簿的内容。所以，两者是内容和形式的关系。我们也可以把账簿理解成积累、储存经济活动的数据库。

通常说的记账，就是根据记账凭证所确定的会计分录，在账簿中按账户进行登记。设置与登记账簿是会计工作的一个重要环节，也是一种基本的会计核算方法。

账簿对全面反映经济活动，加强经济核算，提高企业经济效益具有极为重要的作用，主要有以下五个方面。

1. 能提供全面、系统的会计信息

如前所述，账簿克服了凭证的缺陷。设置账簿，并在账簿中进行登记，有利于全面地、系统地记录和反映企业生产经营活动的情况,把大量而分散的核算资料进行归类整理。

2. 能帮助企业加强经营管理

账簿反映的资料比会计凭证系统,比会计账户全面。利用账簿记录,可以提供各项会计要素的增减变动情况,可以考核费用、成本和利润计划的完成情况,揭露企业生产经营活动中存在的问题;可以根据账簿开展会计分析和会计检查,以加强经营管理,提高企业的经济效益。比如,某企业管理者针对去年企业管理费用居高不下的情况提出控制费用的方法,这时管理者首先要仔细阅读的便是企业去年以及前几年的管理费用明细账,分析具体导致管理费用增加的因素才能对症下药,提出改进措施。

3. 能够加强岗位责任制

通过账簿的设置和登记,可以明确有关部门、单位或个人的经济责任。例如,"固定资产"账户的总分类核算及其明细核算,核算各类固定资产的增减变化和结存情况,并由固定资产使用部门承担其经济责任;"原材料"账户的总分类核算及其明细核算,核算库存材料的增减变化和结存情况,并由有关材料的采购和保管部门承担其经济责任。加强岗位责任制,可以促进有关人员改进工作,提高效率,加强资产管理。

4. 能够保护企业财产的安全和完整

在第六章的财产清查中,我们会学习到通过定期或不定期地清查盘点财产,确定其实有数量,并与各财产的账簿结存资料进行核对。如账实不符,应查明原因及时处理。所以,通过对财产设置账簿并记录,会计期末把记录的结果与实物相核对,处理盈亏,从而可以保护企业财产的安全和完整。

5. 能为编制会计报表提供依据

在第七章中我们会介绍会计报表的编制,会计报表不可能直接根据凭证编制,而是依据一定的账簿资料进行编制的。因此,会计报表指标是否真实,会计报表编制能否及时,都与账簿设置和登记的质量有密切的关系。

另外,账簿又是企业的重要经济档案。设置账簿,有利于保存资料,以供日后查考。所以,每一个企业都应当根据具体情况和实际需要设置必要的账簿,并认真做好记账工作。

(二)账簿的种类

为了全面、系统、连续地记录经济业务,必须设置各种不同的账簿。不同的账簿,其用途、形式、内容和方法各不相同。账簿的种类如图5-2所示。

1. 账簿按用途不同的划分

(1)序时账。也称日记账,是按照各项经济业务发生时间的先后顺序进行顺序、逐日逐笔登记经济业务的账簿。在实际工作中,它是按照记账凭证的先后

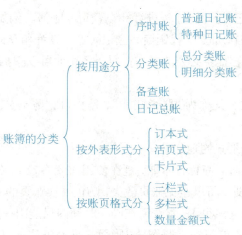

图 5-2　账簿的种类

顺序，即按照凭证号码的先后顺序进行登记的。序时账按其记录的经济业务内容的不同，又分为普通日记账和特种日记账。

① 普通日记账。也称通用日记账，用来登记全部经济业务发生情况的日记账。在普通日记账中，根据全部经济业务及其发生时间的先后顺序，逐日、逐项编制会计分录。因此，这种日记账又称为分录日记账或分录簿。

② 特种日记账。用来登记某一类经济业务发生情况的日记账。将某一类经济业务按其发生的先后顺序记入账簿中，以反映和监督某一类经济业务的发生及由此引起的某类资金增减变动和结存情况。例如，各单位为了加强库存现金和银行存款的管理，专门设置"库存现金日记账"和"银行存款日记账"，以记录库存现金和银行存款的收、付业务及其结存情况。在商品流通企业，为了加强商品购销的管理，还设有"购货日记账"和"销货日记账"。

（2）分类账。分类账簿是对各项经济业务按照账户进行分类登记的账簿。从分类账簿里可以得到会计要素具体项目的增减变动的资料，以及经营过程的资料。分类账按照记账内容详细程度不同，又分为总分类账和明细分类账。

① 总分类账。简称"总账"，是根据总分类科目开设的，集中反映会计主体全部业务的会计账簿。总分类账既可以集中反映全部资金总括的变化情况，也可以反映不同种类的资金在变化中所造成的相互影响，以及它们之间的相互关系。它是一种非常重要的账簿，所有单位都必须设置总分类账。

② 明细分类账。简称"明细账"，账簿的名称是"××明细分类账"，是根据明细分类科目开设的，用以具体反映某类资金增减变化和结存情况的分类账。例如，可根据"原材料"总分类科目下属的××材料明细科目，开设"××原材料明细账"。企业可根据具体情况设置若干本明细账。

（3）备查账。也称"备查簿"或"辅助账簿"，是指对未能够在日记账和分类账中记载或记载不全的经济业务进行补充登记的账簿。例如，租入固定资产登记簿、受托加工材料登记簿、代销商品登记簿等。设置和登记备查账簿，可以对某些经济业务的内容提供必要的参考资料。各企业可以根据自身的需要来设置备查账簿。

（4）日记总账。又称为"联合账簿"，是指日记账与分类账结合在一起的账簿。

2. 账簿按外表形式的划分

（1）订本式账簿。简称订本账，是在使用前就将若干账页固定地装订成册的账簿。应用订本账，可以避免账页散失，防止抽换账页的不正当行为。但是，应用订本账也有缺点，即同一本账簿在同一时间内只能由一人登记，不能分工。订本账账页固定，不能根据需要增减，因而必须预先估计每一个账户需要的页数，保留空白账页。如果账页不够，就要影响账户的连续登记；如果账页有多余，又会造成浪费。

为了防止账页散失和被抽换，"库存现金日记账""银行存款日记账"和"总分类账"，以及某些重要的财产物资明细账，都必须采用订本式账簿。

（2）活页式账簿。是指在账簿启用前账页不装订在一起，可以根据需要随时抽取或装入账页的账簿。

为了便于分工记账和避免浪费账页，明细分类账一般采用活页式账簿。

（3）卡片式账簿。由若干具有专门格式的卡片账页排列在卡片箱中组成的账簿，实际上也是活页式。因为不需要经常抽取登记，而且账簿需要长期使用，所以为了防止破损，用纸质较好的硬卡片作为账簿。例如固定资产明细账，可以经常用这种卡片式账簿。

活页式和卡片式账簿在使用前不需要把账页固定地装订成册。它们共同的优点是便于分工记账，并能根据记账的需要随时添加空白账页或账卡。因而，在实际工作中，账簿采用活页式或卡片式的比较多。但是，活页式和卡片式账簿也有缺点，主要是账页或账卡容易散失和被任意抽换。

3. 账簿按账页格式的划分

（1）三栏式。三栏式账户格式在第二章已经介绍过，它按经济业务的数量变化及其结果，在账簿里分别开设借方、贷方、余额三栏金额栏，是账簿的基本格式，也是目前在实务中用得最多的一种格式。

（2）多栏式。在账页中设置三个以上金额栏的账簿。多栏式账簿通常是按经济业务的内容或项目分别设金额栏，以便反映经济业务间的相互联系。在实际工作中，多栏式账簿金额栏的多少往往取决于项目的多少，但金额栏太多会使账页过长，不便于登记和使用。多栏式账簿一般适用于成本费用类明细账。

（3）数量金额式。在账簿中既有金额栏，又有反映实物数量的栏目。一般是在三栏式的基础上，对每一大栏又分设数量、单价和金额三个小栏。数量金额式账簿适用于财产物资明细账。

二、日记账

日记账属于序时账，特别强调按照经济业务发生的先后顺序逐日、逐笔进行登记。前面已经阐述，日记账按照记录的经济业务内容的不同又分为普通日记账和特种日记账。

（一）普通日记账的设置和登记

普通日记账的格式如表 5-11 所示。

表 5-11　普通日记账

×× 年		账户名称	摘　要	借方金额	贷方金额	过账
月	日					
5	1	原材料 银行存款	采购原材料，款项用银行存款支付	5 000	5 000	√
⋮	⋮	⋮	⋮	⋮	⋮	⋮

普通日记账为两栏式，类似于把所有分录按照先后顺序排列起来的分录簿，是最简单的一种账簿。普通日记账由记账员根据经济业务的内容逐笔登记，除了登记日期、凭证号数、借贷方科目和金额外，还需在摘要栏说明经济业务的内容。如果分类账是根据日记账登记的，则在记账后应在日记账的过账页栏中说明分类账的页数。画 "√" 表示已经记过账了，以避免重复记账或漏记账。

普通日记账可用于记录任何类型的经济业务，因此可以反映企业所有的业务，具有格式统一、使用方便等特点。由于企业每天发生的经济业务很多，都登记在一本普通日记账中，工作量太大，也不便于分工，而且不能提供特定经济业务的发生情况。在实务中，我国企业一般用记账凭证代替了普通日记账的作用。

（二）特种日记账的设置和登记

按我国现行会计制度规定，企业、事业等单位都要设置库存现金日记账和银行存款日记账。应用库存现金日记账和银行存款日记账，能够逐日反映库存现金和银行存款收入的来源、支出的用途和结存的余额，有利于对货币资金的保管、使用，以及对库存现金管理制度的执行情况进行严格的日常监督。同时，利用库存现金日记账和银行存款日记账的记录，还可以检查收款凭证和付款凭证有无丢失情况，保证账证相符。

库存现金日记账和银行存款日记账可以根据核算和管理的需要采用不同的账页格式，一般有两种格式：三栏式和多栏式。现分别举例说明库存现金日记账和银行存款日记账的登记方法。

1. 库存现金日记账

这是指由出纳员根据库存现金的收款凭证和付款凭证逐日逐笔顺序登记的账。其中,"收入"栏应根据收款凭证登记,"支出"栏应根据付款凭证登记;但对于从银行提取库存现金的收入数,由于已填制银行存款的付款凭证,为避免重复记账不再填制库存现金的收款凭证,所以应直接根据银行存款的付款凭证登记。每日登记完毕后,应该结算出库存现金的余额。

2. 银行存款日记账

这是指按照银行和存款类别设置,由出纳员根据各种银行存款的收款凭证和付款凭证逐笔登记的账。其中,"收入"栏应根据收款凭证登记,"支出"栏应根据付款凭证登记;但对于把库存现金存入银行的收入数或者从其他银行存款户转存的收入数,也应该根据库存现金的付款或者银行存款的付款凭证登记。每日登记完毕后应该结算出存款的余额。

银行存款日记账和库存现金日记账的格式十分相似,现只举例说明银行存款日记账的格式及登记方法。表 5-12 所示为三栏式的银行存款日记账,表 5-13 所示为多栏式的银行存款日记账。

表 5-12 银行存款日记账(三栏式)

存款种类:人民币

××年		凭证号数		摘 要	对应科目	收 入	支 出	余 额
月	日	收款	付款					
1	1			期初余额				8 000
1	5	3		股东投资	实收资本	500 000		508 000
			5	购货	库存商品		100 000	408 000
⋮	⋮	⋮	⋮	⋮	⋮	⋮	⋮	⋮
1	31			本期发生额及期末余额		750 000	650 000	108 000
2	1			期初余额				108 000

表 5-13 银行存款日记账(多栏式)

存款种类:人民币

××年		凭 证		摘 要	收入(借方)			支出(贷方)			余 额
					对应科目(贷方)			对应科目(借方)			
月	日	种类	编号		应收账款	主营业务收入	合计	原材料	库存现金	合计	
8	1			期初余额							3 000

续表

××年		凭证		摘要	收入（借方）			支出（贷方）			余额
月	日	种类	编号		对应科目（贷方）		合计	对应科目（借方）		合计	
					应收账款	主营业务收入		原材料	库存现金		
	2	银付	1	购入材料				1 200		1 200	1 800
	3	银付	2	提取现金					500	500	1 300
	6	银收	1	收到货款	4 000		4 000				5 300
	7	银收	2	获得收入		8 000	8 000				13 300
	9	银付	3	提取现金					600	600	12 700
	20	银收	3	获得收入		10 000	10 000				22 700
8	31			合　计	4 000	18 000	22 000	1 200	1 100	2 300	22 700

一些企业由于日常收、付款业务繁琐，会计凭证数量很多，按每张收付款凭证逐笔过账，工作量很大。为了简化核算工作，使用多栏式库存现金和银行存款日记账。把一些经常出现的对应账户开设专栏，如表5-13中，对应借方科目"原材料"和"库存现金"以及对应贷方科目"应收账款"和"主营业务收入"经常发生，故给其开设专栏，这样在过账时可以把专栏的本期合计数一次性过入到相应的分类账中，如表中"主营业务收入"用合计数18 000元直接过入"主营业务收入"分类账，而不需要逐笔过账。这样，与在三栏式中逐笔过账相比，多栏式可以大大地减少过账的工作量。所以，多栏式特种日记账本身起到了汇总记账凭证的作用。但是，由于设置专栏使得账页过宽，而且登记多栏式日记账的工作量较大。

要注意的是，在根据各科目的合计数过入总账时，银行存款日记账中的"库存现金"科目专栏的合计数不必过账，因为"库存现金"账户的过账是直接根据库存现金日记账的合计数进行的；库存现金日记账中的"银行存款"科目专栏的合计数也不过账，因为"银行存款"账户的过账是直接根据银行存款日记账中的合计数进行的。这样，就不会重复过账。

三、分类账

（一）分类账的作用

经济业务以分录形式记入记账凭证后，虽然每笔业务对各有关账户的影响皆有明确记录，但一系列业务对各账户的整体影响，及其各账户的最后结果，却无从知晓。例如，某一客户想了解其与公司来往的整体情况，以及截至目前尚欠本公司款为多少，则本公司无法立时相告，须翻阅记账凭证，查出该客户每次赊欠及还款的记录，并逐一核计。这项工作既费时又易出错，尤其是往来客户众多时极为不便。又如，为了解银行存款是否足以偿付即将到期的负债，则又必须翻阅所有与银行存款有关的交易，方能知晓。如果企业每月业务量成百上千，这种方法势必不切实际。

所以，为了能及时了解各账户在某一期间的变动情况，及其某一特定日期的结存状况，会计上往往需要按会计科目设置单个账户，以汇集有关的单项信息。

前文所说的记账，就是根据记账凭证中的分录，按其对各科目的影响予以汇总，并转记入分类账有关账户中的处理程序。所有业务经过记账后，便按各科目分类汇总列示，分类账便由此得名。

会计记账的主要目的，是确定每一科目的借贷总额及其余额，以便定期编制报表，供有关人士决策参考，而各分类账的最终结果便是编表的依据。日记账是按业务性质及发生先后记录的，而分类账是按科目类别汇总相同业务的。

由此可见，分类账是企业整个账簿体系的主体部分。分类账按其提供会计资料的详细程度不同，分为总分类账和明细分类账。接下来分别就这两类账说明它们的设置与登记。

（二）总分类账的设置与登记

总分类账一般采用订本式账簿，常见的格式有三栏式和多栏式两种。

1. 三栏式总分类账的格式和登记方法

三栏式总分类账是最常用的格式，即账簿中分为借方、贷方和余额栏 3 栏金额栏，故称之为三栏式。我们曾在第二章中作过介绍，第二章中的表 2-16 即是典型的三栏式账户的格式，为了方便说明，我们再次举例如表 5-14 所示。

表 5-14　三栏式总分类账

会计科目：银行存款

×× 年		凭证编号	摘 要	借 方	贷 方	借或贷	余 额
月	日						

下面概述总分类账的填制及主要栏目的作用：

（1）三栏式总分类账簿的左上方的会计科目后面填列所开设总分类账的一

级会计科目名称，如在表中填"银行存款"，表示这是根据"银行存款"一级科目开设的银行存款总分类账。

（2）日期栏。记载交易发生日期，即有关分录的日期。年、月、日的记录方法与日记账中相同。

（3）凭证编号栏。用以记录转载业务的凭证号码以便于查考。此栏一般在记账后填制，故也是记账与否和记账去向的根据。

（4）摘要栏。理论上，总分类账摘要栏中应注明影响本科目增减的原因，即与本科目相对应的科目名称。如在银行存款账中，借方登入一笔金额，表示银行存款增加，增加的原因是现销，则摘要栏中应记入"销货"，但是该交易的性质已在记账凭证中有完整明确的记录，故实务中往往省略摘要。

（5）借（贷）金额栏。用以记载各账户的增减金额，把一笔分录记入总分类账时，有关金额应以相同的借贷方向、相同的金额转记。也就是说，记账凭证中为借方金额，记入总分类账也应记入借方金额栏；反之亦然。

（6）"借或贷"栏。用来标明该总分类账户余额的方向，如果账簿一定时，这一栏一般不会随着业务而变化。如果是资产类账户，不管发生什么业务，它的余额总是在借方；如果是负债类账户，则余额一般都在贷方。所以，表 5-14 中"借或贷"栏都填"借"。

（7）余额栏。用以记载账户在截至某一时刻（或某一笔业务发生后）的余额是多少。

（8）分类账记满一页时，既需加总，又需转记下页。具体方法是加总借方总额和贷方总额，在两个加总数的同行摘要栏内写上"转下页"字样，然后将借方总额和贷方总额及其余额一并转记次页首行有关栏目内，同时在次页的首行摘要栏内写明"承前页"或"接上页"字样，以示衔接。

2. 多栏式总分类账的格式和登记方法

多栏式总分类账就是在图 5-2 账簿的分类中按照用途分类的第四类：日记总账。多栏式总分类账簿与三栏式总分类账簿不同，它是将整个企业的全部总账科目并列在一张账页上，而每个科目的记录又是按照业务发生时间的先后顺序登记的，所以它是日记账和分类账相结合的账簿。多栏式总分类账簿的格式如表 5-15 所示。

从表 5-15 中可知，从上到下（行次）是按照时间的先后顺序把企业发生的每笔业务记录下来，从左到右（栏目）是企业所有的总分类账户的排列。比如，企业 8 月份的第一笔业务是从银行提取现金 800 元，则在业务登记的第一行中，在库存现金的借方栏登记"800"元借方发生额，而同时在银行存款的贷方栏登记"800"元贷方发生额。接下来的业务按同样的方法登记。

表中其他项目的作用和登记方法同三栏式账簿。

表 5–15　多栏式总分类账（日记总账）

××年		凭证		摘要	库存现金		银行存款		应收账款		原材料		交易性金融资产		略	
月	日	种类	编号		借	贷	借	贷	借	贷	借	贷	借	贷	借	贷
8	1															

多栏式日记总账的优点是：会计人员可以根据记账凭证直接登记日记总账，这样就可以减少记账的工作量；也不需要分别设置日记账和各总分类账；而且，各种资金的变化可以在同一账页中一目了然，有利于进行分析。

多栏式日记账的缺点是：如果一个单位使用的会计科目较多，日记总账中的栏目设置也必然多，使得账簿的篇幅较大，不便于使用和保管。因此，这种日记账一般适用于经济业务较少、规模不大的单位。

（三）明细分类账的设置与登记

如前所述，明细分类账是总分类账的明细记录。应用明细分类账，能够详细地反映经济活动和财务收支情况，并可提供为编制会计报表所需的必要资料。明细分类账对于加强监督财产的收发和保管、资金的管理和使用、往来款项的结算、收入的取得、费用的开支等等，起着重要的作用。

明细分类账一般采用活页式账簿。每一个企业都必须对固定资产、原材料、库存商品、债权债务、业务收入、费用开支等项目设置明细分类账。

明细分类账可视经济业务的繁简和经营管理上的实际需要，根据记账凭证、原始凭证或原始凭证汇总表逐笔登记或逐日、定期汇总登记。固定资产、债权债务等明细分类账应当逐笔登记；库存商品、材料物资明细分类账可以逐笔登记，也可以逐日汇总登记；业务收入、费用开支等明细分类账可以逐笔登记，也可以逐日或定期汇总登记。各种明细分类账在每次登记完毕后，都应结算出余额。为了便于事后检查和核对账目，在明细分类账的摘要栏内必须将有关经济业务的简要内容填写清楚。

明细分类账常用的格式有以下三种。

1. 三栏式明细分类账

这种格式适用于只要求反映金额而不需要反映数量的一些账户，如用于"应收账款""应付账款"等结算类科目的明细分类核算。每一明细科目设置一张账页。这种三栏式明细分类账的格式同三栏式总分类账的格式是一致的，在账页中只设有"借方""贷方""余额"三个金额栏。

2. 数量金额式明细分类账

这种格式适用于既需要反映金额，又需要反映实物数量的一些账户，如最常用于财产物资的明细分类核算。有关财产物资的每一明细科目设置一张账页。由于这些科目既要进行金额分类核算，又要进行数量核算，所以在这种格式的"收入""发出""结存"三栏中，除须登记金额外，还须登记数量。根据数量金额式明细分类账的记录，可以取得关于各种商品、材料物资的收入、发出和结存的详细资料，并可对这些商品、材料物资的管理、使用进行日常的监督。数量金额式的明细分类账格式如表 5-16 所示。

表 5-16 原材料物资明细账

明细科目：A 材料

×× 年		凭证号数	摘要	收入			发出			结存		
月	日			数量	单价	金额	数量	单价	金额	数量	单价	金额
4	1		期初结存							50	10	500
	3	收料单 616	购入	40	10	400				90	10	900
	5	领料单 827	甲车间领用				30	10	300	60	10	600
	10	领料单 829	行政部门领用				15	10	150	45	10	450
	18	收料单 619	购入	55	10	550				100	10	1 000
	25	领料单 836	乙车间领用				50	10	500	50	10	500
	30		4 月发生额合计和月末余额	95	10	950	95	10	950	50	10	500
5	1		月初余额							50	10	500

3. 多栏式明细分类账

这种格式的明细分类账适用在管理上需要了解明细项目的一些账户，如对于收入、成本以及费用的明细分类核算，如"销售费用""管理费用""主营业务收入"等科目。多栏式明细账金额栏次的多少由明细账的内容决定，通过设置多个金额栏便于在同一账页反映总分类账户（或二级账户）所属全部明细分类账户（或三级账户）的资金变化情况。

多栏式明细分类账簿格式的一个显著特征，是在"借方"或"贷方"按照明细科目或明细项目分别设置若干专栏，以集中反映某明细账户核算资料的账簿。除此之外，其他各栏目的设置和名称均与三栏式相同。其填列方法，除"借方"或"贷方"各专栏的金额是根据记账凭证的明细及附件资料分析计算填列外，其他栏目的登记方法都与前述各账簿的登记相同。

按照明细分类账登记的经济业务不同，多栏式明细分类账簿又分为三种格式。

（1）借方多栏式明细分类账。这种格式的账簿适用于借方需要设多个明细科目或明细项目的账户，在实务中往往用于一些成本费用类账户，如"生产成本""制造费用""管理费用""财务费用"和"营业外支出"等科目的明细分类核算。这种借方多栏式明细账平时一般只记借方增加额，如果本期有减少发生额或期末转出时用红字记账（因为没有贷方栏，所以用红字表示贷方发生额）。借方多栏式明细分类账的格式如表 5-17 所示。

表 5-17　制造费用明细账

××年		凭证	摘要	借方						合计
月	日			工资	折旧费	修理费	办公费	水电费	劳保费	
			合计							

（2）贷方多栏式明细分类账。这种格式的账簿适用于贷方需要设多个明细科目或明细项目的账户，在实务中往往用于一些收入类账户，如"主营业务收入""营业外收入"等科目的明细分类核算。这种贷方多栏式明细账平时一般只记贷方增加额，如果本期有减少发生额或期末转出时用红字记账（因为没有借方栏，所以用红字表示是借方发生额）。贷方多栏式明细分类账的格式如表 5-18 所示。

表 5-18　营业外收入明细账

××年		凭证	摘要	贷方				合计
月	日			非流动资产报废、毁损利得	政府补助	现金盘盈利得	捐赠利得	
			合计					

（3）借贷方多栏式明细账。这种格式的账簿适用于借贷方均需要设多个明细科目或明细项目的账户，如"本年利润"账户的明细核算，需要反映利润的组成项目。其中，成本费用类项目开设借方多栏，收入类项目开设贷方多栏，具体格式如表 5-19 所示。

表 5-19 本年利润明细账

日期	凭证	摘要	借方						合计	贷方				合计	借或贷	余额
			主营业务成本	管理费用	财务费用	销售费用	其他业务成本	营业外支出		主营业务收入	其他业务收入	营业外收入	投资收益			
		合计														

从表 5-19 中可以看出，通过给"本年利润"开设借贷方多栏式明细账，企业在一个会计期间的利润组成情况一目了然。同时，阅读企业不同会计期间的"本年利润"明细账，有助于帮助企业管理者分析导致利润上升或下降的原因所在。

四、账簿的登记规则

（一）账簿的基本结构

如前所述，各种账簿记录的经济业务不同，账簿格式也可以多种多样，但不管是什么格式的账簿，一般都应该具备以下基本内容。

1. 封面

一般在封面上注明账簿名称和单位名称。

2. 扉页

一般在扉页上填列启用的日期和截止日期、页数、册次，经营账簿人员一览表和签名，会计主管签名，账户目录等。

3. 账页

由于账页的格式因反映经济业务的内容不同，存在着不同的格式，但下列基本要素则是必须包含在各种账页中的：

（1）账户名称。

（2）登账日期栏。

（3）凭证种类与号数栏。

（4）摘要栏。

（5）金额栏。

（6）总页次与分户页次。

（二）账簿登记规则

（1）在启用账簿时，应在账簿扉页上填写"账簿启用和经管人员一览表"，在一览表中包括单位名称、账簿名称、账簿编号、账簿页数、册数、启用日期、记账人员和单位主管人员姓名等。

（2）应根据审核无误的会计凭证作为登记账簿的依据。

（3）登记账簿时，要用钢笔和蓝黑墨水笔登记（会计制度规定可以用红字登记的除外）。

（4）登账时各栏次中的内容应填全，包括日期、凭证号数、摘要、金额等项目。

（5）按顺序逐页逐行登记，不允许跳行和隔页，如果发生跳行和隔页，应该使用红线对角划掉；在记录到每一篇账页的最后一行时，应在"摘要栏"里写上"转次页"，在借、贷栏里写上本页借、贷方发生额合计，并算出余额，注明余额方向；同时，在下一账页的第一行"摘要栏"里写上"承前页"，在借、贷栏里写明上页借、贷方发生额合计及余额，注明余额方向。然后，开始正常登记。

（6）账簿记录发生错误，不得刮擦、挖补、涂抹或用退字药水等更改账簿，而应按会计制度中规定的方法进行更正（具体更正方法在本章的第四节中讲述）。

（7）各种账簿原则上每年都应该更换新账簿。年度开始之前，将各账簿上年年终结计的金额，转记到新账簿相应账户的第一页的第一行，并在摘要栏中注明"上年结转"。

（8）订本式账簿都有固定的账页顺序号，不得任意撕毁；活页式账簿也不得随意抽换账页。

第三节 期末账项调整

一、期末账项调整的意义与种类

（一）期末账项调整的必要性

在第一章中我们介绍了收付实现制和权责发生制两种制度，而本教材所学的企业会计是以权责发生制为确认基础的。从权责发生制的观点看，账簿的日常记录还不能确切地反映本期的收入和费用。因为在账簿中的日常记录都是有着具体证据的明显交易，而许多没有明显证据的隐含事项也会对企业的财务状况产生影响，如果不予以揭示而仅根据明显交易产生的会计信息势必不能反映企业经济活动的真实情况。所以，需要在会计期末把这些没有明显证据的隐含事项按照权责发生制进行调整。比如，有些收入款项虽在本期内尚未收到（没有明显交易证据），但按照权责发生制却应归属本期；有些费用虽在本期尚未支付（没有明显交易证据），但却应归属本期。因此，期末账项调整就是按照权责发生制原则，对部分没有明显交易行为却影响本期损益的一些隐含事项进行调整的行为。通过账项调整就能够全面反映某一会计期间内应取得的各项收入和应负担的各项支出，使当期收入和费用相配比，以真实反映会计当期的财务成果。

同时还必须指出，期末进行账项调整，虽然主要是为了在利润表中正确地反映本期的经营成果，但是收入和费用的调整必然影响到有关资产、负债、所有者权益项目发生相应的增减变动。因此，期末账项调整也与比较正确地反映企业期末财务状况密切有关。

至于账项调整为何要等到会计期末进行而不在平时调整，主要有以下两个原因。

（1）一般需要调整的事项都是没有交易行为和交易凭证的，而我们平时的账簿记录都是要根据凭证记录的，这就使得平时无法记录这些事项，也根本不能确定何时应该记录。所以，就规定到会计期末统一对这些跨期项目进行调整，这也符合会计的成本效益原则，即在会计期末统一调整能使会计核算成本较低。

（2）许多需要调整的事项都是与整个会计期间的损益有关的，所以平时不必计算而必须在期末揭示。

（二）期末账项调整的种类

期末账项调整的种类如图 5-3 所示。

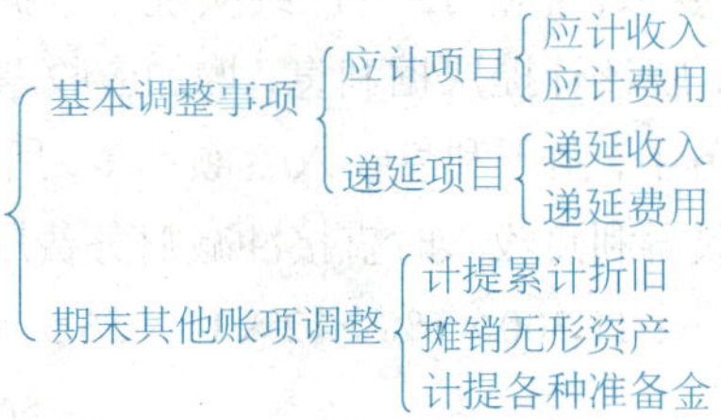

图 5-3　期末账项调整的种类

在期末进行账项调整时需要编制会计分录，称为调整分录。接下来分别介绍这些不同种类的账项调整，主要介绍调整分录的编制。应当注意的是，虽然账项调整是对没有实质交易行为的业务进行调整并编制调整分录，但是与这些调整事项相对应的必然有另外一项有实质交易行为的经济业务。所以，为了对调整事项产生的原因有很好的理解，我们在下文中介绍调整分录编制的同时，也对与之相对应的实质经济业务的会计分录进行编制。

二、应计收入的调整

应计收入又称应收收入，是指本会计期间已实现（或赚取）但尚未收到款项的各项收入，如应收利息、应收租金、应收佣金等。在权责发生制下，对于收入是在它们实现（或赚取）而不是在收到收入款时确认并入账的，所以对于这些已经实现但还没有收取款项的收入，应在会计期末进行调整并确认收入。应收收入的收入赚取和收入款收取是不在同一会计期间的，而且是赚取收入在前、收取款项在后，所以是先有调整分录、后有实质交易的分录。对于应计收入，应通过"应收利息""其他应收款"等账户来反映。应计收入的分录如下：

（1）赚取收入时，作调整分录如下（此时没有明显业务发生）：

借：其他应收款等

  贷：其他业务收入等

（2）收到款项时，编制会计分录如下（此分录不是调整分录，而是与调整分录相对应的实际业务发生时的分录）：

借：银行存款等

  贷：其他应收款等

可见，应计收入的调整一方面增加收入，另一方面又增加资产（其他应收款等是资产类账户）。收入账户于结账时转入"本年利润"账户，这样就可以正确确认当期收入，资产账户则留转到下一个会计期间，待款项收取时再予冲销。

例 5-5：某企业于某年 12 月 1 日销售一批产品给 G 公司，货物已经发出，价款 10 000 元，增值税 1 300 元。收到 G 公司的商业承兑汇票一张，期限为 3 个月，票面利率为 6%。到了年末，因为票据没有到期，所以 G 公司尚未付款，但是按照权责发生制的要求，企业 12 月已经实现了票据利息收入，只不过还没有结算。所以，在年末，应该计提票据利息，增加应收票据的账面价值，另一方面冲减财务费用（在实务中，由于利息收入金额不多，所以一般企业不直接设置利息收入科目，而是在获得利息收入时直接冲减财务费用）。

需要作调整分录如下：$11\,300 \times 6\% \div 12 \times 1 = 56.5$

借：应收票据   56.5

  贷：财务费用   56.5

到次年的 1 月末和 2 月末作一笔相同的调整分录。到了次年的 3 月 1 日收到票据金额时，作如下分录：$11\,300 + 3 \times 56.5 = 11\,469.5$

借：银行存款   11 469.5

  贷：应收票据   11 469.5

要说明的是，应收票据的利息计提可以在月末、季末、半年末或年末进行，但是由于利息收入不多，为了简化核算，平时可以不计提，但是至少在每年年末计提应收票据的利息。

例 5-6：某企业于 7 月 1 日出租一批包装物，按租赁合同约定每月租金 400 元，受租单位可以于年末一次性支付半年的租金。则在 7~11 月份，每个月底都应该作一笔调整分录如下：

借：其他应收款——应收租金   400

贷：其他业务收入　　　　　　　　　　　　　400
　　假如，到了 12 月底企业收到受租单位的半年租金 2 400 元，并存入银行，则作分录如下：
　　借：银行存款　　　　　　　　　　　　　　　2 400
　　　　贷：其他应收款　　　　　　　　　　　　　2 000
　　　　　　其他业务收入　　　　　　　　　　　　400
　　上述分录中的 400 元其他业务收入属于当期实现当期收到的收入。

三、应计费用的调整

　　应计费用，又称应付费用，是指本期已经发生（耗用或受益）但尚未支付现金，应由本期负担的费用，如应付职工薪酬、应付租金、应付利息、应交税费等。这些费用或者要在以后会计期内支付，或者要在本期账项调整后补行支付，都应在期末调整入账，以正确计算本期的费用。应计费用是指费用发生和费用款项的支付不在同一会计期间，而且是发生费用在前、支付款项在后，所以是先有调整分录、后有实质交易的分录。应计费用的内容较多，比较常见的有如下三个项目。

　　1. 应付利息

　　利息费用是企业为借款而付出的代价，贷款人往往是按期或到期收取利息。因此，对于借款人，在借款未到期时往往不需要支付利息。但是，按照权责发生制的要求，企业在会计期间内因使用借款而受益，就已经承担了支付利息费用的义务。所以，在会计期末应将本期已经承担但是尚未支付的利息费用确认入账，计提的利息费用计入"财务费用"或"在建工程"账户的借方。如果借款的目的是企业一般经营所需的，则其利息费用计入"财务费用"；如果借款的目的是为了建造或获得固定资产的，则其利息费用计入"在建工程"。

　　应付利息的分录如下：

　　（1）计提利息费用时，作调整分录如下（这时费用本期已经发生，但却没有支付）：
　　借：财务费用（在建工程）等
　　　　贷：应付利息
　　（2）实际支付已经预提或当期的费用时：
　　借：应付利息
　　　　财务费用
　　　　贷：银行存款

　　例 5-7：某企业 ×× 年 5 月 1 日从银行取得借款 100 000 元，用于企业一般经营周转用，年利率为 12%，借款期限为 6 个月，到期一次还本付息。
　　在 5 月至 10 月的每个月末，企业都应做一笔计提借款利息的费用，因为虽然在这几个月末都不需要支付利息，但实质上利息费用已经发生，必须计入当期的费用。6个月每月末作一笔相同的调整分录如下：

  借：财务费用   1 000（100 000×12%÷12）

   贷：应付利息   1 000

11月1日到期还本付息时：

  借：应付利息   6 000

    短期借款   100 000

   贷：银行存款   106 000

在实务操作中，如果利息费用金额较小，出于重要性原则的考虑，为了简化会计处理，许多企业往往采取事先不计提利息费用，而是于实际支付利息时一次确认几个月的利息费用。如上例中可以这样处理：

在5月1日获得借款时：

  借：银行存款   100 000

   贷：短期借款   100 000

5—10月期间不作任何会计处理；

11月1日还款付息时作如下处理：

  借：财务费用   6 000

    短期借款   100 000

   贷：银行存款   106 000

2. 其他应付款

企业有许多服务费用，是在对方提供服务以后才分次或一次性支付，由此形成企业已受益或享受了服务，但尚未支付服务费的应计费项目，通常用"其他应付款"来反映这类已经享用还未支付的服务等费用。用"其他应付款"账户，以区别于在正常的商品购销交易中形成的一些未付款项（用"应付账款"反映）。其他应付款项目的分录如下：

（1）企业由于享用服务等而发生费用时，作调整分录如下：

  借：管理费用等

   贷：其他应付款

（2）实际支付这些费用时：

  借：管理费用

    其他应付款

   贷：银行存款

例5-8：4月初，某企业向其他企业租入包装物，租金约定每月50元，租期为9个月，租金于年底一次性支付。

则企业于4—11月的每个月末应作一笔调整分录如下：

借：管理费用　　　　　　　　　　　　　50
　　贷：其他应付款　　　　　　　　　　　　50

到了年底，企业一次性以银行存款支付 9 个月（4—12 月）的租金 450 元。则作如下会计分录：

借：其他应付款　　　　　　　　　　　400
　　管理费用　　　　　　　　　　　　　50
　　贷：银行存款　　　　　　　　　　　　450

其中 50 元的管理费用是 12 月份的租金费用，因为作这笔分录时，一般 12 月份的期末账项调整分录还没有作。

3. 应交税费

企业要向国家交纳的税金种类很多，而不同种类的税金国家要求交纳的方式也各不相同。某些税种，国家允许企业于下月初缴纳上月的税额（如消费税等）。由此导致企业已经发生了相应的税金费用，但却还未支付的一些跨期税金项目。有关应交税费的分录如下：

（1）计算确认税金时，作如下调整分录（此时税金已经形成但还未交纳）：

借：税金及附加（其他业务成本）等
　　贷：应交税费

（2）在实际交纳税金时：

借：应交税费
　　贷：银行存款

例 5-9：某企业 ×× 年 8 月份主营业务收入为 100 000 元，消费税税率为 5%，月末计算出本月应交纳的消费税 5 000 元。

8 月末计算应交税金时，作如下调整分录：

借：税金及附加　　　　　　　　　　5 000
　　贷：应交税费——应交消费税　　　　　5 000

9 月初交纳税金时，作如下会计分录：

借：应交税费——应交消费税　　　　5 000
　　贷：银行存款　　　　　　　　　　　5 000

从上述三种应计费用的分析中可以看出，应计费用的调整应一方面确认费用，另一方面增加负债。费用账户于期末结账时转入"本年利润"账户，这样就可以正确确认当期费用；而负债账户，则在支付时再予冲销。

四、递延收入的调整

递延收入又称预收收入，是指在未赚取（实现）收入之前就收到现金并记录为负债的收入。这些收取的款项往往用作日后一项服务（或货品）的交换。例如预收的租金，在收取租金的时候并没有提供给对方租赁服务，只是随着时间的推移，随着服务的提供才逐步地赚取了相应的租金收入。也就是说，在实际赚取收入时，是没有明显的经济业务发生的，需要作调整分录来确认收入。可见，预收收入也是收入赚取与收入款的收取不在同一会计期间，但它是收取款项在前、赚取收入在后，所以是先有实质交易的分录、后有调整分录。对于预收收入通常应设置"合同负债"账户来反映。递延收入的分录如下：

（1）当预先收取收入款项时：

借：银行存款

　　贷：合同负债

（2）随着时间的推移实现收入时：

借：合同负债

　　银行存款（对方可能补付的部分）

　　贷：其他业务收入

例 5-10：某企业对外出租包装物，1 月份从受租单位收到出租包装物的本年度上半年的租金计 7 200 元，存入银行。

则 1 月份收到包装物出租租金时，作如下会计分录：

借：银行存款　　　　　　　　　　　　　7 200

　　贷：合同负债　　　　　　　　　　　　　7 200

以后，从 1 月份到 6 月份，每个月底都应该作一笔调整分录以确认每个月的租金收入如下：

借：合同负债　　　　　　　　　　　　　1 200

　　贷：其他业务收入　　　　　　　　　　　1 200

五、递延费用的调整

递延费用又称预付费用，是指企业本期已经支付，但本期尚未受益而由以后各期受益的费用。递延费用在款项支付以后，随着时间的推移而耗费，这种耗费是没有明显经济业务发生的，需要通过调整分录来确认。递延费用也是费用发生和费用款项的支付不在同一会计期间，但它是支付费用款在前、发生费用在后，所以是先有实质交易的分录、后有调整分录。递延费用的分录如下：

（1）为未来需要耗费的费用支付款项时：

借：预付账款等

　　贷：银行存款

（2）随着时间的推移耗用费用时，需要作如下摊销费用的调整分录：

借：管理费用等

贷：预付账款等

例 5-11：某企业于 1 月 1 日预付本年度 12 个月的管理部门用房屋租金 12 000 元。

则企业在预付 12 个月的租金时，应作如下会计分录：

借：预付账款　　　　　　　　　　　　12 000
　　贷：银行存款　　　　　　　　　　　　12 000

以后 12 个月内于每个月底企业应作一笔确认租金费用的调整分录如下：

借：管理费用　　　　　　　　　　　　 1 000
　　贷：预付账款　　　　　　　　　　　　 1 000

六、估计项目的调整

期末账项调整除了上述四项外，为了正确地计算盈亏，企业还需要按照权责发生制的要求，进行其他账项的调整。例如，一些需要估计的项目，如固定资产的折旧、无形资产的摊销，还有对各种资产的减值准备的计提。

这些相关项目的调整分录都已在前文的相关章节中作了介绍，只是在介绍时我们并不知道它们是调整分录。比如，固定资产折旧的计提作过如下分录：

借：制造费用
　　管理费用
　　贷：累计折旧

显然，这个分录也是期末账项调整分录。

其他各项调整分录此处不再重复说明。

期末对相应的事项进行调整并编制调整分录后，同样需要把调整分录过入到相应的分类账户中，最后结出账户的余额。

第四节　错账的查找与更正方法

在本章的第二节中，我们曾讲到在账簿的登记过程中发生错误不能随便涂改、刮擦等，而应按会计制度中规定的方法进行更正。在这一节中，我们首先介绍如何查找错误，其次介绍错账的更正方法。

一、错账的查找方法

在会计核算工作中，难免会出现错误，对于发生的错误要及时查找出来并加以更正。在第二章中曾经提到：如果试算平衡则账簿记录基本正确，但并不意味着一定正确。这也就说明，会计工作的错误分为两种，一种错误是会破坏试算平衡的，另外一种错误是不会破坏试算平衡的。下面分别介绍这两种错误的查找方法。

(一) 影响试算平衡的错账的查找方法

影响试算平衡的错账的查找方法，如图 5-4 所示。

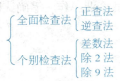

图 5-4　影响试算平衡的错账查找方法

1. 全面检查法

这种方法是指对整个会计工作进行全面检查，即需要把一定时期内的所有账目进行逐笔核对的检查方法。

（1）正查法是指按照记账工作的顺序检查账簿，从原始凭证逐笔查到试算平衡表的方法。先检查记账凭证是否和原始凭证一致；然后，检查记账凭证是否和账簿记录完全一致；再看各个账户结账的计算是否准确；最后，检查结账的发生额和余额是否准确抄入试算表，以及试算表本身借、贷方合计数有无错误。

（2）逆查法是指逆着记账工作的顺序检查账簿，它与顺查法的查找顺序正好相反。先查试算平衡表计算有无错误；然后，查找账户的发生额和余额记入到试算表中是否记错；再逐笔核对记账凭证和账簿是否相符；最后，检查记账凭证是否和原始凭证一致。在实际工作中，逆查法用得比正查法多，因为错误一般在后期工作中容易出现，所以它比正查法更容易发现问题，从而有利于查找，节省时间和精力。

2. 个别检查法

记账错误往往是记账人员偶然疏忽大意造成的，一般来讲，错账不会很多，因此个别检查法比全面检查法更为有用。具体来说，个别检查法有如下三种检查错误的方法：

（1）差数法。记账人员可以根据错账的差数，查找所发生的经济业务和账簿中，有没有业务发生额与错账相同的数字。因为许多错误，如漏记、看错、抄错等最终会导致差数的错误。比如，有一笔发生额是 789 元的业务借方没有计入相应账户（贷方已经计入），这样的错误最后导致试算平衡的差数是 789（假如没有其他错误的情况下）。

（2）除 2 法。记账人员可以用错账的差数除以 2，查找所发生的经济业务和账簿中，有没有业务发生额与除 2 法得到的除数金额相同的业务。因为在实务中，记账人员经常会把账记错方向，这种错误会导致最后的试算平衡差数为漏记金额的两倍。比如，有一笔业务的发生额为 362 元应该记入银行存款的贷方，但是记账人员误记入到银行存款的借方，假设其他都没有错误，则最后试算平衡的差数为 724 元。

（3）除 9 法。如果记账时记账人员把数字的位置写错了，可以用除 9 法来检查。如果用错账的差数除以 9 能被除尽，则可能有两种情况：

① 数字颠倒。这是属于相邻两位数的数码位置颠倒。例如，库存现金账户的余额应为 2 175 元，但抄入试算表时却写成 2 157 元，结果产生 18 元的差异。

② 小数点点错位置或者是数字位移。比如，5 000 误写成 500，8 095 误写成 809.5。

这类错误的差数都能被 9 除尽，用除得的商数查找错误就比较方便。

例 5-12：某企业 ×× 年 5 月份银行存款日记账的记录如表 5-20 所示，表中列示银行存款的期末余额为 66 075.00 元，但是在"银行存款"总分类账上账户的期末余额为 57 934.50 元，两者不相符合，这时候可以用除 9 法快速找到错误。

表 5-20 　某企业 5 月份银行存款日记账

×× 年		摘　要	收　入	付　出	结　余
月	日				
5	1	期初余额			84 000.000
	1	提取现金		400.00	……
	5	出售产品	100 000.00		
	10	归还欠款		93 000.00	
	14	提现，备发工资		28 000.00	
	18	支付修理费		570.00	
	21	收到押金	9 045.00		
	26	收回货款	96 000.00		
	29	支付购料款		101 000.00	
	31	合　计	205 045.00	222 970.00	66 075.00

上述错账的差额 = 66 075 － 57 934.5 = 8 140.5，用此差额除以 9，得到商数为 904.5，而在日记账中正好有一笔发生额是 9 045 元的业务，这时候就应查看是否这笔业务在登记时小数点的位置点错了。具体检查该笔业务的登记，发现 5 月 21 日的业务发生额应该是 904.5 元，在记到日记账时写成 9 045 元了，所以导

致相差不一致。

当然，除 9 法的具体情况比较多，也较复杂，这里就不再详述。

（二）不影响试算平衡的错账的查找方法

凡是影响试算平衡的错误都能够通过试算平衡发现，但并不是所有错误都会破坏试算平衡表。不引起试算平衡破坏的错误也比较多，最常见的有以下两种。

1. 可能重记或漏记了某项会计记录

这种错误不会影响总分类账户发生额和余额试算表的平衡，只是本期发生额不正确。查找时，可以将总分类账户发生额和余额试算表的本期发生额同本期全部记账登记的合计数相核对。如果记账凭证的合计数比试算表的本期发生额小，可能是重记；反之，则可能是漏记。

2. 会计分录中错用了会计科目

这种错误比较难找，要避免这样的错误，必须在编制记账凭证后认真审核，细致小心。查找这类错误的最有效的办法是重新审核每张记账凭证的账户对应关系。

二、错账的更正方法

记账错误的更正方法，一般有三种：划线更正法、红字更正法和补充登记法。下面分别介绍这三种方法适用于什么错误，以及具体更正的步骤。

（一）划线更正法

划线更正法又称为直接更正法，这种更正法适用于如下错误：在记账过程中和结账以前，如果发现账簿记录中数字或文字错误，但记账凭证正确，即纯粹属于从记账凭证记入账簿时的笔误。

在具体更正时，往往分为三个步骤：一是划红线，即先在错误的数字或文字上划一条红色的横线，表示注销；二是进行更正，即在划红线的上方预留空白处用蓝字或黑字填写正确的数字或文字；三是盖章，即在划线处加盖记账员图章，以示负责。

在更正时，要注意两点：一是在划线时对错误的数字要整笔划掉，不能只划去其中一个或几个写错的数字，而对于文字则可以只划去错误的部分，不必将与错误文字相关联的其他文字划去；二是划线后要保持划去的字迹仍可清晰辨认，这是会计改错的原则，以备日后查考。

例 5-13：在从记账凭证记入到账簿时把 7 980 元误记为 7 890 元，不能只划去其中的"89"，改为"98"；而是要把"7 890"全数用红细线划去，并在其上方写上"7 980"，然后盖章。列示如下：

7 980

~~7 890~~（在错误处由记账人员盖章）

如将正确的数字误认为是错误的加以改正了，这时如经检查发现，就应将错误数字划销，用红笔在正确的数字两旁各画"Δ"表示正确，并在错误处盖章。

如果记账凭证中的文字或数字发生错误，在未登账之前，也可以用划线更正法更正。

（二）红字更正法

红字更正法又称为红字冲账法，这种更正法适用于两种情况的错误：

（1）如果发现记账凭证中的会计分录应借、应贷的账户或金额有错误并已登记入账，可用红字更正法进行更正。

（2）发现记账凭证和账簿记录中的账户（或会计科目）没有错误，只是金额错了，并且错误金额大于正确金额。

在具体更正时，往往分为两个步骤：首先，用红字金额编制一张与错误凭证会计分录相同的记账凭证，并在凭证"摘要"栏中注明"冲销某月某日的错账"，并用红字金额把该记账凭证记入有关账簿，以冲销原来的错误记录；然后，再用蓝字编制一张正确会计分录的记账凭证，在"摘要"栏中注明"更正某月某日错账"，并据以记入有关账簿。现就这种方法适用的两种错误分别举例说明。

例 5-14： 企业从银行存款中支付采购材料款 1 200 元，在编制记账凭证时应借记"在途物资"账户，但是误写为借记"管理费用"账户，并已经登记入账。

原错记的会计分录如下：

借：管理费用　　　　　　　　　　　　1 200
　　贷：银行存款　　　　　　　　　　　　1 200

现用红字更正法更正如下：

先用红字金额编一张会计分录与错误凭证相同的记账凭证，并据以记账，以冲销原错误记录（加方框的数字表示红字，下同）：

借：管理费用　　　　　　　　　　　　|1 200|
　　贷：银行存款　　　　　　　　　　　　|1 200|

再用蓝字金额编制一张正确会计分录的记账凭证，并据以登记账簿：

借：在途物资　　　　　　　　　　　　1 200
　　贷：银行存款　　　　　　　　　　　　1 200

这样，通过两张记账凭证结合，就更正了原来错误的记录。更正过程在账簿中的反映在此省略。

前面提到，如果发现原编记账凭证中应借、应贷账户虽然没有错误，但所写金额大于正确的金额，也可用红字更正法进行更正。举例如下。

例 5-15： 企业向供货单位赊购商品一批，共计 8 000 元，原编记账凭证中误写为 80 000 元，并已登记入账。

原错记的会计分录如下：

借：库存商品　　　　　　　　　　　　　80 000
　　贷：应付账款　　　　　　　　　　　　　　80 000

现用红字更正法更正如下：

发现上述记账错误时，可将多记的 72 000 元用红字金额编制记账凭证，从原记数中冲销如下：

借：库存商品　　　　　　　　　　　　　72 000
　　贷：应付账款　　　　　　　　　　　　　　72 000

上述记账凭证过账后，"库存商品"和"应付账款"账户中的错误数字被冲掉 72 000 元后自然剩余 8 000 元了，更正目的也就达到了。

（三）补充登记法

这种方法适用于如下错误：在记账以后、结账以前，如果发现原编记账凭证中应借、应贷会计科目虽然没有错误，但是金额错了，并且错误金额小于正确的金额。

补充登记法是利用同方向蓝色金额相加关系的原理，所以在更正时，只要再补充编制一张少记金额的记账凭证，并且在记账凭证的"摘要"栏中注明"补记某月某日的金额"，将其补记入账。

例 5-16： 企业购买固定资产，价款、税款和运费共计 65 000 元，已经通过银行存款支付，原编记账凭证中把金额误写为 56 000 元，并已登记入账。

原错记的会计分录如下：

借：固定资产　　　　　　　　　　　　　56 000
　　贷：银行存款　　　　　　　　　　　　　　56 000

现用补充登记法更正如下：

当发现上述记账错误时，可将少记的 9 000 元再编一笔会计分录如下：

借：固定资产　　　　　　　　　　　　　9 000
　　贷：银行存款　　　　　　　　　　　　　　9 000

通过补编记账凭证后，错误自然就更正了，即正确的凭证是由两张凭证的金额合计组成的。

现对上述更正方法的适用情况，归纳如图 5-5 所示（图中，√表示正确，×表示错误）。

此外，对于重复记录的错误可以比照红字更正法更正，而漏记的错误可以比照补充登记法进行更正。在实务中，许多企业采用电子计算机进行会计核算，根据记账凭证登记账簿的工作由计算机自动完成，不存在笔误问题，所以也就不需要用划线更正法。其他更正方法与手工记账类似，只是记账凭证或账簿中的红字金额在计算机中是用负数表示的。

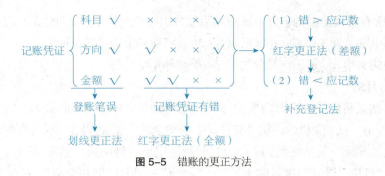

图 5-5 错账的更正方法

第五节 | 结账和对账

企业的经济活动是连续不断的，为了总结某一会计期间的经济活动的情况，考核财务成果，必须使各种账簿的记录保持完整和正确，以便编制会计报表。为此，必须定期进行结账和对账工作。

一、结账

所谓结账是指在会计期末结算、登记每个账户本期发生额和期末余额的账务处理工作，包括虚账户的结清和实账户的结转，为编制会计报表做好准备。

在结账前，应将本会计期间内所发生的所有业务全部登记入账，并检查是否有漏记、重记、错记的经济业务。对于本期内发生的记账错误要及时更正；期末需要调整的事项要及时调整，不要因急于结账而漏记调整事项。

结账工作的内容包括以下三方面。

（一）结转成本类账户

对于成本类账户，一般需要在会计期末进行结转，如制造费用账户的分配、完工产品生产成本的结转。具体的结转分录已在第三章中介绍过，此处不再重复。

（二）虚账户（收入、费用类账户）的结清

在第三章中，我们介绍了收入和费用类账户结转到"本年利润"账户的结转分录，其实这就是期末的结账工作之一。通过这一结账工作，我们就可以直接根据"本年利润"账户的情况了解本期的利润或亏损，最后再把"本年利润"中的数额结转到"利润分配"账户。具体的结转分录也已在第三章中介绍过，此处不再重复。

（三）实账户的结转

在会计期末，把所有的经济业务都登记到相应的账户后，应该把各个资产、

负债、所有者权益类的总分类账户和明细分类账户进行结账,即分别结出它们的本期发生额及期末余额,并加以画线,然后将期末余额结转下期。

在实务中,结账工作又分为月结、季结和年结三种。

1. 月结

月结是将借贷双方月内发生额合计数用蓝字填到账页中的最末一行记录的下一行,在"摘要"栏内注明"本月发生额和余额",然后再在"本月发生额和余额"行之下画一条单红线,以表示本期账簿记录已经结束。紧接一行或另起一页,在"日期"栏填写次月的 1 日,在"摘要"栏注明"期初余额",并在"金额"栏将上月月末余额转为本月的期初余额。次月份的经济业务,即可在期初余额以下继续登记。

2. 季结

季结的结账方法与月结相同,但在"摘要"栏中注明"本季发生额和余额"。

3. 年结

年度结账时,应在 12 月份的月结下面结算并填列全年 12 个月的月结发生额和年末余额,如果没有余额,在"余额"栏内写上"平"或"0"符号;同时,应在"摘要"栏内注明"本年累计"或"全年发生额及余额"字样,并在下面画双红线便是封账。结账时,可在上年账户最后一笔记录的下一行"摘要"栏内,注明"结转下年"字样,在下年度新开的账户第一行填写日期 1 月 1 日,在"摘要"栏中注明"上年结转"字样,并记入余额。上年为借方余额的,结转至下年仍为借方余额;贷方余额亦同。

二、对账

所谓对账,简单地说就是对账簿记录进行的核对工作。对账工作的内容一般包括以下三个方面。

(一)账证核对

账证核对,是指根据账簿记录与据以记账的记账凭证及其所附的原始凭证进行核对。

(二)账账核对

账账核对,是指各种账簿之间的有关数字相互核对符合。具体内容包括:

(1)企业所有的总分类账户的本期借方发生额合计数与贷方发生额合计数,期末借方余额合计数与贷方余额合计数分别核对相符。

(2)各个总分类账户期末余额与其所属的有关明细分类账各账户余额的合计数应核对相符。

(3)现金和银行存款日记账的余额与总分类账各账户余额应核对相符。

(4)会计部门有关财产物资的明细分类账余额,应该同财产物资保管或使用部门的保管账的结存数核对相符。

（三）账实核对

账实核对，是指各种账簿记录与各项财产物资、货币资金等实有数核对相符。具体内容包括：

（1）现金日记账的余额与库存现金核对相符。

（2）银行存款日记账的记录与银行对账单核对相符。

（3）财产物资明细账的结存数与财产物资实存数核对相符。

（4）各种应收、应付款明细账的账面余额与有关债务、债权单位的账目核对相符。

有关账实核对的具体核对方法我们将在第六章中进行讲述。

第六节 会计循环和记账程序

前面各章节我们已经学习了账户设置和复式记账两个基本会计核算方法，并进行了试算平衡；我们还学习了各种凭证、账簿的应用，以及如何根据凭证登记账簿；学习了在会计期末如何进行账项调整和结账；在第七章我们将学习如何编制会计报表。在实际工作中，这些具体的会计方法是按一定的程序完成的。我们将这种按一定的程序始于期初、终于期末，并循环往复、周而复始进行的会计处理程序称为会计循环。在会计循环中如何把上述各环节结合起来，不同的结合方式就形成了不同的记账程序。

一、会计循环

图5-6所示是一个典型的会计循环图。

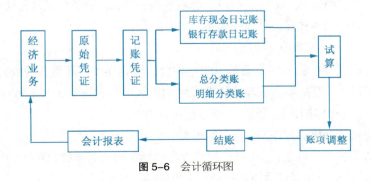

图 5-6 会计循环图

在图 5-6 中可以看出，在一个会计循环中一般有这样一些步骤：

（1）根据发生的业务获得原始凭证。

（2）根据获得的原始凭证编制记账凭证。

（3）根据记账凭证登记账簿。

（4）根据账簿资料编制调整前试算表。

（5）期末进行账项调整。

（6）期末进行会计结账。

（7）最后编制会计报表。

其中，前面三个步骤是平时工作，后面四个步骤都是期末工作。当然，在整个会计循环中，并不是简单地沿着图 5-6 中的路线行进，而是往往有所反复。比如，在进行账项调整工作中，编制完调整分录后，又回到填制记账凭证这一步，把调整分录也登记到账簿中，然后再编制调整后的试算表。又比如，结账工作也可以在编制完会计报表后再进行。由此可见，图 5-6 只是一个比较有代表性的会计循环的主线图，在实务中真正的会计循环工作是极其复杂的，不是这么一个简单的图所能描述的。

从图 5-6 中可以看出，会计循环要经过许多环节，每一个环节都有专门的方法。但是，不同的企业对各个环节的组合可以有不同的方式和路线，这就形成了不同的记账程序。

二、记账程序

记账程序是指图 5-6 中各个环节有机结合的方法和步骤，也称账务处理程序或会计核算程序。

不同的企业业务性质不同，组织规模不同，需要设置的凭证、账簿的格式和种类也不同。因此，应根据各自的实际情况和具体条件，把凭证、账簿、报表合理地组织起来，设计并实施适应本单位经济业务特点的记账程序。

我国企业采用的记账程序主要有以下四种：一是记账凭证核算程序；二是汇总记账凭证核算程序；三是科目汇总表核算程序；四是多栏式日记账核算程序。现分别对这四种核算程序简述如下。

（一）记账凭证核算程序

记账凭证核算程序是最基本的一种会计核算程序。其他各种核算程序都是在此基础上，根据经济管理的需要发展而形成的。记账凭证核算程序的最大的特点是：直接根据记账凭证，逐笔登记总分类账。

记账凭证核算程序的流程，如图 5-7 所示。

从图 5-7 中可见，记账凭证核算程序包括下列一些步骤（图中的序号）：

① 根据原始凭证或原始凭证汇总表编制记账凭证。

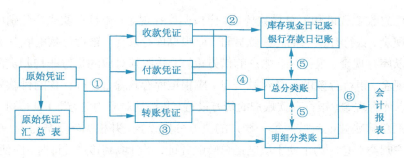

图 5–7 记账凭证核算程序的流程

② 根据收款凭证和付款凭证登记库存现金、银行存款日记账。
③ 根据原始凭证、原始凭证汇总表或记账凭证,逐笔登记各种明细分类账。
④ 根据各种收、付、转三类记账凭证逐笔登记总分类账。
⑤ 将日记账、明细账的余额定期与总分类账中相应账户的余额进行核对。
⑥ 期末,根据总分类账和明细分类账户的记录,编制会计报表。

采用记账凭证核算程序,总分类账可以比较详细地记录和反映经济业务的发生情况,但由于登记总账是依据各记账凭证逐笔登记的,所以使得登记总账的工作量较大。因此,在传统的手工记账下,这种记账凭证核算程序适用于规模较小、经济业务较为简单的企业。但是,在现代企业广泛用电算化会计的情况下,由于根据记账凭证登记总分类账是由计算机进行的,不存在工作量大的问题,所以这种记账凭证核算程序目前广泛运用于各类企业的电算化会计中。

(二)汇总记账凭证核算程序

汇总记账凭证核算程序的最大特点是根据汇总记账凭证登记总分类账。
汇总记账凭证核算程序的流程,如图 5-8 所示。

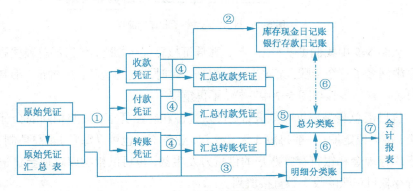

图 5–8 汇总记账凭证核算程序的流程

从图 5-8 中我们可以看出,与记账凭证核算程序相比,汇总记账凭证核算程序中间多了一个步骤:第④步——根据一定时期内的全部记账凭证,汇总编制汇总收款凭证、汇总付款凭证和汇总转账凭证。其他步骤与图 5-7 中一样,不再重复。

汇总收款凭证和汇总付款凭证,应按照库存现金、银行存款账户分别填制。库存现金、银行存款的汇总收款凭证,应根据库存现金、银行存款的收款凭证,分别以库存现金、银行存款账户的借方设置,并按其对应的贷方账户归类汇总。库存现金、银行存款的汇总付款凭证,应根据库存现金、银行存款的付款凭证,分别以库存现金、银行存款账户的贷方设置,并按其对应的借方账户归类汇总。

汇总转账凭证应按照每一账户的贷方分别设置,并根据转账凭证对应的借方账户归类汇总。为了便于填制汇总转账凭证,平时填制转账凭证时,应使账户的对应关系保持一借一贷或多借一贷(即贷方只有一个科目,便于按照贷方科目设置汇总转账凭证)。

汇总记账凭证核算程序可以大大简化登记总账的工作量,所以适用于规模较大、业务较多的企业。

(三)科目汇总表核算程序

科目汇总表核算程序的最大特点是根据科目汇总表登记总分类账。

科目汇总表核算程序的流程,如图 5-9 所示。

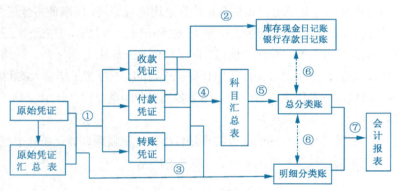

图 5-9 科目汇总表核算程序的流程

从图 5-9 中我们可以看出,与记账凭证核算程序相比,科目汇总表核算程序也是中间多了一个步骤:第④步——根据一定时期内的全部记账凭证,编制科目汇总表。其他步骤与图 5-7 中一样,不再重复。

科目汇总表是根据收款凭证、付款凭证和转账凭证,按照相同的会计科目归类,每天或定期(一般每隔 5 天或每旬,业务不多也可以每月)汇总填制一张。对于库存现金和银行存款账户的借贷方发生额,也可以根据库存现金日记账和银行存款日记账的收支数直接填列。

科目汇总表的作用与汇总记账凭证相似,都是为了减少登记总账的工作量。但是,两者的结构不同,填制方法也不同。汇总记账凭证是以每一账户的贷方(或借方),分别按与其相对应的借方(或贷方)账户汇总一定时期内的借方(或贷方)发生额;而科目汇总表则是定期汇总每一账户的借方、贷方发生额,并不按对应账户进行汇总，全部账户的本期借方、贷方发生额可以汇总在同一张汇总表中。因此，汇总记账凭证能够反映各账户的对应关系；而科目汇总表则不能反映这种关系，所以也就不能据以了解经济业务的内容。

科目汇总表核算程序，同样可以简化登记总账的工作量，所以可以适用于经济业务量较多的企业。

（四）多栏式日记账核算程序

多栏式日记账核算程序的最大特点是直接根据库存现金日记账和银行存款日记账登记总分类账。

多栏式日记账核算程序的流程，如图 5-10 所示。

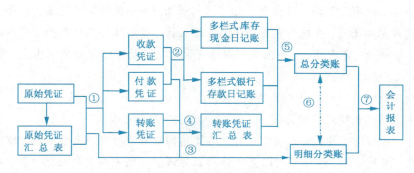

图 5-10　多栏式日记账核算程序的流程

从图 5-10 中我们可以看出，与记账凭证核算程序相比，多栏式日记账核算程序中的库存现金日记账和银行存款日记账采用的是多栏式，然后根据多栏式库存现金和银行存款日记账以及转账凭证汇总表直接登记总分类账。其他步骤与记账凭证核算程序图 5-7 中一样，也不再重复。

在这种记账凭证核算程序下，由于库存现金日记账、银行存款日记账都按其对应账户设置专栏，具备了库存现金、银行存款日记账收款凭证、付款凭证科目汇总表的作用，在月终就可以直接根据这些日记账的本月收付发生额和各对应账户的发生额的合计数登记总分类账。登记时，根据多栏式日记账借方合计栏的本月发生额，记入总分类账现金和银行存款账户的借方，并根据收入栏对应贷方科目的本月发生额，记入总分类账各有关账户的贷方；根据多栏式日记账贷方合计栏本月发生额，记入总分类账库存现金和银行存款账户的贷方，并根据支出栏对应借方科目的发生额，记入总分类账户各有关账户的借方。对于转账业务，则根据转账凭证汇总表登记总账。

这种记账程序的优点是可以简化总账的记账工作；缺点是在业务较为繁琐时，日记账的专栏栏次较多，账页庞大，因而不便于登记。所以，多栏式日记账核算程序适用于运用会计科目少、业务量小的单位。

从上述四种核算程序的流程图中可以看出，它们之间的主要区别就在于登记总分类账的依据和方法不一样,每种记账程序的名称也是根据登记总账的依据来命名的。在记账凭证核算程序下,是直接根据各记账凭证逐笔登记总分类账的;在汇总记账凭证核算程序下,是根据汇总记账凭证登记总分类账的;在科目汇总表核算程序下,是根据科目汇总表登记总分类账的;在多栏式日记账核算程序下,是根据多栏式日记账登记总分类账的。

本章小结

会计凭证是记载经济业务、明确经济责任并作为记账依据的书面证明,包括原始凭证和记账凭证。原始凭证是经济业务的最基本证明,直接影响着会计记录的质量。原始凭证在记账前必须经严格的审核以确保其合法性、合规性、真实性、正确性和完整性。记账凭证是根据原始凭证由会计部门填制的,主要分为收款凭证、付款凭证和转账凭证。

会计账簿是分类、连续反映和控制经济活动的工具。账簿按用途不同分为日记账、分类账、备查账和日记总账。登记账簿必须按制度规定进行。

在会计期末,还必须对一些影响本期损益而没有明显业务发生的事项进行账项调整。账项调整主要有应计收入、应计费用、递延收入、递延费用以及估计项目的调整。账项调整的分录,最后也应登记到相应的账簿中。同时,在会计期末还需要进行结账和对账。结账包括成本类账户的结转、虚账户的结清和实账户的结转。对账包括账证核对、账账核对和账实核对。

在结账以后,可能会发现某些总分类账户的余额与日记账余额不一致,或者试算表不平衡等,这时候必须要查找错误。查找错误的方法有全面查找法和个别查找法。对于发现的错误需要用会计制度规定的方法进行更正,更正的方法有划线更正法、红字更正法和补充登记法。

不同的企业有不同的记账程序,目前比较常用的有记账凭证核算程序、汇总记账凭证核算程序、科目汇总表核算程序和多栏式日记账核算程序。

课后练习题

一、单项选择题

1. 会计凭证按其（　　）不同,可以分为原始凭证和记账凭证。
   A. 填制的方法　　　　　　　　B. 取得来源
   C. 填制的程序和用途　　　　　D. 反映经济业务的次数

2. 用转账支票支付前欠货款，应填制（　　）。

A. 转账凭证　　　　　　　　B. 收款凭证

C. 付款凭证　　　　　　　　D. 原始凭证

3. 差旅费报销单属于（　　）。

A. 记账凭证　　　　　　　　B. 自制原始凭证

C. 外来原始凭证　　　　　　D. 累计凭证

4. 库存现金日记账和银行存款日记账应采用（　　）。

A. 订本式　　　　　　　　　B. 活页式

C. 三栏式　　　　　　　　　D. 卡片式

5. 活页式账簿和卡片式账簿可适用于（　　）。

A. 库存现金日记账　　　　　B. 备查账簿

C. 普通日记账　　　　　　　D. 明细分类账

6. 下列会计科目，一般采用三栏式明细账格式的是（　　）。

A. 生产成本　　　　　　　　B. 管理费用

C. 原材料　　　　　　　　　D. 应付账款

7. 登记明细账的依据（　　）。

A. 一定是记账凭证

B. 一定是原始凭证

C. 一定是汇总记账凭证

D. 是记账凭证和原始凭证

8. 会计人员在结账前发现，在根据记账凭证登记入账时，误将600元写成6 000元，而记账凭证无误，应采用（　　）进行更正。

A. 补充登记法　　　　　　　B. 划线更正法

C. 红字更正法　　　　　　　D. 横线登记法

9. 各种会计核算程序的主要区别是（　　）。

A. 填制会计凭证的依据和方法不同

B. 登记总账的依据和方法不同

C. 编制会计报表的依据和方法不同

D. 登记明细账的依据和方法不同

10. 全部经济业务在总分类账簿中逐笔登记的账务处理程序是（　　）。

A. 记账凭证账务处理程序

B. 科目汇总表账务处理程序

C. 汇总记账凭证账务处理程序

D. 多栏式日记账账务处理程序

二、判断题

1. 一次凭证是指只反映一项经济业务的凭证,如"领料单"。（   ）
2. 根据一定期间的记账凭证全部汇总填制的凭证,如"科目汇总表"是一种累计凭证。（   ）
3. 转账凭证是用于不涉及库存现金和银行存款收付业务的其他转账业务所用的记账凭证。（   ）
4. 订本式账簿是指在记完账后,把记过账的账页装订成册的账簿。（   ）
5. 序时账簿就是库存现金日记账和银行存款日记账。（   ）
6. 序时账簿可以用来登记全部经济业务,也可以用来登记某一类经济业务。（   ）
7. 科目汇总表不仅是登记总账的依据,而且根据科目汇总表可以了解企业资金运动的来龙去脉。（   ）
8. 在各种记账程序中,原始凭证都不能直接用来登记总账和明细账。（   ）
9. 同一个企业可以同时采用几种不同的账务处理程序。（   ）
10. 在填制记账凭证时,误将 9 800 元记为 8 900 元,并已登记入账。月终结账前发现错误,更正时应采用划线更正法。（   ）

三、多项选择题

1. 限额领料单同时属于（   ）。
   A. 原始凭证　　　　　　B. 记账凭证　　　　　　C. 累计凭证
   D. 一次凭证　　　　　　E. 自制凭证
2. 记账凭证按适用经济内容的不同,可分为（   ）。
   A. 收款凭证　　　　　　B. 付款凭证　　　　　　C. 单式记账凭证
   D. 复式记账凭证　　　　E. 转账凭证
3. 付款凭证的借方科目可能为下列（   ）科目。
   A. 银行存款　　　　　　B. 应付账款　　　　　　C. 在途物资
   D. 管理费用　　　　　　E. 预付账款
4. 数量金额式明细分类账的账页格式适用于（   ）。
   A. 库存商品　　　　　　B. 生产成本　　　　　　C. 材料采购
   D. 原材料　　　　　　　E. 管理费用
5. 账簿按其用途,可以分为（   ）。
   A. 序时账簿　　　　　　B. 订本账簿　　　　　　C. 分类账簿
   D. 联合账簿　　　　　　E. 备查账簿
6. 在采用汇总记账凭证核算程序时,编制记账凭证的要求是（   ）。
   A. 收款、付款和转账凭证均可一借一贷
   B. 转账凭证可一借多贷

C. 转账凭证可一贷多借

D. 收款凭证可一借多贷

E. 付款凭证可一贷多借

7. 登记总分类账的根据可以是（   ）。

A. 记账凭证

B. 汇总记账凭证

C. 科目汇总表

D. 多栏式库存现金、银行存款日记账

E. 日记总账

8. 下列属于期末账项调整分录的是（   ）。

A. 借：预付账款
   　　贷：银行存款

B. 借：制造费用
   　　贷：预付账款

C. 借：资产减值损失
   　　贷：坏账准备

D. 借：其他业务成本
   　　贷：应交税费

E. 借：管理费用
   　　贷：累计折旧

F. 借：预收账款
   　　贷：银行存款

四、计算实务题

1. 某企业某年 4 月 30 日银行存款日记账的余额为 80 000 元，库存现金日记账的余额为 4 000 元。

5 月份发生涉及银行存款和库存现金的业务如下：

（1）3 日，从银行借入一年期借款 50 000 元存入银行（银收 501）。

（2）4 日，从银行提取库存现金 3 000 元（银付 501）。

（3）7 日，暂付职工——王某差旅费 1 500 元（现付 501）。

（4）8 日，销售货款 50 000 元存入银行（银收 502）。

（5）12 日，职工王某出差回来报销，共发生出差费用 1 800 元（现付 502）。

（6）15 日，用银行存款支付购买材料款 13 000 元（银付 502）。

（7）18 日，收取职工张某赔偿金库存现金 900 元（现收 501）。

（8）25 日，用银行存款支付职工工资 12 000 元（银付 503）。

（9）28 日，用银行存款归还短期借款 40 000 元（银付 504）。

（10）30 日，用银行存款上缴各项税金 2 000 元（银付 505）。

（11）31 日，用库存现金 1 000 元支付罚款支出（现付 503）。

要求：登记银行存款日记账和库存现金日记账（三栏式）。

2. 某企业某年底调整前和调整后试算表中的某些项目的余额如下：

账　户	试算表		调整后试算表	
	借　方	贷　方	借　方	贷　方
应付职工薪酬				800
预付账款	2 800		2 000	
其他应收款——应收租金	580		1 900	
应付利息		600		1 000
累计折旧		3 600		4 800
应交税费——应交增值税		0		500

又知该企业该年账项调整前的利润为 9 000 元，又已知与账项调整有关的项目都在上表中。

要求：编制引起上述账户余额变化的调整分录，并计算调整后企业的年利润（编制调整分录时，收入、费用类会计科目不需要写出确切科目名称，只要写明是收入或费用即可。另外，假设应付的工资都计入费用）。

3. 某企业将账簿记录与记账凭证进行核对时，发现下列各项经济业务的凭证内容或账簿记录为：

（1）开出支票一张 900 元，支付管理部门零星开支，原编制的记账凭证为：

借：管理费用　　　　　　　　　　　900
　　贷：库存现金　　　　　　　　　900

（2）签发转账支票 6 000 元，预付后三季度报刊订阅费，原编制的记账凭证为：

借：预付账款　　　　　　　　　　　600
　　贷：银行存款　　　　　　　　　600

（3）签发转账支票 3 000 元，预付后三季度房租，原编制的记账凭证为：

借：预付账款　　　　　　　　　　6 000
　　贷：银行存款　　　　　　　　6 000

（4）用库存现金支付管理部门零星购置费 78 元，原编制的记账凭证为：

借：管理费用　　　　　　　　　　　78
　　贷：库存现金　　　　　　　　　78

记账时，库存现金付出栏记录为 87 元。

（5）结转本月主营业务收入 85 000 元，原编记账凭证的会计分录为：

借：本年利润　　　　　　　　　58 000

　　　　　贷：主营业务收入　　　　　　　　　　58 000

要求：判断上列各项经济业务的账务处理有无错误，如有错误请运用适当的方法予以更正。

4. 某企业"管理费用"总分类账户 5 月 24 日有借方余额 30 000 元，5 月 25—31 日发生下列有关经济业务：

（1）以银行存款支付行政管理部门的办公用品费 5 000 元。

（2）以库存现金 1 000 元给采购员报销差旅费。

（3）某职工被查出因私事打长途电话费 150 元，交回库存现金（前已报销）。

（4）摊销应由本月负担的管理部门报刊杂志费 800 元。

（5）月末，以银行存款支付 5 月份管理人员的工资 8 000 元。

（6）月末结转本月发生的管理费用 44 650 元。

要求：（1）根据以上经济业务编制会计分录，并说明其应编入何种汇总记账凭证。

　　　（2）根据汇总记账凭证登记"管理费用"总分类账户（T 型账户），并写明摘要。

5. 某企业 ×× 年 4 月 1—10 日发生的有关经济业务，已编制会计分录如下：

（1）借：生产成本　　　　　　　　　40 000
　　　贷：原材料　　　　　　　　　　　40 000

（2）借：制造费用　　　　　　　　　　 160
　　　贷：库存现金　　　　　　　　　　　 160

（3）借：制造费用　　　　　　　　　 2 000
　　　　管理费用　　　　　　　　　　 500
　　　贷：原材料　　　　　　　　　　　2 500

（4）借：应交税费　　　　　　　　　 5 800
　　　贷：银行存款　　　　　　　　　　5 800

（5）借：银行存款　　　　　　　　　 3 900
　　　贷：应收账款　　　　　　　　　　3 900

（6）借：管理费用　　　　　　　　　　 180
　　　　其他应收款　　　　　　　　　 200
　　　贷：库存现金　　　　　　　　　　　 380

（7）借：生产成本　　　　　　　　　50 000
　　　　制造费用　　　　　　　　　 4 000
　　　贷：原材料　　　　　　　　　　　4 000

（8）借：销售费用　　　　　　　　　 7 600
　　　贷：原材料　　　　　　　　　　　7 600

要求：根据所提供的资料，分别填制下面的科目汇总表和汇总转账凭证。

汇总转账凭证

××年4月

贷方账户：

借方账户	金　额			
	1—10日	11—20日	21—30日	合　计
		略	略	略
	略			
合　计				

科目汇总表

××年4月1—10日

会计科目	本 期 发 生 额	
	借　方	贷　方
合　计		

财产清查

本章学习目的

通过本章学习,要求了解财产清查的概念、必要性和种类,以及各种材料物资、货币资金和往来款项的清查方法;重点掌握存货的盘存制度,以及财产清查结果的财务处理。

第一节 财产清查的概述

一、财产清查的意义和种类

（一）财产清查的概念

财产清查是指通过实地盘点、核对、查询等清查方法,确定各项财产物资、货币资金和债权债务的实际结存数,并与账面结存数核对,以查明账实是否相符的一种会计核算的专门方法。财产清查不但是会计核算的一种重要方法,而且也是财产物资管理的一项重要制度。通过财产清查,可以发现账实是否相符,明确账实不符的原因;通过对财产清查结果的处理,可以做到账实相符,明确责任,进一步建立健全财产物资的管理制度,确保企业财产的完整无损。

(二) 财产清查的意义

1. 引起账实不符的原因

准确反映财产物资和债权债务的真实情况,是会计核算的基本原则,也是经济管理对会计核算的客观要求。在实际工作中,财产物资的账簿记录与财产物资的实存数有时是不相符的。造成账实不符的原因是多方面的,有工作上的差错,有外界的影响;有些是可以避免的,有些是不能完全避免的。一般说来,造成账实不符主要有以下六方面的原因:

(1) 财产物资在保管中,有时会发生自然损耗。

(2) 财产物资在保管中,有时会发生因水灾、火灾、风灾等自然灾害造成的损失。

(3) 在财产物资的收发过程中,有时可能发生错收、错付、计量检验不准确等情况,从而使原始凭证填列的数字与实际情况不相符。

(4) 因财产物资的各种管理制度尚未建立或健全,或者财产物资管理人员玩忽职守所造成的财产物资的破损、变质或短缺。

(5) 会计记账工作或计算上可能出现的差错。

(6) 不法分子的贪污盗窃、营私舞弊等。

除上述原因所造成的财产物资在数量、质量上的账实不符以外,还存在各种隐性的账实不符情况。对这些隐性的账实不符情况,也应进行认真清查。例如,由于企业经营管理不善,或由于企业外部环境的变化,所产生的某些财产物资虽然数量上账实相符,但已明显地产生了价值的贬低;再如,有些应收款项因长期未经清偿而变为呆账或坏账;等等。

不管是数量上的账实不符,还是隐性的账实不符,都要及时进行清查,以发现问题、调整账簿记录、做到账实相符,并且进一步明确账实不符的原因和责任,建立健全财产物资管理制度。

2. 财产清查的意义

(1) 通过财产清查,保证会计核算资料真实可靠。通过财产清查,进行账面结存与实际结存的对比,以揭示库存财产物资的溢缺情况;同时,及时调整账面记录,保证账实相符,以保证会计核算资料的真实可靠,提高会计资料的有用性。

(2) 通过财产清查,健全财产物资保管制度,保护财产物资安全。通过财产清查,一旦发现库存财产物资的溢缺,要及时明查原因,明确责任。如果是由于管理制度不善造成的财产物资的溢缺,应及时修订和健全制度,明确经济责任,改进财产物资的保管工作;如果是由于营私舞弊、贪污盗窃等不法行为引起的财产物资的短缺,应彻底追查责任,严肃处理。

(3)通过财产清查,可以挖掘库存潜力,改善库存结构。通过财产清查,可以发现财产物资的积压、呆滞等情况,对此类库存财产物资应及时提出处理意见,报经企业领导批准,及时处理,以改善库存财产物资的结构,提高耗用和销售的适应性,节约资金占用,加速资金周转。

(4)保证结算制度的贯彻执行。在财产清查中,对于债权债务等往来结算账款,要与对方逐一核对清楚,对于各种应收、应付账款应及时核算,已确认的坏账要按规定处理,避免长期拖欠和常年挂账,共同维护结算纪律和商业信用。

(三)财产清查的种类

1. 全面清查和局部清查

财产清查按其清查的对象和范围,可分为全面清查和局部清查。

(1)全面清查。全面清查就是对属于本单位或存放在本单位的所有实物财产、货币资金和各项债权债务进行全面盘点和核对。全面清查的内容较多、范围较广,所以投入的人力较大,花费的时间较长。

一般是以下三种情况,需要进行全面清查:

① 年终决算之前,为确保年度会计报表的真实性,要进行一次全面清查。

② 单位撤销、合并或改变隶属关系,以及主要负责人调离工作时要进行一次全面检查,以明确经济责任。

③ 在核实资金定额或开展清仓查库时,也需要进行全面清查,以摸清家底,准确核定资金,保证正常生产资金需要。

(2)局部清查。局部清查就是根据管理的需要或依据有关规定,对部分实物财产、债权债务进行盘点和核对。局部清查相对于全面清查而言,需要投入的人力少,花费的时间短,但清查的范围小。在下列五种情况下,需进行局部清查:

① 对于流动性较大的物资,如材料、在产品、产成品等,除了年度清查外,年内还要轮流盘点或重点清查。

② 对于各种贵重物资,每月都应清查盘点一次。

③ 对于现金,每日终了,应由出纳员自行清点。

④ 对于银行存款和银行借款,每月要同银行核对一次。

⑤ 对于债权、债务,每年应与对方单位核对至少一至两次。

2. 定期清查和不定期清查

财产清查按其清查的时间划分,可分为定期清查和不定期清查。

(1)定期清查。定期清查就是根据预先计划安排的时间对财产所进行的清查。这种清查一般在财产管理制度中予以规定,通常在年末、季末或月末结账前进行。

（2）不定期清查。不定期清查就是根据需要进行的临时清查。不定期清查通常在以下四种情况下进行：

① 更换财产物资保管员和现金出纳员时；

② 发生非常损失时；

③ 有关单位对本企业进行审计查账时；

④ 企业关、停、并、转、清产核资、破产清算时。

3. 内部清查和外部清查

财产清查按其清查的执行单位不同，可分为内部清查和外部清查。

（1）内部清查。内部清查就是由本企业的有关人员对本企业的财产所进行的清查。这种清查也称自查。大多数财产清查，都是内部清查。内部清查应按照实际情况和具体要求加以确定：可以是全面清查，也可以是局部清查；可以是定期清查，也可以是不定期清查。

（2）外部清查。外部清查就是由本单位以外的上级主管部门、财税机关、审计机关、银行及有执业资格的中介机构（如会计师事务所）等，根据国家的有关规定或情况的需要对本单位所进行的财产清查。

外部清查必须有内部清查人员参加。例如，企业的清产核资、企业重组过程中的资产评估，有些就属于外部清查。外部清查一般是全面清查，可以是定期清查，也可以是不定期清查。

二、财产清查的程序

财产清查是一项复杂而细致的工作，涉及面比较广、工作量比较大，必须有计划、有组织、有步骤地认真做好各方面的准备工作。不同目的的财产清查，应按不同的程序进行，就其一般程序来说，可以分为准备阶段、实施阶段、分析和处理阶段。

（一）准备阶段

财产清查的准备阶段包括组织准备和业务准备两个方面。

1. 组织准备

首先，应由有关方面组成财产清查的专门小组，具体负责清查的组织和领导工作。其主要任务有如下三项：

（1）根据上级和有关部门的要求，研究制定财产清查的详细计划。例如，确定清查的对象和范围，安排清查工作的进度，配备清查人员以及其他的准备工作。

（2）在清查过程中，做好具体组织、检查和督促工作，及时研究和处理清查中出现的问题。

（3）在清查结束后，应将清查核实的结果及其处理的办法和建议以书面形式向企业的董事会或者相应机构报告，并根据国家统一的会计制度的规定，进行相应的会计处理。

2. 业务准备

为了做好财产清查工作，各业务部门特别是会计部门和会计人员，应主动配合做好各方面的准备工作。主要有如下四项：

（1）会计部门和会计人员，应在进行财产清查之前，将有关账目登记齐全、结出余额、核对清楚，做到账簿记录完整、计算正确、账证相符、账账相符，为财产清查提供正确可靠的依据。

（2）财产物资部门和保管人员，应将截至清查日止的所有经济业务，办理好凭证手续，全部登记入账，并结出余额。对所保管的各种财产物资，应整理、排列清楚，挂上标签，标明品种、规格和结存数量，以便盘点查对。

（3）准备好各种必要的计算器具和有关清查的登记表册。

（4）银行存款和银行借款及结算款项的清查，还应取得对账单等。

（二）实施阶段

各项准备工作结束以后，清查人员应根据清查对象的特点分别采取与之相对应的方法。例如，对实物财产的数量、品种、类别、金额等予以盘点，同时由盘点人员做好盘点记录，并据以填制"盘存单"；然后，根据盘存单资料和有关账簿资料填制"实存账存对比表"，检查账实是否相符，并将对比结果填入该表。记录盘点资料及其结果的表格，应由盘点人员、保管人员及相关人员签名盖章，以便明确责任。

（三）分析及处理阶段

财产清查结束，应根据"实存账存对比表"上列示的对比结果调整账簿记录，并分析盘盈、盘亏的原因和性质，将结果上报上级领导。同时，针对清查中发现的问题，提出改进的意见和措施等。最后，对盘盈、盘亏的财产，按规定报请有关部门批准后，分别做出相应的账务处理，同时调整相应的账簿记录。

第二节 财产清查的方法

一、货币资金的清查

货币资金的清查包括对库存现金、银行存款和对其他货币资金的清查。

（一）库存现金的清查

它是通过实地盘点法，确定库存现金的实存数，再与库存现金日记账的账面结余额进行核对,以查明盈亏情况。盘点时,出纳人员必须在场,发现盘盈或盘亏,应填制"库存现金盘点报告表",并由盘点人员和出纳人员签章。"库存现金盘点报告表"(见表 6-1)兼有"盘存单"和"实存账存对比表"的作用,是反映库存现金实有数和调整账簿记录的重要原始凭证。库存现金清查的内容,主要有以下四个:

(1)库存现金实有数是否与库存现金日记账余额一致。
(2)有无以不具备法律效力的私人借条或收据抵充库存现金。
(3)库存现金数是否超过规定的库存限额。
(4)是否有挪用公款的现象。

表 6-1　库存现金盘点报告表

单位名称：　　　　　　　　　　　　　　　　　　　　　　　　　　　　年　月　日

实存金额	账存金额	实存与账存对比		备注
		盘 盈	盘 亏	
合 计				

盘点人：　　　　　　　　　　　　　　　　　　出纳员：

(二)银行存款的清查

银行存款的清查通过企业单位的银行存款日记账与收到的银行对账单逐笔核对进行。每月末,企业单位的出纳员首先应将本单位的银行存款账目登记齐全,结出余额,然后与银行对账单的余额进行核对。如核对不符,原因主要有记账错误和未达账项两种。

1. 记账错误

记账错误主要有企业在编制记账凭证中,会计分录做错,多记、少记金额造成的银行存款日记账登记错误等。因企业单位原因造成日记账登记错误,须运用规定的错账更正方法进行更正;因银行方面的原因造成对账单金额的错误,应立即通知银行加以更正。

2. 未达账项

所谓未达账项是指在企业和银行之间,由于凭证的传递时间不同,导致双方记账时间不一致,一方已接到有关结算凭证并已经登记入账,而另一方由于尚未接到有关结算凭证尚未入账的款项。未达账项总的来说有两大类型:一是企业已经入账,而银行尚未记账的款项;二是银行已经入账,而企业尚未入账的款项。具体来讲有以下四种情况:

(1)企业已收款入账,银行未收款入账的款项。

（2）企业已付款入账，银行未付款入账的款项。
（3）银行已收款入账，企业未收款入账的款项。
（4）银行已付款入账，企业未付款入账的款项。

上述任何一种未达账项存在，都会使企业银行存款日记账余额与银行转来的对账单的余额不符。在与银行对账时，应首先查明有无未达账项，如果存在未达账项，可编制银行存款余额调节表。银行存款余额调节表的编制是在企业银行存款日记账余额和银行对账单余额的基础上，分别加减未达账项得到调整以后的余额。调整后的双方余额应该相符，并且是企业当时实际可以动用的款项。下面举例说明银行存款余额调节表的编制。

例 6-1：华天公司 × 年 12 月 31 日银行存款日记账的余额为 88 424 元，银行对账单资料如表 6-2 所示。

表 6-2　银行对账单

单位：元

月	日	摘　要	收　入	付　出	余　额
12	20	余　额			83 960
	28	#14589 支票一张	2 118		
	29	#30185 支票一张	1 290		
	30	支付水费		280	
	30	支付电费		2 128	
	30	托收销货款	1 426		
	31	余　额			86 386

本企业银行存款日记账的有关经济业务为：

（1）12 月 20 日余额 83 960 元。

（2）12 月 23 日，销售产品一批，货款 2 118 元，收到 #14589 转账支票一张。

（3）12 月 28 日，收到大众企业前欠货款 1 290 元支票 #30185。

（4）12 月 29 日，向志诚企业购入材料一批，共计 890 元，开出 #3048 转账支票一张。

（5）12 月 30 日，销售产品一批，收到 #50165 转账支票一张，金额为 1 946 元。

通过银行存款日记账与银行对账单的逐笔核对，发现以下几笔未达账项：

银行已收、企业未收款项：托收销货款 1 426 元；

银行已付、企业未付款项：支付水费 280 元和支付电费 2 128 元；

企业已收、银行未收款项：第（5）笔 1 946 元；

企业已付、银行未付款项：第（4）笔 890 元。

将以上未达账项编制"银行存款余额调节表"，如表 6-3 所示。

表 6-3　银行存款余额调节表

单位：元

银行存款日记账余额	88 424	银行对账单余额	86 386
加：银行已收、企业未收款项	+1 426	加：企业已收、银行未收款项	+1 946
减：银行已付、企业未付款项	−280 −2 128	减：企业已付、银行未付款项	−890
调节后余额	87 442	调节后余额	87 442

通过表 6-3 可以看出，银行存款记录无误。

若通过未达账项的寻找和"银行存款余额调节表"的编制，银行存款日记账和银行对账单的余额仍然不符，则应考虑银行或企业在记账上的错误，应根据有关凭证逐笔核对。

不过，要指出的是，"银行存款余额调节表"的编制，并不需要更改账簿记录，对于未达账项也不作任何账务处理。"银行存款余额调节表"的编制只是银行存款清查的方法，不能与账务处理相混淆。"银行存款余额调节表"通常作为清查资料，与银行对账单一起附在当月银行存款日记账之后保存。至于未达账项中"银行已收、企业未收"和"银行已付、企业未付"的未达账项，只有在接到有关凭证后才能进行相应的账务处理。

二、实物资产的清查

实物资产的清查对象包括具有实物形态的各种财产，如原材料、在产品、库存商品、周转材料、委托加工物资、固定资产等。

（一）实物资产的盘存制度

实物资产的盘存制度，有永续盘存制和实地盘存制两种。

1. 永续盘存制

它是指平时对各项实物资产的增加数和减少数都须根据有关凭证连续记入有关账簿，并随时结出账面结存数额。计算公式表示为

账面期末余额＝账面期初余额＋本期增加额－本期减少额

采用"永续盘存制"，尽管能在账簿中及时反映各项实物资产的结存数额，但是也可能发生账实不符的情况。因此，采用"永续盘存制"的企业，需要对各项财产、物资进行清查盘点，以查明账实是否相符，并查实账实不符的原因。

永续盘存制的优点是核算手续严密，能及时反映各项财产的收、发、结存情

况，有利于加强对各项财产物资的管理，保护资产的安全与完整；其缺点是核算工作量大。这种盘存制度为各企业单位广泛采用。

2. 实地盘存制

平时只根据凭证登记财产物资的增加数，而不登记减少数，至月末结账时，根据实地盘点的实存数来倒挤出本月的减少数，再据以登记有关账簿。计算公式表示为

本期减少数＝账面期初余额＋本期增加数－期末实际结存数

在实地盘存制下，对各项实物资产进行盘点的结果，只是作为登记实物资产减少的依据，而不能用来核对账实是否相符。

实地盘存制的优点是核算工作比较简单，工作量较小。其缺点是：手续不够严密，不能通过账簿随时反映和监督各项实物的收、发、结存情况；反映的数字不精确，仓库管理中尚有多发少发、物资毁损、盗窃、丢失等情况，在账面上均无反映，而全部隐藏在本期的发出数内，这样不利于检查监督。因此，实地盘存制是一种不完善的物资管理办法，只有小型企业、经营鲜活商品的零售企业等不能办理出库手续、商品质量不稳定的个别企业采用。

（二）实物资产的盘查方法

对实物资产的清查应从数量和质量两方面进行。从数量方面讲，要针对实物资产的数量多、品种杂、储备状态复杂、计量单位各异、价值高低相差悬殊特点：一方面要区分轻重缓急，掌握重点，照顾一般，合理安排清查时间；另一方面，对不同的清查对象，要选择合适的清查方法。实物财产的具体清查方法主要有以下四种。

1. 实地盘点法

通过点数、过磅、量尺等方法，确定实物资产的实有额。这种方法适用于包装好的原材料、产成品和商品，以及机器设备等的清查。

2. 抽样盘存法

对于价值小、数量多、重量比较均匀的实物资产，一般不便于逐一点数，这时可以采用测算其总体积（或总重量），再抽样盘点其单位体积（或单位重量），然后计算确定其总数量的方法。

3. 技术推算法

对于大堆物资，有时难以逐一点清，可以采用先测算其总体积，再测算其单位体积，然后再计算总重量的方法。例如，散装的化肥、饲料、皮棉等都可以采用这一方法。

4. 函证核对法

对于委托外单位加工或保管的物资，可以采用向外单位发函调查，并与本单

位的账存数相核对的方法。

在清查过程中,实物负责人必须在场并参加盘点,以明确经济责任。清查盘点结果,应如实登记在"盘存单"上并由盘点人和实物负责人签章。"盘存单"的格式如表 6-4 所示。为了查明实存数与账存数是否一致,应根据"盘存单"和账簿记录编制"实存账存对比表",填列账实不符的财产物资作为分析差异原因和经济责任的依据。"实存账存对比表"的格式如表 6-5 所示。

表 6–4 盘存单

单位名称:　　　　　　　　　　　　　　　　　　　　　　　　　　　　　　编号:
盘点时间:　　　　　　　　　　　　财产类别:　　　　　　　　　　　　　存放地点:

编号	名称	计量单位	数量	单价	金额	备注

盘点人签章 _____　　　　　　　　　　　　　实物保管人签章 _____

表 6–5 实存账存对比表

单位名称:　　　　　　　　　　　　　　年　月　日

编号	类别及名称	计量单位	单价	实存		账存		差异				备注
								盘盈		盘亏		
				数量	金额	数量	金额	数量	金额	数量	金额	

主管人员:　　　　　　　　　　　会计:　　　　　　　　　　　制表:

对于清查出来的残损变质物资、伪劣产品应另行编制检查盘存情况表,写明损失程度、损失金额,经盘点小组研究决定后提出处理意见。凡情节比较严重的应作专案说明。"残损变质物资、伪劣产品情况表"的格式如表 6-6 所示。

表 6–6 残损变质物资、伪劣产品情况表

年　月　日

名称规格	单位	原价	账面记录		报废		报损		残损伪劣		处理意见
			数量	金额	数量	金额	数量	金额	数量	金额	
合计											

主管人员:　　　　　　　　　　　会计:　　　　　　　　　　　制表:

如有委托外单位加工或保管的材料、物资,应用函证的方法进行核对,必要时应派人专门核对。

三、往来结算款项的清查

往来账项包括应收账款、其他应收款、应付账款、其他应付款,以及预收账款、预付账款等。往来账项的清查重点是应收、应付账项,采用查询核实法,即通过信函、电询或面询的方式,同对方单位核对账目的方法。一般有三个步骤:

(1)将本单位的往来账款核对清楚,确认总分类账与明细分类账的余额相等,各明细分类账的余额相符。

(2)向对方单位填发对账单。对账单的格式一般为一式两联,其中一联作为回单,对方单位如核对相符,应在回单上盖章后退回;如发现数字不符,应在回单上注明,作为进一步核对的依据。其格式如表6-7所示。

表6-7 函证信

××公司:

本公司与贵单位的业务往来款项有下列各项目,为了清对账目,特函请查证,是否相符,请在回执联中注明后盖章寄回。此致敬礼。

往来结算款项对账单

单位:_____ 地址:_____ 编号:_____

会计科目名称	截止日期	经济事项摘要	账面余额

××公司(公章)　　　年　月　日

(3)收到回单后,应填制"往来款项清查表",并及时催收该收回的账款,积极处理呆账悬案。其格式如表6-8所示。

表6-8 往来款项清查表

总分类账户名称:　　　　　　　×1年×月×日

明细分类账户		清查结果		核对不符原因分析			备注
名称	账面余额	核对相符金额	核对不符金额	未达账项金额	有争议款项金额	其他	

对企业其他项目的清查,可以参照以上各点办理。

第三节 财产清查结果的账务处理

财产清查的结果不外乎以下三种情况：第一，实存数等于账存数，账实相符；第二，实存数大于账存数，即盘盈；第三，实存数小于账存数，即盘亏。第二、第三种情况为账实不符，对财产清查结果的处理，也就是对这两种情况进行处理。

一、财产清查结果的账务处理程序

在会计核算上，为了做到账实相符，对财产清查的结果要及时在账面上进行反映。在一般情况下，财产清查结果的处理都要经企业领导批准，即存在报批和批复的手续，而这其中都要经过一段或短或长的时间。这样，为了及时反映发现当时和处理后财产物资的真实情况，在会计核算上要分两步进行。

（一）发现账实不符，调整账簿记录

盘亏和毁损的财产物资要从反映该种财产物资的账户上予以冲减，盘盈的财产物资要从反映该种财产物资的账户上予以附加。通过调整账簿记录，可以做到财产物资的账面数与实际盘存数相符。发现财产物资账实不符当时，通过调整账簿记录做到账实相符。

（二）报经领导批准后，应根据批准的处理办法进行处理

由于财产物资的管理制度不善所造成的财产物资的盘亏和毁损，一般应计列作本期费用，冲减当期损益；由于有关人员玩忽职守所造成的责任损失，可在一定范围内由责任人赔偿；对于营私舞弊、贪污盗窃等不法行为，一经查实，要追究其经济责任，直至追究其法律责任；对于各种自然灾害造成的非常损失，应向保险公司收取保险赔偿款，其净损失计入当期损益。对于财产物资盘盈的处理，一般应列作本期收益，计入当期损益。

二、财产清查账户的设置

为了全面核算在财产清查过程中发现的财产物资的盘盈、盘亏和毁损情况，以及盘盈、盘亏和毁损的处理情况，会计核算中应设置"待处理财产损溢"账户。该账户属于资产类账户，当财产物资盘亏和毁损时，应将盘亏和毁损的数额记入该账户借方，等批复后，根据批复的处理意见记入该账户贷方；当财产物资盘盈时，应将盘盈的数额记入该账户贷方，等批复后，根据批复的处理意见记入该账户借方。该账户的月末余额，有时在借方，有时在贷方。若在借方，表示尚待处理的财产物资的净损失（扣掉尚待处理的盘盈）；若在贷方，表示尚待处理的财产物资的净盈余（扣掉尚待处理的盘亏和毁损）。"待处理财产损溢"账户的一般结构如图 6-1 所示。

（1）财产清查中发现的盘亏和毁损数额 （2）财产清查中发现的盘盈的处理数额	（1）财产清查中发现的盘亏和毁损的处理数额 （2）财产清查中发现的盘盈数额
借方余额：尚待处理的净损失	贷方余额：尚待处理的净溢余

图 6-1 账户结构图

该账户设置"待处理固定资产损溢"和"待处理流动资产损溢"两个明细账户，分别核算固定资产和流动资产的盘盈、盘亏和毁损的发生和处理情况。

三、财产清查结果账务处理的具体方法

（一）库存现金清查结果的账务处理

库存现金清查中，发现库存现金短缺或盈余时，除了设法查明原因外，还应根据"库存现金盘点报告单"及时进行账务处理。属于库存现金短缺，应按实际短缺的金额，借记"待处理财产损溢——待处理流动资产损溢"科目，贷记"库存现金"科目；属于库存现金溢余，按实际溢余的金额，借记"库存现金"科目，贷记"待处理财产损溢——待处理流动资产损溢"科目。待查明原因后，分短缺和溢余两种情况作不同处理：如为库存现金短缺，属于应由责任人赔偿的部分，借记"其他应收款"或"库存现金"等科目，贷记"待处理财产损溢——待处理流动资产损溢"科目；属于应由保险公司赔偿的部分，借记"其他应收款——应收保险赔款"科目，贷记"待处理财产损溢——待处理流动资产损溢"科目；属于无法查明的其他原因，根据管理权限，经批准后处理，借记"管理费用"科目，贷记"待处理财产损溢——待处理流动资产损溢"科目。如为库存现金溢余，属于应支付给有关人员或单位的，应借记"待处理财产损溢——待处理流动资产损溢"科目，贷记"其他应付款"科目；属于无法查明原因的库存现金溢余，经批准后，借记"待处理财产损溢——待处理流动资产损溢"科目，贷记"营业外收入"科目。举例说明如下：

例 6-2：华天公司××年8月份进行库存现金清查，其清查结果及账务处理如下：

（1）库存现金清查中，发现库存现金溢余 3 500 元。

借：库存现金　　　　　　　　　　　　　3 500
　　贷：待处理财产损溢——待处理流动资产损溢　　3 500

经核查，其中有 1 500 元为出纳员个人的现金放入企业保险箱后忘记了，另外的 2 000 元反复核查无法查明原因，报经批准转作营业外收入处理，会计分录如下：

借：待处理财产损溢——待处理流动资产损溢　　3 500
　　贷：营业外收入　　　　　　　　　　　　2 000

　　　　其他应付款——出纳员（或现金）　　　　　1 500
　（2）库存现金清查中，发现库存现金短缺 2 500 元。
　　　借：待处理财产损溢——待处理流动资产损溢　2 500
　　　　　贷：库存现金　　　　　　　　　　　　　　2 500
　　经查，该短款中 500 元属于出纳员的责任，应由出纳员赔偿，另外的 2 000 元无法查明原因，则会计分录如下：
　　　借：其他应收款——××出纳员　　　　　　　　500
　　　　　管理费用　　　　　　　　　　　　　　2 000
　　　　　贷：待处理财产损溢——待处理流动资产损溢　2 500

（二）存货清查结果的账务处理

　　当原材料、半成品、产成品等流动资产盘盈时，应根据"实存账存对比表"将盘盈流动资产项目的价值记入"原材料""生产成本""库存商品"等账户的借方，同时记入"待处理财产损溢——待处理流动资产损溢"账户的贷方；报经批准处理后，冲减管理费用，记入"管理费用"账户的贷方。

　　例 6-3：华天公司××年 12 月，在财产清查中发现多余甲种材料 10 千克，该材料单价 70 元。上述情况业已报请领导批准。

　　会计部门应根据"实存账存对比表"，作出如下会计分录：
　　　借：原材料　　　　　　　　　　　　　　　　700
　　　　　贷：待处理财产损溢——待处理流动资产损溢　700
　　领导批准后，根据批准意见，作出如下会计分录：
　　　借：待处理财产损溢——待处理流动资产损溢　　700
　　　　　贷：管理费用　　　　　　　　　　　　　　700

　　对于流动资产各项目的盘亏和损毁，应在发现当时记入"待处理财产损溢——待处理流动资产损溢"账户的借方，同时记入"原材料""生产成本""产成品"等账户的贷方。待领导批准处理后，应根据不同的盘亏和毁损原因作出不同的处理：能够收取的残料，记入"原材料""银行存款"账户的借方；能够收取的保险公司的赔款，记入"其他应收款"账户的借方；由责任人造成的损失，记入"其他应收款"账户的借方；盘亏和毁损总额扣除以上几部分后的剩余净损失，若属非常损失，记入"营业外支出"账户的借方，若属一般经营损失，记入"管理费用"账户的借方，同时按盘亏和毁损总额记入"待处理财产损溢——待处理流动资产损溢"账户的贷方。

　　例 6-4：华天公司在××年 12 月进行的材料清查中，发现乙材料短缺 10 件，毁损 2 件，乙材料单位成本 50 元；发现丙材料短缺 1 件，毁损 50 件，丙材料单位成本 60 元。经估价，丙材料毁损部分收得残料共计 1 000 元。经调查，乙材料短损属正常损耗；短缺丙材料系由保管员责任所致，毁损丙材料系水灾所致，保险公司已答应赔款1 500元，其余转销处理。

当发现上述材料盘亏和毁损时，作会计分录如下：

借：待处理财产损溢——待处理流动资产损溢　　3 660
　　　贷：原材料　　　　　　　　　　　　　　　　3 660

将上述调查处理意见报经领导批准后，应作如下会计分录：

借：原材料　　　　　　　　　　　　　　　　　1 000
　　其他应收款——保管员　　　　　　　　　　　　60
　　　　　　——保险公司　　　　　　　　　　1 500
　　营业外支出（50×60－1 000－1 500）　　　　500
　　管理费用（12×50）　　　　　　　　　　　　600
　　　贷：待处理财产损溢——待处理流动资产损溢　3 660

（三）固定资产清查结果的账务处理

企业在财产清查中，盘盈固定资产时不通过"待处理财产损溢"账户处理，而是作为前期差错处理。盘盈时，在按管理权限报经批准处理前，应先通过"以前年度损益调整"科目核算。本科目核算企业本年度发生的调整以前年度损益的事项，以及本年度发现的重要前期差错更正涉及调整以前年度损益的事项。盘盈固定资产的会计处理分为三个步骤：

（1）盘盈固定资产时，按固定资产的入账价值，借记"固定资产"账户，贷记"以前年度损益调整"账户。

（2）按交纳的所得税，借记"以前年度损益调整"账户，贷记"应交税费——应交所得税"账户。

（3）将"以前年度损益调整"账户的差额结转到留存收益账户，借记"以前年度损益调整"账户，贷记"利润分配——未分配利润"账户和"盈余公积"账户。

例6-5：华天公司××年12月在财产清查中，发现账外设备1台，经重估确认其原始价值为10 000元，约有六成新。公司所得税率为25%，按净利润的10%计提法定公积金，请作出相关的会计分录。

盘盈时，会计部门根据"实存账存对比表"资料，作如下会计分录：

借：固定资产　　　　　　　　　　　　　　　　6 000
　　　贷：以前年度损益调整　　　　　　　　　　6 000

计算调整应缴纳的所得税时，作如下分录：

借：以前年度损益调整　　　　　　　　　　　　1 500
　　　贷：应交税费——应交所得税　　　　　　　1 500

调整留存收益时，作如下分录：

借：以前年度损益调整　　　　　　　　　　　　4 500

贷：利润分配——未分配利润　　　　　4 050
　　盈余公积　　　　　　　　　　　　　 450

当固定资产盘亏和毁损时，按固定资产的账面原始价值贷记"固定资产"账户，按账面已提折旧借记"累计折旧"账户，按两者的差额借记"待处理财产损溢——待处理固定资产损溢"账户。报经批准处理后，其损失数额借记"营业外支出——固定资产盘亏"账户，贷记"待处理财产损溢——待处理固定资产损溢"账户。若由于自然灾害原因造成的固定资产的盘亏和毁损，应将向保险公司收取的保险赔偿款记入"其他应收款——保险公司"账户的借方，所收取的残料等记入"原材料""银行存款"等账户的借方，按其净损失计入营业外支出。

例 6-6：某企业在财产清查中发现短缺设备一台，原始价值为 20 000 元，已提折旧为 7 000 元。业已将上述情况报请领导批准。

会计部门应根据"实存账存对比表"，作出如下会计分录：

借：待处理财产损溢——待处理固定资产损溢　13 000
　　累计折旧　　　　　　　　　　　　　　　 7 000
　贷：固定资产　　　　　　　　　　　　　　　20 000

领导批复后，根据批复意见作如下会计分录：

借：营业外支出——固定资产盘亏　　　　　13 000
　贷：待处理财产损溢——待处理固定资产损溢　13 000

（四）应收、应付款清查结果的账务处理

在财产清查过程中，如发现长期应收而收不回的款项，如坏账损失，经批准予以转销。坏账损失的转销在批准前不作账务处理，即不需通过"待处理财产损溢"账户进行核算。对于确实无法收回的应收账款，按管理权限报经批准后作为坏账损失，借记"坏账准备"账户，贷记"应收账款"账户。举例如下：

例 6-7：××年 12 月华天公司应收光明公司货款 50 000 元，经清查，确属无法收回。经批准转作坏账损失。会计分录如下：

借：坏账准备　　　　　　　　　　　　　　50 000
　贷：应收账款　　　　　　　　　　　　　　50 000

例 6-8：在财产清查中，华天公司××年 12 月将无法支付的应付账款 20 000 元经批准予以转销。会计分录如下：

借：应付账款　　　　　　　　　　　　　　20 000
　贷：营业外收入　　　　　　　　　　　　　20 000

本章小结

财产清查是会计核算的一种专门方法,是为了核算和监督账簿记录的真实性和财产保管使用的合理性而进行的。通过实地盘点、核对、查询等清查方法,可以确定各项财产物资、货币资金和债权债务的实际结存数,并与账面结存数核对,查明账实是否相符。

财产清查不但是会计核算的一种重要方法,而且也是财产物资管理的一项重要制度。通过财产清查,可以发现账实是否相符,明确账实不符的原因;通过对财产清查结果的处理,可以做到账实相符,明确责任,进一步建立健全财产物资的管理制度,确保企业财产的完整无损。

财产清查确定实物财产账面结存数量的主要方法:永续盘存制和实地盘存制;财产清查的内容和方法:库存现金、银行存款等货币资金的清查和往来账项的清查。

对于财产物资的盘盈、盘亏和毁损通过"待处理财产损溢"账户进行账务处理。

课后练习题

一、单项选择题

1. 采用实地盘存制,平时账簿中不能反映( )。

A. 财产物资的购进业务

B. 财产物资的增加数额

C. 财产物资的期初余额

D. 财产物资的减少及结存数额

2. 永续盘存制的主要优点是( )。

A. 有利于加强对财产物资的管理

B. 工作简单、工作量小

C. 手续严密

D. 便于施行会计监督

3. 银行存款余额调节表是( )。

A. 查明银行和本单位未达账项情况的表格

B. 通知银行更正的依据

C. 调整银行存款账簿记录的原始依据

D. 更正本单位银行存款日记账记录的依据

4. 银行存款的清查的方法，就是将（　）进行核对。

A. 银行存款日记账和总分类账

B. 银行存款日记账和银行存款收、付款凭证

C. 银行存款日记账和银行对账单

D. 银行存款总分类账与银行存款收、付款凭证

5. 坏账损失在按规定的程序批准后，记入（　）账户的借方。

A. "待处理财产损溢"

B. "坏账准备"

C. "应收账款"

D. "其他应收款"

6. 一般说来，单位撤销、合并或改变隶属关系时，要进行（　）。

A. 全面清查　　　　　　　　B. 局部清查

C. 实地盘存　　　　　　　　D. 技术推算

7. 产生未达账项的原因是（　）。

A. 记账有错误

B. 取得凭证的时间不一致

C. 清查的方法不周

D. 有坏账存在

8. "待处理财产损溢"账户的贷方余额表示（　）。

A. 尚未批准处理的财产盘盈

B. 结转已批准处理的财产盘盈

C. 尚未批准处理的财产盘盈大于尚待批准处理的财产盘亏和毁损数的差额

D. 转销已批准处理的财产盘亏和毁损

9. 不应通过"待处理财产损溢"科目核算的是（　）。

A. 固定资产的盘亏

B. 材料的盘亏和毁损

C. 库存商品的盘亏及毁损

D. 固定资产盘盈

10. 盘亏及毁损财产物资的数额中属于责任者个人赔偿的，应记入（　）。

A. "其他应收款"账户的借方

B. "营业外支出"账户的借方

C. "管理费用"账户的借方

D. "其他应收款"账户的贷方

二、判断题

1. 企业在清产核资时进行的财产物资的盘点和核对，一般属于全面清查。（ ）
2. 采用永续盘存制的企业，对财产物资一般不需要进行实地盘点。（ ）
3. 存货的盘亏、毁损和报废，在报批后均应记入"管理费用"科目。（ ）
4. 对于坏账损失的转销，不需要通过"待处理财产损溢"账户进行核算。（ ）
5. 全面清查是定期进行的，局部清查是不定期进行的。（ ）
6. 未达账项是由于企、事业单位的财会人员不及时登账所造成的。（ ）
7. 银行存款余额调节表只是用来检查、调整企业银行存款账簿记录上存在的差错的。（ ）
8. 对经确认无法支付的应付账款，在核销时不必通过"待处理财产损溢"科目，可在报经批准后记入"资本公积"科目。（ ）
9. 永续盘存制和实地盘存制都能核对账存数与实存数。（ ）
10. 在实地盘存制下，存货损失隐蔽在存货中；而永续盘存制下，该损失包含在销售成本中。（ ）

三、多项选择题

1. 引起账实不符的原因主要有（　　）。
   A. 保管过程中发生自然损耗　　B. 手续不健全
   C. 制度不严密　　D. 计量或检查不准确
   E. 管理不善或责任者的过失

2. 现金清查过程中（　　）。
   A. 出纳人员必须在场　　B. 不能白条抵库
   C. 编制库存现金盘点报告表　　D. 编制实存账存对比表
   E. 采用实地盘存方法

3. 编制银行存款余额调节表的目的是（　　）。
   A. 通过调节未达账项，查明有无错账
   B. 作为调整账面的原始依据
   C. 确定企业当时实际可以动用的款项
   D. 起到对账的作用
   E. 登记银行存款日记账

4. 采用实地盘点法进行清查的是（　　）。
   A. 固定资产　　B. 库存商品
   C. 库存现金　　D. 银行存款
   E. 应收账款

5. 流动资产的盘亏和毁损，经批准后转销，所编制的会计分录涉及的账户有（　　）。
   A. "管理费用"账户的借方

B. "营业外支出"账户的借方

C. "待处理财产损溢"账户的贷方

D. "其他应收款"账户的借方

E. "库存商品"账户的贷方

6. 下列清查中,属于局部清查的是( )。

A. 债权债务的核对

B. 月末银行存款的核对

C. 月末库存现金结账时的清查

D. 贵重的财产物资,每月清查盘点一次

E. 年终结算的财产清查

7. 财产清查,按清查时间可分为( )。

A. 全面清查　　　　　　　　B. 局部清查

C. 定期清查　　　　　　　　D. 不定期清查

E. 年终清查

8. 发生下列情况,应该对财产进行不定期清查的是( )。

A. 财产保管人员变动　　　　B. 年终结账

C. 发现财产被盗　　　　　　D. 与其他企业合并

E. 自然灾害造成部分财产损失

9. 全面清查一般是在( )进行。

A. 年终决算前　　　　　　　B. 开展清产核资时

C. 月末　　　　　　　　　　D. 单位撤销、改变隶属关系时

E. 更换出纳

10. 财产物资的清查中,常用的方法有( )。

A. 技术推算盘点法　　　　　B. 局部清查法

C. 实地盘点法　　　　　　　D. 余额调节法

E. 账目核对法

四、计算实务题

1. 某企业××年8月31日银行存款日记账余额为5 400元,银行对账单余额为9 800.10元,双方差额为4 400.10元。经核对,双方记账均无错误,但有下列未达账项:

(1) 8月31日,企业存入客户交来的转账支票2 400元,银行尚未入账。

(2) 8月31日,企业开出转账支票一张,计1 850元,收款单位尚未向银行办理转账手续。

(3) 8月31日,企业委托银行汇交外地存款的汇费0.40元,银行已入账,但企业尚未转账。

(4) 银行已将存款利息110.50元入账,企业尚未入账。

（5）企业于 8 月 24 日委托银行向外地代收货款 3 600 元，银行于 8 月 30 日收到入账，企业在月底未接开户银行通知尚未入账。

（6）企业于 8 月 25 日委托银行以信汇方式汇外地购货款 1 240 元，因故退回，银行已于 8 月 31 日收入企业存款账户，企业在月底未接通知，尚未入账。

要求：编制银行存款余额调节表。

2．某工业企业 ×× 年 12 月份进行财产清查后，实存账存对比表反映如下：

（1）A 材料盘亏 350 千克，每千克 20 元，计价 7 000 元。经查，属于定额内损耗，报批审定核销，计入管理费用。

（2）B 材料 200 千克因长期储存变质，降级使用。该材料甲级每千克 500 元，乙级每千克 350 元，由于材料变质共损失 30 000 元。经查，系库管员未贯彻材料"先进先出"的原则所致，决定罚库管员 60 元，其余核销（由营业外支出列支）。

（3）C 材料盘盈 1 600 千克，每千克 10 元，计价 16 000 元。经查，系材料收发过程中计量误差所致，经批准冲减管理费用。

（4）发现账外小推车一辆，估价 20 000 元，有五成新，经批准入账。公司所得税率 25%，按净利润 10% 计提法定公积金。

（5）盘亏设备一台，账面原价 3 600 元，已提折旧 1 500 元经批准核销。

要求：根据上列各项资料编制财产清查后以及经批准处理的各项会计分录。

第七章 财务会计报告

本章学习目的

通过本章学习,了解财务会计报告的概念和意义;了解会计报表的编制要求;了解和掌握会计报表的种类;了解资产负债表的作用;了解和掌握资产负债表的格式及编制方法;了解利润表的作用;了解和掌握利润表的格式及编制方法;了解现金流量表的作用、现金流量的分类,以及现金流量表的格式;了解所有者权益变动表的内容、格式和编制方法;了解会计报表附注的作用和内容;了解会计报表的披露。

第一节 财务会计报告概述

一、财务会计报告的概念及意义

（一）财务会计报告的概念

财务会计报告是指企业对外提供的、综合反映企业某一特定日期财务状况和某一会计期间经营成果，以及现金流量情况的书面报告。它是提供会计信息的一种重要手段。

财务会计报告分为年度、半年度、季度和月度财务会计报告。年度和半年度财务会计报告包括三个方面：一是会计报表；二是会计报表附注；三是财务情况说明书（有些企业不要求提供财务情况说明书）。季度和月度财务会计报告通常只需要编制会计报表即可。

企业对外提供的会计报表，包括资产负债表、利润表、现金流量表、所有者权益变动表和有关附表等。

会计报表附注是指对会计报表的编制基础、编制依据、编制原则和方法，以及主要项目等所作的解释，主要是针对在会计报表中不能用数字来说明的一些问题，用文字进行补充说明。

财务情况说明书是指对企业一定会计期间内的生产经营、资金增减和周转、利润实现及其分配等情况的综合性说明，是财务会计报告的重要组成部分。它全面扼要地提供企业生产经营和财务活动状况，分析总结经营业绩的优势和不足，是财务会计报告阅读者了解、考核企业生产经营和业务开展情况的重要资料。

（二）财务会计报告的意义

企业通过日常的会计核算工作，已经将所发生的经济业务分类且有系统地登入到账簿中。在账簿中记录的会计信息，虽然比在会计凭证中反映的信息更加条理化、系统化，但账簿记录独立分散，不能集中、概括地反映企业在整个会计期间的财务状况和经营成果的全貌。所以，有必要根据账簿记录，编制财务报表，并辅以会计报表附注说明，补充揭示主表中无法反映的重要信息，为有关方面进行管理和决策提供所需的会计信息。

企业编制财务会计报告，对于改善企业外部有关方面的经济决策环境和加强企业内部的经营管理，具有重要作用。具体来说，财务会计报告的作用从不同的阅读者角度分析，主要表现在以下三个方面。

1. 有助于企业内部经营管理者进行管理

对于企业的管理者，通过阅读企业的财务会计报告，可以掌握企业一定时期的筹资和融资情况，分析资金使用是否合理；可以了解企业的收入、成本、费用以及利润等各项计划指标的完成情况；可以通过阅读财务会计报告分析和评价企业的经济效益，并为编制下期计划和制定经济决策提供依据。

2. 有助于企业外部的利益关系人作出相应的决策

通过阅读财务会计报告，可以帮助投资者了解企业的盈利能力，从而作出投资决策；可以帮助债权人了解企业的偿债能力，从而做出信贷决策；企业的职工或求职者也可以通过财务会计报告了解企业是否按正确的方向从事经营、企业的福利待遇有何变动、企业的获利情况等，以帮助他们作出求职决策。

3. 有助于社会中介机构及国家经济管理部门更好地实行其监督职能

对于财政、税收、审计以及上级主管部门等来说，它们也是通过阅读企业的财务会计报告掌握企业的财务状况和经营成果；了解企业是否按照国家的方针政策进行经营，是否按照国家的税收政策足额及时缴纳税金，是否真实、合理、合规地披露其财务报表，是否完成上级主管部门的各项经济指标等。

二、会计报表的编制要求

在第一章中，我们曾经介绍了会计的八条基本原则，这是任何会计核算方法都要遵循的基本原则，会计报表的编制也需要遵循这八条基本原则。我们在这里要介绍的编制要求，是指针对会计报表的编制尤其要重视并且注意的一些特殊的要求。

为了实现会计报表编制的基本目标，最大限度地满足信息使用者的信息需求，保证会计报表信息能够及时、准确、完整地反映企业的财务状况和经营成果，企业在编制会计报表时应做到如下五个要求。

1. 数字真实

真实性原则是会计核算工作和会计信息的基本质量要求。只有真实的会计信息才能在国家宏观经济管理、投资者决策和企业内部管理中发挥作用。真实性原则要求会计报表必须根据审核无误的账簿记录来编制，不得弄虚作假；必须如实反映企业的财务状况、经营成果和现金流量情况，即报表各项目的数据必须建立在真实可靠的基础上，以免误导信息使用者。为了保证会计报表的真实性，除了企业应按规定的方法计算和填列各项数字外，还应加强日常会计的核算工作，准确及时地记账、对账、结账；进行必要的财产清查，做到账证相符、账账相符以及账实相符，这样才能编制出准确的、能反映企业实际情况的报表。

2. 内容完整

由于报表阅读者对于会计信息的需要是多方面的，会计报表只有提供内容完整的会计信息资料，全面反映企业生产经营状况，才能满足各种使用者的不同需要。这就要求企业编制一整套的会计报表，凡是准则要求对外披露的报表，企业都应及时完整地向外披露。在报表编制时，要按照会计制度的统一规定，提供指标、种类、格式、项目、内容及填列方法相同的各种标识，不得漏填项目。

3. 便于理解

会计报表提供的信息应该清楚明了，便于理解。尤其是需要文字说明的部分，要表达得精炼易懂，如果会计信息晦涩难懂，使用者就无法据以作出合理判断，报表就失去了其使用价值。当然，便于理解是建立在阅读报表人有一定的阅读能力基础上的。

4. 重要性

重要性，是指在合理预期下，财务报表某项目的省略或错报会影响使用者据此作出经济决策的，该项目具有重要性。重要性应当根据企业所处的具体环境，从项目的性质和金额两方面予以判断，且对各项目重要性的判断标准一经确定，不得随意变更。判断项目性质的重要性，应当考虑该项目在性质上是否属于企业日常活动、是否显著影响企业的财务状况、经营成果和现金流量等因素；判断项目金额大小的重要性，应当考虑该项目金额占资产总额、负债总额、所有者权益总额、营业收入总额、营业成本总额、净利润、综合收益总额等直接相关项目金额的比重或所属报表单列项目金额的比重。

5. 报送及时

会计信息具有很强的时效性。再完整、真实的报表，失去了时效性，也就失去了价值。所以，会计报表必须及时编制，及时对外呈送，以利于信息使用者的使用。

三、会计报表的种类

会计报表可以根据需要，按照不同的标准进行分类，如图 7-1 所示。

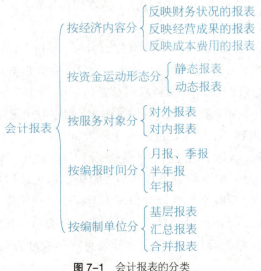

图 7-1　会计报表的分类

（一）按反映的经济内容分类

会计报表按照反映的经济内容不同，可分为反映财务状况的报表、反映经营成果的报表以及反映成本费用的报表。财务状况报表是总括反映企业财务状况及其变动情况的报表，主要有企业的资产负债表、所有者权益变动表和现金流量表。经营成果报表是反映企业在某一期间内收入实现、成本消耗和利润形成及分配情况的报表，主要有企业的利润表。成本费用报表是反映企业在生产经营过程中各项成本费用形成情况的报表，主要有制造费用表、期间费用表和产品单位成本表等。

（二）按资金运动形态分类

会计报表按照资金运动形态不同，可分为动态报表和静态报表。动态报表是反映企业一定期间内资金的循环与周转情况的报表，如利润表、所有者权益变动表和现金流量表等。这类报表的特点是反映企业某一期间内的资金变动情况，一般是根据各账簿的发生额编制的。静态报表是反映企业一定时点资金的存在（即资产情况）、资金的取得形成（即负债和所有者权益状况）的报表，如资产负债表。这类报表的特点是反映某一特定日期的资金情况，一般是根据各账簿的期末余额编制的。

（三）按服务对象分类

会计报表按报表的服务对象不同，可分为对外报表和对内报表。对外报表又称为外部报表，是指企业向外提供的会计报表，主要供投资者、债权人、政府部门和社会公众等外部使用者使用，通常有统一的格式，如资产负债表、所有者权益变动表、现金流量表和利润表等。对内报表又称为内部报表，是指为适应企业内部经营管理需要而编制的不对外公布的会计报表，由于它是内部使用的报表，所以它一般不需要规定统一的格式，如成本费用报表。

（四）按编报时间分类

会计报表按报表编报时间不同，可分为月报、季报、半年报和年报。月报是按月份编制的报表，企业一般月底编制一次，反映企业当月的财务状况和经营成果，如企业的资产负债表和利润表都是每月编制的。季报是按季度编制的报表，企业每个季度编制一次，反映一个季度的财务状况和经营成果。季报通常是将月报的内容累计，综合反映一个季度的情况。半年报是每年年中编制的中期财务报告，反映企业半年的财务状况和经营成果，半年报的内容包括资产负债表、利润表、现金流量表及其相关附表。年报是按年度编制的报表，企业每年编制一次，反映全年的综合情况。月报要求简明扼要、及时反映，除特别重大的事项外，可不提供注释。年报要求充分揭示、全面反映，而半年报提供的信息比年报略为简化，季报的会计信息详尽程度方面介于月报和年报之间。

（五）按编制单位分类

会计报表按编制单位不同，可分为基层报表、汇总报表和合并报表。基层报表是指由独立核算的基层单位编制的会计报表，是对基层单位财务状况和经营成果的反映，也是编制汇总报表和合并报表的基础。汇总报表是由上级主管部门根据所属单位编制的基层会计报表，加上本单位会计报表汇总编制的综合性会计报表，用来反映某一部门或地区的经济情况。汇总报表的编制方式是把需要汇总的基层报表的数据进行汇总得到的。

合并会计报表是指具有母子关系的公司在对外报送会计报表时，需要编制母子公司的合并报表。要注意的是，合并报表的编制方式并不是母公司报表和子公司报表的简单加总，而是需要抵销一些重复项目。关于合并报表的编制将会在后续的相关课程中讲解，此处略。

第二节 资产负债表

一、资产负债表的作用

资产负债表是通过列示企业单位在某一特定时点（一般是会计期末，如月末、季末或年末等）的资产、负债和所有者权益之间的平衡关系，以反映企业在会计期末财务状况的报表。资产负债表从内容上看是反映财务状况的报表，从资金运动形态看是静态报表，从服务对象看是对外报表。资产负债表是企业报表体系中重要的报表之一，其作用主要是向信息使用者提供以下四类会计信息：

（1）通过资产负债表可以了解企业所掌握的经济资源，以及这些经济资源的分布与结构。在资产负债表中，列示了某一特定时点企业所有的各种资产。所以，通过资产负债表就可以非常清晰地了解企业的资产总额以及各资产内部的构成情况，可以据以分析各项资产的配置是否合理。

（2）通过资产负债表可以了解企业资金的来源构成（即企业的资本结构）。在资产负债表中，同时也列示了企业的各项负债和所有者权益，而企业的资本结构就是负债和所有者权益的构成情况。所以，通过资产负债表投资者和债权人就可以了解企业的资本结构是否合理以及面临的财务风险有多大。

（3）通过资产负债表可以了解企业的偿债能力。企业的偿债能力包括短期偿债能力以及长期偿债能力。企业短期偿债能力主要反映在流动性上。所谓流动性，主要指资产转换成现金或负债到期清偿所需的时间。除库存现金本身外，能越快转换成现金的资产，流动性越强。例如，有价证券投资的流动性一般比应收票据和应收账款强，而后者的流动性一般较存货的流动性强。负债到期日越短的，其流动性亦愈强。短期债权人主要关心企业是否有足够的资产及时转换成现金，以清偿短期内到期的债务。企业的长期偿债能力一方面取决于企业的获利能力，另一方面取决于它的资本结构。通过对资产负债表中一些相关项目的分析，我们可以用来解释和评价企业的偿债能力。具体的分析方法将在第八章中详细介绍。

（4）通过资产负债表可以预测企业未来财务状况的变化情况和变化趋势。在阅读资产负债表时，我们经常对不同时期的资产负债表进行对比分析，从而可以了解企业资金结构的变化情况，报表使用者便可以分析企业财务状况的变动趋势，预测企业未来经营前景，从而帮助他们作出正确的决策。

尽管资产负债表有上述作用，但必须认识到，它也存在一些局限性。

首先，资产负债表遗漏了很多无法用货币计量的重要的信息。例如，企业人力资源、固定资产的维修状况、竞争对手的强项和弱势、企业所承担的社会责任等，都没有在现有的资产负债表中列示，但这些信息对决策有重要的参考价值。所以，信息使用者在作经济决策时，除了分析资产负债表中的数字资料外，还要考虑一些报表以外的信息。

其次，企业的资产负债表是以权责发生制为基础编制的，而权责发生制的最大缺陷是无法了解企业的现金流量状况。有时候资产负债表中显示企业的资产状况良好，但是由于现金流量不足而企业可能正面临着财务危机。为了克服权责发生制的这一缺陷，我们还需要编制现金流量表。

二、资产负债表中各项目的排列

资产负债表的编制原理是会计等式"资产＝负债＋所有者权益"，所以在资产负债表中的项目主要包括资产、负债和所有者权益三类会计要素。各要素之间的具体项目按照如下顺序排列。

（一）资产项目的排列

在资产负债表中，资产要素中的各个项目一般是按照其流动性或变现能力排列的。所谓资产的变现能力，是指一项资产从其现状到变换为现金或被耗用所需要的时间。资产按照流动性分为流动资产和非流动资产，资产满足下列条件之一的，应当归类为流动资产：

（1）预计在一个正常营业周期中变现、出售或耗用。

（2）主要为交易目的而持有。

（3）预计在资产负债表日起一年内（含一年）变现。

（4）自资产负债表日起一年内，交换其他资产或清偿负债的能力不受限制的现金或现金等价物。

流动资产以外的资产应当归类为非流动资产。

资产负债表中，资产的排列顺序是按照流动性强的排在前面，流动性弱的排在后面。如第一章中的表 1-2 所示，按照流动资产在前、非流动资产在后的顺序排列。在流动资产和非流动资产各项目中，也是按照流动性顺序排列的。比如，企业的货币资金是可以用于立即支付的项目，它的流动性在企业所有资产中是最强的，所以在资产负债表中货币资金排列在最前面。又比如，一般来说，企业的存货比应收账款的流动性差，所以我们把存货排列在应收账款的后面。

（二）负债项目的排列

在资产负债表中，负债要素中的各个项目一般是按照其需要偿还的时间先后排列的，即也是按照流动性排列的。负债按照流动性分为流动负债和非流动负债。负债满足下列条件之一的，应当归类为流动负债：

（1）预计在一个正常营业周期中清偿。

（2）主要为交易目的而持有。

（3）自资产负债表日起一年内到期应予以清偿。

（4）企业无权自主地将清偿推迟至资产负债表日后一年以上。

流动负债以外的负债应当归类为非流动负债。

在资产负债表中，负债的排列顺序也是按照流动性强（即需要偿还的时间短）的排在前面，流动性弱的排在后面，即按照流动负债在前、非流动负债在后的顺序排列（见表 1-2）。而在流动负债和非流动负债各项目中，也是按照流动性排列的。

（三）所有者权益的排列

在资产负债表中，所有者权益要素中的各项目一般是按照永久性程度排列的，永久性大的排在前面，永久性小的排在后面。比如，在所有者权益中，作为"实收资本"的资金，所有者一旦把它投入企业就供企业长期使用，在企业破产之前都不能随意撤回。可见，实收资本是在所有者权益中永久性最大的项目，把它排在最前面，后面依次是资本公积、其他综合收益、盈余公积和未分配利润等（见表 1-2）。

三、资产负债表的格式及内容组成

（一）资产负债表的格式

目前资产负债表的常用格式有两种：账户式和报告式。

1. 账户式

账户式资产负债表是直接依据会计等式"资产＝负债＋所有者权益"，将报表分为左、右两边，左边按照资产的流动性依次列示企业的各种资产，右边列示各种负债和所有者权益；左边所有项目的合计数资产总额等于右边所有项目的合计数负债和所有者权益总额。所以，账户式结构也通常称为左右式结构，如表1-2 就是一个账户式资产负债表。因为资产负债表的这种格式类似于账户的格式（分为左、右两边），所以称之为账户式资产负债表。

账户式资产负债表的优点是资产和权益之间的恒等关系在报表中一目了然，也便于左右双方的资产和权益相互比较，在进行报表分析时比较方便。但由于报表分成左、右两方，所以左、右两边不可能留有足够的空白处，不方便在阅读报表时作一些旁注。

目前，我国会计制度规定的资产负债表格式采用的就是账户式，这也是国际上比较通用的一种格式。

2. 报告式

报告式资产负债表是将资产负债表的项目自上而下排列，最上面列示资产项目，接着列示负债项目，最下面列示所有者权益项目，所以又称之为上下式结构。其格式如表 7-1 所示。

表 7-1　报告式资产负债表的格式

项　　目	金　　额
资产： 各项目明细…… 　　　　资产合计 负债： 各项目明细…… 　　　　负债合计 所有者权益： 各项目明细…… 　　　　所有者权益合计 　　　　负债及所有者权益合计	

注：表中各项目明细同表 1-2 中各项目的排列，此处略。

报告式资产负债表的优点是便于编制比较资产负债表，以及进行旁注说明。因为这种格式的报表在表的右方有较多空间，可以用来增设栏目，如列示若干年份数据，本期比前期增减额、增减率，也可以用来加设旁注说明某些项目的计价方法、对比情况等。这种格式的缺点是资产和权益之间的平衡关系不如账户式资产负债表一目了然。由于项目较多，采用上下式结构，往往要在几页内列示各项目，这样在阅读时不方便进行对比。

（二）资产负债表的内容组成

资产负债表的内容由表首、表体和表尾附注三部分组成。

（1）表首部分也称为表头部分。在表首部分应列明四部分内容：即报表的名称、编制报表的单位名称、编制报表的日期以及报表使用的货币计量单位等，如表1-2的表头部分。

（2）表体部分也成为正文部分，是资产负债表的主体和核心。在表体部分列示资产、负债和所有者权益三要素的各个项目的金额。

（3）表尾附注也称为补充资料部分。表尾附注是对资产负债表的直接补充说明，主要是对一些无法用数字说明、没有在表体部分列示的一些事项用文字进行补充说明。在实务中，往往是以会计报表附注的形式在报表的后面列示（关于会计报表附注的具体内容在会计制度中有详细规定，此处略）。

四、资产负债表的编制方法

资产负债表通常需要列示连续两年的资料，即"上年年末余额"和"期末余额"两栏（如表1-2中的空栏处）。资产负债表的"上年年末余额"栏内各项数字，应根据上年末资产负债表中的年末数一栏内的数字填列。如果本年度资产负债表中各项目的名称和内容同上年度有所不同，应对上年年末资产负债表中各项目的名称和数字按照本年度的规定进行调整，填入本期资产负债表中的"上年年末余额"栏内。

资产负债表编制的理论依据是会计等式"资产＝负债＋所有者权益"，所以最终编制好的资产负债表中的资产合计数应该等于负债和所有者权益合计数。因此，资产负债表通常也可以称为平衡表。

资产负债表编制的数据来源于总分类账和明细分类账的期末余额。因为资产负债表是一张静态报表，所以它的数据来源也必然是静态的数据——账户的期末余额。但是由于资产负债表项目与会计科目并不完全一致，所以资产负债表的期末数并不是完全根据各账户余额直接填入的。具体来说，资产负债表中各数据的填制方法有如下五种。

（一）根据各个总分类账户的期末余额直接填入

资产负债表中大多数项目都是根据这一方法填制的。在资产负债表中，主要有下列三个项目是根据这种方法填制的：

（1）资产类项目，包括其他权益工具投资、开发支出和递延所得税资产等。资产负债表中的"开发支出"项目，应根据"研发支出"科目中所属的"资本化支出"明细科目余额填列。

（2）负债类项目，包括短期借款、应付票据、应付职工薪酬、应交税费、递延所得税负债等。

其中，应付职工薪酬、应交税费等账户的期末余额如果在借方的，以"－"填列。

（3）所有者权益类项目，包括实收资本、资本公积、盈余公积、其他综合收益等。如果资本公积账户余额在借方的，则以"—"填列。

(二)根据若干总分类账户余额计算填列

资产负债表中许多项目是根据若干本总分类账的期末余额计算后填列的，主要包括以下三个项目：

(1)资产负债表中资产类的"货币资金"项目，是根据"库存现金""银行存款""其他货币资金"3个账户的期末借方余额相加得到的合计数填列的。

(2)资产负债表中资产类的"存货"项目，是根据"在途物资""材料采购""原材料""周转材料""库存商品""委托加工物资""发出商品""材料成本差异""生产成本"等账户的期末余额相加得到的合计数，再减去"存货跌价准备"科目的期末贷方余额后的金额填列的。

(3)资产负债表中所有者权益类的"未分配利润"项目，在月报和季报的编制中，是根据"本年利润"的期末贷方余额减去"利润分配"的期末借方余额(是指未结账前的余额，主要是本期的利润分配额)后的差数，再加上"未分配利润"的期初余额填列的；如果"本年利润"账户的期末余额在借方，则应在其数字前加"—"号再相减。如果是编制年报，由于年末"本年利润"账户的金额已经转入到了"利润分配"账户，所以资产负债表的年报中的"未分配利润"账户直接根据"利润分配"账户年末的贷方余额加上"未分配利润"的期初余额填列的；如果"利润分配"账户年末余额在借方，则应加"—"号再填入资产负债表中未分配利润账户。

(三)根据有关总分类账户余额减去其备抵科目后的净额填列

(1)资产负债表中资产类的"固定资产"项目，是根据"固定资产"账户的期末借方余额分别减去"累计折旧"和"固定资产减值准备"账户的期末贷方余额后的金额以及"固定资产清理"科目的期末余额填列的。

(2)资产负债表中资产类的"其他应收款"项目，是根据"应收利息"、"应收股利"和"其他应收款"科目的期末余额合计数，减去"坏账准备"科目中相关坏账准备期末余额后的金额填列。

(3)资产负债表中资产类的"长期股权投资"项目，是根据"长期股权投资"科目的期末借方余额减去"长期股权投资减值准备"科目中有关股权投资减值准备的期末余额后的金额填列的。

(4)资产负债表中资产类的"在建工程"项目，是根据"在建工程"账户的期末借方余额减去"在建工程减值准备"科目的贷方余额以及"工程物资"科目的期末余额，减去"工程物资减值准备"科目的期末余额后的金额填列。

(5)资产负债表中资产类的"无形资产"项目，是根据"无形资产"账户的期末借方余额分别减去"累计摊销"账户的贷方余额和"无形资产减值准备"账户的贷方余额后的金额填列。

（6）资产负债表中资产类的"持有待售资产"项目，是根据"持有待售资产"账户的期末借方余额减去"持有待售资产减值准备"科目的贷方余额后的金额填列。

报表中还有如下项目也是根据相关账户减去备抵科目后的净额填列的："商誉""投资性房地产""生产性生物资产"等。

（四）根据若干明细账户余额计算分析填列

资产负债表中某些项目需要根据有关总分类账户所属的相关明细账户的期末余额计算分析填列。在资产负债表中，以这种方法填列的项目主要有应收账款、预收款项、应付账款和预付款项四个项目，具体的编制方法如下。

1. 应收账款项目

资产负债表中应收账款项目的数据，应根据"应收账款"总账所属的明细账户的期末借方余额合计，再加上"预收账款"账户的有关明细账户期末借方余额合计数后的总计数填入。

2. 预付款项项目

资产负债表中预付款项项目的数据，应根据"预付账款"总账所属的明细账户的期末借方余额合计，再加上"应付账款"账户的有关明细账户期末借方余额合计数后的总计数填入。

3. 应付账款项目

资产负债表中应付账款项目的数据，应根据"应付账款"总账所属的明细账户的期末贷方余额合计，再加上"预付账款"账户的有关明细账户期末贷方余额合计数后的总计数填入。

4. 预收款项项目

资产负债表中预收款项项目的数据，应根据"预收账款"总账所属的明细账户的期末贷方余额合计，再加上"应收账款"账户的有关明细账户期末贷方余额合计数后的总计数填入。

对上述四个项目的填制可以联系起来看，我们可以把四个项目配成两对："应收账款"与"预收账款"配成一对，"应付账款"与"预付账款"也配成一对。之所以这样配对，是因为"应收账款"与"预收账款"都是由销售业务引起的，而"应付账款"与"预付账款"都是由采购业务引起的。配完对以后，这四个项目的编制规则是：如果这四个账户中某个账户所属的明细账余额出现了反方向余额（比如，应收账款一般余额在借方，但某个明细账期末余额在贷方），则把它填入资产负债表中与其相配对的另外一个项目中。

这样填制的理由是，把明细账中的反方向余额按照其性质在编制资产负债表时进行还原罢了。比如，某应收账款明细账的期末余额出现在贷方，其性质其实是预收账款，所以在编制资产负债表时把它还原到预收账款项目中。

例 7-1：假如某企业某会计期末应收账款总账的期末余额在借方，金额是 300 元；而预收账款总账期末余额在贷方，金额是 400 元。它们所属的明细账余额情况如下：

	借方余额	贷方余额
应收账款——A 公司		400
应收账款——B 公司	600	
应收账款——C 公司	100	
预收账款——D 公司	200	
预收账款——E 公司		700
预收账款——F 公司	100	

在编制期末资产负债表时，在资产方的应收账款项目应该填列 1 000 元，即上述明细账中所有在借方的余额相加得到；在负债方的预收款项项目应该填列 1 100 元，即上述明细账中所有贷方的余额相加得到。

（五）根据总分类账户和明细分类账户余额计算填列

资产负债表中某些项目不能根据有关总账期末余额直接或计算填列，也不能根据有关账户所属的明细账户期末余额计算填列，而是需要根据总账账户与明细账账户余额分析计算填列。有如下两个项目需要用这种方法编制：

（1）资产类项目中的"长期应收款"和"长期待摊费用"，应根据"长期应收款"和"长期待摊费用"账户的期末余额减去一年内到期的长期应收款和长期待摊费用后的余额填列。一年内到期的金额填入"一年内到期的非流动资产"项目中。

（2）负债类项目中的"长期应付款""长期借款""应付债券""预计负债"项目，应根据"长期应付款""长期借款""应付债券""预计负债"的总账科目期末贷方余额减去明细账中一年内到期的"长期应付款""长期借款""应付债券""预计负债"后的余额填列。一年内到期的金额填入"一年内到期的非流动负债"项目中。

下面举例说明资产负债表的编制。

例 7-2：某企业某月末部分会计科目总分类账及其所属明细分类账的余额，如表 7-2 所示。

表 7-2 单位：元

总账科目			所属明细科目		
科 目	借 方	贷 方	科 目	借 方	贷 方
应收账款	8 000		A 公司 B 公司	10 000	2 000

续表

总账科目			所属明细科目		
科 目	借 方	贷 方	科 目	借 方	贷 方
预付账款	3 000		C公司 D公司	3 500	500
应付账款		7 000	E公司 F公司	800	7 800
预收账款		2 500	H公司 G公司	300	2 800
原材料	15 000		甲种材料 乙种材料	10 000 500	
生产成本	6 500		丙种产品 丁种产品	4 000 2 500	
在途物资	3 500				
库存商品	25 600		丙种产品 丁种产品	15 600 10 000	
库存现金	900				
银行存款	5 600				
应交税费	700				
应付股利		900			
实收资本		20 000			
利润分配	10 000				
本年利润		35 000			
固定资产	60 000				
累计折旧		20 000			
固定资产减值准备		5 000			
无形资产	50 000				
累计摊销		15 000			
无形资产减值准备		5 600			
应付职工薪酬	25 000				
长期借款		80 000	其中1年内到期的		20 000

要求：根据上列资料，计算该月末下列资产负债表中有关项目的金额（不画表格，不必平衡，直接填制）。

货币资金＝　　　　　　　　　　固定资产＝
应收账款＝　　　　　　　　　　预付款项＝
应付账款＝　　　　　　　　　　预收款项＝
应交税费＝　　　　　　　　　　其他应付款＝
存货＝　　　　　　　　　　　　实收资本＝
未分配利润＝　　　　　　　　　无形资产＝
应付职工薪酬＝　　　　　　　　长期借款＝

解答过程与答案如下：

货币资金＝库存现金借方余额 900＋银行存款借方余额 5 600＝6 500 元；

固定资产＝固定资产借方余额 60 000－累计折旧贷方余额 20 000－固定资产减值准备贷方余额 5 000＝35 000 元；

应收账款＝应收账款（A 公司借方余额 10 000）＋预收账款（G 公司借方余额 300）＝10 300 元；

预付款项＝应付账款（F 公司借方余额 800）＋预付账款（C 公司借方余额 3 500）＝4 300 元；

应付账款＝应付账款（E 公司贷方余额 7 800）＋预付账款（D 公司贷方余额 500）＝8 300 元；

预收款项＝应收账款（B 公司贷方余额 2 000）＋预收账款（G 公司贷方余额 2 800）＝4 800 元；

应交税费＝－700 元（因为余额在借方，所以是负数）；

其他应付款＝应付利息 0＋应付股利 900＋其他应付款 0＝900 元；

存货＝原材料借方余额 15 000＋生产成本借方余额 6 500＋在途物资借方余额 3 500＋库存商品借方余额 25 600＝50 600 元；

实收资本＝20 000 元；

未分配利润＝本年利润贷方余额 35 000－利润分配借方余额 10 000＝25 000 元；

无形资产＝无形资产借方余额 50 000－累计摊销贷方余额 15 000－无形资产减值准备贷方余额 5 600＝29 400 元；

应付职工薪酬＝－25 000（因为余额在借方，所以是负数）；

长期借款＝长期借款总账贷方余额 80 000－明细账中 1 年内到期的长期借款金额 20 000＝60 000 元。

第三节 利润表

一、利润表的作用

利润表又称损益表，是反映企业一定期间（年度、月度或季度）经营成果或经营结果（利润或亏损）的会计报表。通过利润表，报表使用者可以从总体上了解企业的收入、成本和费用，以及净利润（或亏损）的实现及构成情况，从而对企业的经营活动作出正确评价。利润表的作用表现在以下四个方面。

（1）确认企业一定时期的经营成果。利润表中的利润指标是对企业一定时期所实现利润或亏损的确认，可以向报表的使用者提供反映企业的经营成果的信息。

（2）反映企业利润的实现过程。通过在利润表中列示企业的各项收入和成本费用，可以综合反映企业的利润实现过程，正确评价企业的经营业绩及利润计划的完成情况，为企业的经营决策提供依据。

（3）通过不同时期的利润表数据，可以分析企业的获利能力、了解投资者投入资本的保值增值情况。可以预测企业在未来期间的盈利趋势及企业的发展能力，便于投资者和债权人作出正确的决策。

（4）通过利润表可以考核管理人员的经营绩效。衡量经营绩效的指标之一为投资报酬率，而利润是决定投资报酬率的因素之一，利润可以反映企业经营管理的有效与否。

二、利润表的格式与内容

（一）利润表的格式

利润表的编制依据是公式"收入－费用（成本）＝利润"，根据对该公式运用方法的不同，利润表的格式有多步式和单步式两种。

1. 单步式利润表

单步式利润表是将企业所有的收入列在一起，然后将所有的成本费用列在一起，最后根据公式"收入－费用（成本）＝利润"，用全部收入减去全部成本费用，通过一次计算便求出当期损益。单步式的利润表格式如表 7-3 所示。

表 7-3　利润表（单步式）

××企业　　　　　　　　　　　　××年12月　　　　　　　　　　　　单位：元

项　目	本月数	本年累计数
一、收入		
营业收入		
投资收益		

续 表

项　目	本月数	本年累计数
营业外收入		
收入合计		
二、成本和费用		
营业成本		
税金及附加		
销售费用		
管理费用		
财务费用		
营业外支出		
所得税费用		
成本费用合计		
三、净利润		

单步式利润表的优点是比较直观、简单，并且易于编制。它的缺点是无法反映出收入和费用之间的配比关系，也无法揭示出各构成要素之间的内在联系，这样就不便于报表阅读者对其进行具体分析，也不便于同行业不同企业之间的比较。

在我国，单步式利润表主要用于那些业务比较简单的服务咨询业。

2. 多步式利润表

多步式利润表是将利润表上的收入、成本费用项目加以分类及配比，多次运用"收入－费用（成本）＝利润"的计算公式，经过多步计算出利润总额，然后再减去所得税费用，最后得出净利润。通过多步计算后，就可以分别反映不同经营环节利润的实现情况。在多步式利润表中，分三个步骤最后得到净利润，这三个步骤为：

第一步，以营业收入为基础，减去营业成本、税金及附加、销售费用、管理费用、财务费用、资产减值损失、信用减值损失，加上公允价值变动收益、资产处置收益，再加上投资收益和其他收益，计算得到营业利润；

第二步，以营业利润为基础，加上营业外收入，减去营业外支出计算得到利润总额；

第三步，以利润总额为基础，减去所得税，计算得到净利润（或亏损）。

在报表的最后以净利润为基础，除以普通股股份数，得到每股收益。

多步式利润表的格式如表 7-4 所示。

从表 7-4 中可以看出，多步式利润表通常采用上下加减的报告式结构。它的优点是便于对企业生产经营情况进行分析，有利于不同企业之间进行比较。由于它提供的信息比单步式利润表更为丰富，便于报表使用者分析企业的盈利能力。

表 7-4 利润表（多步式）

××企业　　　　　　　　　　　　　××年12月份　　　　　　　　　　　　　单位：元

项　目	本月数	本年累计数
一、营业收入		
减：营业成本		
税金及附加		
销售费用		
管理费用		
研发费用		
财务费用		
加：其他收益		
投资收益（损失以"－"号填列）		
净敞口套期收益（损失以"－"号填列）		
公允价值变动收益（损失以"－"号填列）		
信用减值损失（损失以"－"号填列）		
资产减值损失（损失以"－"号填列）		
资产处置收益（损失以"－"号填列）		
二、营业利润（亏损以"－"填列）		
加：营业外收入		
减：营业外支出		
三、利润总额（亏损总额以"－"填列）		
减：所得税费用		
四、净利润（净亏损以"－"填列）		
五、其他综合收益的税后净额		
（一）以后不能重分类进损益的其他综合收益		
1. 重新计量设定受益计划变动额		
2. 权益法下不能转损益的其他综合收益		
3. 其他权益工具投资公允价值变动		
4. 企业自身信用风险公允价值变动		
（二）以后将重分类进损益的其他综合收益		
1. 权益法下可转损益的其他综合收益		
2. 其他债权投资公允价值变动		
3. 金融资产重分类计入其他综合收益的金额		
4. 其他债权投资信用减值准备		
5. 现金流量套期储备		
6. 外币财务报表折算差额		
六、综合收益总额		
七、每股收益		
（一）基本每股收益（元/股）		
（二）稀释每股收益（元/股）		

比如，现在有两家规模相差不大的同行业企业：A 企业和 B 企业，在它们同一会计期间的利润表中，其净利润都是 100 万元。如果是单步式损益表，因为收入和费用是分别罗列的，没有相应的配比关系，所以也就很难对它们的盈利能力作出评价；但如果是多步式损益表，就能通过不同层次利润间的关系对 A，

B公司进行评价。比如，在这两家企业的多步式利润表中，虽然净利润都是100万元，但A企业利润表中显示其营业利润为130万元，有营业外支出30万元；而B企业利润表中却显示其营业利润为70万元，另外有30万元的营业外收入。这时如果投资者需要对A与B企业作出投资决策的话，理性的投资者一般会选择A企业，因为从多步式利润表中可以看出A企业的营业利润远比B企业高。众所周知，营业利润是企业长远发展的根本，而不是营业外收入。

可见，多步式利润表基本上弥补了单步式利润表的局限，为我国企业所普遍采用，也是国际上通用的格式。根据我国《企业会计制度》的规定，企业的中期报告和年度报告中的利润表应该采用多步式。

（二）利润表的内容组成

利润表的内容组成与资产负债表相似，也分为表首、表体和表尾附注三部分。在表首部分也需要列明四部分内容，即报表的名称、编制报表的单位名称、编制报表的期间、报表使用的货币计量单位。其中，报表期间按报表是月报、季报还是年报，分别填写"××月份""××季度""××年度"（见表7-4）。利润表的表体部分也是利润表的主体部分，列示企业在某个期间利润的形成情况。在利润表的表尾附注部分，有时候也需要作一些表外的补充说明。

三、利润表的编制方法

（一）利润表各项目的填列方法

前已提到，利润表是一张动态报表，编制利润表的理论依据是动态会计等式"收入－费用（成本）＝利润"，所以编制利润表的数据来源于收入与成本费用类账户的本期发生额。利润表中各项目的编制不像资产负债表编制那么复杂，许多项目就是用相应账户的本期发生额直接对照抄入利润表中即可。具体各项目的填制如下：

1. "营业收入"项目

本项目应根据"主营业务收入"账户和"其他业务收入"账户的本期贷方发生额的合计数填列。如果"主营业务收入"账户借方记录有销售退回和销售折让等，应抵减该项目。

2. "营业成本"项目

本项目应根据"主营业务成本"账户和"其他业务成本"账户的本期借方发生额之和填列。如果"主营业务成本"账户贷方发生额登记有销售退回等事项，应抵减该项目。

3. "税金及附加"项目

本项目应根据"税金及附加"账户的本期借方发生额填列（需要注意的是本项目不包括增值税，填制时要避免把增值税也包括进去）。

4. "销售费用"项目

本项目应根据"销售费用"账户的本期借方发生额填列。

5. "管理费用"项目

本项目应根据"管理费用"账户的本期借方发生额填列。

6. "研发费用"项目

本项目应根据"管理费用"科目下的"研发费用"明细科目的发生额，以及"管理费用"科目下的"无形资产摊销"明细科目的发生额分析填列。

7. "财务费用"项目

本项目应根据"财务费用"科目的相关明细科目的发生额分析填列。

8. "其他收益"项目

本项目应根据"其他收益"科目的发生额分析填列。

9. "投资收益"项目

本项目应根据"投资收益"科目的相关明细科目的发生额分析填列；如为损失，以"－"号填列。

10. "净敞口套期收益"项目

本项目应根据"净敞口套期损益"科目的发生额分析填列；如为套期损失，以"－"号填列。

11. "公允价值变动收益"项目

本项目应根据"公允价值变动损益"科目的发生额分析填列；如为损失，以"－"号填列。

12. "信用减值损失"项目

本项目应根据"信用减值损失"科目的发生额分析填列。

13. "资产减值损失"项目

本项目应根据"资产减值损失"科目的发生额分析填列。

14. "资产处置收益"项目

本项目应根据"资产处置损益"科目的发生额分析填列；如为处置损失，以"－"号填列。

15. "营业外收入"项目

本项目应根据"营业外收入"科目的发生额分析填列。

16. "营业外支出"项目

本项目应根据"营业外支出"科目的发生额分析填列。

17. "所得税费用"项目

本项目应根据"所得税费用"科目的发生额分析填列。

18. "其他综合收益的税后净额"项目

本项目应根据"其他综合收益"科目的发生额分析填列。

19. "综合收益总额"项目

本项目金额为"净利润"项目金额加总"其他综合收益的税后净额"金额得到。

20. "每股收益"项目

本项目只有股份有限公司才填列。根据本期的净利润数据除以公司发行在外的普通股的加权平均数得到的商数填列。如利润表中得到公司的净利润为 560 万元，而该公司本期的普通股份数的加权平均数为 1 000 万股，则每股收益为 0.56 元 / 股。

（二）月度报表"本年累计数"栏中各项目的填列方法

月度利润表的"本年累计数"栏反映各项目自年初起至本月末止的累计实际发生数。根据上月利润表的"本年累计数"栏的数字，加上本月利润表的"本月数"栏的数字，可以得出各项目的本月的"本年累计数"，然后填入相应的项目内。

（三）年度利润表有关栏目的填列方法

在编制年度利润表时，应将"本月数"栏改为"上年数"栏，填列上年全年累计实际发生数，从而可以与"本年累计数"栏中各项目数据进行比较。如果上年度利润表与本年度利润表的项目名称和内容不相一致，应对上年度报表项目的名称和数字按本年度的规定进行调整，填入"上年数"栏内。12 月份利润表的"本年累计数"，就是年度利润表的"本年累计数"，可以直接转抄。

下面举例说明利润表的编制。

例 7-3：A 企业某年相关账户的发生额如表 7-5 所示。

表 7-5 账户发生额表

单位：元

账户名称	借方发生额	贷方发生额
主营业务收入	200 000	8 900 000
主营业务成本	5 100 000	115 000
税金及附加	250 000	
其他业务收入		500 000
其他业务成本	260 000	
销售费用	400 000	
管理费用	550 000	
财务费用	100 000	
资产减值损失	60 000	
投资收益	10 000	170 000
营业外收入		30 000
营业外支出	90 000	

要求：根据上述资料编制 A 企业该年度的利润表。假设企业适用的所得税率为 25%。

根据上述资料，企业编制该年度的利润表如表 7-6 所示。

表 7-6　利润表

××企业　　　　　　　　　　　　　　××年 12 月份　　　　　　　　　　　　　　单位：元

项　目	本月数	本年累计数
一、营业收入		9 200 000
减：营业成本		5 245 000
税金及附加		250 000
销售费用		400 000
管理费用		550 000
财务费用		100 000
加：公允价值变动收益（损失以"—"填列）		（略）
投资收益（损失以"—"填列）		160 000
资产减值损失		60 000
二、营业利润（亏损以"—"填列）		2 755 000
加：营业外收入		30 000
减：营业外支出		90 000
三、利润总额（亏损总额以"—"填列）		2 695 000
减：所得税费用		673 750
四、净利润（净亏损以"—"填列）		2 021 250
五、其他综合收益的税后净额		（略）
六、综合收益总额		
七、每股收益		（略）
（一）基本每股收益		
（二）稀释每股收益		

第四节　现金流量表

一、现金流量表的作用

现金流量表是反映企业在一定时期内（一年内）现金及其现金等价物的取得和运用情况的会计报表。该表属于年报，每年末编一次。这里的现金是广义的现金，泛指现金、银行存款等能作为支付手段的各项货币资金；现金等价物主要是指企业持有期限短、流动性强、易于转换为现金，而且价值变动风险很小的各种短期投资。

我们前面讲述的资产负债表和利润表都是以权责发生制为基础编制的，而权责发生制的最大缺点是：在丰厚的盈利背后往往隐含着财务危机。这一缺陷在历史上曾经有过教训的，下面这个真实的案例就说明了这一点。

案例：1975 年 10 月，美国最大的商业企业之一 W. T. Grant 公司宣告破产引起人们的广泛注意。令人不解的是，Grant 公司在其破产前一年，即 1974 年，其营业净利润近 1 000 万美元，经营活动提供的营运资金 2 000 多万美元，银行扩大贷款总额达 6 亿美元。而且，在 1973 年末公司股票价格仍按其收益 20 倍的价格出售。为什么净利润如此丰厚，营运资金如此充裕的公司会在一年后宣告破产？

其实，问题就在于净利润和营运资金的数据都是通过权责发生制基础获得的，而早在 5 年前，该公司的现金净流量就已出现负数，如果公司当初就根据收付实现制编制现金流量表，就会及时发现问题，不会导致严重后果。

现金流量表的编制有一个历史发展过程。美国于 1963 年由会计原则委员会（APB）第三号意见书规定了编制"资金来源去向表"应遵循的原则，但并不强制规定编制该表，而由会计人员自行决定。它是财务报告的补充信息，也可以认为是现金流量表的雏形。

会计原则委员会第三号意见书发布之后，受到企业团体、证券交易及证券交易管理委员会的支持。此后，公开"资金来源去向表"的企业越来越多。由于该种信息的价值和需求受到重视，1971 年会计原则委员会发布了第 19 号意见书，将此表改为"财务状况变动表"，并要求将其作为基本报表之一。1972 年至 1987 年间，财务状况变动表在美国被广泛使用。但在 1980 年以前，该表的编制都使用营运资金基础，而非现金流量基础。到了 20 世纪 80 年代早期，美国的财务报告环境有了戏剧性的变化，财务经理协会（FEI）建议，公司编制该表时应采用现金制基础。在 1984 年，美国会计准则委员会支持现金流量表作为基本报表之一，认为该表能反映出以主要来源分类的现金收入和支出。1987 年 11 月，会计准则委员会发布了第 19 号准则"现金流量表"，从 1988 年 7 月 15 日至今，现金流量表取代了财务状况变动表。

我国企业从 1993 年起编制财务状况变动表，该表是以营运资金（流动资产－流动负债）为基础编制的，虽然也能反映企业的短期偿债能力，但由于营运资金中的存货和应收账款要经过较长的一段时间才能变现，有些应收账款属于潜在的坏账，根本无法变现，所以只有现金及其等价物最能够反映企业偿还债务的能力。因此，1998 年财政部颁布《现金流量表》准则，要求企业从 1998 年起对外编制现金流量表。企业编制现金流量表有如下作用。

1. 通过现金流量表可以提供企业的现金流量信息，从而对企业整体财务状况作出客观评价

在市场经济条件下，竞争异常激烈，企业要想稳步发展，不但要设法把自身的产品销售出去，更重要的是要及时收回销货款，以便以后的经营活动能够顺利展开。除了经营活动外，企业从事的投资和筹资活动同样会影响企业的现金流量。所以，通过编制现金流量表，企业可以及时了解现金流量状况，可以判断企业的经营周转是否畅通。

2. 对资产负债表和利润表中未能反映的内容进行补充

资产负债表是静态报表，是对某一时刻企业财务状况的反映，但是不能反映企业财务状况的变动情况；而现金流量表则可以解释不同时期资产负债表的变化，可以了解企业在一个期间财务状况的变化。

利润表是动态报表，是对某一期间经营成果的反映，但却不能反映企业的财务状况，以及利润对财务状况的影响。企业利润质量的高低，可用主营业务利润占利润总额的比重反映，也可通过经营活动现金流量与本期净利润的比较加以说明。由于会计处理包含了许多主观判断，如折旧方法、存货计价方法等，使得会计利润有一定局限性。在实际工作中，很可能利润数额较大，但没有相应的现金流入；也可能销售大量发生，形成企业利润，但却出现巨额的应收账款而不能回收，这样的利润难以令人信服。通过现金流量表的编制能够及时发现这样的问题。

二、现金流量的分类

编制现金流量表的目的，是为会计报表使用者提供企业一定会计期间内有关现金流入和流出的信息。企业在一定时期内现金的流入和流出是由各种因素产生的，如制造企业为生产产品需要用现金支付购入原材料的价款、支付职工工资，购买固定资产也需要支付现金。所以，现金流量表首先要对企业各项经营业务产生或运用的现金流量进行合理的分类。通常，按照企业经营业务发生的性质，将企业在一定时期内产生的现金流量归为三类。

1. 经营活动产生的现金流量

经营活动是指企业投资活动和筹资活动以外的所有交易和事项。经营活动产生的现金流量，即经营活动产生的现金收入减去现金支出后的净额。各类企业由于行业的不一致，对经营活动的认定存在一定的差异。比如，对于工业企业，经营活动主要包括销售商品、提供劳务、购买商品、接受劳务、支付税费等。对于银行而言，经营活动则包括吸收存款、发放贷款、同业存放和同业拆借等。工业企业经营活动产生的现金流入，主要包括销售商品、提供劳务收到的现金，实际收到的税费返还的现金。经营活动产生的现金支出，主要包括购买商品、接

受劳务、支付的职工薪酬、支付各项税费,以及支付与其他经营活动有关的现金支出等。通过现金流量表中所反映的经营活动产生的现金流量,可以说明企业经营活动对现金流入和流出净额的影响程度。

2. 投资活动产生的现金流量

投资活动是指企业长期资产的购建和不包括在现金等价物范围内的投资及其处置活动。这里所讲的投资活动,既包括实物资产投资,也包括金融资产投资。这里之所以将"包括在现金等价物范围内的投资"排除在外,是因为已经将包括在现金等价物范围内的投资视同现金。不同企业由于行业的不同,对投资活动的认定也存在差异。比如,交易性金融资产所产生的现金流量,对于工业企业而言,属于投资活动的现金流量;而对于证券公司而言,属于经营活动现金流量。

一般来说,投资活动产生的现金流入项目主要有:收回投资所收到的现金,取得投资收益所收到的现金,处置固定资产、无形资产和其他长期资产所收回的现金净额,收到的其他与投资活动有关的现金。投资活动产生的现金流出项目主要有购建固定资产、无形资产和其他长期资产所支付的现金,投资所支付的现金,支付的其他与投资活动有关的现金。通过现金流量表所反映的投资活动所产生的现金流量,可以分析企业通过投资获取现金流量的能力,以及投资产生的现金流量对企业现金流量净额的影响程度。

3. 筹资活动产生的现金流量

筹资活动是指导致企业资本及债务规模和构成发生变化的活动。这里所说的资本,既包括实收资本(股本),也包括资本溢价(股本溢价);这里所说的债务,指对外举债,包括向银行借款、发行债券以及偿还债务等。应付账款、应付票据等商业应付款等属于经营活动,不属于筹资活动。一般来说,筹资活动产生的现金流入项目主要有:吸收投资所收到的现金,取得借款所收到的现金,收到的其他与筹资活动有关的现金;筹资活动产生的现金流出项目主要有:偿还债务所支付的现金,分配股利、利润或偿付利息所支付的现金,支付的其他与筹资活动有关的现金。通过现金流量表中所反映的筹资活动产生的现金流量,可以分析企业筹资的能力,以及筹资产生的现金流量对企业现金流量净额的影响程度。

三、现金流量表的基本格式

现金流量表主要包括表头、基本内容和补充资料三部分。在表头部分,主要标明报表的名称、编制年度、编制单位的名称及货币单位等。在基本内容部分,直接反映上述三大活动引起的现金流入、流出和净流量。在补充资料部分,间接反映上述内容,主要是将净利润调节为经营活动产生的现金净流量。因为利润表中的净利润是按照权责发生制确定的,和经营活动产生的现金净流量并不相等。有些项目会减少净利润,但不减少经营活动现金净流量,所以在将净利润调节为经营活动的现金净流量时,需要加上这些项目,如固定资产折旧、无形资产摊销等。有些项目增加净利润,但不增加经营活动产生的现金净流量,所以在将净利润调节为经营活动的现金净流量时,需要减去这些项目,如赊销商品时确认的产品销售收入等。具体的调节方法此处略。

现金流量表的格式如第一章中的表 1-4 所示。

第五节 | 所有者权益变动表

所有者权益变动表是指反映构成所有者权益各组成部分当期增减变动情况的报表。所有者权益变动表以前一直作为资产负债表的附表,在 2006 年公布的新准则中,要求所有者权益变动表以正式报表编制,成为必须与资产负债表、利润表和现金流量表并列披露的第四张财务报表。这一变化既是与国际会计准则的"趋同",也是上市公司股东权益日益受到重视的体现。

一、所有者权益变动表的内容和格式

所有者权益变动表应当全面反映一定时期所有者权益变动的情况,不仅包括所有者权益总量的增减变化,还应该包括所有者权益增减变动的重要结构性信息,特别是要反映直接计入所有者权益的利得和损失,让报表使用者准确理解所有者权益增减变动的根源。可见,发生在所有者权益变动表身上的变化,不仅仅是其地位的提高。按照最新颁布的应用指南,股权权益变动表的格式也发生了翻天覆地的变化。原先的所有者权益变动表,主要按照所有者权益的组成项目列示,主要包括股本、资本公积、法定和任意盈余公积、法定公益金(新公司法已取消该项目)、未分配利润。然而,新的所有者权益变动表则是根据股东权益变动的性质,分别按照当期净利润、直接计入股东权益的利得和损失项目、股东投入资本和向股东分配利润、提取盈余公积等情况分析填列。会计政策变更和前期差错更正对股东权益本年年初余额的影响,以前主要在会计报表附注中体现,很容易被投资者忽略。新的股东权益变动表则直接将上述两项列示,使会计政策变更和前期差错更正对股东权益的影响一目了然。

所有者权益变动表的具体格式,如表 7-7 所示。

表 7-7 所有者权益变动表

××企业　　　　　　　　　　　　　　　××年度　　　　　　　　　　　　单位：元

项目	行次	本年金额									上年金额								
		实收资本（或股本）	其他权益工具			资本公积	减：库存股	其他综合收益	专项储备	盈余公积	未分配利润	所有者权益合计	实收资本（或股本）	其他权益工具			资本公积	减：库存股	其他综合收益	专项储备	盈余公积	未分配利润	所有者权益合计
			优先股	永续债	其他									优先股	永续债	其他							
一、上年年末余额																							
加：会计政策变更																							
前期差错更正																							
其他																							
二、本年年初余额																							
三、本年增减变动金额（减少以"-"列示）																							
（一）综合收益总额																							
（二）所有者投入和减少资本																							
1. 所有者投入的普通股																							
2. 其他权益工具持有者投入资本																							
3. 股份支付计入所有者权益的金额																							
4. 其他																							

续 表

项 目	行次	本年金额									上年金额								
		实收资本（或股本）	其他权益工具		资本公积	减：库存股	其他综合收益	专项储备	盈余公积	未分配利润	所有者权益合计	实收资本（或股本）	其他权益工具		资本公积	减：库存股	其他综合收益	专项储备	盈余公积	未分配利润	所有者权益合计
			优先股	永续债	其他									优先股	永续债	其他						
（三）利润分配																						
1. 提取盈余公积																						
2. 对所有者（或股东）的分配																						
3. 其他																						
（四）所有者权益内部结转																						
1. 资本公积转增资本（或股本）																						
2. 盈余公积转增资本（或股本）																						
3. 盈余公积弥补亏损																						
4. 设定受益计划变动额结转留存收益																						
5. 其他综合收益结转留存收益																						
6. 其他																						
四、本年年末余额																						

二、所有者权益变动表的填列方法

（一）上年金额栏的填制

所有者权益变动表上年金额栏内各项数字，应根据上年度所有者权益变动表"本年金额"栏内所有数字填列。如果上年度所有者权益变动表中的各个项目的名称和内容同本年度不相一致，应对上年度所有者权益变动表中各项目的名称和数字按照本年度的规定进行调整，填入本期所有者权益变动表中的"上年金额"栏内。

（二）本年金额栏的填列方法

所有者权益变动表"本年金额"栏内各数字，一般应根据"实收资本""资本公积""盈余公积""利润分配""库存股""以前年度损益调整"等科目的本期发生额分析填列。

第六节　会计报表附注和披露

一、会计报表附注

按照《企业会计准则》的要求，财务报告应当全面反映企业的财务状况和经营成果，对于重要的经济业务应当单独反映。但是，会计报表的表身部分虽然是对企业财务状况和经营成果的综合反映，但却不能涉及企业的各个方面，这就需要对会计报表进行必要的注释。会计报表注解就是会计报表的表外部分，通常以"附注"或"补充资料"等形式对会计报表中的内容进行注释或补充。

（一）会计报表附注的作用

会计报表附注是会计报表的重要组成部分，其作用主要表现在以下四点。

1. 提高会计报表信息的可比性

会计报表通常依据会计准则编制而成。会计准则在许多方面规定了多种会计处理方法，并允许企业根据本行业特点及其所处的经营环境选择最恰当、公允地反映财务状况和经营成果的会计概念、程序和方法，这就会导致不同行业或同一行业各企业所提供的会计信息产生较大的差异。此外，为使财务报表编制采用一贯的方法，使产生的信息具有可比性，会计准则要求企业一旦选定会计程序和方法，不得随意变更，但这并不意味着这些程序和方法在确定后就绝对不能变更。只要新的经济环境表明，采用另一种会计程序或方法，能更恰当地反映企业的实际情况，那么改变会计方法或程序仍属合理。但是，由于改变方法会影响信息的可比性，因而在财务报告中用适当的方式通过注释来说明企业所采用的会计方法及其变更，有助于提高企业与企业之间会计报表的可比性。

2. 可以增进对报表信息的可理解性

企业财务报表的阅读者很多，他们的知识结构迥然有异，其信息需求及侧重点各不相同，仅仅用几张会计报表不能满足所有报表用户的需要。对表中数据进行解释，将一个抽象的数据分解成若干个具体项目，并说明产生各项目的会计方法，有助于他们理解财务报表中的信息。

3. 突出会计报表信息的重要性

财务报表中所含有的数量信息比较全面，但因其内容繁多，报表使用者可能抓不住重点，对其中的重要信息了解可能不够全面、详细。通过会计报表附注，可将会计报表中的重要数据进一步予以分解、说明，有助于报表使用者了解哪些是重要的信息应当引起注意，并在决策中有所考虑。

4. 对会计报表本身未反映的内容进行补充说明

会计报表表身的指标之间是相互密切联系的，这种联系往往通过指标数量间的运算关系、平衡关系等形式表现出来，不具备这种联系的指标往往很难设立在表身中，如租入固定资产、已贴现的商业承兑汇票等，这就需要在会计报表附注中单独反映，对报表作必要的补充说明。

（二）会计报表附注的内容

《企业会计制度》规定，企业的年度会计报表至少应当披露如下内容（法律、行政法规和国家统一的会计制度另有规定的，从其规定）：

1. 企业的基本情况。
2. 财务报表的编制基础。
3. 遵循企业会计准则的声明。
4. 重要会计政策和会计估计。
5. 会计政策和会计估计变更以及差错更正的说明。
6. 报表重要项目的说明。
7. 或有和承诺事项、资产负债表日后非调整事项、关联方关系及其交易等需要说明的事项。
8. 有助于财务报表使用者评价企业管理资本的目标、政策及程序的信息。

二、会计报表的披露

为了使有关各方对企业的财务状况和经营成果能够正确认识，企业应定期将会计报表及报表的形成情况向有关各方进行说明，即进行会计报表的披露。会计报表的披露也称为会计报表的公开，是将会计报表和企业的生产经营活动有密切关系的因素定期进行公开，使有关各方对企业情况有充分了解，以实现对企业生产经营活动的监督。

在市场经济条件下，进行会计报表披露是维护各方利益的重要措施。这是因为，市场经济使企业与外界的联系日益广泛，企业外界与企业的利益关系日益复杂化、多样化，使得关心企业经营情况的单位和个人越来越多，企业有必要向这些单位和个人披露有关的会计信息。

会计报表披露按其范围不同，分为内部披露和社会披露两种。内部披露是企业定期将会计报表向本单位职工进行披露，使本单位职工对企业的生产经营活动状况有正确的认识。内部披露常见于事业单位和国有企业单位。社会披露是企业定期将会计报表及相关会计信息向社会公开，使社会上与企业相关的各方及时了解企业的情况，以便正确进行决策。社会披露常见于股份制企业，尤其是上市公司。

企业会计报表在报送之前必须按照《会计法》和国家统一会计制度的规定，经会计主管人员和企业负责人认真进行复核报送。上级主管部门加以审查，以保证数字真实、内容完整、说明清楚、手续完备。会计报表非经审核不得报送。报送时，应将会计报表依次编定页数、加具封面、装订成册，并且加盖公章。股份有限公司、外商投资企业等会计报表，必须经注册会计师审计验证后才能对外披露。

根据《企业会计制度》的规定，月报应于月份终了后 6 天内报出，半年报应于年度中期结束后 60 天报出，而年报应于年度终了 4 个月内报出。

本章小结

财务会计报告是综合反映企业一定时期财务状况、经营成果，以及现金流量情况的书面文件。它是提供会计信息的重要手段，主要由会计报表和会计报表注释组成。

会计报表的编制应符合数字真实、内容完整、便于理解、项目重要以及报送及时等要求。

会计报表主要包括资产负债表、利润表、所有者权益变动表和现金流量表等。

通过资产负债表可以了解企业在某一时刻的财务状况，有助于报表阅读者进行偿债能力的分析。资产负债表的格式有账户式和报告式，我国使用的是账户式，左边按照流动性列示资产，右边列示的是负债和所有者权益。资产负债表编制的数据来源于总分类账户和明细分类账户。资产负债表中的主要项目是由总账余额直接填入的，另外有一些项目则需要根据总账以及明细账的余额分析计算填列。

通过利润表可以了解企业利润的形成以及分配情况，有助于报表阅读者进行盈利能力分析。利润表的格式有单步式和多步式两种，我国及国际通用的是多步式。在多步式利润表中，企业的净利润是分三个层次得到的，即营业利润、利润总额和净利润。在利润表的最后需要列示公司的每股收益（主要是针对股份有限公司）。利润表编制的数据来源于各损益类账户的本期发生额，其编制方法主要是用相应账户的本期发生额直接对照抄入到利润表中的各项目即可。

现金流量表可以弥补资产负债表和利润表的缺陷，用来反映企业在一定时期的现金流量状况。现金流量按经营业务发生的性质，分为经营活动产生的现金流量、投资活动产生的现金流量以及筹资活动产生的现金流量。现金流量表的格式也依次分为经营活动、投资活动和筹资活动产生的现金流量三部分。

所有者权益变动表可以反映构成所有者权益各组成部分当期增减变动情况。其编制方法与利润表相类似，主要是根据相关账户的本期发生额直接填制。

课后练习题

一、单项选择题

1. 资产负债表的"期末数"栏应根据有关账户的（　）来编制。

   A. 本期增加额　　　　　　　　B. 本期减少额

   C. 期末余额　　　　　　　　　D. 期初余额

2. 损益表的"本月数"栏一般应根据有关账户的（　）来编制。

   A. 本期增加额　　　　　　　　B. 本期减少额

   C. 期末余额　　　　　　　　　D. 期初余额

3. 资产负债表属于（　）报表。

   A. 静态　　　　　　　　　　　B. 动态

   C. 动静结合　　　　　　　　　D. 有时静态有时动态

4. 在资产负债表中，资产项目的排列次序是（　）。

   A. 金额的大小　　　　　　　　B. 重要性的大小

   C. 损耗程度的大小　　　　　　D. 流动性的大小

5. 会计报表编制的依据是（　）。

   A. 原始凭证　　　　　　　　　B. 记账凭证

   C. 科目汇总表　　　　　　　　D. 账簿记录

6. 在资产负债表中，固定资产项目应根据（　）填列。

   A. 固定资产账户的期末借方余额

   B. 固定资产账户的期末借方余额减去累计折旧期末贷方余额

C. 固定资产账户的期末借方余额减去累计折旧期末借方余额

D. 固定资产账户的期末借方余额分别减去累计折旧期末贷方余额和"固定资产减值准备"账户的期末贷方余额

7. 资产负债表表头的编报日期应填列（　　）。

A. 一定期间，如×年1月1日至1月15日

B. 一个会计期间，如×年1月份

C. 任何一个时点，如×年1月15日

D. 某一个会计期间的期末，如×年1月31日

8. 现在我国资产负债表的格式一般为（　　）。

A. 账户式　　　　　　　　　　B. 报告式

C. 财务状况式　　　　　　　　D. 多步式

9. 资产负债表和现金流量表同属于（　　）。

A. 对内报表　　　　　　　　　B. 财务成果报表

C. 成本费用报表　　　　　　　D. 对外报表

10. 现金流量表的编制基础是（　　）。

A. 现金　　　　　　　　　　　B. 现金及其等价物

C. 营运资金　　　　　　　　　D. 流动资产

二、判断题

1. 会计报表既要向有关部门报送，又要提供给企业内部有关人员分析使用。（　　）

2. 现金流量表是以收付实现制为基础编制的会计报表。（　　）

3. 损益表中计算出来的应交所得税后的利润，即未分配利润。（　　）

4. 所有者权益变动表是指反映构成所有者权益各组成部分当期增减变动情况的报表。（　　）

5. 损益表的"本年累计数"栏应根据有关账户的本期发生额来编制。（　　）

6. 企业的净利润和经营活动产生现金净流量是相等的。（　　）

7. 资产负债表中的货币资金项目，应根据"库存现金"和"银行存款"两个账户的期末余额之和来编制。（　　）

8. 利润表的作用之一是反映企业的短期偿债能力和支付能力。（　　）

9. 会计报表附注是企业财务报告的有机组成部分。（　　）

10. 利润表是在会计期间终了编制的，从静态上反映一定日期财务成果的会计报表。（　　）

三、多项选择题

1. 现金流量表反映（　　）活动的现金流量。

A. 经营　　　　　　　　　　　B. 投资

C. 筹资 D. 分配

2. 下列报表中，属于动态报表的有（　　）。
   A. 资产负债表 B. 损益表
   C. 现金流量表 D. 所有者权益变动表

3. 资产负债表中的下列项目中，需根据有关账户分析计算填列的有（　　）。
   A. 货币资金 B. 存货
   C. 未分配利润 D. 实收资本

4. 下述项目中，应计入资产负债表"存货"项目的是（　　）。
   A. 期末库存原材料成本 B. 期末在产品成本
   C. 期末库存产成品成本 D. 长期待摊费用

5. 下列项目中，在资产负债表左边排列的项目是（　　）。
   A. 开发支出 B. 预付账款
   C. 预收账款 D. 固定资产清理

6. 现金流量表中的现金等价物应同时具备（　　）条件。
   A. 期限短 B. 易于转变为现金
   C. 价值变动风险小 D. 流动性强

7. 在编制资产负债表时，下列项目中需要根据若干明细账户的期末余额计算填列的有（　　）。
   A. "应收账款" B. "累计折旧"
   C. "预收账款" D. "预付账款"
   E. "应付股利"

8. 编制资产负债表时，下列项目中可根据有关总账科目的期末余额直接填列的有（　　）。
   A. 应付股利 B. 应付职工薪酬
   C. 货币资金 D. 应收账款
   E. 实收资本 F. 资本公积

9. 利润表提供的信息包括（　　）。
   A. 实现的营业收入 B. 发生的营业支出
   C. 营业利润 D. 利润或亏损总额
   E. 应交的所得税 F. 企业的财务状况

10. 下列属于对外报表的有（　　）。
    A. 制造费用表 B. 利润表
    C. 现金流量表 D. 所有者权益变动表

四、计算实务题

1. 某企业××年3月末部分总分类账户的期末余额如下表：

账户名称	借方余额	账户名称	贷方余额
库存现金	1 600	累计折旧	60 000
银行存款	120 000	固定资产减值准备	20 000
应收账款	2 000	预收账款	3 000
原材料	18 000	应付账款	4 500
库存商品	35 000	长期借款	800 000
周转材料	8 000	本年利润	800 000
交易性金融资产	15 000	实收资本	1 128 000
应交税费	9 000		
固定资产	760 000		
利润分配	300 000		

该企业 3 月末部分明细分类账户的期末余额如下：

应收账款——光明厂借方余额 5 500 元；

应收账款——大东厂贷方余额 1 000 元；

应收账款——东方厂贷方余额 2 500 元；

应付账款——忠祥厂贷方余额 6 000 元；

应付账款——新力厂借方余额 1 500 元；

预收账款——实力厂借方余额 2 000 元；

预收账款——希望厂贷方余额 5 000 元；

长期借款——民生银行金额为 150 000 元的一笔贷款剩余还款年限为 11 个月。

要求：根据上述资料，填写该企业 3 月份资产负债表中的如下项目：

项目名称	金 额	项目名称	金 额
货币资金		应付账款	
应收账款		预收款项	
预付款项		应交税费	
交易性金融资产		长期借款	
存货		实收资本	
固定资产		未分配利润	

2. 根据下列所给资料编制会计分录（凡能够定明细科目的，应在分录中列出），并编制利润表。

资料：某企业 ×× 年 12 月份发生下列经济业务：

（1）企业销售产品一批，价款 80 000 元，增值税销项税额 12 800 元，货款及税金尚未收到。

（2）企业按合同发出产品一批，价款 120 000 元，增值税销项税额 19 200 元，以银行存款代垫运费 2 500 元，该货款已于上月预收，预收金额为 100 000 元（该企业不设"预收账款"账户）。

（3）企业以银行存款支付专设的销售部门销售产品的运杂费 800 元、广告费 10 000 元。

（4）企业以银行存款支付本月的短期借款利息 400 元。

（5）月末，结算本月应付行政管理部门人员的薪酬共计 22 800 元。

（6）月末，按规定计算本月的税金及附加为 2 280 元。

（7）月末，结转已销售产品的生产成本 112 000 元。

（8）经批准，企业转销已盘盈的生物资产 16 000 元（计入营业外收入）和盘盈的材料价值 300 元（计入管理费用）。

（9）月末，结转各收入、费用账户的本期发生额，并计算企业本期的利润总额。

（10）根据企业的利润总额计算企业本期应交纳的所得税（所得税率25%），并结转所得税费用，计算企业本期净利润。

第八章 会计报表基本分析

本章学习目的

通过本章学习，了解会计报表分析的主体及意义；了解会计报表分析的标准；了解和掌握会计报表分析的方法；了解和掌握如何通过资产负债表和利润表进行盈利能力分析、偿债能力分析以及经营能力分析。

第一节 会计报表分析概述

一、会计报表分析的意义

会计报表分析是以企业编制的会计报表及相关资料为基本依据，运用一定的分析方法和技术，对企业的财务状况和经营成果进行评价，为企业未来的决策、规划和控制提供相应的信息的方法，又称为财务分析。

会计报表分析主体是指对企业会计报表进行阅读和分析的单位、团体和个人。它们一般都与企业有着某种利益关系，并且站在各自的立场上，为各自的目的，对企业的财务状况、经营成果及现金流量进行分析和评价。不同的会计报表分析主体对报表分析提出的要求是有区别的，这就必然决定了企业报表分析对于不同的主体具有不同的意义。下面我们就结合不同的报表分析主体来说明会计报表分析的意义。

（一）从投资者角度看会计报表分析的意义

由于现代企业所有权和经营权的分离，作为委托代理关系的委托人，一方面有权要求企业提供有关财务信息，以了解企业的财务状况、经营成果和现金流量等；另一方面，需要选择优秀的经营管理者从事企业的经营活动，只有通过财务信息才能对企业经营者受托责任的履行情况进行分析评价，才能为继续聘用、重用、奖励或惩罚及解聘企业经营管理者提供依据。

一般而言，投资者对企业的获利能力（即投资者的投资回报率）及投资风险最为关注。所以，投资者需要阅读和分析会计报表等信息来了解企业的短期盈利能力，以及企业长期的发展潜力。

（二）从债权人角度看会计报表分析的意义

企业的债权人包括向企业提供信贷资金的银行、公司及债券持有者等。作为企业信贷资金的提供者，他们更多地关心企业的偿债能力、企业的资本结构和负债比例，以及企业长、短期负债的比例是否恰当。企业的会计报表等信息，恰恰能够帮助债权人判断企业的信用和风险及长、短期偿债能力。

（三）从经营管理者角度看会计报表分析的意义

会计报表等信息对于提高企业内部经营管理者水平，制定有效的内、外部决策，都具有重要意义。企业外界的利益相关人对企业的影响是间接的，而企业内部经营管理者利用会计报表等信息则能马上应用于管理实务，对于促进企业各级管理层综合管理水平的提高至关重要；同时，会计报表等信息也是企业内部总结工作业绩、考核各部门经营责任完成情况的重要依据。

（四）从政府角度看会计报表分析的意义

对企业有监管职能的主要有工商、税务、财政和审计等政府部门，它们也要通过及时了解企业的会计报表等信息来把握和判断企业是否按期依法纳税，有无通过虚假财务报告来偷逃国家税金。同时，在市场法制经济下，国家为了维护市场竞争的正常秩序，必然会利用财务分析资料，来监督和检查企业在整个经营过程中是否严格地遵守国家规定的各项经济政策、法规和有关制度等。

另外，企业的会计报表分析主体还有企业的内部职工、企业的供应商和客户以及社会中介机构等，也都需要利用会计报表等信息来获得它们所需要的有关企业的各方面情况。

二、会计报表分析标准

会计报表分析标准是会计报表分析过程中据以评价分析对象的基准。任何事物都必须有比较才有鉴别，才能分出优劣。报表分析的过程实际上是采用特定的方法进行比较的过程，而比较的基准就是会计报表分析标准。

（一）会计报表分析标准种类

会计报表分析标准的种类，如图 8-1 所示。

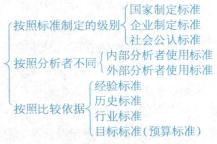

图 8-1　会计报表分析标准的种类

经验标准是指依据大量且长期的实践经验而形成的一种比较标准。经验标准并非一般意义上的平均水平，如财务比率的平均值，并不一定就构成经验标准。一般而言，只有那些既有上限又有下限的财务比率，才可能建立起适当的经验比率，如流动比率（在下文中解释）。那些越大越好或越小越好的财务比率，如各种利润率指标或各种成本费用指标，就不可以建立适当的经验标准。

历史标准是指以本企业过去某一时期（如上年或上年同期）该指标的实际值作为比较标准。历史标准可以选择本企业历史最高水平，也可以选择企业正常经营条件下的业绩水平，或者可以取以往连续多年的平均水平。实际选用何种水平要看具体需要而定。历史标准对于评价企业自身经营状况和财务状况是否得到改善是非常有用的。

行业标准是指以行业财务状况的平均水平，或是同行业中某一比较先进企业的业绩水平作为比较的标准。行业标准可以说明企业在行业中所处的地位和水平（竞争的需要），也可用于判断企业的发展趋势。例如，在一个经济萧条时期，企业的利润率从 12% 下降为 9%，而同期该企业所在行业的平均利润率由 12% 下降为 6%，那么，就可以认为该企业的盈利状况是相当好的。

目标（预算）标准是指根据企业内部或外部有关背景资料，按照企业发展规划的要求，在实行预算管理中所制定的企业预期应达到的最佳或理想标准，如计划标准、定额标准等。预算标准的缺点是外部分析者通常无法利用该标准；而且预算标准的主观性较强，未必可靠。

(二) 会计报表分析标准的选择

上述分析标准的实质是从不同的侧面形成比较的参照物,在实际会计报表分析中,分析者可以根据分析的目的,选择恰当的分析标准。

如果是分析企业的预算执行情况,则使用目标标准;如果是对企业的发展趋势进行分析,则使用历史标准;如果是外部分析者对企业进行独立分析,则应使用行业标准。在实际进行会计报表分析时,分析标准的选择可以比较灵活,可以只用一种标准,也可以同时用几种标准。比如,分析某企业会计报表数据时,可以用行业标准考察企业有无达到行业标准水平;同时,也可以参照历史标准来考察企业在某一方面有无改善等。

三、会计报表分析方法

会计报表分析通常采用的方法有比较分析法、趋势分析法、比率分析法、因素替代法和综合分析法等。

(一) 比较分析法

比较分析法也称为指标对比法,它是通过对比相关指标,确定指标间数量上的差异的一种分析方法,是会计报表分析中常用的方法。其主要作用在于揭示差异、发现问题和成绩,并为进一步分析指明方向。应用这种方法时需要注意的是,只有同质的指标才具有可比性。根据用来对比的指标不同,分为绝对数比较分析和相对数比较分析。

1. 绝对数比较分析

绝对数的比较是将某指标的实际数与标的值进行比较,从而寻找差异的一种方法。

例 8-1:某企业本年和上年的利润表中有关数据,如表 8-1 所示。

表 8-1　某企业本年和上年的利润表中的有关数据　　　　　　　　　单位:元

项　目	上年度	本年度
主营业务收入	200 000	240 000
主营业务成本	120 000	160 000
费用总额	40 000	30 000
企业税前利润	40 000	50 000

对于表 8-1 数据,我们可以用本年度的有关数据与上年度的相应数据相比,得出差异,如表 8-2 所示。

表 8–2　某企业本年和上年利润表有关数据的绝对数比较分析　　　　单位：元

项　目	上年度	本年度	差　异
主营业务收入	200 000	240 000	40 000
主营业务成本	120 000	160 000	40 000
费用总额	40 000	30 000	−10 000
企业税前利润	40 000	50 000	10 000

从表 8-2 中可以看出，本年度税前利润比上年增加了 10 000 元。分析原因是由于费用总额下降了 10 000 元，而主营业务成本却是与主营业务收入同数额增加，说明本年度的主营业务成本没有控制好，应找到成本增加的原因，并且采取针对性措施努力在未来把主营业务成本降低。

2. 相对数比较分析

绝对数的比较分析反映出指标增减变化的绝对额，但无法消除规模的影响，所以我们可以通过计算出百分率来进行相对数比较。

例 8–2：A 企业和 B 企业本年利润在去年基础上都增加了 10 万元。如果只看绝对数，不能说明哪个企业业绩增长较快，因为可能两家企业的规模相差很大。这时候用相对数进行比较就非常有效。比如，A 企业净资产规模为 100 万元，而 B 企业净资产规模为 1 000 万元。则 A 企业的净资产报酬增长率为 10%，而 B 企业的净资产报酬增长率为 1%，显然 A 企业利润增长速度比 B 企业快。

（二）趋势分析法

趋势分析法是通过比较企业连续几期的会计报表，运用动态数值表现各个时期的变化，揭示现象发展趋势与规律，并用来预测企业未来的发展趋势的分析方法。企业的经济现象是复杂的，受多方面因素变化的影响，如果只从某一时期或某一时点出发很难看出现象的发展趋势和发展规律，因此需要把连续几期的数据按时期或时点的先后顺序整理为时间数列，并计算出数列的发展速度、增长速度、平均发展速度和平均增长速度等，用发展的思路来进行会计报表分析。

（三）比率分析法

比率分析法是指在同一张报表的不同项目之间或者在不同张报表的有关项目之间进行对比，从而计算出各种不同经济含义的比率，据以评价企业财务状况和经营成果的一种方法。具体对比的方法又有以下两种。

1. 结构比率分析

结构比率分析是指通过个体指标和总体指标之间的对比，计算出个体指标占总体指标的比重，分析构成项目的变化，以掌握经济活动的特点及变化趋势。在资产负债表中，一般把资产总额作为总体指标，用报表中的各个数据与资产总额相比，得到具体项目的结构比率，可以据此了解资产及负债和所有者权益的结构；在利润表中，一般以营业收入作为总体指标，用利润表中的各个数据与营业收入相比，得到利润表中各个项目的结构比率，可以据此了解利润的构成。

例 8-3：某企业某年末的资产负债表中，资产总额为 100 万元，流动资产总额为 40 万元，固定资产总额为 30 万元，则通过计算可以得到流动资产的结构比率为 40%，而固定资产的结构比率为 30%。用得到的结构比率与同行业平均水平或企业制定的标准比较可以作出结论，也可以与企业以前各期的相应结构比率进行比较发现一些变化中的问题。

2. 相关比率分析

相关比率分析是指不同的但又相互有联系的指标之间对比，计算出有经济含义的指标。分析时应确定不同指标之间客观上所存在的相互关系，如通过企业的净利润与所有者权益的对比，可以计算出企业的净资产收益率，用来反映企业净资产的获利能力。

本章在后面的介绍中主要运用的就是这种相关比率分析方法。

（四）因素分析法

一个经济指标往往是由多种因素造成的，它们各自对某一个经济指标都有不同程度的影响，只有将这一综合性的指标分解为各个构成因素，才能从数量上把握每一个因素的影响程度。因素分析法中，最常用的是连环替代法。它是利用各因素的实际数与标准数的连续替代来计算各因素脱离标准所造成的影响，以分别测定各个因素的变化对财务指标差异的影响程度的计算方法。

在运用指标对比法对财务指标确定了差异以后，可以通过因素分析法进一步查明形成差异的原因，以及这些因素对经济指标的影响程度。因素分析方法的运用要以统计学原理中有关指数分析方法的理论为依据。具体的分析步骤如下：

（1）确定影响某会计报表分析指标的各个因素。

（2）确定各个因素同该会计报表分析指标的关系，并且列出关系式；在列关系式时要注意各因素之间合理的顺序，即要符合因素之间相互依存、相互制约的内在逻辑关系，并考虑计算的实际经济意义。一般，数量指标在前面、质量指标在后面（数量指标是反映现象水平和规模的总量指标，如职工人数、产品产量等；质量指标是反映现象总体的社会经济效益和工作质量的指标，如产品单位成本、劳动生产率等），实物指标在前面、价值量指标在后面。

（3）计算出所要研究的指标的变动额或变动率，然后按一定顺序将各个因素逐个替代，分析各个因素对该指标变动额或变动率的影响程度。在进行连环替代时，根据统计学原理中相关知识的要求，分析数量指标因素变化时，要把质量指标因素固定在基期（即比较标准的时间）；而在分析质量指标的变化时，把数量指标固定在报告期（同基期比较的时期，也称为计算期）。

为了更好地理解上述说明，我们假设一个财务指标 E 是由 A，B，C 3 个因素的乘积构成，即 $E=A \cdot B \cdot C$。用下标 1 表示报告期，用下标 0 表示基期，报告期的财务指标为 E_1，基期的财务指标为 E_0，财务指标的差异为 E_1-E_0，现分析 A，B，C 3 个因素依次变动对这一差异的影响，即

A 因素变动对财务指标的影响 $=(A_1-A_0) \times B_0 \times C_0$
B 因素变动对财务指标的影响 $=A_1 \times (B_1-B_0) \times C_0$
C 因素变动对财务指标的影响 $=A_1 \times B_1 \times (C_1-C_0)$

下面举实例说明因素分析法的运用。

例 8-4：某企业甲产品的有关材料消耗的计划数与实际数资料，如表 8-3 所示。

表 8-3　某企业甲产品的有关材料消耗的计划数与实际数

项　目	单　位	计划数	实际数
产品产量 A	件	205	225
单位产品材料消耗量 B	千克	9	8
材料单价 C	元	10	12
材料成本总额 E	元	18 450	21 600

用因素分析法分析步骤如下：

（1）确定影响甲产品材料成本总额的因素有 3 个：产品产量、原材料单价以及单位产品材料消耗量（分别用 A，B，C 表示）。

（2）确定这 3 个因素与产品材料成本总额是连乘积的关系。另外，这 3 个因素中产品产量是数量指标，原材料单价是质量指标，而单位产品材料消耗量相对于产品产量是质量指标、相对于原材料单价又是数量指标，所以按照它们的逻辑关系，列出关系式为

材料成本总额＝产品产量 × 单位产品材料消耗量 × 材料单价

（3）计算出材料成本总额实际数和计划数的差异为 3 150 元（21 600－18 450），然后分别用连环替代法分析这 3 个因素对差异 3 150 元的影响程度如下（这里计划数就是基期数，而实际数就是报告期数）：

① 分析第一个因素——产品产量变化对材料总成本的影响额。因为产品产量是数量指标，所以分析它的变化时把另外两个指标都固定在基期。

产品产量变化对成本差异的影响为

$$(225-205) \times 9 \times 10 = 1\ 800 \text{ 元（超支差异）}$$

② 分析第二个因素——单位产品材料消耗量对材料总成本的影响额。因为它相对于产品产量而言是质量指标，相对于材料单价而言是数量指标，所以分析它的变化时把产品产量指标固定在报告期，即实际期，而把材料单价固定在基期（或者我们可以理解为把已经分析过的因素固定在报告期，而把没有分析过的指标固定在基期）。

单位产品材料消耗量对成本差异的影响为

$$225 \times (8-9) \times 10 = -2\ 250 \text{ 元（节约差异）}$$

③ 分析第三个因素——材料单价对材料总成本的影响额。因为它前面的因素是数量指标，所以把前面两个因素固定在报告期（也即把已经分析过的两个因素都固定在报告期）。

材料单价对成本差异的影响为

$$225 \times 8 \times (12-10) = 3\ 600 \text{ 元（超支差异）}$$

由上分析可知，本期甲产品消耗的材料总成本比计划数超支了 3 150 元，主要是由 3 个因素导致的。其中，由于甲产品实际产量比计划产量的增加，导致总成本增加了 1 800 元；由于单位产品材料消耗量实际比计划减少，而导致总成本节约了 2 250 元；由于材料单价实际比计划增加，而导致总成本超支了 3 600 元。通过以上分析可知，如果要降低甲产品材料消耗总成本，接下来的工作重点应放在如何努力降低材料单价上。

四、财务报表分析的内容

财务分析的内容主要包括以下三个方面：

（1）偿债能力分析。

（2）经营能力分析。

（3）盈利能力分析。

以上三个方面的财务分析指标中，偿债能力是财务目标实现的稳健保证，债权人在阅读财务报表时最注重对企业偿债能力分析；经营能力是财务目标实现的物质基础，企业的内部经营管理者非常重视对企业经营能力的分析；盈利能力是前两者共同作用的结果，同时也对两者的增强起着推动作用。这三方面的能力相辅相成，共同构成企业财务分析的基本内容。下面就分别介绍这三方面的内容。

第二节 盈利能力分析

盈利能力是反映企业赚取利润的能力。盈利能力是企业在市场竞争中立于不败之地的根本保证,也是许多报表分析主体所特别关心的指标。对于投资者来说,利润是股东利益(无论是股利收益,还是资本收益)的源泉;对于债权人来说,利润是企业偿还债务(尤其是长期债务)的基本保障;而对于企业经营者来说,利润往往是企业主管部门考核经营者业绩的主要衡量指标。

反映企业盈利能力大小的常用指标主要有三方面:从资产方面反映、从销售方面反映以及从股本方面反映,具体指标分类如图 8-2 所示。

$$\left\{\begin{array}{l}\text{资产盈利指标}\left\{\begin{array}{l}\text{总资产报酬率}\\ \text{净资产收益率}\end{array}\right.\\ \text{销售盈利指标}\left\{\begin{array}{l}\text{经营利润率}\\ \text{经营毛利率}\end{array}\right.\\ \text{股本盈利指标}\left\{\begin{array}{l}\text{每股收益}\\ \text{每股净资产}\\ \text{市盈率}\end{array}\right.\end{array}\right.$$

图 8-2　反映企业盈利能力大小的常用指标分类

一、资产盈利指标

资产盈利指标,通常也称为资产报酬率指标和投资报酬率指标。常用的有以下两个指标。

(一)总资产报酬率

总资产报酬率又称总资产收益率,是企业息税前利润与资产平均余额的比率,反映了企业利用全部资产获利的能力,其计算公式为

$$总资产报酬率=\frac{利润总额+利息支出}{平均资产总额}\times 100\%$$

其中

$$平均资产总额=\frac{期初资产总额+期末资产总数}{2}$$

上述公式中,利润总额包括投资收益,但不包括非常项目;利息支出数据在报表中不能直接获得,可以用利润表中的"财务费用"来近似计算。

在上述计算公式的分子中,之所以要包含利息支出是为了分子与分母能够相互匹配;分母的资产总额中,是包括负债部分资金来源的。所以,分子也应包括负债部分资金的收益(即利息),这样算出来的指标才能反映全部资产的获利能力。

有关总资产报酬率的分析如下：

（1）总资产收益率越高，表明企业资产利用的效率越好，盈利能力越强。

（2）只从该指标一般看不出企业盈利率的高低，判断它的高低必须有一定的参照物，如社会平均总资产报酬率、社会同风险和不同企业的总资产报酬率。企业的该指标如果大于社会平均、行业平均、同风险企业的该指标，则认为其获利能力较强。

（3）可以把该指标进行如下分解：总资产报酬率＝总资产周转率 × 经营利润率。从上述分解中可以看出，要想提高总资产报酬率可以有两种途径：一是通过低价格多销售增加资金的周转速度；二是通过提高产品质量和价格，以及降低成本来实现较高的销售利润率。

（二）净资产收益率

净资产收益率，也称为所有者权益收益率或股东权益收益率，是净利润与净资产平均余额的比率，其计算公式为

$$净资产收益率 = \frac{净利润}{平均净资产} \times 100\%$$

其中

$$平均净资产 = \frac{期初所有者权益 + 期末所有者权益}{2}$$

上述公式中的净利润是企业的税后净利润，在利润表中可以直接获得该数据。

有关净资产收益率的分析如下：

（1）净资产收益率是从企业所有者角度分析企业盈利水平大小，该指标越高，说明所有者投资带来的收益越高。

（2）该指标在我国的国有资本金效绩评价体系中权重最大，处于核心地位，而且又是上市公司必须公开披露的重要信息之一。

二、销售盈利指标

在企业利润的形成中，营业利润是主要的来源，而其中更重要的原因，则是取决于产品销售利润的增长幅度。产品销售利润的高低，直接反映了生产经营状况和经济效益的好坏，因此对企业销售的获利能力的分析是企业获利能力分析的重点。常用的有以下两个指标。

（一）经营净利率

经营净利率是企业的净利润与营业收入的比率，其计算公式为

$$经营净利率 = \frac{净利润}{营业收入} \times 100\%$$

其中，营业收入是指企业当期销售商品或提供劳务取得的主营业务收入，加上销售材料等过程取得的其他业务收入。这一数据可以直接从利润表中获取。

有关经营净利率指标的分析如下：

（1）经营净利率指标反映了每百元营业收入给企业带来的净利润，该指标越大，说明企业经营活动的盈利水平较高。

（2）该指标因行业而异，一般资本密集程度高的行业其产品附加值较高，所以经营利润率也就越高。

（二）经营毛利率

经营毛利率是销售毛利与营业收入之比，而销售毛利是营业收入扣除营业成本后的差额，其计算公式为

$$经营毛利率 = \frac{营业收入 - 营业成本}{营业收入} \times 100\%$$

该指标的分析如下：

（1）经营毛利率指标反映了产品或商品销售的初始获利能力。因为毛利率是企业净利率的基础，没有足够大的毛利率企业便不能盈利。该指标越高，表示取得同样销售收入的销售成本越低，销售利润越高。

（2）毛利率随着行业的不同而有差异，但同一行业的毛利率一般相差不大。一般而言，流动性较强的商品毛利率较低，而设计新颖的商品往往毛利率较高。

（3）同一企业各个不同会计期间的毛利率应该相差不大，否则应该引起管理者的注意。尤其要分析导致毛利率下降的原因，如果是由于管理效能的降低导致毛利率的下降，则必须采取相应的措施改进。

三、股本盈利指标

这部分指标主要是针对上市公司用得更多。上市公司的资金是公开募集的，对于投资者来说，必然关心他所投入的资金能带来多少回报。股本的获利能力高低，对于股东来说不仅关系到其目前的收益水平，并且对其所持股票的未来股价也会产生较大的影响。与股本有关的盈利指标常用的有以下几个。

（一）每股收益

每股收益指标是上市公司对外披露信息中的一个重要指标，是指在一定会计期间每股普通股所享有的利润额是多少，其计算公式是

$$每股收益 = \frac{净利润 - 优先股股利}{发行在外的普通股加权平均数}$$

在上述公式中，分子之所以要扣除优先股股利，是因为优先股股利往往是按

照固定的比率发放的，而且公司获得的净利润中只有在按规定发放优先股股利后的余额，才是普通股股东的所得；分母之所以要用加权平均数，是因为在一个会计期间内发行在外的普通股股数可能发生变化，如我国上市公司经常在年内进行送股或配股就会使得普通股股数增加。目前，我国采用的是按月的加权平均数。

每股收益指标的分析如下：

（1）该指标是衡量上市公司盈利能力的最重要的指标，反映每一股普通股的获利水平，它是影响上市公司股价行情的一个重要财务指标。

（2）对于普通股股东来说，希望每股收益往往越高越好。如果是投机者，则每股收益高的公司股价会上涨，投机者可以通过抛售股票获得差价收入；对于长期投资者来说，每股收益高，一般公司发放的股利也多，而且收益高促使股价逐步上涨，投资者拥有的证券资产价值较高。

（3）由于股本变化，有时公司每股收益指标不能体现上市公司业绩变化。

例 8-5：假设一家上市公司去年总股本数为 1 亿股，税后利润 5 000 万元，则去年每股收益为 0.50 元；今年，公司按每 10 股送 10 股送股，总股本数变为 2 亿股，全年税后利润 8 000 万元，则今年每股收益为 0.40 元。由于股本总数的变动，使公司今年的每股收益下降，我们不能据此认为公司的经营业绩在滑坡，实际上，公司的业绩是呈现快速增长势头的。

所以，在比较公司历年每股收益值的变化时，必须结合其股本变化情况分析。

（二）每股净资产

每股净资产也称每股账面价值或每股权益，该指标也是上市公司对外披露信息中的一个重要指标，是指期末净资产（即股东权益）与期末普通股股份数的比值，其计算公式为

$$每股净资产=\frac{年度末股东权益}{年度末普通股数}$$

每股净资产指标的分析如下：

（1）该指标是显示了发行在外的每一普通股股份所能分配的企业账面净资产的价值，有人视其为股票的含金量。由于其计算的是账面价值，所以通常不能显示普通股的真正经济价值或市价。

（2）该指标在理论上提供了股票的最低价值。如果某公司的股票价格低于每股净资产的成本，要么说明公司已无存在价值，清算是股东最好的选择；要么说明市场不健康，对该公司的股票价格严重低估。所以，我国目前新建公司不允许折价发行股票，当国有企业改组为股份制企业时，一般以评估确认后的净资产折为国有股本。

（3）对投资者而言，一方面该指标是进行投资决策的重要依据，利用该指

标进行横向和纵向对比,可以衡量公司的发展状况,判断股票投资价值及投资风险;另一方面,由于该指标是用历史成本计量的,所以在进行投资分析时使用比较有限。

(4)分析该指标,不能光看其绝对值的大小,还要看资产的质量。因为每股净资产是账面价值,涉及许多会计计量方法等。

例 8-6:某 ST 公司由于 1999 年末高达 3.66 亿元的巨额海外债务重组收益,使当年每股收益高达 0.417 元,俨然成了一只"绩优股"。但是,分析其财务报告可以发现:在该公司 27.2 亿元总资产中,应收账款净额高达 13.88 亿元,所占比例为 51%。在应收账款净额中 3 年以上账龄的达 8.8 亿元,其中包括了对大股东香港特区某自行车有限公司的应收账款 5.22 亿元,后者当时因担保责任已在香港特区被法院判处清盘,因此该笔款项极有可能无法收回。此外,公司存货净额高达 2.4 亿元,其他长期应收款 2 800 万元,待摊费用 1 132 万元,长期待摊费用 1 625 万元,待处理流动资产净损失 561 万元。剔除上述不良资产后,公司总资产为 18 亿元左右,而其净资产早已为负值。通过上述分析,可以认为该公司财务风险极大,其年报利润中所含的水分也可能较多。果然,2000 年中期,该公司再度出现亏损。

(三)市盈率

市盈率是指普通股每股市价与每股收益的比值,其计算公式为

$$市盈率 = \frac{普通股每股市价}{普通股每股收益}$$

市盈率指标的分析如下:

(1)该指标反映了公司股票的市价是其每股收益的多少倍,直接表现出投资者和市场对公司的评价和对公司长远发展的信心,无论是企业管理者还是投资者都十分重视这个财务指标。

(2)一般来说,该指标越大,说明公司越具有良好的发展前景,并得到市场的认同。当然,还得注意其中是否有泡沫存在,因为股票市价的变动除了公司本身的经营状况外,还受到宏观形势和经济环境等多种因素的影响。

(3)当公司的资产利润率奇低时,或者公司发生亏损时,该比率将失去意义,因为分母为零或接近零的话,指标趋于无穷大。所以,单纯用市盈率指标来评价而不看具体盈利状况的话,可能会错误地估计公司的发展,作出错误的判断。

(4)在每股收益确定的情况下,该指标越高,投资风险也越大。

例 8-7:假如市场平均市盈率为 20 倍,A 公司股票每股收益为 0.50 元,B 公司股票每股收益为 0.80 元,则 A 和 B 公司股票市场定价一般为 10 元和 16 元。但股票市场常常会出现这种情况,即 A 公司股票现价 7.5 元,市盈率为 15 倍,

而 B 公司股票现价为 24 元，市盈率为 30 倍，一般的投资者要买 A 股票。这是因为其市盈率较低，投资 A 股票相对 B 股票而言风险要低，按市场平均市盈率给各个股票定价，A 股票应上涨，B 股票应下跌。但是，股票市场有时会出现相反情况，即 A 股票价格下降，B 股票价格上涨，其原因在于计算市盈率的每股收益是过去实现的资料，未来情况可能不确定。假如一家公司每股收益每年成倍增长，显然这种股票的市盈率就应该高些。

第三节 偿债能力分析

企业的偿债能力是指企业偿还各种到期债务的能力。企业偿债能力的高低也是许多企业的利益相关者所关心的重要问题。对于债权人来说，企业的偿债能力关系到债权能否及时收回、利息能否按期取得；对于投资者来说，如果偿债能力不足会使资金用于偿债而影响生产经营活动，从而使企业的盈利受到影响，也会影响到投资者的利益；对于企业而言，一旦偿债能力大幅度下降，就可能会导致企业破产。

偿债能力分析包括短期偿债能力分析和长期偿债能力分析。

一、短期偿债能力分析

短期偿债能力是指企业以流动资产偿还流动负债的能力，反映企业偿付到期短期债务的能力。企业的流动资产与流动负债的关系，以及资产的变现速度是影响短期偿债能力的主要因素。短期债务一般需要以现金偿还，所以企业短期偿债能力应注重一定时期的流动资产变现能力的分析，按照权责发生制原则计算得到的会计利润，并不能反映企业现金流量大小，故短期债权人不太注重企业盈利能力分析，而更关注短期偿债能力的分析。

企业短期偿债能力分析主要采用比率分析法，主要的比率指标有三个：流动比率、速动比率和现金比率。

（一）流动比率

流动比率是流动资产与流动负债的比率，表示企业每百元流动负债有多少流动资产作为偿还的保证，反映了企业的流动资产偿还流动负债的能力，其计算公式为

$$流动比率 = \frac{流动资产}{流动负债} \times 100\%$$

流动比率指标的分析如下：

（1）一般情况下，流动比率越高，反映企业短期偿债能力越强。因为该比率越高，不仅反映企业拥有较多的流动资产抵偿短期债务，而且表明企业可以变现的资产数额较大，债权人的风险越小。

（2）流动比率对于不同的报表分析主体意义不一样：对债权人来说，希望该指标越高越好，因为该指标越高，债权越有保障；而对于企业经营者来说，该指标并不是越高越好，因为该比率过高表明企业资产中流动资产居多，而流动资产相比非流动资产其盈利能力较差。

（3）从理论上讲，流动比率维持在 2 左右是比较合理的，2 也是国际公认的标准比率。因为流动资产中变现能力最差的存货等金额，占流动资产总额的一半左右，扣除该部分剩余的变现能力较强的流动资产至少要等于流动负债，流动负债的清偿就有保证，企业的短期偿债能力也就有了保障。但是，由于行业性质不同，流动比率的实际标准也不同，如商业和流通领域或生产周期较短的企业。一般而言，其资产（尤其是流动资产）流动性较高，其材料和商品等存货量必然减少，应收账款的周转也较快，所以可以保持较低的流动比率；而生产周期较长的机器制造业及电力业等因其资产的流动性较差，所以要保持较高的流动比率才能保证其短期偿债能力。可见，在分析流动比率时，应将其与同行业平均流动比率、本企业历史的流动比率进行比较，才能得出合理的结论。

（4）流动比率是一个静态指标，只说明了该企业期末的短期偿债能力，并且比较容易受到财务上的操纵。比如，企业可以在年终时故意把借款还清，到下年初再借入，这样根据年报数据算出来的流动比率较高，其实企业的短期偿债能力没有提高。所以，如果要把握一定时期的短期偿债能力，可用平均数据计算。

（5）有时流动比率大本身还不能真正说明企业偿债能力好。因为流动比率过高，可能是存货积压或滞销，也可能是应收账款变现能力差，这些都反映了企业资产使用效率较低。所以，在分析流动比率时，还须注意流动资产的结构。比如，企业的存货流动性较差，且又占到流动资产总额的大部分，这时候就会严重影响该指标的判断。所以，我们引入第二个短期偿债能力指标：速动比率。

（二）速动比率

速动比率又称酸性测试比率，是流动资产中的速动资产与流动负债的比值，其计算公式为

$$速动比率 = \frac{速动资产}{流动负债} \times 100\%$$

其中　　　　　　　　　速动资产＝流动资产－存货

或　　　　　　　　速动资产＝流动资产－存货－预付账款

速动资产是指流动资产中变现能力较强的那部分资产,一般包括货币资金、交易性金融资产、应收票据、应收账款净额等。扣除存货,是因为存货在流动资产中变现速度较慢,有些存货可能滞销积压无法变现、可能已抵押出去、可能已损失报废未作处理;而且,存货的估价也存在成本与合理市价的差异。扣除预付账款是因为它根本不具有变现能力,也就不可能还债。在实务中,由于预付账款在流动资产中所占的比重较小,所以为简化处理,在计算速动资产时也可以不扣除这项资产。

速动比率的分析如下:

(1)传统经验认为,速动比率维持在1较为正常,表明企业的每1元流动负债就有1元易于变现的流动资产来抵偿,短期偿债能力有可靠的保证。

(2)在实际工作中,应考虑到企业的行业性质,如商品零售行业,由于采用大量现金销售,几乎没有应收账款,速动比率大大低于1,也是合理的。相反,有些企业虽然速动比率大于1,但速动资产中大部分是应收账款,并不代表企业的偿债能力强,因为应收账款能否收回具有很大的不确定性。所以,在评价速动比率时,还应分析应收账款的质量。也就是说,应收账款的变现能力对速动比率的计算有很大的影响。所以,我们又引入反映企业短期偿债能力的第三个指标:现金比率。

(三)现金比率

现金比率又称超速动比率,是企业现金等值类资产与流动负债的比率,其计算公式为

$$现金比率 = \frac{现金 + 等值现金}{流动负债} \times 100\%$$

等值现金是指与现金几乎具有相同变现能力的一些流动资产,包括企业拥有的货币资金、持有的短期有价证券,以及可转让和可贴现的票据等。主要是速动资产扣除应收账款后的余额。扣除应收账款是因为应收账款存在着坏账及延期收回的可能性,所以剔除应收账款项目得到的现金比率最能反映企业直接偿付流动负债的能力。

现金比率的分析如下:

(1)对于债权人来说,现金比率越高越好,如果大于1最好不过。对于企业来说,现金是盈利能力最低的资产,因此不应保持过高的现金比率。

(2)现金比率并没有一个较为接近的、公认为合理的标准,各企业按各自的实际债务情况而定。除了要与同行业和企业历史水平比较之外,必须要对企业流动负债作结构性分析,把握有多少近期要偿还的流动负债,如果该比重较高,则要求的现金比率也要较高。有时现金比率较低并不一定说明偿还能力差,可能因为企业近期债务比较少,或企业有随时举债获取现金的能力,故账面上无需

保留过多现金。

（3）对于存货和应收账款占用期间长、变现能力不确定的企业，其现金比率指标较为重要。另外，在财务危机时现金比率显得尤其重要。

上述三个指标是反映企业短期偿债能力的基本指标。在分析一个企业短期偿债能力时，应将三者结合起来，这样才能比较客观地评价企业的偿债能力。比如，有时企业流动比率上升，而速动比率和现金比率绝对额却有所下降，这说明其流动资产的增加是因为存货等变现能力较差项目所引起的，也没有使企业实际营运资金有所增长，其实企业的实际短期偿债能力不但没有好转，反而有恶化的可能。

二、长期偿债能力分析

长期偿债能力是指企业偿还长期负债的能力，其大小是反映企业财务状况稳定与否，以及安全程度高低的重要标志。具体分析指标主要有四项。

（一）资产负债率

资产负债率又称负债比率或举债经营比率，是企业的负债总额与资产总额的比率。它表示企业资产总额中，债权人提供资金所占的比重，以及企业资产对债权人权益的保障程度，其计算公式为

$$资产负债率 = \frac{负债总额}{资产总数} \times 100\%$$

资产负债率指标的分析如下：

（1）资产负债率指标是衡量企业负债水平及风险程度的重要判断标准。资产负债率的高低对企业的债权人和投资者具有不同的意义。对债权人而言，最关心的是提供给企业的贷款本金和利息能否按期收回。如果负债比率高，说明企业总资产中仅有小部分是由股东提供的，而大部分是由债权人提供的，这样，债权人就承担很大的风险。所以，债权人希望负债比率越低越好，其债权的保障程度就越高。对投资者而言，最关心的是投入资本的收益率。由于企业债权人投入的资金与企业所有者投入的资金发挥着同样的作用，所以，只要企业的总资产收益率高于借款的利息率，举债越多，即负债比率越大，所有者的投资收益越大，当然资产负债率过高风险较大。

（2）一般情况下，企业负债经营规模应控制在一个合理的水平，负债比重应掌握在一定的标准内。如果负债比率过高，企业的经营风险将越来越大，对债权人和所有者都会产生不利的影响。

（3）负债比率是国际公认的衡量企业负债偿还能力和经营风险的重要指标，比较保守的经验比率为一般不高于50%。当然，不同行业中企业的资产负债率各不相同。我国当前的情况：交通、运输、电力等基础行业的资产负债率一般平

均为 50% 左右，加工业为 65% 左右，商贸业为 80% 左右。

（二）负债与所有者权益比率

负债与所有者权益比率亦称产权比率，是指负债总额与所有者权益总额的比例关系，是企业财务结构稳健与否的重要标志，其计算公式为

$$产权比率 = \frac{负债总额}{所有者权益总额} \times 100\%$$

产权比率是资产负债率的补充分析指标，反映了所有者权益对债权人权益的保障程度，该指标的分析如下：

（1）该指标大于 100%，在企业清算时，所有者权益不能完全保证债权人的利益；该指标小于 100%，在企业进行清算时，一般不会给债权人造成损失。

（2）产权比率越低，财务风险低、偿债能力强；反之，偿债能力弱。

（三）有形净值债务率

有形净值债务率是负债总额与有形净资产的比例关系，表示企业有形净资产对债权人权益的保障程度，其计算公式为

$$\frac{有形净值}{债\ 务\ 率} = \frac{负债总额}{所有者权益 - 无形资产净值 - 长期待摊费用} \times 100\%$$

有形净值债务率是产权比率的延伸，是更为谨慎、保守地反映在企业清算时，债权人投入资本所受到的所有者权益的保障程度。企业的无形资产、长期待摊费用等一般难以作为偿债的保证，从净资产中将其剔除，可以更合理地衡量企业清算时对债权人权益的保障程度。该比率越低，表明企业长期偿债能力越强。

（四）利息保障倍数

利息保障倍数又称为已获利息倍数，是企业经营的税息前利润与利息费用的比率，是衡量企业偿付负债利息能力的指标，其计算公式为

$$已获利息倍数 = \frac{息税前利润}{利息支出} = \frac{净利润 + 所得税 + 利息支出}{利息支出}$$

上式中，利息支出是指本期发生的全部应付利息，包括流动负债的利息费用、长期负债中进入损益的利息费用，以及进入固定资产原价中的资本化利息。但是，由于利息支出数据很难直接从报表中获得，所以一般在计算该指标时用报表中的财务费用项目来代替利息支出。

利息保障倍数的分析如下：

（1）利息保障倍数越高，说明企业支付利息费用的能力越强；利息保障倍数越低，说明企业难以保证用经营所得来及时足额地支付负债利息。

（2）一般认为，已获利息倍数为 3~4 倍比较安全，表明企业有支付利息的

保障能力。若要合理地确定企业的利息保障倍数,需将利息保障倍数与其他企业,特别是同行业平均水平进行比较。根据稳健原则,应以利息保障倍数最低年份的数据作为参照物。但是,一般情况下,利息保障倍数不能低于 1,因为低于 1,表明企业连借款利息的偿还都无法保证,更不用说偿还本金了。所以,利息保障倍数的高低,不仅反映了企业偿还利息的能力,而且也反映了企业偿还本金的能力。

(3)为了考察企业偿付利息能力的稳定性,一般应计算 5 年或 5 年以上的利息保障倍数。保守起见,应选择 5 年中最低的利息保障倍数值作为基本的利息偿付能力指标。

第四节 经营能力分析

经营能力分析是指通过计算企业资金周转的有关指标分析其资产利用的效率,是对企业管理层管理水平和资产运用能力的分析。经营能力大小是影响企业偿债能力和盈利能力大小的主要因素之一。经营能力强,资金周转速度就快,企业就会有足够的现金来偿付流动负债,则短期偿债能力就强。经营能力强,企业就会取得更多的收入和利润,用足够的资金偿还本金和利息,则长期偿债能力就强。

经营能力分析包括流动资产营运能力分析和长期资产营运能力分析。

一、流动资产营运能力分析

流动资产利用效率的分析常被用作为企业短期偿债能力分析的重要补充,其主要分析指标有三个:应收账款周转率、存货周转率和流动资产周转率。

(一)应收账款周转率

这里的应收款项仅指由于赊销而引起的应收账款和应收票据。应收账款周转率亦称应收款项周转次数,是一定时期内营业收入与应收款项平均余额的比率,其计算公式为

$$应收账款周转率 = \frac{营业收入}{平均应收账款余额}$$

$$应收账款周转天数 = \frac{360}{应收账款周转率}(一般 1 年用 360 天算)$$

其中

$$营业收入 = 主营业务收入 + 其他业务收入$$

$$平均应收账款余额 = \frac{期初应收账款 + 期末应收账款}{2}$$

从理论上讲，只有赊销情况下才会产生应收账款，所以上述计算公式中的分子应该用赊销收入。但是，由于这一数据很难从报表中直接获取，所以在实务中多是采用"主营业务收入"和"其他业务收入"来计算应收账款周转率。事实上，只要保持历史的一贯性，这种近似计算一般不影响对该指标的分析和利用（当然，如果有赊销收入的数据，可以用赊销收入净额来计算）。

应收账款周转率指标的分析如下。

（1）应收账款周转率高，表明企业应收账款的回收速度快，坏账的可能性小，资产流动性强，短期偿债能力强。应收账款周转率低，则表明企业应收账款变现能力慢，或过分扩大信用，或收账部门效率低下，或客户资信较差等。但是，如果该比率过高，可能是由于企业的信用政策、付款条件过于苛刻所致，这样会限制企业销售量的扩大，从而影响盈利水平。

（2）在某些特殊情况下会影响指标计算的正确性，这些因素包括：

① 由于生产经营的季节性因素，使应收账款周转率不能正确地反映公司销售的实际情况。

② 企业在产品销售中，大量采用分期付款的方式。

③ 大量地使用现金结算的销售（因为公式中用的是销售收入净额）。

④ 年末大量销售或年末销售量大幅下降。

（3）报表使用人可以将指标与企业的前期指标或与行业平均水平或其他类似企业相比较，以判断该指标的高低，但该指标适用于大部分销售状况稳定的企业，对销售业务很特殊的企业往往不十分适宜。

（二）存货周转率

存货周转率也称存货周转次数，是企业一定时期内的营业成本与存货平均余额的比率。它是反映企业的存货周转速度和销货能力的一项指标，也是衡量企业生产经营中存货营运效率的一项综合性指标，其计算公式为

$$存货周转率 = \frac{营业成本}{平均存货}$$

$$存货周转天数 = \frac{360}{存货周转率}$$

其中

$$平均存货 = \frac{存货年初数 + 存货年末数}{2}$$

存货周转率指标的分析如下：

（1）存货周转速度快慢，不仅反映了企业流动资产变现能力的大小，而且也反映了企业经营管理工作的好坏及盈利能力的大小。存货周转率高，存货占用水平低，存货积压的风险就越小，企业的变现能力以及资金使用效率就越好。但是，存货周转率也不能过高，过高可能说明企业管理方面存在一些问题，如存货水平太低，甚至缺货，或者采购次数过于频繁、批量太小等问题。合理的存货周转率应视产业特征、市场行情及企业自身特点而定。

（2）在与其他企业进行对比时，应考虑存货计价方法不同对存货周转率所产生的影响。

（3）企业的内部管理者或外部报表使用者还应对存货的重要项目进行分析，如分别计算库存商品周转率、原材料周转率和产品周转率或某种存货的周转率。

（三）流动资产周转率

流动资产周转率是企业一定时期的营业收入同平均流动资产总额的比值，是用来评价企业流动资产利用效率的主要指标，其计算公式为

$$流动资产周转率 = \frac{营业收入}{平均流动资产总额}$$

$$流动资产周转天数 = \frac{360}{流动资产周转率}$$

其中 $$平均流动资产总额 = \frac{流动资产年初数 + 流动资产年末数}{2}$$

流动资产周转率的分析如下：

（1）该指标将营业收入与企业资产中最具活力的流动资产相比较，既能反映企业一定时期流动资产的周转速度和使用效率，又能进一步体现每单位流动资产实现价值补偿水平的高低以及补偿速度的快慢。

（2）一般认为，该指标越高表示企业流动资产周转速度越快，资金占用越少、利用越好。周转慢，则需要补充流动资金参加周转，形成资金浪费，降低企业的盈利能力。

（3）流动资金加速周转，可能产生两种效果：一是在流动资金占用额不变的情况下，加速周转可以使资金运用的机会增多，从而扩大生产销售规模，使收入增加；二是在生产销售规模不变的情况下，加速周转可以使占用的资金减少，从而节约流动资金。

（4）美国、德国企业流动资产周转率大概平均为 8 次／年，日本企业流动资产周转率平均为 7 次／年以上，而我国国有及有规模的非国有企业流动资产周转率平均仅为 1.62 次／年，说明中外企业的管理水平差距较大。假如我国企业的流动资产周转率能达到美国、德国和日本的一半水平，就可大大地减少流动资产

平均余额，提高资金利用率，将更多的资金用于更大规模的企业发展和国民经济建设中。

二、长期资产营运能力分析

企业的长期资产主要包括长期投资、固定资产、无形资产和其他长期资产。在长期资产中，固定资产运营能力的强弱对整个长期资产的营运能力将产生重要影响。所以，在此我们主要讨论固定资产的营运能力。

（一）固定资产构成分析

固定资产构成是指各类固定资产原价占全部固定资产原价的比重，反映着固定资产的配置情况是否合理。

固定资产结构变动分析主要包括三个方面的内容：一是分析生产经营用固定资产与非生产经营用固定资产之间的比例变化情况，查明企业是否优先增加生产经营用的固定资产；二是考察未使用、不需用固定资产比重的变化情况，查明企业在处置闲置固定资产方面是否做出了成绩；三是考察生产经营用固定资产内部结构是否合理。

（二）固定资产利用效率分析

固定资产的利用效率分析，主要是通过营业收入与固定资产的比例关系，分析固定资产的周转速度，评价固定资产的营运效率。常用的评价固定资产利用效率的指标是固定资产周转率和固定资产周转天数，其计算公式为

$$固定资产周转率 = \frac{营业收入}{固定资产净值平均余额}$$

$$固定资产周转天数 = \frac{360}{固定资产周转率}$$

该指标的分析如下：

（1）固定资产周转率高，不仅表明企业充分利用了固定资产，同时也表明企业固定资产投资得当、固定资产结构合理，能够充分发挥其效率；固定资产周转率低，表明固定资产使用效率不高，企业的营运能力欠佳。

（2）在实际分析该指标时，应剔除某些因素的影响。

① 固定资产的净值随着折旧计提而逐渐减少，随着固定资产更新而突然增加，所以如果企业一味追求高的固定资产周转率，就会忽视对固定资产的更新改造。

② 由于折旧方法不同，固定资产净值缺乏可比性。

本章小结

会计报表分析的主体很多,主要有投资者、债权人、经营管理者以及政府部门等,报表分析对不同的分析主体有着不同的意义。

在进行会计报表分析时,需要有参照的标准,会计报表分析的标准有多种,不同的阅读者在不同的时候需要参照不同的标准。

财务报表分析的常用方法有比较分析法、趋势分析法、比率分析法和因素替代法。这四种方法可以结合使用。

财务报表分析主要包括盈利能力分析、偿债能力分析和营运能力分析,分析方法主要采用比率分析法。

盈利能力分析指标主要包括资产盈利指标、销售盈利指标以及股本盈利指标。资产盈利指标主要有总资产报酬率和净资产收益率;销售盈利指标主要有经营毛利率和经营净利率;股本盈利指标主要有每股收益、每股净资产和市盈率。

偿债能力分析包括短期偿债能力分析和长期偿债能力分析。短期偿债能力分析的指标有流动比率、速动比率和现金比率。长期偿债能力分析的指标有资产负债率、负债与所有者权益比率、有形净值债务率、利息保障倍数。

营运能力分析指标主要有应收账款周转率、存货周转率、流动资产周转率和固定资产周转率等。

课后练习题

一、单项选择题

1. 下列不属于偿债能力比率的是( )。
   A. 流动比率   B. 举债经营比率
   C. 产权比率   D. 市盈率

2. 如果流动比率大于1,则下列结论成立的是( )。
   A. 速动比率大于1   B. 现金比率大于1
   C. 营运资金大于零   D. 短期偿债能力绝对有保障

3. 某企业库存现金5万元,银行存款78万元,交易性金融资产95万元,应收账款40万元,存货110万元,流动负债400万元。据此,计算该企业的现金比率为( )。
   A. 0.445   B. 0.845   C. 0.545   D. 0.57

4. 有关存货周转率的说法，下列说法不正确的是（　　）。
A. 一般来讲存货周转率越高越好，但也不能过高
B. 合理的存货周转率应视产业特征、市场行情和企业自身特点而定
C. 与其他企业进行比较时，应考虑会计处理方法不同产生的影响
D. 一般企业设置的标准为 2

5. 某公司无优先股，去年每股收益为 4 元，每股发放股利 2 元，公司留存收益在过去一年中增加了 500 万元。年底每股账面价值为 30 元，负债总额为 5 000 万元，则年底该公司的资产负债率为（　　）。
A. 67%　　　　B. 33%　　　　C. 40%　　　　D. 44%

6. 某公司年末会计报表上部分数据为：流动负债 60 万元，流动比率为 2，速动比率为 1.2，营业成本 100 万元，年初存货为 52 万元，则本年度存货周转次数为（　　）。
A. 1.65 次　　B. 2 次　　　　C. 2.3 次　　　D. 1.45 次

7. 下列比率中，投资者最关心的比率是（　　）。
A. 资产负债率　　　　　　　　B. 流动比率
C. 总资产报酬率　　　　　　　D. 净资产收益率

8. 某企业上年度和本年度的流动资产平均占用额分别为 100 万元和 120 万元，流动资产周转率分别为 6 次和 8 次，则本年度比上年度的销售收入增加了（　　）。
A. 180 万元　　　　　　　　　B. 360 万元
C. 320 万元　　　　　　　　　D. 80 万元

9. 某企业税后利润为 67 万元，所得税税率为 33%，利息费用为 50 万元，则该企业的已获利息倍数为（　　）。
A. 2.78　　　　B. 3　　　　　C. 1.9　　　　D. 0.78

10. 从股东的角度看，在企业所得的全部资本利润率（　　）借款利息率时，负债比例越大越好。
A. 超过　　　　B. 低于　　　　C. 等于　　　　D. 不等于

二、判断题
1. 一般说来，市盈率越高，企业未来的成长潜力越高，所以该比例越高越好。（　　）
2. 若固定资产净值增加幅度低于销售收入净额增长幅度，则会引起固定资产周转率增大，表明企业的营运能力有所提高。（　　）
3. 资产负债率＋产权比率＝1。（　　）
4. 净资产收益率＝销售净利率 × 总资产周转率。（　　）
5. 应收账款周转率过高或过低对企业可能都不利。（　　）
6. 本应借记应付账款，却误借记应收账款，这种错误必然会导致流动比率上升。（　　）
7. 每股收益越高，意味着股东可以从公司分得越高的股利。（　　）

8. 影响速动比率可信性的重要因素是存货的变现能力。（　）

9. 流动资产周转速度越快，需要补充流动资产参加周转的数额就越多。（　）

10. 利息保障倍数公式中的利息费用，应该既包括财务费用中的利息费用，也包括计入固定资产成本中的资本化利息。（　）

三、多项选择题

1. 以下对流动比率的表述中正确的有（　）。
   A. 不同企业的流动比率有统一的衡量标准
   B. 流动比率越高越好
   C. 流动比率需要用速动比率加以补充和说明
   D. 流动比率高，并不意味着企业就一定具有短期偿债能力
   E. 流动比率比速动比率更加正确地反映了企业的短期偿债能力

2. 一般可作为速动资产的有（　）。
   A. 存货　　　　　　　　　　　B. 库存现金　　　　　　　　C. 无形资产
   D. 应收票据　　　　　　　　　E. 交易性金融资产

3. 可以直接根据资产负债表数据计算的指标是（　）。
   A. 资产负债率　　　　　　　　B. 流动比率
   C. 应收账款周转率　　　　　　D. 有形净值债务率
   E. 流动资产周转率

4. 必须同时利用资产负债表、利润表数据计算的指标是（　）。
   A. 总资产报酬率　　　　　　　B. 经营净利率
   C. 利息保障倍数　　　　　　　D. 固定资产周转率
   E. 净资产收益率

5. 妨碍应收账款周转率指标准确反映资金管理效率的因素有（　）。
   A. 季节性经销
   B. 大量使用分期收款结算方式
   C. 大量销售使用现金结算
   D. 大量催收拖欠货款
   E. 年末大量销售
   F. 年末销售量大幅度下降

6. 某公司当年的经营利润很多，却不能偿还到期债务。为查清其原因，应检查的财务比率包括（　）。
   A. 资产负债率　　　　　　　　B. 流动比率
   C. 存货周转率　　　　　　　　D. 应收账款周转率

E. 已获利息倍数

7. 下列业务中，会使得企业的流动比率指标下降的是（　　）。

A. 用银行存款购买固定资产

B. 用银行存款偿还短期借款

C. 融资租赁固定资产

D. 赊购原材料

E. 应收账款收回无望，作坏账处理

F. 收到被投资方分配的现金股利

8. 在计算速动比率时，要把存货从流动资产中剔除出去的主要原因有（　　）。

A. 存货估价存在成本与合理市价的差异

B. 存货中有可能部分抵押给了债权人

C. 在流动资产中存货的变现速度最慢

D. 在流动资产中存货所占的比重最大

E. 部分存货可能已损失报废还没有作处理

四、计算实务题

1. 假设某企业去年和今年某产品的总原材料消耗成本和构成如下：

去年原料总成本：

20 000 元＝1 000 件 ×10 千克 ×2 元

今年原料总成本：

25 080 元＝1 200 件 ×9.5 千克 ×2.2 元

要求：试用连环替代法（因素分析法）分析原材料的产量、单耗和单价因素对产品总成本差异的影响。

2. 某企业某年营业收入为 125 000 元，毛利率是 52%，赊销比例为 80%，净利润率 16%，存货周转率为 5 次，期初存货余额为 10 000 元；期初应收账款余额为 12 000 元，期末应收账款余额为 8 000 元，速动比率为 1.6，流动比率为 2.16，流动资产占资产总额的 27%，负债比率为 37.5%，该公司只发行普通股一种，流通在外股数为 5 000 股，每股市价 25 元。

要求计算下列指标：

（1）应收账款周转率。

（2）总资产报酬率（用期末资产总额代替平均资产总额）。

（3）净资产收益率（用期末净资产代替平均净资产）。

（4）每股收益。

（5）市盈率。

3. 某企业某年 1 月 1 日的流动资产总额为 62 800 元，流动负债总额为 28 800 元，1 月份发生如下经济业务：

（1）购入商品 16 000 元以备销售，其中 8 000 元为赊购，其余为现购。

（2）购买设备一台，价值 20 000 元，其中 12 000 元以银行存款支付，其余开出了 3 个月的应付票据一张。

（3）预付本年全年的财产保险费 1 200 元。

（4）销售产品一批，售价 18 000 元，收到银行转账支票，已确认销售入账。

要求：计算 1 月底企业的流动比率。

4. A 公司年末资产负债表如下：该公司的年末流动比率为 2，产权比率为 0.6，以销售额和年末存货计算的存货周转率为 16 次，以营业成本和年末存货计算的存货周转率为 10 次，本年营业毛利额为 60 000 元。

要求：利用资产负债表中已有的数据和以上已知资料，计算下表中空缺的项目金额（该公司全部账户都在表中）。

A 公司资产负债表

单位：元

资　产		负债和所有者权益	
货币资金	5 000	应付账款	?
应收账款净额	?	应交税费	5 000
存货	?	长期负债	?
固定资产净额	50 000	实收资本	60 000
		未分配利润	?
总计	85 000	总计	?

课后练习题答案

第 一 章

一、单项选择题

1. D   2. C   3. A   4. A   5. D
6. A   7. D   8. A   9. A   10. B

二、判断题

1. ×   2. ×   3. ×   4. √   5. ×
6. ×   7. √   8. ×   9. ×   10. ×

三、多项选择题

1. BCD   2. ABD   3. ABD   4. ABC   5. ABC
6. ABCE   7. ABEF   8. ABCDE 9. BCE   10. ABDE

第 二 章

一、单项选择题

1. B   2. D   3. B   4. D   5. A
6. C   7. A   8. D   9. D   10. B

二、判断题

1. ×   2. ×   3. ×   4. √   5. ×
6. √   7. √   8. ×   9. ×   10. √

三、多项选择题

1. ABCD   2. ACD   3. ABD   4. BCD   5. ABDF
6. AD   7. ABCE   8. ABCE   9. ABCD   10. ABCDE

第 三 章

一、单项选择题

1. C   2. C   3. D   4. C   5. B
6. D   7. C   8. B   9. C   10. B

二、判断题

1. ×   2. ×   3. ×   4. ×   5. √
6. ×   7. √   8. ×   9. ×   10. ×

三、多项选择题

1. BDE 2. AC 3. ABCDE 4. ACD 5. AB
6. BCE 7. BCDE 8. BCE 9. ABDE 10. ABE

第四章

一、单项选择题

1. A 2. C 3. D 4. A 5. D
6. A 7. C 8. B 9. A 10. D

二、判断题

1. √ 2. × 3. × 4. × 5. ×
6. × 7. √ 8. × 9. × 10. ×

三、多项选择题

1. BE 2. ABDE 3. ABCD 4. BCD 5. ABE
6. ABC 7. BCDE 8. CD 9. ACD 10. ABCDE

第五章

一、单项选择题

1. C 2. C 3. B 4. A 5. D
6. D 7. D 8. B 9. B 10. A

二、判断题

1. × 2. × 3. √ 4. × 5. ×
6. √ 7. × 8. × 9. × 10. ×

三、多项选择题

1. ACE 2. ABE 3. ABCDE 4. AD 5. ACDE
6. ACDE 7. ABCD 8. BCDE

第六章

一、单项选择题

1. D 2. A 3. A 4. C 5. B
6. A 7. B 8. C 9. D 10. A

二、判断题

1. √ 2. × 3. × 4. √ 5. ×

6. ×   7. ×   8. ×   9. ×   10. ×

三、多项选择题

1. ACDE   2. ABCE   3. AC   4. ABC   5. ABCD
6. ABCD   7. CD   8. ACDE 9. ABD   10. AC

第 七 章

一、单项选择题

1. C   2. A   3. A   4. D   5. D
6. D   7. D   8. A   9. D   10. B

二、判断题

1. √   2. √   3. ×   4. √   5. ×
6. ×   7. ×   8. ×   9. √   10. ×

三、多项选择题

1. ABC   2. BCD   3. ABC   4. ABC   5. ABD
6. ABCD 7. ACD   8. ABEF 9. ABCDE 10. BCD

第 八 章

一、单项选择题

1. D   2. C   3. A   4. D   5. C
6. B   7. D   8. B   9. B   10. A

二、判断题

1. ×   2. √   3. ×   4. ×   5. √
6. ×   7. ×   8. ×   9. ×   10. √

三、多项选择题

1. CD   2. BDE   3. ABD   4. ADE   5. ABCEF
6. BCD 7. AE   8. ABCE

图书在版编目(CIP)数据

会计学原理/徐晔,张文贤,祁新娥编著. —7 版. —上海：复旦大学出版社，2021.2
(2023.8 重印)
(复旦博学. 大学管理类教材丛书)
ISBN 978-7-309-15506-8

Ⅰ.①会… Ⅱ.①徐…②张…③祁… Ⅲ.①会计学-高等学校-教材 Ⅳ.①F230

中国版本图书馆 CIP 数据核字(2021)第 021829 号

会计学原理(第七版)
徐　晔　张文贤　祁新娥　编著
责任编辑/岑品杰

复旦大学出版社有限公司出版发行
上海市国权路 579 号　邮编：200433
网址：fupnet@fudanpress.com　http：//www.fudanpress.com
门市零售：86-21-65102580　　团体订购：86-21-65104505
出版部电话：86-21-65642845
常熟市华顺印刷有限公司

开本 787×1092　1/16　印张 22.75　字数 433 千
2023 年 8 月第 7 版第 4 次印刷

ISBN 978-7-309-15506-8/F・2779
定价：53.00 元

如有印装质量问题，请向复旦大学出版社有限公司出版部调换。
版权所有　　侵权必究